Assessment Program

Pruebas
Pruebas cumulativas
Exámenes de habilidades
Bancos de ideas

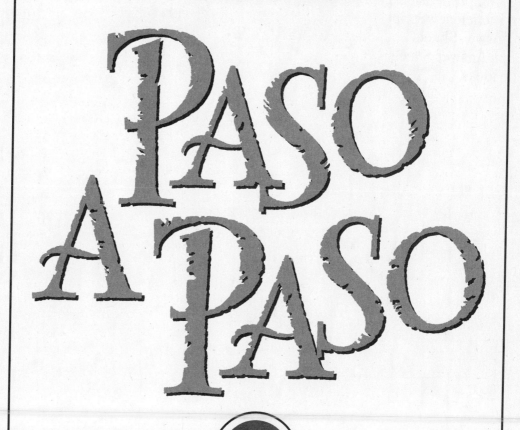

PASO A PASO

2

Margaret Juanita Azevedo
Stanford University
Palo Alto, CA

Peggy Boyles (Introduction)
Foreign Language Coordinator
Putnam City Schools
Oklahoma City, OK

Prentice Hall

Glenview, Illinois
Needham, Massachusetts
Upper Saddle River, New Jersey

Table of Contents

Front Cover Photo: © Haroldo Castro/FPG International
Back Cover Photo: © F. Català-Roca

ISBN: 0-673-60171-4

3 4 5 6 7 8 9 10 BW 03 02

Prentice Hall
Upper Saddle River, New Jersey 07458

To the Teacher

Assessing the Larger Picture

In a cartoon from a Sunday newspaper, a couple in a Spanish restaurant stares incredulously as the waiter serves them a roller skate and a cuckoo clock as their main entree. The woman remarks to her mortified dinner date, "Well, so much for your two years of Spanish!" The young man obviously came from a foreign language experience in which real-life application of language was not assessed.

In the past, both instruction and assessment were traditionally broken up into small units. There was a tendency to focus on only one aspect of language at a time, such as vocabulary or grammatical structures. Although these are useful to test, the *Standards for Foreign Language Learning* (1995) remind us that vocabulary words and points of structure are not ends in themselves, but rather parts of a larger picture of language use. To be able to assess what students can <u>do</u> with the vocabulary and grammar they are learning is the focus of assessment in a standards-driven classroom.

PASO A PASO provides a balanced approach in which the assessment program reflects and supports good practices, such as self-assessment, end-of-chapter tests, oral interviews, checklists, student-selected projects, reflective cultural comparisons, and performance demonstrations. Additionally, we provide you with templates for scoring rubrics to grade student performance tasks objectively.

The philosophy of *PASO A PASO* is based on the premise that learning comes from the learner's doing and practicing, whether in activities or assessment tasks. Many times these can be interchangeable, and can therefore serve dual purposes. Good classroom activities can effectively assess student progress on a more frequent basis than formal assessments. Moreover, regular assessments provide the student with valuable input to improve performance. With this approach, you do not have to feel that the time you use for assessment is competing with your instructional time.

Correlation to the Standards and the ACTFL Performance Guidelines

The *PASO A PASO* assessment program is based on both the *Standards for Foreign Language Learning* (1995; see p. T17) and the ACTFL *Performance Guidelines for K–12 Learners* (1998; see pp. T18–T20). It is predicated on the belief that assessment needs to be an integral part of instruction that improves both student performance and teacher instruction. The Standards are content-based, describing <u>what</u> students should know and be able to do with the language and culture they are learning. The Guidelines are performance-based, describing <u>how</u> <u>well</u> students can realistically use language at any given point in the learning continuum. Our multifaceted assessment program applies both of these documents to provide you with relevant assessment tools. In its totality, the program assists you in answering the six performance questions posed by the Guidelines in regard to your students:

1. How well are they understood? (comprehensibility)
2. How well do they understand others? (comprehension)
3. How accurate is their language? (language control)
4. How extensive and applicable is their vocabulary? (vocabulary use)

5. How do they maintain communication? (communication strategies)

6. How is their cultural understanding reflected in their communication? (cultural awareness)

Informal Assessment

You probably already use many types of assessment in your classroom, but may do so in such an informal way that it is difficult to document. These might include teacher observations, recorded anecdotes and/or comments about students, student-teacher conferencing, and dialogue journals. Each method has its advantages and disadvantages.

Teacher observation records or *anecdotal notes* can initially be written on sticky notes while you observe students in individual or group work from your vantage point on the sidelines. Although this involves some recording problems, it can give you good information on performance within paired or group interactions. For example, you might want to choose a specific behavior to observe, such as effort to use the target language as students engage in a small group activity. As you walk around the room, you can write your impressions on sticky notes, student cards, or a class roster. If you have access to a language lab, you can monitor more students anonymously by listening to their conversations as you listen to different groups while remaining at the teacher console. These can be correlated to symbols such as +, √, or –, which can later be translated into points. These notations might be accompanied by a short narrative:

Sam √	Ryan +
Uses mostly English, but is trying. Looks up words in book as he is talking.	Stays mostly in Spanish. Has fun trying to figure out a way to get others to understand him.

These symbols can be converted into points: + = 2 points, √ = 1 point, – = 0 points. In this example, you have documented that Ryan uses effective and rather sophisticated communication strategies to negotiate his meaning. You also noted that Sam is on his way to trying to use the Spanish he is learning, although still struggling with cumbersome methods. You probably won't have time to write a comment for each student during each activity, but over a period of time, you will have some valuable documentation on student performance and progress. Later, by scheduling ten minutes in your day, you can transfer these points to your grade book in a more formal way.

Student-teacher conferences allow you to sit with individual students in order to listen to their reflections on how they think they are doing and what they consider their problems to be. Although this requires a lot of time and does not provide a numerical grade, it can provide insights into student attitudes, learning strategies, and background experiences. You might even want to choose a certain number of students with whom to confer during a four-week period, and then another group for the next four weeks. In this way, you could focus your attention on a smaller group that might be experiencing the same types of problems or frustrations.

Dialogue journals are written conversations between you and your students that allow you to assess <u>process</u> rather than achievement. For example, a topic might be a list of "The Top Ten Things I Like To Do on the Weekend." A simple response by you might be *A mí me gusta también* next to one of the items on a student's list. Once again, it is time-consuming to read and react to student journals, but it is an excellent way to access personal information about the student and his or her interests.

Achievement Testing

Traditional assessments test limited material that is covered in a given amount of time and are therefore achievement-based. When attempting to determine if you are giving an achievement test, try to imagine the student who puts on his or her most serious game face the day before the test and asks: "If I know everything in this chapter, will I get an 'A' on the test?" Although you might be reluctant to give a definitive yes, you might find yourself saying, "Well, yes, if you really know everything in the chapter you'll get an A." If such a response is possible, you can be assured that you are giving an achievement test.

This type of testing is good for auditing student achievement at the end of a chapter or unit. It makes sense to examine student progress at such a time in order to help you decide whether your students are acquiring the language necessary to move successfully to the next chapter. In most traditional forms of assessment (typically fill-in-the-blank or multiple-choice), the teacher is looking for right or wrong answers. In the culture of American schools, this model has been the mainstay of classroom testing. Performance on these kinds of tests provides a measure of a student's competence in the language. The test items often fall under the categories of spelling, vocabulary, grammar, listening comprehension, and pronunciation. They either knew the word or they didn't. They either provided the correct verb ending or they didn't. They either understood what was said or they didn't. They either pronounced *ahora* correctly or they didn't.

Achievement testing at the end of each chapter or of multiple chapters can provide useful information about how effective the instruction was. The results from these tests can help you answer some important questions:

- Can your students recall key vocabulary that they will eventually use in real-life applications?
- Are they able to access learned language to employ in more open-ended situations?
- Can they begin to apply grammatical constructions within simple, controlled contexts, which can then lead to a more natural application of language?

Many times students are more comfortable with the more traditional paper-and-pencil testing, so it is advisable to include it as students progress along the assessment continuum from discrete-point tests to more global assessments. They have grown accustomed to being graded on the number of right or wrong answers they give and feel uncomfortable if they are suddenly thrown into competency-based testing without practice and careful guidance from you. However, if you supply them with the many authentic activities provided throughout *PASO A PASO,* including the audio, video, and CD-ROM activities, they will feel better prepared and more comfortable using the language in more creative and personalized ways.

Your school district may require final semester- or year-end exams. In order to ascertain efficiently if students have retained grammatical concepts or vocabulary over a period of time longer than a single chapter, you may find that a cumulative achievement test may serve your purposes well. An overdependence, however, on "single answer" tests may give you only part of the picture. A teacher once described a student who frequently scored 90% or higher on most achievement tests by saying, "He knows a lot, but doesn't have a clue!" In other words, he might know vocabulary and grammar, but he is not able to <u>do</u> anything with the language he has learned. Other forms of assessment are needed to capture the entire picture of student performance.

Pruebas

The *Pruebas* and the *Prueba cumulativa* included for all chapters in this assessment book will address vocabulary use, language accuracy, and comprehension. As defined in the Novice Learner Range of the Performance Guidelines, students at Level II should be able to comprehend general information and vocabulary when supported by visuals and in situations where the conversation is embedded in familiar contexts. In many of the *Pruebas,* students are prompted by a visual to provide vocabulary words or are instructed to produce conversational responses when prompted by a familiar context. For example, in Chapter 3, students are asked to match pictures of clothing to the corresponding bits of written conversation between a mother and her son as they discuss the clothes she bought for him. In Chapter 4, they match written descriptions of weekend activities with corresponding pictures. In all of these tasks, students are not simply going through a rote process. They are constructing meaning by looking for key words and phrases embedded in the vocabulary to assist them in making the correct choices. Thus, in an ongoing, step-by-step assessment process, *PASO A PASO* students are asked to provide communicative responses prompted by the thematic vocabulary of the chapter.

In regard to accuracy at Level II, the Guidelines remind us that students are most accurate when communicating about very familiar topics using memorized oral and written words and phrases. Additionally, novice-range language students "can recognize structural patterns and can derive meaning from these structures within familiar contexts." This type of competency is assessed in the *Pruebas* when students complete a conversation using a verb form or expression prompted by a question in which a similar structural pattern is used. For example, students are asked to provide the correct verb form for statements made by the actors in a TV commercial. The familiar infinitive form of the verb is provided, and students manipulate verb endings dependent upon the commercial's script.

Authentic Assessment

The results you see on traditional tests may sometimes disagree with conclusions you have reached about your students by watching how they actually perform in class. For that reason, so-called authentic assessment includes various means of evaluating what students can <u>do</u> with the language, and are therefore competency-based. To that end, *PASO A PASO* includes alternative forms of testing. While traditional assessment surveys "coverage of material," authentic assessment assesses for "uncoverage." Evaluating performance can reveal (uncover) how the student can use his or her acquired language creatively and personally. Rather than emphasizing grammatical accuracy, it assesses the accuracy with which a student carries out a function within a given context, such as complaining to one's parents about an unfair punishment. It challenges the student to use the language creatively and to express personal meaning from the material they have learned.

Authentic assessment includes *performance assessment, portfolios,* and *self-assessment.* In these types of assessment, the test items exhibit the following predominant characteristics. They:

- are contextualized, rather than isolated
- encourage personalized answers
- allow for divergent responses
- are interactive
- reflect real-life tasks
- require higher-order thinking
- reflect synthesized, composite knowledge

- recycle language from previous units or chapters
- assess strategies for producing a given response
- focus on what the student knows, rather than on what the student does not know.

Performance-Based Assessment

Performance-based instruction enables the student to perform complex language tasks by providing many opportunities for practice. Performance-based assessments elicit information about a student's ability to use the acquired language to perform tasks that resemble actual situations in the real world. For example, a student might be asked to take the role of a travel agent describing vacation packages to a client. In performing this and similar tasks, students are asked to show what they have learned by performing, creating, or producing something with language. In most cases, performance-based assessments evaluate the productive skills of speaking and writing and often involve self- and/or peer assessment.

Performance-based assessment:

- simulates real-life language use
- offers open-ended tasks
- allows for creative and divergent responses
- probes for "depth" versus "breadth"
- often assesses strategies for constructing a response
- requires students to "put it all together" rather than to recall small pieces of knowledge
- promotes recursive rather than linear learning
- evaluates performance based on well-defined criteria.

There are a multitude of ways in which students can demonstrate language performance. More choices for students generally means greater engagement and responsibility for their own learning. They become an active part of the process by choosing to perform a task in which they can let their own personality and creativity come through.

Grading Criteria

You may feel that performance-based assessment tasks might be too subjective to grade, and therefore unfair to the students. You may worry that if challenged, you might not be able to document the grade given with the concrete evidence provided by traditional paper-and-pencil tests. So students need the explicit criteria of a rubric to help them rate the quality of their finished products and to distinguish between acceptable and unacceptable performance. You must model a strong performance, give "anchors," or examples of outstanding work, and provide time to practice. This lays the groundwork for setting standards. When students see exemplary work, they will increase their standards for their own work.

Scoring Rubrics vs. Checklists

Many people confuse scoring rubrics and checklists. Both are helpful, but need to be understood by both teachers and students in order to be beneficial. A checklist is helpful in verifying that all the elements are evident in a student's work or performance. A scoring rubric clarifies the degrees or levels of performance within those elements.

The following analogy may be helpful to share with your students. If you wanted to open a new restaurant, you would want to hire the best servers you could find. The first thing you might do would be to visit your favorite restaurant and make a list of the characteristics of the servers who most impressed you. Neat appearance, a smile, politeness, prompt response to customer requests, and ability to answer food preparation questions are a few of the characteristics you might notice. These would then be the basis for the checklist you would use to screen applicants. After reflection, you would choose the elements from your list that were most important to you for the final interview criteria, and these would be the basis for your final assessment of potential servers.

In order to make your judgments more valid, reliable, and consistent, scoring scales, or rubrics, can be used. Rubrics should always have an established purpose. When using them, numerical values are associated with various performance levels, ranging from below average to excellent. The criteria must be precisely defined in terms of what the student must do to demonstrate skill or proficiency at a given level. Rubrics can provide greater authenticity in testing and can teach the student what matters.

Scoring rubrics minimize ambiguity by defining a concrete way to grade varied tasks. They can be developed for such tasks as paired conversations or projects. In addition, by making known the scoring rubrics before students begin the task, teachers offer clear information as to what criteria must be met and what level of performance must be achieved in order to earn a certain grade. Similarly, students can use rubrics to assess their own performance in preparation for the teacher's assessment.

There are two principal types of rubrics: *holistic* and *analytic*. Five basic steps are helpful in designing these:

- Determine the type of rubric
- Determine the range of scores or ratings possible
- Describe the criteria for each score or rating
- Share the rubric with a small group of students for feedback, and revise if necessary
- Standardize the process with a set of anchors or a sample

A *holistic rubric* is used to give a single score based on several criteria. An *analytic rubric* is used to give a score on each of several criteria, which are then added together for the final score. There are several templates for both types of scoring rubrics at the end of this section (see pp. T12–T16). These include numerical values associated with performance levels: Below Average (1 point), Good (3 points), Excellent (5 points). The criteria are precisely defined in terms of what the student actually does to demonstrate performance at a given level. They reflect what is considered to be appropriate at Level II in regard to skills and strategies. The rubrics provided are designed to match tasks in both the textbook and the assessment book, although the criteria can be changed at any time to reflect a different emphasis.

The rubric should be explained in advance so that students can have a clear understanding of what is expected of them. It then becomes a matter of student choice and responsibility to perform at the highest level. With a well-designed rubric, there is no confusion as to what must be done in order to receive the highest score.

The following rubric could be used with most of the speaking and writing tasks in *PASO A PASO 2*. For example, in Chapter 7 the speaking prompt in the *Examen de habilidades* asks students to name and describe some recent purchases they have made. They are to offer reasons for making the purchases and explain if the items were necessities or luxuries. Students are also asked to question you, as the interviewer, about some recent purchases you have made. They could be evaluated by the following rubric:

Speaking and Writing Rubric

CRITERIA	1 point—Below Average	3 points—Good	5 points—Excellent
Amount of Communication	Gives very few or no details or examples	Gives only a few details or examples	Consistently gives details and examples
Accuracy	Many misused words and repetitions of the same grammatical errors	Frequent misused words and repetitions of the same grammatical errors	Very few misused words or repetitions of the same grammatical errors
Comprehensibility	Difficult to understand	Fairly easy to understand, but not organized	Organized thoughts and easy to understand

This rubric lets the students know that attempting to support what they say with examples and details is important to the listener or reader. As the ACTFL Performance Guidelines point out, you can expect your students to rely on a limited number of simple phrases and expressions on a familiar topic. However, you should also expect them to be easily understood by you. Even though they may have many false starts and prolonged pauses, they should be able to produce vocabulary and phrases related to the topic. Although you should anticipate that your students will make errors in attempting to communicate beyond their memorized vocabulary, you should expect accuracy when they are reproducing phrases and sentences that have been frequently practiced and used in class. A student might score at different levels for each criterion or might score at the same level for all of them.

In each student performance, you are looking for evidence to determine at what level students understand and can use the language they are learning in your classroom. For example, a "below average" performance might resemble the following: *Yo compro un tocacintas. Fui a la tienda. Necesito un tocacintas. Yo es necesario. Me gusta la música. No tengo mucho dinero. Comí un sandwich. Compro un reloj tambien. Yo soy lujo.*

Here the student was able to give very few details or examples. It is randomly organized and has consistent patterns of errors. For example, *yo es necesario / yo soy lujo* is a similar, repeated error. Although it is evident that the student knows some related vocabulary, it is misused. It is difficult to understand the intention of the time frames in the various sentences.

A "good" performance might approximate the following: *Compré lentes de contacto. Son muy caro. No me gustar llevo antejos. Necesito lentes de contacto. A mí me parece que anteojos son feo. Yo soy más bonita con lentes de contacto. Mi madre le gustar también. Me parece una necesidad para mí. Es muy importante ser bonita. No quiero llevo anteojos.*

Although there are a few more examples in this sample, there are still patterns of errors (misuse of *gustar;* failure to use infinitives). The amount of communication is still very limited and tentative.

An excellent performance might be: *El sábado pasado fui al centro comercial con mis amigos. Yo recibí cientos dólares para mi cumpleaños. Me parece un regalo muy grande. Compré muchas cosas. Me gustan mucho los aretes. Es un lujo, pero me encanta. Compré una pulsera, un collar y los aretes. Son bonitos. Cuesta mucho, pero me gustan. ¡No me gusta ahorrar mi dinero!*

In this example, the student produces a very strong response. Several examples are given, and there are no serious patterns of errors. There is evidence that the student has internalized much of the vocabulary in the chapter, and is comfortable in expressing her thoughts in a way that is easily understood.

Portfolios

Because of the limitations that a single test grade can impose, many teachers are including some type of portfolio assessment in their classrooms. The most basic aspect of portfolios is that they are done <u>by</u>, not <u>to</u>, the students. A portfolio can be the intimate, personal link between teacher instruction and student learning. Risk-taking and creativity, which are often missed in other forms of testing, can be encouraged as students generate portfolios.

With portfolios, students participate in their own assessment by evaluating their own work by the same criteria the teacher uses. This learner-centered aspect is the crux of portfolios. It represents what the students are really doing. Additionally, if students choose their own work to be showcased, they are engaging in the type of self-reflection that is far more valuable than simply being given a grade by the teacher. Thus, the student's role changes from passive absorber of information to active learner and evaluator.

Establishing the Purpose of Portfolios in Your Classroom

The most important step in getting started with portfolios is to establish their purpose. The following questions might assist you in determining that. Is the purpose of the portfolio

- to monitor student progress?
- to encourage student self-evaluation?
- to encourage student accountability for work?
- to showcase a student's best work?
- to evaluate a student's work within the context of one of the goals of the National Standards, such as "understanding of other cultures"?
- to evaluate written expression?
- to assess oral language?
- to maintain a continuous record to pass on from one level to the next?

Portfolios allow for more self-directed work that can be accomplished outside the time constraints of the school day. This can be particularly important under the block schedule. The following chart describes three types of portfolios.

Three Types of Portfolios

Showcase Portfolio	Collection Portfolio	Assessment Portfolio
• Displays only a student's best work • Contains only finished products, and therefore may not illustrate student learning over time. • Entries selected to illustrate student achievement rather than the learning process.	• Contains all of a student's work • Shows how a student deals with daily assignments • Sometimes referred to as a working folder. Illustrates both process and products.	• Contents are selected to show growth over time. • Each entry is evaluated based on criteria specified by teacher and student in the form of a rubric or checklist. • Does not receive a grade. Individual entries may be weighted to reflect an overall level of achievement.

Types of Portfolio Entries

After determining the purpose of the portfolio in your classroom, you should think about the kinds of entries that will best match your instructional purposes. If you choose to use an assessment portfolio, you will find that it is an excellent vehicle for trying out some of the new approaches to assessment that you are not currently using. It is best to combine both required and optional entries. *Required entries* will provide the primary basis for assessment, and could include samples of specific work, student self-assessments, and some type of teacher assessment. You might begin with two or three entries for each grading period, and build up to about five required entries after both you and your students get accustomed to using portfolios. *Optional entries* provide you with additional information which complements that contained in the required entries. Students provide evidence of their learning by including such things as their preparatory work for a project or a written or tape-recorded story. The following chart might be an outline of entries that could be included in a portfolio based on *PASO A PASO 2.* (Samples of grading criteria can be found on pages T12–T16.)

1st Semester Portfolio Contents

(Shading indicates work not collected that month)

	Sept.	Oct.	Nov.	Dec.
1. At least two descriptive *"bio poemas"* describing personalities and the things the person most enjoys. (Required)		▓	▓	▓
2. Student-designed brochure about the school, including information on school rules, classes, activities, etc. (Required)	▓			▓
3. Oral or written comparison of two Hispanic works of art having the same theme (e.g., portrait, still life, landscape, etc.) (Required)	▓	▓		
4. Audio/videotaped interview with a relative or friend about his/her childhood, accompanied by a written biography of that person. (Required)	▓	▓		▓
5. Student-designed clothing catalog (on-line or hard copy), including clothing descriptions and prices cited in currency of at least three Hispanic countries. (Required)	▓	▓		▓
6. Optional Entry # 1 (e.g., Presentation using multimedia production tools in *Pasos vivos 2* CD-ROM)	▓		▓	
7. Optional Entry # 2 (e.g., Student survey and data records regarding one of the first-semester chapter themes)	▓	▓		

The heart of a portfolio is the *reflection* behind it, not just the work. Many teachers report that since the process requires students to set goals and to self-assess as they progress, their students take more responsibility for their learning. Others report that portfolios allow them to do things with students that they were not able to accomplish before because of a lack of available class time. They encourage students to pursue things outside of class that you don't have time to develop. They are <u>not</u> just a collection of work or a scrapbook.

Initial efforts at using portfolios will seem time-consuming. However, rather than looking at them as something extra, you should view them as part of instruction. All portfolios do not need to be evaluated by you on the same day, since students will complete their work within a time range over a period of months. When students have finished, they are required to assess their work based on the criteria defined in the scoring rubric you will use to grade them. You can then easily spot check the students' self-assessments, since the initial groundwork for grading has already been done by them as part of the process.

The real purpose of the portfolio is to coach students to be honest evaluators of their own work and to become part of the learning process instead of passively—or nervously—waiting to be evaluated by you.

Exámenes de habilidades

After you have tested your students on vocabulary and grammar applications through the *Pruebas* and *Pruebas cumulativas,* it is time to assess their progress in a larger context. Students get a sense of purposefulness to their learning when asked to perform tasks related to the real world. Thus, *PASO A PASO* provides a performance-based assessment tool—the *Examen de habilidades*—which addresses all six questions posed in the Performance Guidelines (see pp. T18–T20).

Interpreting Meaning: Listening/Reading

In the listening and reading components of the *Exámenes de habilidades,* students are asked to interpret simple taped conversations or narratives or to read for specific details within a highly contextualized and familiar format. They employ the same techniques used in the text. In some cases, for example, students listen or read selectively to extract specific information. In others, they use previously practiced strategies, such as contextual guessing or use of cognates. For example, on a listening test for Chapter 4, students hear a radio sports announcer as he reports highlights of recent sporting events. They must listen selectively for key words to help them match pictures to what they hear. In another interpretive task, students are given articles about famous people from a teen magazine and are asked to read selectively for specific things about each of the people. They rely on the communication strategies described in the Performance Guidelines of applying familiar language in a new context and of using their own background knowledge of what they would expect a sports report or profile of a famous person to describe in order to assist them in predicting meaning and enhancing comprehension.

Interpersonal and Presentational Communication: Speaking

The speaking component of the *Examen de habilidades* allows students to use the language they have learned in either an interpersonal or presentational speaking task. According to the Guidelines, within the novice learner range, students should be expected to interact with a conversational partner primarily by using memorized phrases and short sentences within a familiar context. For example, in Chapter 4, students may choose to role-play a situation in which they are trying to convince a friend to accompany them to a particular event. They will describe the event and some things they expect to see or do, and talk about why their friend should go. They are also asked to encourage the friend to ask questions. Or a student might prefer to present a short talk describing a particular activity in which he or she recently participated and explaining why the activity was or was not enjoyable.

Interpersonal and Presentational Communication: Writing

The Performance Guidelines tell us that in the Level II novice learner range, students are able to meet limited practical writing needs, such as short messages and notes, by recombining learned vocabulary and structures. They may exhibit frequent spelling errors or use invented spelling when writing words on their own. For example, in Chapter 4 a writing task prompts students to write a note persuading a friend to go to some special event. According to the Guidelines, you should expect students to use high-frequency words or phrases that were practiced in class with a certain degree of accuracy, but to exhibit decreased accuracy when trying to go beyond the memorized level and attempting to create with the language.

The Goal of Assessment in the Classroom

The Latin root of "assess" is to "sit beside." The goal of our assessment program is indeed a sitting beside the student, encouraging performance to the best of his or her ability in the language. Although learning a language is a complicated endeavor, *PASO A PASO* provides students with myriad opportunities to practice these real-life tasks before their performance is evaluated and graded.

Rubric #1: Group Performance Rubric

This rubric can be used for any group performance, such as a skit or report. For example, it could be used for the *Todo junto* activity in Chapter 3 where students are asked to invent and present a group interview of a famous person.

GROUP PERFORMANCE SCORING RUBRIC

CRITERIA	Needs more rehearsal (1 point—Below Average)	Ready for a spot on local TV news! (3 points—Good)	Ready for a spot on network news! (5 points—Excellent)
Preparation	No evidence of pre-planning submitted	List of brainstormed ideas submitted	Brainstorming list, report outline, and student assignments submitted
Visuals	No visuals or props used	Limited visuals and props used	Extensive visuals and props used
Quality of Content	Little or no information or material given	Information/material not completely accurate or complete	Extensive information/ material given accurately and completely
Quality of Presentation	Difficult to understand or follow	Unclear at certain points	Clear and effective presentation
Creativity	Basic presentation, with no creative additions to original assignment	Expanded presentation, with one addition to original assignment	Expanded presentation, with at least two additions to original assignment

Rubric #2: Role-Play Conversation Rubric

This rubric can be used with any activity or assessment task where two students are asked to role-play a situation. For example, in a *Todo junto* activity in Chapter 4, students are asked to tell one another what they think their partner did last Sunday. The partner then either confirms or corrects the information. In Chapter 9, they are asked to invent and present conversational situations in which they take the roles of patient and nurse.

ROLE-PLAY SCORING RUBRIC

CRITERIA	Ready for grade school play (1 point—Below Average)	Ready for community theater! (3 points—Good)	Ready for Broadway (5 points—Excellent)
Language Use	Heavy reliance on English words, word order, and pronunciation	Frequent use of English words, word order, and pronunciation	Can "talk around" an exact word in order to sustain conversation
Ability to Sustain Conversation	Only answers partner's direct questions	Both asks and answers partner's questions and can state an opinion	States opinions, gives reasons, and agrees or disagrees with partner
Conversational Interaction	No conversational reaction to what partner said	Very limited conversational reaction to what partner said	Responds naturally to what partner said
Vocabulary Use	Very limited and repetitive	Only recently acquired vocabulary used	Both recently acquired and previously learned vocabulary used

Rubric #3: Individual Oral Presentation

This rubric can be used with any activity or assessment task in which a student is asked to describe someone or something. For example, in the speaking task of Chapter 5's *Examen de habilidades,* the student is asked to describe his or her childhood. In Chapter 9, a *Todo junto* activity asks the student to present the results of an interview with a senior citizen concerning aspects of health care when he or she was young.

INDIVIDUAL ORAL PRESENTATION RUBRIC

CRITERIA	Just the facts, ma'am (1 point—Below Average)	Smooth talker! (3 points—Good)	Orator! (5 points—Excellent)
Language Use	Little accuracy when trying to reproduce memorized words or phrases	Accuracy when using a very limited number of memorized words or phrases	Accuracy when using a variety of memorized words or phrases
Fluency	Many long pauses and false starts, with frequent resort to English	Frequent pauses and false starts, but thoughts expressed (in short sentences)	Few pauses or false starts and smoothly put together in a few sentences
Pronunciation	Poor pronunciation interferes with being understood	Frequent mispronunciation causes some misunderstanding	Few pronunciation errors and easily understood
Completion of Task	Only a few of the required talking points included	Most of the required talking points included	All of the required talking points included

Rubric #4: Cultural Comparison

This rubric can be used with any activity or assessment task in which a student is asked to compare his or her own culture with the target culture. For example, in Chapter 9 students are asked to compare two important Mexican artists and their work.

CULTURAL COMPARISON (PRODUCTS) SCORING RUBRIC

CRITERIA	Polite tourist (1 point—Below Average)	Seasoned traveler (3 points—Good)	International tour guide! (5 points—Excellent)
Number of Comparisons/ Differences Cited	At least two similarities or differences cited	At least four similarities or differences cited	At least six similarities or differences cited
Number of Resources Consulted	Textbook only	At least two resources used (magazines, books, Internet, interviews, etc.)	Three or more resources used (magazines, books, Internet, interviews, etc.)
Illustration of Comparison	Information displayed in a chart or Venn diagram	Information displayed in a chart with at least one visual	Information displayed in poster format with visuals
Evidence of Cultural Reflection	No evidence of cultural reflection	Reflection statement included	Reflection statement and personal conclusion included

An engaging assessment format for your students to demonstrate what they have learned is to have them design a game for the class to play to review vocabulary, grammar, or cultural information. Both the preparation and the playing of the game will help students review concepts learned in class. The following rubric incorporates culture, vocabulary, and communicative strategies:

GAME BOARD SCORING RUBRIC

CRITERIA	Garage sale game (1 point—Below Average)	Magazine prize winner! (3 points—Good)	Deluxe edition board game! (5 points—Excellent)
Game Board	Only in draft form; needs development	Colorful board with correct spelling of most words/phrases	Attractive and accurate board with game cards
Markers	No cultural connection to game theme	Culturally appropriate to game theme	Cultural artifacts that fit the game theme
Vocabulary	Uses only one vocabulary group (for example, color vocabulary)	Uses at least three vocabulary groups (for example, characters, weapons, rooms)	Uses more than three vocabulary groups
Conversational Strategies	Players use little conversation and outcome left to chance	Players read questions from cards to obtain information	Players ask questions to elicit answers and must interact to win the game

For all of the previously mentioned rubrics, the following point conversions could be used:

TOTAL POINTS: 18–20 points = A; 14–16 points = B; 10–12 points = C; 6–8 points = D

In designing your own rubrics, you might consider the following list from which to select criteria for any given assessment task:

- completion of task
- evidence of planning/drafts
- resources used
- organization of ideas
- clarity of ideas
- amount of communication
- accuracy
- variety of expression
- cultural appropriateness
- use of illustrations/visuals
- vocabulary use
- pronunciation/spelling
- creativity
- effort and risk-taking

STANDARDS FOR FOREIGN LANGUAGE LEARNING

COMMUNICATION: Communicate in Languages Other Than English

Standard 1.1: Students engage in conversations, provide and obtain information, express feelings and emotions, and exchange opinions.

Standard 1.2: Students understand and interpret written and spoken language on a variety of topics.

Standard 1.3: Students present information, concepts, and ideas to an audience of listeners or readers on a variety of topics.

CULTURES: Gain Knowledge and Understanding of Other Cultures

Standard 2.1: Students demonstrate an understanding of the relationship between the practices and perspectives of the culture studied.

Standard 2.2: Students demonstrate an understanding of the relationship between the products and perspectives of the culture studied.

CONNECTIONS: Connect with Other Disciplines and Acquire Information

Standard 3.1: Students reinforce and further their knowledge of other disciplines through the foreign language.

Standard 3.2: Students acquire information and recognize the distinctive viewpoints that are only available through the foreign language and its cultures.

COMPARISONS: Develop Insight into the Nature of Language and Culture

Standard 4.1: Students demonstrate understanding of the nature of language through comparisons of the language studied and their own.

Standard 4.2: Students demonstrate understanding of the concept of culture through comparisons of the cultures studied and their own.

COMMUNITIES: Participate in Multilingual Communities at Home and Around the World

Standard 5.1: Students use the language both within and beyond the school setting.

Standard 5.2: Students show evidence of becoming life-long learners by using the language for personal enjoyment and enrichment.

NOVICE LEARNER RANGE (Levels I–II)

COMPREHENSIBILITY: How well are they understood?

Interpersonal

- rely primarily on memorized phrases and short sentences during highly predictable interactions on very familiar topics
- are understood primarily by those very accustomed to interacting with language learners
- imitate modeled words and phrases using intonation and pronunciation similar to that of the model
- may show evidence of false starts, prolonged and unexpectedly placed pauses, and recourse to their native language as topics expand beyond the scope of immediate needs
- are able to meet limited practical writing needs, such as short messages and notes, by recombining learned vocabulary and structures to form simple sentences on very familiar topics

Presentational

- use short, memorized phrases and sentences in oral and written presentations
- are understood primarily by those who are very accustomed to interacting with language learners
- demonstrate some accuracy in pronunciation and intonation when presenting well-rehearsed material on familiar topics
- may show evidence of false starts, prolonged and unexpectedly placed pauses, and recourse to the native language as topics expand beyond the scope of immediate needs
- show abilities in writing by reproducing familiar material
- rely heavily on visuals to enhance comprehensibility in both oral and written presentations

COMPREHENSION: How well do they understand?

Interpersonal

- comprehend general information and vocabulary when the communication partner uses objects, visuals, and gestures in speaking or writing
- generally need contextual clues, redundancy, paraphrase, or restatement in order to understand the message

Interpretive

- understand short, simple conversations and narrative (live or recorded material), within highly predictable and familiar contexts
- rely on personal background experience to assist in comprehension
- exhibit increased comprehension when constructing meaning through recognition of key words or phrases embedded in familiar contexts
- comprehend written and spoken language better when content has been previously presented in an oral and/or visual context
- determine meaning by recognition of cognates, prefixes, and thematic vocabulary

LANGUAGE CONTROL: How accurate is their language?

Interpersonal

- comprehend messages that include predominantly familiar grammatical structures

- are most accurate when communicating about very familiar topics using memorized oral and written phrases
- exhibit decreased accuracy when attempting to create with the language
- write with accuracy when copying written language but may use invented spelling when writing words or producing characters on their own
- may exhibit frequent errors in capitalization and/or punctuation when target language differs from native language in these areas

Interpretive

- recognize structural patterns in target language narratives and derive meaning from these structures within familiar contexts
- sometimes recognize previously learned structures when presented in new contexts

Presentational

- demonstrate some accuracy in oral and written presentations when reproducing memorized words, phrases, and sentences in the target language
- formulate oral and written presentations using a limited range of simple phrases and expressions based on very familiar topics
- show inaccuracies and/or interference from the native language when attempting to communicate information which goes beyond the memorized or prefabricated
- may exhibit frequent errors in capitalization and/or punctuation and/or production of characters when the writing system of the target language differs from the native language

VOCABULARY USE: How extensive and applicable is their vocabulary?

Interpersonal

- comprehend and produce vocabulary that is related to everyday objects and actions on a limited number of familiar topics
- use words and phrases primarily as lexical items without awareness of grammatical structure
- recognize and use vocabulary from a variety of topics, including those related to other curricular areas
- may often rely on words and phrases from their native language when attempting to communicate beyond the word and/or gesture level

Interpretive

- recognize a variety of vocabulary words and expressions related to familiar topics embedded within relevant curricular areas
- demonstrate increased comprehension of vocabulary in spoken passages when these are enhanced by pantomime, props, and/or visuals
- demonstrate increased comprehension of written passages when accompanied by illustrations and other contextual clues

Presentational

- use a limited number of words and phrases for common objects and actions in familiar categories
- supplement their basic vocabulary with expressions acquired from sources such as the teacher or picture dictionaries
- rely on native language words and phrases when expressing personal meaning in less familiar categories

COMMUNICATION STRATEGIES: How do they maintain communication?

Interpersonal

- attempt to clarify meaning by repeating words and occasionally selecting substitute words to convey their message
- primarily use facial expressions and gestures to indicate problems with comprehension

Interpretive

- use background experience to anticipate story direction in highly predictable oral or written texts
- rely heavily on visuals and familiar language to assist in comprehension

Presentational

- make corrections by repeating or rewriting when appropriate forms are routinely modeled by the teacher
- rely heavily on repetition, nonverbal expression (gestures, facial expressions), and visuals to communicate their message

CULTURAL AWARENESS: How is their cultural understanding reflected in their communication?

Interpersonal

- imitate culturally appropriate vocabulary and idiomatic expressions
- use gestures and body language that are generally those of the student's own culture, unless they are incorporated into memorized responses

Interpretive

- understand both oral and written language that reflects a cultural background similar to their own
- predict a story line or event when it reflects a cultural background similar to their own

Presentational

- imitate the use of culturally appropriate vocabulary, idiomatic expressions, and nonverbal behaviors modeled by the teacher

ASSESSMENT TERMS

alternative assessment: any method employed to find out what students know or can do that is not obtained through traditional methods, such as multiple-choice testing

analytic scoring: the assignment of separate scores in designated categories on a scoring rubric

anchors: representative products or performances used to characterize each point on a scoring rubric or scale

anecdotal records: informal written notes on student learning products or processes, usually jotted down by teacher from direct observation

assessment: a systematic approach to collecting information on student learning or performance, usually based on various sources of evidence

authentic assessment: procedures for evaluating student performance using activities that represent real-life tasks

cloze test: an assessment of reading comprehension that asks students to infer the missing words in a reading passage

collection portfolio: a collection of all work showing how a student deals with daily classroom assignments

content standards: the knowledge specific to a given content area

criteria: guidelines, rules, or principles by which student responses, products, or performances are judged

dialogue journal: a type of writing in which students make entries in a notebook on topics of their choice to which the teacher responds

discrete-point tests: a test of a specific linguistic subskill, such as spelling, vocabulary, grammar, or pronunciation

evaluation: interpretation of assessment data regarding the quality of some response, product, or performance

formative assessment: ongoing diagnostic assessment providing information to guide instruction

holistic scoring: the assignment of a single score, based on specific criteria, to a student's performance

information gap: an oral language activity in which a student is rated on his or her success in conveying information unknown to a partner

performance assessment: assessment tasks that require a student to construct a response, create a product, or demonstrate applications of knowledge; performance is often related to a continuum of agreed-upon standards of proficiency or excellence

performance standard: the level of performance required on specific activities

portfolio: a collection of student work demonstrating student reflection and progress or achievement over time in one or more areas

portfolio assessment: a selective collection of student work, teacher observations, and self-assessment used to show progress over time with regard to specific criteria

process writing: a form of writing instruction that typically includes pre-writing, writing, and post-writing stages

project: an activity in which students prepare a product to show what they know and can do

reliability: the degree to which an assessment yields consistent results

rubric: a measurement scale used to evaluate student performance and consisting of a fixed scale and a list of characteristics that describe criteria at each score point for a particular outcome

scaffolding: providing contextual supports for meaning during instruction or assessment, such as visuals, lists, tables, or graphs

self-assessment: appraisal by a student of his or her own work

showcase portfolio: a collection of a student's best work, often selected by the student, that highlights what he or she is able to do

standard: an established level of achievement, quality of performance, or degree of proficiency

summative assessment: culminating assessment for a unit, grade level, or course of study that provides a status report on mastery or degree of proficiency according to identified learning outcomes and that aids in making decisions about passing, failing, or promotion

task: an activity usually requiring multiple responses to a challenging question or problem

test: a set of questions or situations designed to permit an inference about what a student knows or can do in a given area

validity: refers to whether or not a given assessment is an adequate measure of what is being assessed

Notes

Notes

Notes

Notes

EXAMEN: CAPÍTULO 1

5:27 Counter no. _____

A. Some students are talking in the hallway at school. For each statement, write the letter of the picture which best matches what you hear.

1. ¿Dónde están Carla y Dina? Suelen estudiar en el laboratorio a la hora del almuerzo, pero no las veo. Quiero hablar con ellas sobre el examen de química.

2. María, tengo que entregar este informe después del almuerzo, pero necesito una grapadora. ¿Tienes una en tu bolso?

3. Gregorio, ¿quieres ir conmigo esta noche al concierto en el auditorio de la escuela?

4. Creo que José está hablando demasiado inglés en la clase. La profesora dice que sólo se permite hablar francés en su clase.

5. Mañana el profesor nos va a dar una prueba sobre los lagos, las montañas y las cataratas de América del Sur. No va a ser difícil, pero debemos repasar.

B. Esteban is talking to Elena, an exchange student from Peru. Listen to their conversation, then circle *Sí* if you agree with the statement or *No* if you don't agree.

ESTEBAN Elena, ¿te puedo explicar alguna cosa sobre la escuela?

ELENA Gracias, Esteban. Tengo muchas preguntas porque todavía no conozco a nadie.

ESTEBAN ¿Tienes muchas materias este año?

ELENA Sí, pero no son tan fáciles como las materias de mi escuela. No hablo inglés muy bien y me da miedo hacer preguntas en algunas clases. Tienes clase de historia conmigo en la quinta hora, ¿no?

ESTEBAN Sí, pero la profesora es muy simpática. Siempre contesta las preguntas de los estudiantes y les ayuda mucho con las respuestas. ¿Estudias otro idioma?

ELENA Sí, estoy en el cuarto año de alemán. Esa clase es muy fácil para mí.

ESTEBAN ¿De veras? Estudio el primer año de alemán, pero es muy difícil para mí. ¿Me ayudas si yo te ayudo con el inglés?

ELENA ¡Genial!

EXAMEN: CAPÍTULO 2

2:04 Counter no. _____

Ana Luisa is talking to her cousin on the telephone. Listen as Ana Luisa describes what a typical morning is like for her. Match the pictures with what you hear, then number each picture in the order in which you hear it described.

Hago siempre lo mismo todas las mañanas. Primero el despertador me despierta a las 6:30. No me despierto de mal humor, pero es difícil levantarme. Casi siempre me baño después de levantarme. A veces también me lavo el pelo por la mañana. Tengo que secarme el pelo en seguida, y peinarme y vestirme antes de las 7:00. A las 7:00 desayuno. Nunca tengo tiempo para desayunar mucho, pero por lo menos bebo un jugo con pan tostado y mantequilla. Después de cepillarme los dientes, salgo de la casa y llego a mi primera clase a las 7:30, la clase de biología.

EXAMEN: CAPÍTULO 3

5:40 Counter no. _____

A. You're at a party given by the International Club, but you know very few people there. A friend helps you identify some of the members by naming them and describing what they are wearing. Listen to the descriptions, then match each picture with a name. Write the number of the picture next to the person's name.

1. ¿No conoces a Alicia todavía? ¡Qué trabajadora! Ella preparó todo para la fiesta. Es la muchacha con el chandal floreado.

2. La muchacha que está al lado de Alicia se llama Carmen. Lleva un vestido rojo y un pañuelo amarillo.

3. Ese muchacho es Santiago. Él hizo las enchiladas para la fiesta. Me gustan mucho sus botines marrones. Son de Colombia.

4. Aquel hombre es el profesor Laredo. Él nos ayuda mucho en la clase de español. Siempre lleva corbatas floreadas a rayas. Qué gracioso, ¿no?

5. Vamos a conocer a Luis. Me encanta su chaqueta de cuero negro. Creo que tiene unas siete cremalleras en la chaqueta.

B. Olga and Elizabet are in a women's clothing store trying on clothes. Listen to their conversation, then choose the best answer to each question.

OLGA	Me gustaría encontrar algo elegante pero sencillo para la fiesta del sábado. Ya busqué por todas partes, pero no vi nada. Elizabet, ¿te gusta este chaleco?
ELIZABET	Te queda muy flojo. Necesitas uno más apretado. Aquí hay unos de tamaño pequeño, uno a cuadros, otro a rayas y éste floreado. ¿Cuál prefieres?
OLGA	No sé cuál escoger. Creo que me gusta más el chaleco floreado. Puedes colgar ésos porque no me gustan. Elizabet, ¿tienes tu tarjeta de crédito? Creo que no tengo bastante dinero en efectivo para pagar este chaleco.
ELIZABET	Pues, no tengo la tarjeta de crédito, pero tengo unos treinta dólares.
OLGA	¡Genial! Y yo tengo diez. Elizabet, ¿me das diez y yo te pago mañana?
ELIZABET	Me pagas mañana o la semana próxima. Somos buenas amigas.

EXAMEN: CAPÍTULO 4

6:47 Counter no. _____

A. You're listening to the radio sports announcer as he reports some of the highlights of games or sporting events that took place this week. Listen to the announcer's comments, then select the picture which best matches what you hear.

1. Ana María quiere ser la nueva campeona del año. ¡Qué lástima! Ella perdió la raqueta y la pelota.

2. Tres cuadras más y Andrés puede ganar el campeonato del año. ¿Va a ganar o va a perder? Ya él y su bicicleta llegaron al final. ¡Muy bien, Andrés!

3. Señores y señoras. No ganó ni un equipo ni el otro. En el último minuto, Rodríguez metió un gol y Canadá y Argentina empataron.

4. Hace buen día y ya no nieva. El hielo del lago es como un enorme espejo bajo el sol. En dos minutos vamos a saber quién patina sobre hielo mejor que todos.

5. Creo que este año el Club Deportista va a ganarle al Club Estrellas. Ellos juegan a los bolos mucho mejor que el Club Estrellas.

B. Some friends want to get together because they're bored. Listen to the two telephone conversations, then circle *Sí* if the statement is correct or *No* if it is not correct.

DIÁLOGO 1

ALEX	Hola, Cristina. ¿Quieres hacer algo conmigo hoy? Podemos escuchar unos discos compactos.
CRISTINA	Me gustaría hacer algo contigo, pero prefiero hacer algo más interesante. Hay un concierto de música clásica esta tarde en el parque y también hay una obra de teatro en la escuela. ¿Qué piensas?
ALEX	La última vez que fui a un concierto de música clásica me aburrí mucho. A veces me divierto en las obras de teatro. ¿Cuál es la de hoy?
CRISTINA	Es una obra bastante graciosa sobre un equipo que es el peor de la liga.
ALEX	No sé. Creo que me gustaría más ir al desfile que hay en el centro.

DIÁLOGO 2

PATRICIO	Guille, ¿sabías que hay un partido de hockey hoy? ¿Te gustaría verlo?
GUILLE	No sé nada de ese deporte. Creo que va a aburrirnos, ¿verdad?
PATRICIO	¿Cómo vas a aburrirte si el hockey es muy emocionante?
GUILLE	Pues, es que los deportes me aburren mucho. Prefiero los juegos donde tengo que pensar, como el ajedrez. ¿Crees que me puedo divertir?
PATRICIO	¡Claro que sí! Vamos y, si no lo pasas bien, yo te compro el almuerzo.
GUILLE	¡Genial!

EXAMEN: CAPÍTULO 5

4:16 Counter no. _____

Some friends are on a camping trip reminiscing about their childhood. They are describing what they were like as children. Listen to what each one says, then select the best answer to complete each statement.

PRIMERA DESCRIPCIÓN

Cuando era pequeño, me gustaba jugar con los camiones de mi hermano Antonio. Siempre los ponía debajo de los animales de peluche en el cuarto de nuestra hermana. Ella era muy tímida y no le decía nada a Antonio. Mi hermano los buscaba por toda la casa, pero no los encontraba por ninguna parte. Cuando Antonio me preguntaba dónde estaban los camiones, le decía que yo no los tenía y lo enviaba a preguntarle a nuestra hermana. Me divertía mucho con Antonio, pero él no me soportaba.

SEGUNDA DESCRIPCIÓN

Siempre me portaba muy bien. No me gustaba pelearme con los otros niños y siempre obedecía a los mayores. En el patio de recreo prefería prestar mi triciclo o bloques a los otros niños que no tenían juguetes. Recuerdo que un día quería subir en el tobogán, pero no sabía hacerlo muy bien y me daba miedo. Uno de mis amigos vio mi cara triste y me ayudó. Aprendí fácilmente, gracias a mi amigo.

TERCERA DESCRIPCIÓN

Cuando tenía más o menos un año aprendí a caminar por toda la casa. Iba de un cuarto a otro y por toda la casa veía mil juguetes nuevos. En el comedor veía peces de muchos colores. Me gustaba poner la mano en el agua fría. En la cocina jugaba con los muñecos de mis hermanos y los ponía en el refrigerador.

EXAMEN: CAPÍTULO 6

6:08 Counter no. _____

A. Reina and her friends are describing to Martín, an exchange student from Ecuador, some special occasions they celebrate with their families. Listen to what they say, then match the pictures with what you hear.

1. En junio vamos a dar una fiesta en casa de los bisabuelos. Todos nuestros parientes van a estar porque quieren felicitar a mi hermano mayor. Él se gradúa de la universidad.

2. Creo que ustedes no lo celebran porque es un día especial sólo en los Estados Unidos. El tercer jueves de noviembre todos nuestros parientes nos encontramos para charlar, bailar y, claro, comer pavo relleno.

3. De pequeño recuerdo que mis tíos se abrazaban y todos lo pasábamos bien charlando y bailando. Luego, a las doce, encendíamos las velas en el pastel y mi bisabuela las apagaba. Nos divertíamos mucho cuando ella cumplía años.

4. Recuerdo que mi tío Arturo estuvo soltero por muchos años. Pero hace unos meses conoció a Charo y este domingo vamos a celebrar su próxima boda.

B. Maricruz has telephoned her parents in Venezuela after celebrating a holiday for the first time in the United States. Listen to her conversation, then circle *Sí* if the statement is correct or *No* if it is not correct.

¿Cómo estás, mamá? Y papá, ¿no está? ¡Qué lástima! No lo voy a poder saludar. Pues, lo pasé muy bien en la fiesta de Nochebuena con mi familia de los Estados Unidos. Ayudé a Trini a escribir todas las invitaciones. Invitaron a todos sus parientes. Se vistieron con ropa elegante y había regalos. Antes de la cena a la medianoche, todos charlamos y cantamos canciones alegres. Trini y su familia me regalaron un collar y una pulsera. Para la cena sirvieron algo que nosotros nunca comemos en casa, pavo relleno. Me gustó mucho. Desde que llegué aquí estoy muy ocupada con la escuela. Por eso no tengo tiempo de escribirles mucho. Podemos hablarnos por teléfono de nuevo la semana próxima. Bueno, tengo que despedirme. Muchos besos y abrazos a papá.

EXAMEN: CAPÍTULO 7

7:27 Counter no. _____

A. Some customers have returned their purchases because they are not satisfied. Listen to their comments, then circle *Sí* if the statement is correct or *No* if it is not correct.

1. Señorita, mi amiga y yo compramos la misma cadena en este almacén hace unas semanas. La mía no es de oro y la suya sí. Pagué ochenta dólares por esta cadena y ella pagó sólo cincuenta. Me parece que mi cadena no debe costar más que la suya.

2. Señor, quisiera devolver este secador de pelo porque no funciona bien. Lo llevé a una tienda que puede repararlos, pero allí dicen que no vale nada. Por eso estoy aquí, porque compré el secador de pelo pensando que era de lujo y el mejor aparato de todos.

3. Señora, ayer mi esposo y yo compramos un televisor aquí. ¡El control remoto no sirve! El televisor no enciende y la luz que debe encenderlo no funciona. ¿Pilas? ¡No me diga! ¿Necesita pilas? ¡Ay! No lo sabía.

4. Señorita, el sábado pasado usted me vendió unos aretes, un collar y una pulsera. Los compré para un regalo. Cuando mi tía lo abrió, había sólo un arete. No estaban ni el collar ni la pulsera. Ustedes me deben una pulsera, un collar y el otro arete.

5. Señor, ¿me puede usted mostrar ese tocacintas que está al lado de los radios? Gracias. Tengo un pequeño problema. La semana pasada compré este tocacintas para mi sobrino porque se gradúa en junio. No lo compré aquí en la tienda suya, pero ahora veo que ustedes tienen tocacintas mejores.

¿Podrían ustedes darme otro tocacintas por el mío?

B. Listen to this radio advertisement for an appliance repair shop, then select the answer which best completes each statement.

Señores y señoras, reparamos los aparatos suyos en seguida. ¿Tienen problema con la calefacción central, el aire acondicionado o el calentador? ¿No encienden o de vez en cuando se apagan? Podemos mandar a su casa a nuestros expertos trabajadores para reparar los aparatos en su casa. También les podemos mostrar cómo conservar energía. En caso de emergencia, tenemos servicio las veinticuatro horas del día. Llamen a "Servicios eléctricos Manolo" al 23-98-07. Yo mismo les puedo ayudar.

EXAMEN: CAPÍTULO 8

7:11 Counter no. _____

A. While you are walking through a shopping mall, you overhear some conversations in which people are getting directions to a particular place. Listen to determine for which place each person has asked directions, then select the picture which matches that place.

1. Claro que sí. Primero doble a la izquierda en la esquina. Siga unos quince o veinte metros hasta llegar a la farmacia. Allí está, al lado de la farmacia. Se venden periódicos, revistas y también sellos.

2. Tiene que ir al fondo del almacén, donde está la sección de la ropa para caballeros. Los teléfonos públicos se encuentran allí, cerca de la salida.

3. Pues, no hay ninguna por aquí, pero creo que hay una en la calle Arrando. En el centro comercial, doble a la izquierda. Siga unas dos cuadras hasta el semáforo y doble a la derecha. Le va a gustar mucho porque tienen flores muy bonitas allí.

4. ¿Puede usted ver el mostrador que tiene todo el maquillaje? Bueno, detrás de ese mostrador hay otro. Allí está la sección de perfumes para caballeros.

5. Sí, señorita. Hay uno en el segundo piso. A la salida del ascensor, doble a la derecha. Siga más o menos cinco metros y el buzón queda al lado del teléfono público.

B. Some customers are talking with a salesclerk. Listen to two different conversations, then circle *Sí* if the statement is correct or *No* if it is not correct.

DIÁLOGO 1

CUSTOMER	Por favor, ¿dónde puedo encontrar la seda dental?
CLERK	Está en la sección once, al lado de los cepillos de dientes.
CUSTOMER	¿Y el esmalte de uñas?
CLERK	Esa sección está al fondo de la farmacia, cerca de los lápices de labios y las otras cosas de maquillaje.
CUSTOMER	Muchas gracias. ¡Ah! Algo más. ¿Dónde se encuentran las revistas?
CLERK	No se venden revistas aquí. En el quiosco de la esquina sí se venden. Al salir, doble a la derecha.

DIÁLOGO 2

CUSTOMER	¿Me podría indicar dónde está la escalera mecánica?
CLERK	Pues, no tenemos una, pero sí hay ascensor. Siga usted al fondo hasta la sección de ropa para niños y doble a la derecha.
CUSTOMER	¿Y la ropa para damas?
CLERK	También se encuentra en el primer piso, al otro lado de la sección de la ropa para caballeros.
CUSTOMER	¡Qué bonitos son estos pañuelos que tiene usted aquí sobre el mostrador!
CLERK	¿Quiere ponerse uno? Éste tiene unos colores muy bonitos.
CUSTOMER	¡Qué amable! Voy a quitarme el pañuelo viejo que llevo.

EXAMEN: CAPÍTULO 9

8:47 Counter no. _____

A. Rogelio is telling a friend about an event that he recently attended. The event was sponsored by a local hospital in order to raise money. Listen to Rogelio's explanation of what happened, then circle *Sí* if the statement is corect or *No* if it is not correct.

El sábado pasado fui con mis amigos a ver un partido de básquetbol. Todos los jugadores estaban en sillas de ruedas. Eran los médicos que trabajaban en el hospital, que querían hacer algo diferente para los jóvenes que tienen que estar varios meses en la clínica. Son jóvenes que tuvieron una operación, se quemaron o tienen alergias serias. Fue un partido muy emocionante. Mientras uno de los jugadores corría en su silla con la pelota, tres otros se le cruzaron enfrente y todos se cayeron de sus sillas. Los llevaron a la sala de emergencia y ahora los veo cuando trabajo los fines de semana. Un médico lleva yeso en un brazo, otro está caminando con muletas y uno tiene vendas porque le hicieron doce puntadas.

B. Cristina works as a nurse's aid in a medical clinic on weekends. Listen to the telephone conversations she had today with some patients, then match each conversation with the corresponding picture.

1. —Por favor, necesito ver a alguien hoy.
—Claro que sí. ¿Qué doctor quiere ver?
—A la doctora Huerta. Me duelen mucho los dientes y esta mañana me corté los labios con los frenillos. Me dan miedo las infecciones.

2. —Me gustaría hablar con uno de los médicos de la clínica, por favor.
—¿Me puede decir qué síntomas tiene?
—Ayer por la tarde estábamos haciendo algunas cosas en el patio cuando algo me picó. Primero no me sentí mal, pero después de media hora estaba mucho peor. Soy alérgico a las abejas y creo que voy a necesitar un antibiótico.

3. —Buenos días. Quisiera llevar a mi hija a ver al doctor Parra, por favor.
—Claro. ¿Qué le pasa a su niña?
—No se siente muy bien y vomita a menudo. Creo que tuvo una fuerte reacción anoche después de comer mariscos.

4. —¿Podría usted decirme si está el doctor Molina en la clínica hoy?
—Perdone, señor. ¿Puede usted hablar más fuerte?
—¡Ay! Lo siento. Tengo tos y estoy estornudando todo el día. El doctor me recetó un jarabe y gotas para los ojos hace dos días porque él pensaba que tenía un virus. Pero yo sé que no es un virus. Es el polen y me gustaría tener unas pastillas antialérgicas.

5. —Quisiera hablar con el doctor Lamantes, por favor.
—Lo siento. El doctor no está hasta el martes. ¿Le podría ayudar otro médico?
—Está bien. Mi familia y yo necesitamos inyecciones, calamina para las picaduras de mosquitos y, además, repelente para protegernos de las arañas, hormigas y cucarachas.
—¡Ay, señora! Me parece que tiene usted una emergencia con tantas picaduras en su familia.

—No, no. Mañana salimos de vacaciones y siempre nos gusta protegernos en caso de emergencia.

EXAMEN: CAPÍTULO 10

7:29 Counter no. _____

A. Laura can hear several radio broadcasts as she walks through the park. Listen to each one, then select the picture that matches what Laura hears.

1. Jueves, 3 de abril. Anoche cerraron la carretera porque ocurrió un derrumbe. No hubo víctimas. El pronóstico para mañana es más lluvia, tormentas e inundaciones por todas partes. Muchas familias y edificios de la ciudad están en peligro.

2. Ocurrió por la tarde ayer. Un policía montado a caballo cruzó la plaza central de la ciudad buscando a un ladrón. El policía encontró al ladrón y lo arrestó. El caballo destruyó algunas plantas y flores que decoraban la plaza, pero todo terminó bien.

3. Se trata de una detective que investiga a unos criminales internacionales. La heroína hace el papel de ladrona para estar más cerca de la acción, porque sabe que los criminales quieren robar unas joyas antiguas del museo nacional.

4. Ya sabemos que nuestro público está cansado de tanta violencia y noticias sensacionalistas. Por eso, esta noche a las nueve les invitamos al nuevo programa de concursos donde cada semana alguien puede ganar vacaciones, muebles, computadoras o el coche de sus sueños.

5. Me robaste la novia que yo más quería. La enamoraste y yo hice el papel de tonto. Pero ahora que sé la verdad, los dos van a pagar muy caro. ¡Los voy a matar!

B. Rolando is listening to an interview on the radio in his car as he goes to school. Listen to the conversation, then circle *Sí* if the statement is correct or *No* if it is not correct.

—¿De qué se trata su nueva película?
—Pues, el argumento trata sobre unos extraterrestres que quieren destruir la Tierra con un virus.
—¿Es usted el galán principal?
—Sí. Hago el papel de un científico que está investigando los síntomas y reacciones de las víctimas de los extraterrestres.

—Generalmente, usted no actúa en películas de ciencia ficción.

—Sí, prefiero hacer el papel de galán romántico. Pero en este caso me gustó mucho el guión y quería trabajar con el director. Dirige muy bien y me fascina trabajar con los efectos especiales de este tipo de película.

—¿Cree que va a tener éxito la película?

—Creo que sí, porque la fotografía es bastante sensacionalista y, si me permite decirlo, la actuación es también impresionante.

EXAMEN: CAPÍTULO 11

3:53 Counter no._____

Your school is sponsoring an annual career fair. As you walk by the various booths you hear people representing different career alternatives. Listen to what each one says, then match the description with a picture.

1. Si te da miedo poner inyecciones o ver sangre, debes pensarlo bien. Tendrás que estudiar medicina y también saber algo de negocios. Siempre habrá un buen futuro en esta profesión, yo creo, porque la gente se enamora de sus mascotas y no puede separarse de ellas fácilmente.

2. ¿Tienes buena cabeza para los números? ¿Te gusta comprar y vender? Si te interesa llegar más lejos y dirigir una compañía, fábrica o tienda, podrás hacerlo más fácilmente estudiando algo sobre tecnología y economía.

3. Si piensas dedicarte a esta profesión, después de la escuela secundaria tendrás que estudiar en la universidad. Será una ventaja si estudias ciencias o matemáticas. Es importante saber también qué cambios ocurren en la tecnología porque la exploración del espacio depende mucho de la nueva tecnología.

4. Si te interesa esta profesión, tienes que estudiar tecnología. Es una buena manera de ganarse la vida porque ésta es la profesión del futuro, ¡el mundo de las computadoras!

EXAMEN: CAPÍTULO 12

8:15 Counter no._____

A. Listen to some conversations which take place at the airport. Then, circle the letter which correctly completes each statement.

DIÁLOGO 1

—Perdone, ¿me podría decir si el vuelo número 345 con destino a Madrid sale de la puerta 20 o de la puerta 28?

—Sale de la puerta 28, al otro lado de la terminal.

—¿Por dónde voy?

—Doble a la derecha por ese pasillo. El avión despega en diez minutos y la puerta 28 queda a unos dos minutos de aquí. ¿Tiene usted mucho equipaje?

—No, sólo esta maleta que llevo en la mano. Ya facturé las más grandes. Muchas gracias.

DIÁLOGO 2

—¿Por qué no puedo entrar en el avión? Aquí tiene usted mi boleto con mi nombre y apellido. ¿Quiere ver mi carnet de identidad?

—No, señor, gracias. Lo que usted necesita es la tarjeta de embarque, además del boleto. ¿No se lo dieron en la agencia de viajes cuando compró su boleto?

—No, señorita. ¿Qué debo hacer?

—Vaya usted a la puerta. Allí encontrará a los empleados de la línea aérea. Ellos deben tener su nombre en una lista. Sólo ellos pueden darle la tarjeta de embarque.

—¿Y en cuántos minutos despega el avión?

—En unos cinco minutos, pero todavía hay tiempo si va en seguida.

B. You are seated in the airport terminal waiting for a friend to arrive. As you wait, you hear different conversations as well as some announcements over the public address system. Listen to each one, then match the pictures with what you hear.

1. Señores pasajeros del vuelo número 421 procedente de Pittsburgh. Ya llegó el equipaje de su vuelo y perdonen ustedes el retraso. Vayan ahora mismo a la terminal de equipaje para recoger sus maletas.

2. No olvides, Carmen, que tú te sentaste cerca de la ventanilla en el último vuelo, cuando fuimos a visitar a los tíos en Washington. Habla con el empleado ahora. Él puede cambiarnos de asientos antes de salir.

3. Timoteo, no comas ese chocolate y no eches el papel al suelo. No, Timoteo, no molestes a la auxiliar. Siéntate aquí como un niño bueno. Y no pierdas nuestros

boletos. Ponlos aquí en mi cartera.
¡Timoteo, no toques la guitarra del joven!

4. Señores pasajeros. El vuelo con destino
a Acapulco, México, se prepara para
despegar en quince minutos. Los pasajeros
de primera clase y los que tienen tarjetas
de embarque del número uno al
veinticuatro ya pueden abordar.

5. ¡No me digas! ¿Victoria, no los tienes con
tus cosas? ¡Yo no los tengo tampoco! ¿Qué
vamos a hacer? No podemos salir del país
sin los pasaportes y todos los pasajeros
ya están abordando. Victoria, ¡deshaz la
maleta! A ver si están con los otros papeles.
¡Por suerte no facturamos esta maleta!

EXAMEN: CAPÍTULO 13

5:51 Counter no. _____

Gabriela works as a waitress in a restaurant.
Listen to the conversations she has with some
of her customers, then circle *Sí* if the statement
is correct or *No* if it is incorrect.

DIÁLOGO 1

—Quisiera probar algo típico.
—Recomiendo que pida usted la tortilla
española. Es muy sabrosa. Se hace con
papas, cebollas y huevos. Se puede hacer
con espárragos o con guisantes también.
—¿Me podría sugerir otro plato? Me parece
mucho y no quiero comer tanto.
—Sugiero que pida el gazpacho con pepino,
pimiento verde y tomate. Es una sopa fría.
—No me gustan las sopas enlatadas.
—¡Ay, no señora! Nuestro gazpacho se hace
con ingredientes frescos que compramos
todos los días en la verdulería.

DIÁLOGO 2

—¿Me podría sugerir un plato con carne?
—Claro, tenemos una variedad muy buena
aquí. Primero recomiendo que pruebe
usted el cerdo asado. Se sirve con calabaza
al horno, papas o arroz, y también con una
ensalada.
—A ver. ¿Qué otro plato me recomienda?
—Pues, también servimos la carne de res
preparada a la parrilla con champiñones.
—Y las ensaladas, ¿cómo son?
—Con la carne le recomiendo que pida la
ensalada de lechuga con pepinos y pimiento
verde.
—¿Y la salsa?
—Es nuestra salsa especial. Tiene
mostaza francesa, aceite y vinagre, y unos

ingredientes secretos. El cocinero no quiere
que digamos el secreto. Es muy sabrosa.

DIÁLOGO 3

—¿Sirven pescado y mariscos además del
pollo y el bistec?
—¡Por supuesto! Recomiendo que usted
pruebe los camarones al ajo con mostaza.
—¿Cómo se preparan?
—A la parrilla, pero también los tenemos
fritos. Con limón están muy sabrosos.
—¿Qué más me recomienda?
—Pues, señor, si pide los camarones ya es
suficiente. Sugiero que pida una ensalada
pequeña, si quiere.
—Me parece bien. Los camarones al ajo
con una ensalada. ¿Y de postre?
—Tenemos flan, helado de piña o cereza,
tarta de fresa o fruta fresca con queso.
—¿Qué sugiere usted?
—Sugiero que pruebe nuestra tarta de
fresa. ¡Es tan sabrosa!

EXAMEN: CAPÍTULO 14

4:55 Counter no. _____

Your friends are in the school cafeteria talking
about outdoor vacations. Listen to what each
one says, then match his or her description with
one or more of the pictures.

1. Mis hermanos y yo lo pasamos muy bien
en abril acampando cerca de una catarata
en las montañas. Queríamos vivir
completamente de la naturaleza. Buscamos
champiñones debajo de los árboles y
bebimos el agua fresca del río. También
vimos un venado.

2. El año pasado nuestra clase de biología fue
al desierto por una semana. ¿No leyeron
ustedes en el periódico de la escuela
el informe que escribimos sobre nuestra
aventura? Pues, cuando llegamos al desierto
acampamos al aire libre en varias tiendas de
acampar. Estudiamos muchas plantas
silvestres, como el cacto con espina.

3. En las vacaciones de primavera mi familia
y yo acampamos en el bosque, lejos del
campamento. ¡No lo pasamos muy bien!
Primero, nadie recordó traer el abrelatas.
Al atardecer buscamos los sacos de dormir
pero sólo había tres y somos cuatro en
la familia. Mientras dormíamos un oso se
comió la poca comida que teníamos en las
mochilas. Mi papá estuvo de mal humor
toda la semana.

4. ¡No me gusta nada acampar al aire libre! En el desierto hay muchas serpientes y en el bosque hay lobos. ¡Me dan miedo! No tengo ningún interés ni el dinero para hacer una excursión a la selva tropical. Y si voy al campo, ¿qué puedo hacer? ¿Hablar con las ranas, búhos y ardillas? ¡Qué aburrido! Lo que quisiera hacer es pasarme el día haciendo surf de vela y la noche bailando en una discoteca.

BANCO DE IDEAS: CAPÍTULOS 1 a 6

16:32 Counter no. _____

A. Your friends at school are telling you about some of their problems. Write down the letter of the picture which best corresponds to each statement you hear.

1. ¿Me puedes ayudar a buscar mi almuerzo? Lo busqué en mi armario, pero no está. También lo busqué en mis clases de geografía y química.

2. Raúl me invitó a su casa. Tiene unas diapositivas que él y su familia sacaron de sus vacaciones del verano. ¡Qué aburrido!

3. Tenemos casi todo para la fiesta, pero todavía no tenemos las banderas de los países latinoamericanos para decorar la sala. ¿Sabes dónde hay algunas?

4. ¿Qué voy a hacer si no puedo contestar las preguntas? No quiero entregar un examen sin respuestas. ¡Ay! Creo que voy a sacar muy mala nota en geometría este año.

5. Mi informe para la clase de historia está muy desordenado. La página quince está antes de la página tres y la página diez está después de la página dieciocho. ¿Tienes un sujetapapeles para mi informe o sabes dónde hay uno?

B. Antonio is describing his daily routine to his cousin David, who plans to spend two weeks with Antonio and his family. Listen to their telephone conversation, then circle *Sí* if the statement is correct or *No* if it is incorrect.

Por la mañana me despierto a las cinco y media, porque me encanta correr antes de ducharme. Después de desayunar, monto mi bicicleta para llegar a tiempo a mi primera clase, el alemán. Antes del almuerzo tengo álgebra, coro y biología. Por la tarde tengo tres materias más y a las dos y media estoy tocando la flauta en la orquesta de la escuela. No soy miembro de un club estudiantil, pero después de la escuela trabajo cuidando niños. Jugamos a las damas, hacemos crucigramas y también rompecabezas. Los fines de semana suelo practicar deportes.

C. You and your friends have stopped at a café after spending the day shopping. Listen to what your friends say, then circle the best answer to complete each statement that follows.

DIÁLOGO 1

—Eugenia, ¿te gusta el chandal que compré para mi trabajo como entrenadora?
—Sí, está muy de moda. ¿De qué es?
—Pues, es de algodón. Por eso lo compré más flojo.
—Ah, sí. Después de lavarlo te va a quedar más apretado. También compraste unos zapatos de lona, ¿verdad?
—Sí. Los encontré en una liquidación. ¡Sólo pagué ocho dólares!

DIÁLOGO 2

—Pedro, ya tengo mi primera tarjeta de crédito. Me compré ropa nueva para ir con Marcia al baile.
—¿El baile del sábado? Mariana y yo vamos también. ¿Qué compraste, Luis?
—Este traje oscuro con la corbata a rayas y esta camisa elegante. ¿Crees que a Marcia le va a gustar?
—Claro. Siempre llevas sudadera y jeans. ¿Qué piensas de este suéter de cuello alto y los mocasines? Son para ir al cine con mi novia.
—¿Pagaste mucho, Pedro?
—Pues, para mí es mucho porque no tengo tarjeta de crédito. Pagué con dinero en efectivo. Ahora sólo tengo unos veinticinco para comprar el regalo.

D. José Eduardo is auditioning for a position as sports announcer for the athletic department at his school. Listen to each commentary, then match what he is saying with the name of the sport.

1. ¡Qué emocionante! Falta un minuto para terminar el partido y Domínguez mete un gol con el disco que le pasa García.

2. ¿Qué le pasa a Jiménez? Tiene el balón, corre y corre, pero el jugador del casco verde toma ahora el balón. ¡Es González y va a ganar el partido para su equipo!

3. ¿Qué va a hacer Juana Delgado? La pelota llega al bate y, ¡pum!, Juana Delgado corre a primera base, a segunda base, a tercera base y gana el partido de la liga nacional.

4. Hace sol y muy buen tiempo. Las dos jugadoras tienen raquetas y pelotas nuevas. Vamos a ver quién gana hoy el campeonato en este emocionante partido.

5. Linares es el más rápido de todos en la nieve. Creo que su equipo va a ganar. De ninguna manera puede perder. Linares levanta pesas noche y día; también corre y monta bicicleta.

E. Saruca is curious about how her grandmother spent her childhood, so she's asking her a bunch of questions. Listen to what Saruca asks, then select the best answer to complete each of the statements that follow.

1. —Abuelita, ¿con qué jugabas cuando eras pequeña? ¿Tenías muchos juguetes?
—Pues, no tenía muchos pero me gustaban mucho mi oso de peluche y mi muñeca.

2. —¿Cómo celebrabas tu cumpleaños?
—Siempre celebrábamos con un pastel. Mi padre encendía las velas y yo las apagaba todas. Siempre era una fiesta muy grande con todos los familiares, los tíos, los primos y mis amigos también. Todos nuestros parientes se besaban y se abrazaban. Era una celebración muy alegre.

3. —Abuelita, ¿decías la verdad siempre cuando eras niña o mentías a veces?
—¿Yo? Era muy obediente y me portaba muy bien siempre. Pero a veces mentía cuando no quería comer algo.

4. —¿Cómo eras de joven, tímida y callada?
—No me peleaba con nadie, pero si alguien maleducado me molestaba, yo les decía algo. Una vez, el Día de los Enamorados, un vecino muy travieso me envió una invitación a una fiesta en su casa. Cuando llegué, no había nadie, ni él ni su familia. Lloré un poco, pero el próximo día en la escuela lo abracé. ¡Qué sorpresa para él!

5. —¿Qué hacían ustedes los fines de semana?
—Los domingos íbamos al parque para celebrar los días de fiesta. En esos días la familia tenía más reuniones y nos divertíamos mucho.

BANCO DE IDEAS: CAPÍTULO 7
6:11 Counter no. _____

A. Some hotel guests are complaining to the manager that their personal articles are missing. Listen to the following complaints, then write down the letter of the picture which corresponds to each of the missing articles.

1. No, señor. Ésos no son míos. Los míos no son de plata. Los aretes míos son más elegantes y mucho más sencillos.

2. Me parece que alguien lo sacó de la maleta esta mañana cuando yo estaba en el museo. El collar es muy antiguo y me costó quinientos dólares.

3. ¡Ay! Anoche cuando me acosté, lo puse en la mesa de noche al lado del llavero y los anteojos. Esta mañana, cuando me levanté, ya no estaba. ¡Señor, alguien tiene el reloj de oro que mis abuelos me regalaron por mi graduación!

4. Hace una hora se apagó la electricidad en mi cuarto. Cuando se encendieron las luces, mi cadena ya no estaba sobre el televisor. Si ustedes no hacen algo en seguida, yo mismo voy a llamar a la policía.

5. ¡Hotel de lujo! ¡No pueden ustedes ni guardar ni proteger nuestras joyas! Les dimos los anillos hace tres horas y ya no los tienen.

B. Rosa and Mauricio are hoping to find the house of their dreams before their wedding in June. Listen to an advertisement they hear on the radio, then circle *Sí* if the statement is correct or *No* if it is incorrect.

¿Quieres vivir como millonario en una casa de lujo sin pagar mucho? En APARTAMENTOS PRECIOSOS puedes tenerlo todo. Echa a la basura esos aparatos eléctricos que ya no funcionan, el viejo tostador y el ventilador antiguo. En las cocinas nuestras vas a tener todos los aparatos necesarios: estufa, horno y microondas modernos. Hay detector de humo en la cocina, en los tres dormitorios y en el garaje. Con tu nuevo lavaplatos, lavadora y secadora, puedes pasar más tiempo al aire libre y menos con los quehaceres. Vas a decir adiós a los días de calor y noches de frío con nuestra calefacción central, calentador y aire acondicionado. En APARTAMENTOS PRECIOSOS conservas energía.
¡Lo nuestro puede ser lo tuyo mañana!

BANCO DE IDEAS: CAPÍTULO 8
4:23 Counter no. _____

A. Catalina has been asked to take some foreign students shopping. Since they are not familiar with her city, Catalina must tell them where to find the things they're looking for. Listen to what each student says, then look for an appropriate answer from Catalina.

1. Necesito comprar algo para mis padres. ¿Dónde hay blusas elegantes y corbatas a la moda?

2. Debo llevar una planta o unas flores como regalo para la familia con la que me quedé esta semana. Fueron muy amables.

3. Catalina, tengo que lavarme las manos. ¿Me podrías decir dónde, por favor?

4. Me encantan las uvas que comimos aquí. ¿Dónde podría comprar unas?

5. Catalina, ¿por qué hay tanta gente allí? ¿Qué están haciendo?

B. Yola and María have gone shopping and are making plans to separate and then meet later. Listen to their conversation, then circle *Sí* if the statement is correct or *No* if it isn't correct.

YOLA   María, primero voy a buscar el teléfono público y después voy a la sección de ropa para niños.

MARÍA   ¿Ropa para niños? ¿Por qué, Yola?

YOLA   Es el cumpleaños de mi sobrina el sábado y quisiera comprarle unos animales de peluche.

MARÍA   Creo que los juguetes no están en esa sección. Tienes que ir al segundo piso. Allí está el ascensor.

YOLA   ¿Dónde está? ¡Ah! Ahora lo veo. Al fondo, detrás de la sección de perfumes.

MARÍA   Bueno. Nos encontramos en una hora enfrente de la salida, ¿no? Allí, donde esas señoras están despidiéndose ahora.

BANCO DE IDEAS: CAPÍTULOS 9 a 12

17:43 Counter no. _____

A. You are in the doctor's office waiting for a friend. As you wait, you overhear some conversations between friends who are waiting to see the doctor. Listen to each one, then select the best answer to complete each statement on your answer sheet.

1. —¿Por qué tienes que usar muletas, Alonso?
—La semana pasada estaba subiendo una escalera cuando me caí. No me duele mucho, pero es difícil caminar sin muletas.

2. —Eva, ¿qué te pasó? ¿Te rompiste el brazo?
—No, tuve un accidente ayer en el laboratorio de química. No fue muy serio, gracias al extinguidor de incendios que estaba al lado de nuestra mesa.

3. —¡Achuuú!
—¡Salud! ¿Tienes un resfriado, Teresa?

—Me parece que no. Desde ayer que cortamos flores para decorar el baile, estoy estornudando.

4. —Me van a sacar una radiografía, hacer un análisis de sangre y ponerme una inyección.
—¿Qué te pasó, Manolo? Me parece que es bastante serio si te van a hacer todo eso.
—Pues, nada. Voy al doctor todos los años para hacerme un examen completo.

5. —Nicolás, ¿te lastimaste jugando al fútbol?
—Pues, sí. Ya me hicieron cinco puntadas y esta mañana van a ponerme un yeso de la muñeca al codo.

B. When you turn on your television set you can't see anything, but you can hear the programs. Listen as you tune in to different channels. Match what you hear with the kind of program you think it is.

1. ¡No puede ser! Esta mañana llegaron a nuestro planeta de la Luna. Dijeron que querían tener guerra con la Tierra.

2. ¡Ten cuidado! Se escondió detrás del banco y tiene una pistola. Mario, no lo sigas. Creo que es más fácil robarle el caballo y no matarlo. ¿Ves? Allí está su caballo. Ya es hora de actuar. ¡Vamos!

3. Caperucita Roja, tu abuelita está enferma. Llévale esta cesta de comida. Le prepararé una sopa muy sabrosa para la fuerte tos que tiene. Ya sabes que el lobo me da mucho miedo. ¡Puede matarte! No tardes mucho tiempo en llegar a su casa.

4. —¿Cómo se prepararán ustedes para viajar por el espacio?
—Tendremos que llevar un traje especial para protegernos porque no habrá suficiente aire en el ambiente. Será difícil acostumbrarnos los primeros días.
—¿Cuál será el trabajo más importante que harán ustedes en este viaje?
—Lo principal es investigar el ambiente de otros planetas y la contaminación que hay en los océanos de la Tierra.

5. Mientras todos dormían, la violenta tormenta atacó. Todos descansaban y nadie estaba preparado para el fuerte huracán que duró siete horas. Nadie sabía que iban a tener derrumbes e inundaciones toda la noche. Se destruyeron todos los edificios del pueblo y las reparaciones tomarán meses.

C. Your economics class has gone to the career center to get information about future jobs and professions. Listen to some conversations taking place as you walk around, then choose the letter of the word or expression that corresponds to what you hear.

1. Prefiero trabajar al sol y no en una oficina. Me gustaría hacer casas. Yo sé que no se paga mucho, pero ese trabajo me interesa más que una profesión y cuatro años de estudios en la universidad.

2. Quisiera ser la primera mujer en pintar el planeta que está más lejos de la Tierra. Claro, tendré que verlo con mis propios ojos para dibujarlo exactamente como es.

3. Ya sé qué haré en el futuro. Me ganaré la vida haciendo programas para computadora. Podré reducir los problemas que muchos tienen y al mismo tiempo me divertiré haciéndolo.

4. Este informe dice que en el futuro no se necesitarán tantos especialistas en medicina. Habrá más demanda de personas que tengan una preparación médica más general.

5. ¿Qué pasará con las profesiones artísticas en el futuro? A mí me gustaría mucho escribir canciones. Pero quién sabe si hay futuro o no en ese trabajo.

D. Listen to these conversations, which are taking place in an airplane while the passengers are waiting for take-off. Match what you hear with the appropriate picture.

1. ¡No hay suficiente espacio para sentarse aquí! Carmen, pon la muleta aquí. Sí, en el pasillo. Y pon la maleta allí debajo. Gracias.

2. ¡Ten cuidado, no me toques ese brazo! Me duele mucho. Siéntate a la izquierda y yo me pongo al lado de la ventanilla para protegerme el brazo.

3. Marisa, no salgas. Vamos a despegar muy pronto. Ponte aquí y no molestes más a la auxiliar de vuelo.

4. ¿Es la primera vez que haces un vuelo internacional por avión? Pues, después de aterrizar, sigue a los otros pasajeros. Ellos sabrán dónde encontrar la aduana.

5. Juanita, ¿dónde estabas? Ven acá y no seas tan desobediente. Abróchate el cinturón de seguridad. Ya es hora de despegar.

E. Listen to part of a conversation between a travel agent and a young student who plans to travel through Europe this summer. Then, circle the letter which correctly completes each statement.

—Quisiera hacer el viaje este junio. No sé dónde quedarme ni qué lugares debo visitar. No podré quedarme en los hoteles de lujo porque todavía soy estudiante. ¿Me puede ayudar?

—Con mucho gusto. Primero, recomiendo lo siguiente. Haz una reservación en un hotel para la primera noche de tu viaje. Llegarás cansado después de diez horas de vuelo y no tendrás mucha energía para buscar lugares dónde quedarte.

—Es verdad. Me dará la oportunidad de encontrar otros lugares después.

—Claro, y recomiendo las pensiones porque no cuestan tanto como un hotel.

—¡Genial! No obedezco mucho los horarios y quisiera explorar y probar lo más posible sin sentirme como un turista.

BANCO DE IDEAS: CAPÍTULO 13

8:46 Counter no. _____

A. You work in a restaurant kitchen during the weekends. Listen as the head cook speaks, then match each picture with what he is saying.

1. Tenemos que preparar cincuenta papas al horno. Pepe, enciende el horno, por favor, no tenemos mucho tiempo.

2. Ángela, no llegó esta mañana el señor de la verdulería. Quiero que abras unas latas de espárragos. Ya sabes que no me gusta servir las verduras enlatadas, pero ¿qué se puede hacer?

3. Soledad, quiero que vayas a la pescadería. Después de las once los mariscos ya no están tan frescos. Quiero que me consigas dos kilos de camarones. Sugiero que regatees con el señor porque siempre nos quiere vender el pescado a un precio muy alto.

4. Ricardo, recomiendo que revuelvas un poco más. En dos minutos quiero que lo pruebes para ver si está soso o dulce. Si necesita algo más, recomiendo que piques más fresas. Será un pastel muy sabroso.

5. Pepe, quiero que piques estas verduras. A ver, también necesito un poco de vino blanco, aceite de oliva y, por supuesto, un poco de ajo. Pepe, ahora quiero que pongas todo en la olla con la carne de res. ¡Todos saben que yo preparo la mejor carne guisada de la ciudad!

B. Emilio and Rebeca have asked their mother to help them prepare a farewell dinner party for María Eugenia, an exchange student who has spent the past year with the family. Listen to the conversation that takes place in the family's kitchen, then circle *Sí* if the statement is correct or *No* if it is not correct.

—¿Qué le vamos a preparar a María Eugenia, mamá?

—Pues, como ya le hicimos una cena típica nuestra con pavo y tarta de calabaza, estaba pensando en prepararle algo de su país, como una paella, gazpacho y una tortilla española. Ya compré todos los ingredientes.

—¡Genial! Me encanta la comida española. ¿Qué quieres que hagamos Emilio y yo?

—Primero, quiero que me ayuden con las tapas. Vamos a preparar unas empanadas pequeñas y servirlas antes de la cena. Para empezar, Emilio, sugiero que piques el huevo duro, la cebolla y el pescado para el relleno. Rebeca, quiero que prepares la masa. Aquí tienes la harina y la sal. Voy a empezar con el gazpacho.

—¿De qué está hecho el gazpacho?

—¡Yo sé! María Eugenia ya me enseñó cómo hacerlo. ¿Tenemos los pepinos, los tomates y el pimiento verde, mamá?

—Sí, y allí tienes el ajo, el aceite de oliva y el vinagre. Bueno, tú harás el gazpacho y yo empezaré con la tortilla.

—Ya piqué todo. ¿Ahora qué hago?

—Emilio, ayúdame con la paella. Es importante que lavemos los camarones y los otros mariscos en agua fresca antes de hervirlos. Ya preparé el pollo y el chorizo. Pero es mejor que mezclemos todo con el arroz al último minuto. Quiero que la paella esté bien fresca al servirla.

—Mamá, ¿quieres que lave y corte las papas para la tortilla?

—Gracias, Rebeca. Y sácame la sandía, el melón y las cerezas del refrigerador. También sugiero que preparemos el postre ahora. Tenemos tres horas para terminarlo todo antes de que lleguen los invitados.

BANCO DE IDEAS: CAPÍTULO 14

6:15 Counter no. _____

A. You have gone camping for the weekend with some friends. Match what each of you says with the appropriate picture.

1. ¿Quieres que nos levantemos a las cinco mañana para dar una caminata antes del desayuno? ¡Ay! Yo nunca me levanto al amanecer. Sólo cuando vamos a hacer surf porque es mejor por la mañana temprano.

2. Sugiero que vayas al río por el sendero. No quiero que te pierdas. También recomiendo que lleves una linterna y esa olla grande. Está sucia y la necesitamos para los frijoles.

3. ¿Qué ruido es ése? Me dan miedo los animales salvajes. Luisa, mira, allí en el árbol. ¿No ves los dos ojos grandes? ¡Ah, qué tonta! Sólo es un búho.

4. Santiago, quiero que pongas la tienda tuya primero y que me ayudes a mí después. ¿Trajiste la mochila grande que tenía las tiendas y los sacos de dormir? No la encuentro.

5. Lucía, es mejor que encendamos el fuego ahora. Tráeme fósforos, leña y piedras. ¿No hay leña?

B. Marco and Blanca are camp counselors who work with young children during the summer. Because some of the children have never gone camping before, Marco and Blanca are explaining to them what they should do. Listen to their conversation, then circle *Sí* if the statement is correct or *No* if it is incorrect.

—Exploraremos el bosque para buscar fósiles y huellas de animales salvajes. También vamos a estudiar las mariposas y los pájaros.

—Sí, y para no tener ningún problema, queremos que todos hagan lo que Marco y yo les recomendemos.

—Es necesario que pongamos los fósforos en un saco de plástico para que no se mojen en caso de lluvia.

—Bertito, sugiero que tú y Tere vayan a buscar palitos y que Pilar y Julio busquen leña. Sólo tenemos unas tres horas antes del atardecer y queremos hacer un fuego.

—Es mejor que hagamos el fuego cerca de esas piedras grandes. ¿Saben por qué? ¡Exactamente! No queremos que nuestro fuego empiece un incendio en el bosque.

—También es mejor que ustedes estén siempre cerca del grupo. ¡No queremos que se pierdan en el bosque! Ahora, vamos a empezar. Manolito y Lupe, recomendamos que ustedes ayuden con las tiendas de acampar.

[Note to the Teacher: You may want to photocopy each of the speaking situations you decide to administer and place them on separate 3 x 5 cards. After the warm-up, give the student the card with the topic you have selected.]

PARA HABLAR: PASODOBLE

Warm-up: Greet the student, then continue with a few familiar questions or comments such as: *¡Hola! ¿Cómo estás hoy?*

Choosing a topic: Hand a card with the topic to the student before you begin the conversation. Have the student read it out loud so that there is no misunderstanding about what he or she is to do during the conversation.

Probes: If the student has trouble getting started, you might begin by saying or asking:

- **Best friend:** *¿Tienes un amigo(a) favorito(a)? ¿Cómo es?*

Try to encourage the student to speak at greater length by asking a question that will elicit more than just a yes or no answer. Whenever possible, have the student ask you questions about the topic. You might continue with the following probes:

- **Best friend:** *Descríbeme más a tu amigo(a). ¿Lo (la) admiras? ¿Por qué?*

Closing: Make your closing statements appropriate to the topic the student has been talking about. You could end the conversation with a comment on something the student has told you, a personal opinion, or a simple expression that the student will understand. It is important to give the student the opportunity to say something he or she can say well. End with an appropriate comment for closure. *Muy bien y muchas gracias, Ana. Hasta luego.*

EXAMEN: CAPÍTULO 1

Warm-up: Greet the student, then continue with a few familiar questions or comments such as: *¡Hola! ¿Cómo estás? ¿Te gusta la escuela?*

Choosing a topic: Decide which situation is most appropriate for the student. Hand the card to the student before you begin the conversation. Have the student read it out loud so that there is no misunderstanding about what he or she is to do during the conversation.

Probes: If the student has trouble getting started, you might begin by saying or asking:

- **A. New student:** *Hola, me llamo María. Soy una estudiante nueva.*
- **B. Counselor's office:** *¡Hola! Tengo un problema.*

Try to encourage the student to speak at greater length by asking a question that will elicit more than just a yes or no answer. Whenever possible, have the student ask you questions about the topic. You might continue with the following probes:

- **A. New student:** *¿Qué piensas de esta escuela? ¿Por qué...? ¿Cómo son las clases? ¿Y los profesores?*
- **B. Counselor's office:** *¿Cómo son estas clases? ¿Y los profesores? ¿Qué debo hacer?*

Closing: Make your closing statements appropriate to the topic the student has been talking about. You could end the conversation with a comment on something the student has told you, a personal opinion, or a simple expression that the student will understand. It is important to give the student the opportunity to say something he or she can say well. End with an appropriate comment for closure. *Muy bien y muchas gracias, Ana. Hasta luego.*

EXAMEN: CAPÍTULO 2

Warm-up: Greet the student, then continue with a few familiar questions or comments such as: *¡Hola! ¿Qué hiciste hoy por la mañana?*

Choosing a topic: Decide which situation is most appropriate for the student. Hand the card to the student before you begin the conversation. Have the student read it out loud so that there is no misunderstanding about what he or she is to do during the conversation.

Probes: If the student has trouble getting started, you might begin by saying or asking:

- **A. Exchange student:** *Descríbeme un día típico para ti. ¿Qué sueles hacer por la tarde?*
- **B. School activities:** *Me gusta mucho mi escuela. ¿Cómo es tu escuela?*

Try to encourage the student to speak at greater length by asking a question that will elicit more than just a yes or no answer. Whenever possible, have the student ask you questions about the topic. You might continue with the following probes:

> **A. Exchange student:** *¿Qué haces después de las clases? ¿Y los fines de semana?*
>
> **B. School activities:** *Describe más cosas de tu escuela. ¿Por qué te gusta…?*

Closing: Make your closing statements appropriate to the topic the student has been talking about. You could end the conversation with a comment on something the student has told you, a personal opinion, or a simple expression that the student will understand. It is important to give the student the opportunity to say something he or she can say well. End with an appropriate comment for closure. *Muy bien y muchas gracias, <u>Ana</u>. Hasta luego.*

EXAMEN: CAPÍTULO 3

Warm-up: Greet the student, then continue with a few familiar questions or comments such as: *¡Hola! ¿Cómo estás? Me gusta el suéter que llevas hoy.*

Choosing a topic: Decide which situation is most appropriate for the student. Hand the card to the student before you begin the conversation. Have the student read it out loud so that there is no misunderstanding about what he or she is to do during the conversation.

Probes: If the student has trouble getting started, you might begin by saying or asking:

> **A. Customer:** *Buenas tardes. Necesito comprar regalos, pero no sé qué quiero.*
>
> **B. Salesperson:** *Buenas tardes. ¿Le puedo ayudar en algo?*

Try to encourage the student to speak at greater length by asking a question that will elicit more than just a yes or no answer. Whenever possible, have the student ask you questions about the topic. You might continue with the following probes:

> **A. Customer:** *No me gusta mucho. ¿No tiene otro(a)?*
>
> **B. Salesperson:** *¿Qué color prefiere? ¿Qué tamaño? ¿Cómo prefiere pagar?*

Closing: Make your closing statements appropriate to the topic the student has been talking about. You could end the conversation with a comment on something the student has told you, a personal opinion, or a simple expression that the student will understand. It is important to give the student the opportunity to say something he or she can say well. End with an appropriate comment for closure. *Muy bien y muchas gracias, <u>Ana</u>. Hasta luego.*

EXAMEN: CAPÍTULO 4

Warm-up: Greet the student, then continue with a few familiar questions or comments such as: *¿Cómo estás? ¿Qué diversiones te gustan?*

Choosing a topic: Decide which situation is most appropriate for the student. Hand the card to the student before you begin the conversation. Have the student read it out loud so that there is no misunderstanding about what he or she is to do during the conversation.

Probes: If the student has trouble getting started, you might begin by saying or asking:

> **A. Event:** *¡Hola! ¿Qué piensas hacer este fin de semana?*
>
> **B. Activity:** *Yo fui al cine el sábado. ¿Y tú?*

Try to encourage the student to speak at greater length by asking a question that will elicit more than just a yes or no answer. Whenever possible, have the student ask you questions about the topic. You might continue with the following probes:

> **A. Event:** *¿Por qué piensas que yo debo ir también? ¿Qué vamos a ver? ¿Es mejor que ir al partido de tenis? ¿Por qué?*
>
> **B. Activity:** *¿Por qué (no) te gustó? ¿Qué pasó? Explícame más de…*

Closing: Make your closing statements appropriate to the topic the student has been talking about. You could end the conversation with a comment on something the student has told you, a personal opinion, or a simple expression that the student will understand. It is important to give the student the opportunity to say something he or she can say well. End with an appropriate comment for closure. *Muy bien y muchas gracias, <u>Ana</u>. Hasta luego.*

EXAMEN: CAPÍTULO 5

Warm-up: Greet the student, then continue with a few familiar questions or comments such as: *¡Hola! ¿Qué te gustaba hacer de pequeño(a)?*

Choosing a topic: Decide which situation is most appropriate for the student. Hand the card to the student before you begin the conversation. Have the student read it out loud so that there is no misunderstanding about what he or she is to do during the conversation.

Probes: If the student has trouble getting started, you might begin by saying or asking:

> **A. Childhood:** *Yo recuerdo muchas cosas de cuando era niño(a). ¿Y tú?*
>
> **B. Childhood days:** *¿Qué hacías cuando eras pequeño(a)?*

Try to encourage the student to speak at greater length by asking a question that will

Copyright © Prentice Hall, Inc.

elicit more than just a yes or no answer. Whenever possible, have the student ask you questions about the topic. You might continue with the following probes:

    A. Childhood: *Explícame más. ¿Cómo eras? ¿Qué hacías? ¿Qué te gustaba hacer? ¿Qué no te gustaba hacer? ¿Por qué?*

    B. Childhood days: *¿Cómo te portabas con tus amigos(as)?*

Closing: Make your closing statements appropriate to the topic the student has been talking about. You could end the conversation with a comment on something the student has told you, a personal opinion, or a simple expression that the student will understand. It is important to give the student the opportunity to say something he or she can say well. End with an appropriate comment for closure. *Muy bien y muchas gracias, Ana. Hasta luego.*

EXAMEN: CAPÍTULO 6

Warm-up: Greet the student, then continue with a few familiar questions or comments such as: *¡Hola! ¿Cuándo es tu cumpleaños?*

Choosing a topic: Decide which situation is most appropriate for the student. Hand the card to the student before you begin the conversation. Have the student read it out loud so that there is no misunderstanding about what he or she is to do during the conversation.

Probes: If the student has trouble getting started, you might begin by saying or asking:

    A. Special occasion: *Me encantan las celebraciones. ¿Y a ti? ¿Fuiste a una celebración hace poco?*

    B. Favorite holiday: *Me encantan los días de fiesta. ¿Cuál es tu día de fiesta favorito?*

Try to encourage the student to speak at greater length by asking a question that will elicit more than just a yes or no answer. Whenever possible, have the student ask you questions about the topic. You might continue with the following probes:

    A. Special occasion: *Descríbeme lo que pasó en la celebración. ¿Te gustó? ¿Por qué? ¿Qué hicieron todos?*

    B. Favorite holiday: *¿Qué más me puedes decir? ¿Qué hiciste? ¿Y las otras personas?*

Closing: Make your closing statements appropriate to the topic the student has been talking about. You could end the conversation with a comment on something the student has told you, a personal opinion, or a simple expression that the student will understand. It is important to give the student the opportunity to

say something he or she can say well. End with an appropriate comment for closure. *Muy bien y muchas gracias, Ana. Hasta luego.*

EXAMEN: CAPÍTULO 7

Warm-up: Greet the student, then continue with a few familiar questions or comments such as: *¡Hola! ¿Cómo estás? Me gusta el reloj pulsera que llevas hoy. ¿Lo compraste o fue un regalo?*

Choosing a topic: Decide which situation is most appropriate for the student. Hand the card to the student before you begin the conversation. Have the student read it out loud so that there is no misunderstanding about what he or she is to do during the conversation.

Probes: If the student has trouble getting started, you might begin by saying or asking:

    A. Recent purchases: *¿Fuiste de compras el sábado? ¿Qué compraste?*

    B. Appliances: *¿Crees que es necsario tener tres televisores? ¿Por qué? ¿Qué más tienen ustedes en su casa?*

Try to encourage the student to speak at greater length by asking a question that will elicit more than just a yes or no answer. Whenever possible, have the student ask you questions about the topic. You might continue with the following probes:

    A. Recent purchases: *Descríbeme lo que compraste. ¿Crees que un _____ es un lujo? ¿Por qué?*

    B. Appliances: *¿Qué aparatos eléctricos tienes en tu casa? ¿Funcionan bien?*

Closing: Make your closing statements appropriate to the topic the student has been talking about. You could end the conversation with a comment on something the student has told you, a personal opinion, or a simple expression that the student will understand. It is important to give the student the opportunity to say something he or she can say well. End with an appropriate comment for closure. *Muy bien y muchas gracias, Ana. Hasta luego.*

EXAMEN: CAPÍTULO 8

Warm-up: Greet the student, then continue with a few familiar questions or comments such as: *¡Hola! ¿Cómo estás? ¿Conoces bien el centro de la ciudad? ¿Dónde queda _____ ?*

Choosing a topic: Decide which situation is most appropriate for the student. Hand the card to the student before you begin the conversation. Have the student read it out loud so that there is no misunderstanding about what he or she is to do during the conversation.

Probes: If the student has trouble getting started, you might begin by saying or asking:

    A. Stranger: *No conozco muy bien esta ciudad. ¿Me podrías ayudar?*

    B. Department store: *Buenos días. ¿Te podría ayudar en algo?*

Try to encourage the student to speak at greater length by asking a question that will elicit more than just a yes or no answer. Whenever possible, have the student ask you questions about the topic. You might continue with the following probes:

    A. Stranger: *¿Qué otras tiendas hay? ¿Y servicios? ¿Podrías indicarme dónde están esos lugares?*

    B. Department store: *¿Buscas algo especial? Explícame lo que necesitas. ¿Te podría ayudar en otra cosa?*

Closing: Make your closing statements appropriate to the topic the student has been talking about. You could end the conversation with a comment on something the student has told you, a personal opinion, or a simple expression that the student will understand. It is important to give the student the opportunity to say something he or she can say well. End with an appropriate comment for closure. *Muy bien y muchas gracias, <u>Ana</u>. Hasta luego.*

EXAMEN: CAPÍTULO 9

Warm-up: Greet the student, then continue with a few familiar questions or comments such as: *¡Hola! ¿Cómo estás? ¿Cómo te sientes hoy?*

Choosing a topic: Decide which situation is most appropriate for the student. Hand the card to the student before you begin the conversation. Have the student read it out loud so that there is no misunderstanding about what he or she is to do during the conversation.

Probes: If the student has trouble getting started, you might begin by saying or asking:

    A. Patient: *Buenos días. ¿Qué te pasó?*

    B. Health class: *Estornudo mucho. ¿Crees que tengo un resfriado?*

Try to encourage the student to speak at greater length by asking a question that will elicit more than just a yes or no answer. Whenever possible, have the student ask you questions about the topic. You might continue with the following probes:

    A. Patient: *¿Dónde estabas? Explícame más la situación. ¿Qué hiciste?*

    B. Health class: *¿Cómo puedo protegerme? ¿Qué me recomiendas para el futuro?*

Closing: Make your closing statements appropriate to the topic the student has been talking about. You could end the conversation with a comment on something the student has told you, a personal opinion, or a simple expression that the student will understand. It is important to give the student the opportunity to say something he or she can say well. End with an appropriate comment for closure. *Muy bien y muchas gracias, <u>Ana</u>. Hasta luego.*

EXAMEN: CAPÍTULO 10

Warm-up: Greet the student, then continue with a few familiar questions or comments such as: *¡Hola! ¿Qué tipo de película te gusta más?*

Choosing a topic: Decide which situation is most appropriate for the student. Hand the card to the student before you begin the conversation. Have the student read it out loud so that there is no misunderstanding about what he or she is to do during the conversation.

Probes: If the student has trouble getting started, you might begin by saying or asking:

    A. Movie: *¿Qué hiciste este fin de semana? Yo fui al cine. ¿Y tú?*

    B. Television announcer: *Quisiera saber algo de las noticias hoy. A ver…, ¿qué dice el locutor de la televisión?*

Try to encourage the student to speak at greater length by asking a question that will elicit more than just a yes or no answer. Whenever possible, have the student ask you questions about the topic. You might continue with the following probes:

    A. Movie: *Explícame lo que pasó en la película. ¿Hubo un problema? ¿Cómo terminó todo? ¿Cuál es tu opinión sobre… ?*

    B. Television announcer: *¿Qué más pasó hoy en los Estados Unidos? ¿Qué tiempo hace? ¿Hay algún programa interesante esta noche?*

Closing: Make your closing statements appropriate to the topic the student has been talking about. You could end the conversation with a comment on something the student has told you, a personal opinion, or a simple expression that the student will understand. It is important to give the student the opportunity to say something he or she can say well. End with an appropriate comment for closure. *Muy bien y muchas gracias, <u>Ana</u>. Hasta luego.*

EXAMEN: CAPÍTULO 11

Warm-up: Greet the student, then continue with a few familiar questions or comments such as: *¡Hola! ¿Qué te gustaría ser en el futuro?*

Choosing a topic: Decide which situation is most appropriate for the student. Hand the card to the student before you begin the conversation. Have the student read it out loud so that there is no misunderstanding about what he or she is to do during the conversation.

Probes: If the student has trouble getting started, you might begin by saying or asking:

A. Careers: *Buenos días. ¿Cómo te podría ayudar?*

B. Environment: *¿Crees que hay muchos problemas en el medio ambiente?*

Try to encourage the student to speak at greater length by asking a question that will elicit more than just a yes or no answer. Whenever possible, have the student ask you questions about the topic. You might continue with the following probes:

A. Careers: *¿Por qué crees que esta profesión será buena para ti? ¿Cómo ayudarás a otros en esta profesión? ¿Dónde practicarás esta profesión? ¿Por qué?*

B. Environment: *¿Por qué existen estos problemas? ¿Qué deberíamos hacer?*

Closing: Make your closing statements appropriate to the topic the student has been talking about. You could end the conversation with a comment on something the student has told you, a personal opinion, or a simple expression that the student will understand. It is important to give the student the opportunity to say something he or she can say well. End with an appropriate comment for closure. *Muy bien y muchas gracias, Ana. Hasta luego.*

EXAMEN: CAPÍTULO 12

Warm-up: Greet the student, then continue with a few familiar questions or comments such as: *¡Hola! ¿Cómo estás? ¿Te gusta viajar?*

Choosing a topic: Decide which situation is most appropriate for the student. Hand the card to the student before you begin the conversation. Have the student read it out loud so that there is no misunderstanding about what he or she is to do during the conversation.

Probes: If the student has trouble getting started, you might begin by saying or asking:

A. Travel agent: *Buenos días. ¿Me podría ayudar con los planes de mi viaje?*

B. Airplane: *Es mi primer viaje por avión. No sé qué hacer. Me da miedo…*

Try to encourage the student to speak at greater length by asking a question that will elicit more than just a yes or no answer. Whenever possible, have the student ask you

questions about the topic. You might continue with the following probes:

A. Travel agent: *¿Qué más debería hacer? Me podría ayudar con…un hotel…hacer unas excursiones…la aduana? ¿Qué debería hacer con el equipaje en el aeropuerto?*

B. Airplane: *¿Me podría explicar qué debo hacer…con la maleta…cuando tengo hambre…? ¡Estoy aburrido! ¿Qué hago?*

Closing: Make your closing statements appropriate to the topic the student has been talking about. You could end the conversation with a comment on something the student has told you, a personal opinion, or a simple expression that the student will understand. It is important to give the student the opportunity to say something he or she can say well. End with an appropriate comment for closure. *Muy bien y muchas gracias, Ana. Hasta luego.*

EXAMEN: CAPÍTULO 13

Warm-up: Greet the student, then continue with a few familiar questions or comments such as: *¡Hola! ¿Qué clase de comida te gusta más?*

Choosing a topic: Decide which situation is most appropriate for the student. Hand the card to the student before you begin the conversation. Have the student read it out loud so that there is no misunderstanding about what he or she is to do during the conversation.

Probes: If the student has trouble getting started, you might begin by saying or asking:

A. Spanish restaurant: *Buenas noches. No sé nada de la comida española.*

B. Eating habits: *Mis padres me dicen que no estoy comiendo lo que debo comer. ¿Qué me recomiendas?*

Try to encourage the student to speak at greater length by asking a question that will elicit more than just a yes or no answer. Whenever possible, have the student ask you questions about the topic. You might continue with the following probes:

A. Spanish restaurant: *Descríbeme los diferentes platos, por favor. ¿Cómo es…? ¿Cómo se prepara…? ¿Por qué me lo (la) recomiendas?*

B. Eating habits: *¿Por qué no debería comer (beber)…? ¿Puedes sugerirme otras comidas o bebidas? ¿Por qué?*

Closing: Make your closing statements appropriate to the topic the student has been talking about. You could end the conversation with a comment on something the student has told you, a personal opinion, or a simple expression that the student will understand. It is important to give the student the opportunity to say something he or she can say well. End with an appropriate comment for closure. *Muy bien y muchas gracias, <u>Ana</u>. Hasta luego.*

EXAMEN: CAPÍTULO 14

Warm-up: Greet the student, then continue with a few familiar questions or comments such as: *¡Hola! ¿Cómo estás? ¿Te gustan las actividades al aire libre?*

Choosing a topic: Decide which situation is most appropriate for the student. Hand the card to the student before you begin the conversation. Have the student read it out loud so that there is no misunderstanding about what he or she is to do during the conversation.

Probes: If the student has trouble getting started, you might begin by saying or asking:

    A. Camping: *Este fin de semana voy a las montañas. ¿Qué puedo hacer?*

    B. Coach: *Pienso ir de vacaciones al océano o a un lago. ¿Qué me recomienda?*

Try to encourage the student to speak at greater length by asking a question that will elicit more than just a yes or no answer. Whenever possible, have the student ask you questions about the topic. You might continue with the following probes:

    A. Camping: *Descríbeme un buen lugar para acampar. ¿Por qué lo recomiendas? ¿Qué tipo de problemas tendré? ¿Qué recomiendas que haga para divertirme?*

    B. Coach: *¿Qué otros deportes podría practicar? ¿Qué voy a necesitar para cada deporte? ¿Dónde es mejor que hagamos esos deportes? ¿Qué es importante que lleve?*

Closing: Make your closing statements appropriate to the topic the student has been talking about. You could end the conversation with a comment on something the student has told you, a personal opinion, or a simple expression that the student will understand. It is important to give the student the opportunity to say something he or she can say well. End with an appropriate comment for closure. *Muy bien y muchas gracias, <u>Ana</u>. Hasta luego.*

BANCO DE IDEAS: CAPÍTULOS 1 a 6

Warm-up: Greet the student, then continue with a few familiar questions or comments such as: *¡Hola! ¿Cómo estás? ¿Estás muy cansado(a)?*

Choosing a topic: Decide which situation is most appropriate for the student. Hand the card to the student before you begin the

conversation. Have the student read it out loud so that there is no misunderstanding about what he or she is to do during the conversation.

Probes: If the student has trouble getting started, you might begin by saying or asking:

    A. Student from Honduras: *¿Qué clases hay en esta escuela?*

    B. Daily routine: *¿Qué haces todos los días? ¿Por la mañana? ¿Y por la noche?*

    C. Department store: *¿Qué tipo de ropa llegó hoy?*

    D. Telephone conversation: *¿Qué hiciste este fin de semana?*

    E. Childhood: *¿Qué hacías de niño?*

    F. Birthday: *Describe tu fiesta.*

    G. Dissatisfied customer: *Tengo un problema.*

    H. Sports gym: *¿Qué tienen en este gimnasio para mí?*

Try to encourage the student to speak at greater length by asking a question that will elicit more than just a yes or no answer. Whenever possible, have the student ask you questions about the topic. You might continue with the following probes:

    A. Student from Honduras: *Describe las actividades que ofrece la escuela. Me interesan mucho la música y los deportes. ¿Qué hay que me interesa a mí?*

    B. Daily routine: *¿Qué haces los fines de semana? Describe un sábado típico.*

    C. Department store: *¿Dónde debemos poner la ropa nueva para venderla más rápidamente? ¿Qué hacemos con la ropa que no vendimos?*

    D. Telephone conversation: *¿Fuiste a unos lugares culturales? ¿Qué más hiciste?*

    E. Childhood: *¿Qué hacías de niño? ¿Cómo eras? ¿Qué (no) te gustaba? ¿Por qué?*

    F. Birthday: *¿Qué hicieron todos en la fiesta? ¿Por qué (no) te gustó la fiesta?*

    G. Dissatisfied customer: *¿Qué debo hacer? No me gusta (la ropa) que compré.*

    H. Sports gym: *Explícame lo que debo tener para practicar estos deportes. ¿Por qué debo ser miembro(a) de este gimnasio?*

Closing: Make your closing statements appropriate to the topic the student has been talking about. You could end the conversation with a comment on something the student has told you, a personal opinion, or a simple expression that the student will understand. It is important to give the student the opportunity to say something he or she can say well. End with an appropriate comment for closure. *Muy bien y muchas gracias, Ana. Hasta luego.*

BANCO DE IDEAS: CAPÍTULO 7

Warm-up: Greet the student, then continue with a few familiar questions or comments such as: *¡Hola! ¿Cómo estás? Me gusta ese(a) _____ . ¿Te lo(la) regalaron o lo(la) compraste?*

Choosing a topic: Decide which situation is most appropriate for the student. Hand the card to the student before you begin the conversation. Have the student read it out loud so that there is no misunderstanding about what he or she is to do during the conversation.

Probes: If the student has trouble getting started, you might begin by saying or asking:

> **A. Department store:** *Buenas tardes. Necesito comprar unos regalos.*
> **B. Dream house:** *¿Qué piensas comprar? ¿Qué debes tener en tu casa?*

Try to encourage the student to speak at greater length by asking a question that will elicit more than just a yes or no answer. Whenever possible, have the student ask you questions about the topic. You might continue with the following probes:

> **A. Department store:** *¿Por qué recomienda usted el…para regalo? Me parece que un…no es una necesidad.*
> **B. Dream house:** *¿Para qué necesitas…? ¿Cómo puedes conservar energía?*

Closing: Make your closing statements appropriate to the topic the student has been talking about. You could end the conversation with a comment on something the student has told you, a personal opinion, or a simple expression that the student will understand. It is important to give the student the opportunity to say something he or she can say well. End with an appropriate comment for closure. *Muy bien y muchas gracias, Ana. Hasta luego.*

BANCO DE IDEAS: CAPÍTULO 8

Warm-up: Greet the student, then continue with a few familiar questions or comments such as: *¡Hola! ¿Cómo estás? ¿Fuiste de compras?*

Choosing a topic: Decide which situation is most appropriate for the student. Hand the card to the student before you begin the conversation. Have the student read it out loud so that there is no misunderstanding about what he or she is to do during the conversation.

Probes: If the student has trouble getting started, you might begin by saying or asking:

> **A. New department store:** *Buenos días. ¿Me podría indicar dónde están las diferentes secciones?*
> **B. Tourists:** *Somos turistas. No conocemos esta ciudad. ¿Nos puede ayudar?*

Try to encourage the student to speak at greater length by asking a question that will elicit more than just a yes or no answer. Whenever possible, have the student ask you questions about the topic. You might continue with the following probes:

> **A. New department store:** *No sé cómo llegar al segundo piso. ¿Me podría ayudar?*
> **B. Tourists:** *Quisiéramos visitar todos los lugares de interés. ¿Qué nos recomienda usted? ¿Dónde queda el…?*

Closing: Make your closing statements appropriate to the topic the student has been talking about. You could end the conversation with a comment on something the student has told you, a personal opinion, or a simple expression that the student will understand. It is important to give the student the opportunity to say something he or she can say well. End with an appropriate comment for closure. *Muy bien y muchas gracias, Ana. Hasta luego.*

BANCO DE IDEAS: CAPÍTULOS 9 a 12

Warm-up: Greet the student, then continue with a few familiar questions or comments such as: *¡Hola! ¿Cómo estás? ¿Estás cansado(a)?*

Choosing a topic: Decide which situation is most appropriate for the student. Hand the card to the student before you begin the conversation. Have the student read it out loud so that there is no misunderstanding about what he or she is to do during the conversation.

Probes: If the student has trouble getting started, you might begin by saying or asking:

> **A. Nurse's office:** *¿Qué te pasó? ¿Dónde te duele?*
> **B. Television programs:** *¿Qué viste en la tele esta semana?*
> **C. Future professions:** *¿Qué harás en el futuro? ¿Qué trabajo te gustaría hacer?*
> **D. Plane trip:** *Es mi primer viaje por avión. ¿Qué debo hacer?*

Try to encourage the student to speak at greater length by asking a question that will elicit more than just a yes or no answer. Whenever possible, have the student ask you questions about the topic. You might continue with the following probes:

A. Nurse's office: *¿Me puedes explicar más sobre tu accidente? ¿Por qué...? ¿Dónde estabas cuando...?*

B. Television programs: *Dime algo del programa. Explícame qué pasó. ¿Qué programas me recomiendas y por qué?*

C. Future professions: *¿Por qué escogerás ese trabajo o profesión? ¿Dónde estarás? ¿Por qué? ¿Cómo ayudarás a la gente en esa profesión?*

D. Plane trip: *¿Qué debo hacer? ¿Qué no debo hacer? ¿Qué clase de problemas tendré? Explícame qué hacer en la aduana.*

Closing: Make your closing statements appropriate to the topic the student has been talking about. You could end the conversation with a comment on something the student has told you, a personal opinion, or a simple expression that the student will understand. It is important to give the student the opportunity to say something he or she can say well. End with an appropriate comment for closure. *Muy bien y muchas gracias, Ana. Hasta luego.*

BANCO DE IDEAS: CAPÍTULO 13

Warm-up: Greet the student, then continue with a few familiar questions or comments such as: *¡Hola! ¿Cómo estás? ¿Cómo estuvo la comida de la cafetería?*

Choosing a topic: Decide which situation is most appropriate for the student. Hand the card to the student before you begin the conversation. Have the student read it out loud so that there is no misunderstanding about what he or she is to do during the conversation.

Probes: If the student has trouble getting started, you might begin by saying or asking:

A. Spanish restaurant: *¡Hola! ¿Dónde comiste anoche?*

B. Eating well: *Me encanta comer. ¿Qué me recomiendas?*

Try to encourage the student to speak at greater length by asking a question that will elicit more than just a yes or no answer. Whenever possible, have the student ask you questions about the topic. You might continue with the following probes:

A. Spanish restaurant: *Descríbeme la cena. ¿De qué está hecho(a)...? ¿Cómo se prepara...?*

B. Eating well: *Pero, ¿por qué no puedo comer...? Me gusta mucho comer papas fritas o tarta después de la escuela.*

Closing: Make your closing statements appropriate to the topic the student has been talking about. You could end the conversation with a comment on something the student has told you, a personal opinion, or a simple expression that the student will understand. It is important to give the student the opportunity to say something he or she can say well. End with an appropriate comment for closure. *Muy bien y muchas gracias, Ana. Hasta luego.*

BANCO DE IDEAS: CAPÍTULO 14

Warm-up: Greet the student, then continue with a few familiar questions or comments such as: *¡Hola! ¿Qué haces cuando te aburres?*

Choosing a topic: Decide which situation is most appropriate for the student. Hand the card to the student before you begin the conversation. Have the student read it out loud so that there is no misunderstanding about what he or she is to do during the conversation.

Probes: If the student has trouble getting started, you might begin by saying or asking:

A. Outdoor activities: *No hice nada este fin de semana. ¿Y tú?*

B. Camping: *Pues, aquí estamos. ¿Qué es necesario hacer primero?*

Try to encourage the student to speak at greater length by asking a question that will elicit more than just a yes or no answer. Whenever possible, have the student ask you questions about the topic. You might continue with the following probes:

A. Outdoor activities: *¿Me puedes explicar más? ¿Cómo era todo allí? ¿Qué viste?*

B. Camping: *¿Qué más recomiendas? ¿Hay peligro aquí? ¿Por qué?*

Closing: Make your closing statements appropriate to the topic the student has been talking about. You could end the conversation with a comment on something the student has told you, a personal opinion, or a simple expression that the student will understand. It is important to give the student the opportunity to say something he or she can say well. End with an appropriate comment for closure. *Muy bien y muchas gracias, Ana. Hasta luego*

Teacher Answer Sheets

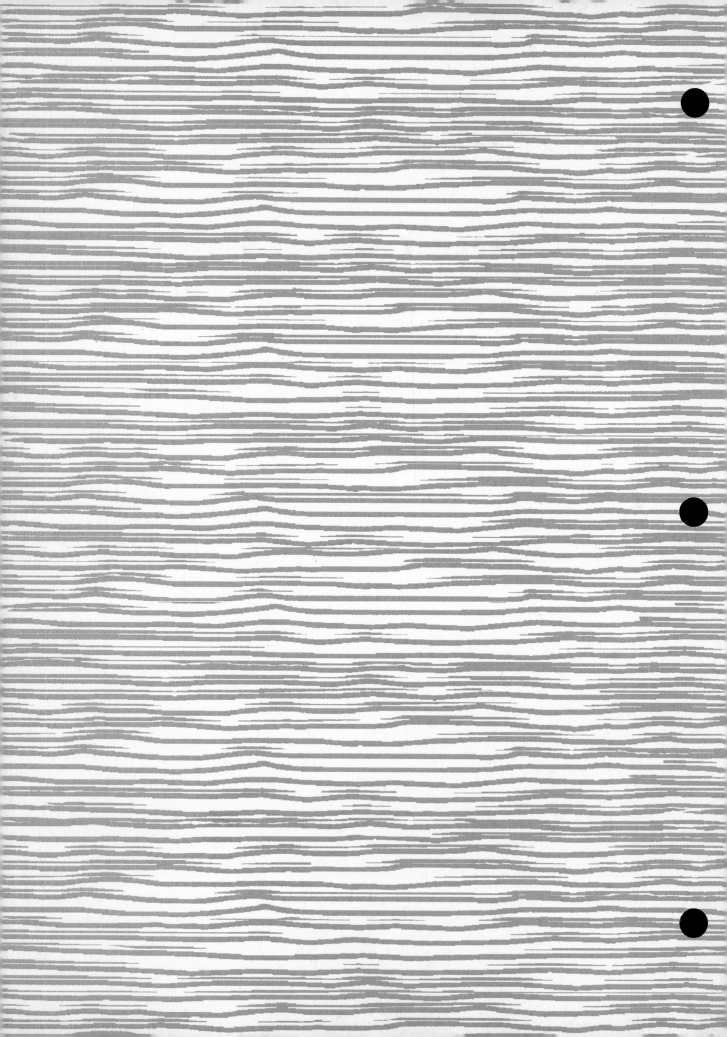

Page 5

Paso a paso 2 Nombre

PASODOBLE

Fecha

[To the teacher: Tell the students that the final section in this test requiring art production will not be graded. That section, along with another one entitled Para divertirte, has no point value assigned to it. These sections were included as fun activities. At your discretion, allow students to complete them for extra credit.]

• **DATOS PERSONALES** (12 puntos)

Information will vary.

Nombre	Lugar de nacimiento
Edad	Sexo
Domicilio	Teléfono
3 clases académicas que estudias este año	3 clases no académicas que tienes este año

• **¿QUÉ TE GUSTA HACER?** (6 puntos)

Activities will vary.

	Actividades	
Nunca	A veces	A menudo

• **¡PARA DIVERTIRTE!**

1. V E N E Z U E L A
2. C O L O M B I A
3. S A N T I A G O
4. C O S T A R I C A
5. P A N A M Á

Page 6

Paso a paso 2 Nombre

PASODOBLE

Fecha

• **AMIGOS POR CORRESPONDENCIA** (7 puntos)

1. Si quieres visitar España, debes tener correspondencia con Felipe. Sí (No)
2. Hay una selva tropical donde vive Jaime. Sí (No)
3. Lucía lo pasa muy bien viviendo en su ciudad, Santo Domingo. (Sí) No
4. En la capital de Bolivia hace mucho frío en junio y julio. (Sí) No
5. Si te encanta pasear por la noche, es posible hacerlo con tu amiga que vive en Puerto Rico. (Sí) No
6. En la capital de México hay mucha historia. (Sí) No
7. Para aprender más del medio ambiente y los animales, debes escribirle al joven de Bolivia. (Sí) No

• **CRUCIGRAMA SOBRE LA TELEVISIÓN** (20 puntos)

Across:
2. T E L E N O V E L A
5. H E C H O S
8. N O T I C I A S
9. C I E N C I A F I C C I O N
10. C O N C I E R T O

Down:
1. A N U N C I O
3. E N T R E V I S T A S
4. O E S T E
6. D E T E C T I V E S

PASODOBLE

Paso a paso 2   Nombre _____
Fecha _____   Hoja para respuestas 4
Prueba Pasodoble

- **PARA MEJORAR TU VOCABULARIO** (8 puntos)

1. callar *hablar*
2. generosa *tacaña*
3. frío *calor*
4. ignorantes *inteligentes*
5. interesantes *aburridos*
6. prudente *atrevida*
7. cariñosa *antipática*
8. feas *bonitas*

- **TALENTOS PARA ESCRIBIR** (8 puntos)

Programa de televisión
a. un programa educativo
b. un programa musical
c. un programa de detectives
d. un programa para ganar dinero
e. un programa de entrevistas
f. una película de ciencia ficción
g. una telenovela
h. los dibujos animados

1. _g_   2. _a_   3. _c_   4. _d_

Anuncio
a. para ser más atractiva
b. venden verduras
c. estadio
d. farmacia
e. restaurante
f. comida rápida
g. para conservar la energía
h. venden muebles

1. _f_   2. _g_   3. _b_   4. _e_

- **PARA DIVERTIRTE: UN DIBUJO PERSONAL**

Drawings will vary.

- **PARA HABLAR** (20 puntos)

[See pages T39–T46 for suggestions on how to administer this portion of the test.]

8

PASODOBLE

Paso a paso 2   Nombre _____
Fecha _____   Hoja para respuestas 3
Prueba Pasodoble

HORIZONTALES
2. un programa sobre problemas románticos
7. un programa de los eventos del día o de la semana
9. una película con seres de otros planetas
10. un programa de música

VERTICALES
1. quieren vender un producto
3. un programa que invita a personas famosas para hablar con ellas
4. una película de caballos y vaqueros
5. un programa de hechos de la vida real
6. un programa sobre criminales y policías
8. un programa con actores cómicos

- **ESTUDIANTES DE INTERCAMBIO** (10 puntos)

1. A Susana le gustaría
   a. ser una actriz como Ricky Martin.
   b. cantar en las películas.
   c. ser directora cinematográfica.
2. Según Susana, a ella no le gusta(n)
   a. las telenovelas.
   b. la ignorancia entre culturas.
   c. mucho los actores de los Estados Unidos.
3. Susana dice que Ricky Martin
   a. canta ahora con el grupo Menudo.
   b. ya no se dedica a la música.

   c. salió de Menudo a los 17 años.
4. Ricky Martin es
   a. de Puerto Rico.
   b. mexicano.
   c. de la República Dominicana.
5. Según Susana,
   a. los artistas no son interesantes.
   b. no hay diferencias entre los artistas.
   c. los artistas son importantes.

- **CONCURSO PARA LA BUENA SALUD** (9 puntos)

Lists will vary.

Meal *el desayuno*
1. _____
2. _____

Meal *el almuerzo*
3. _____
4. _____

Meal *la cena*
5. _____
6. _____

7

T50

Page 9

CAPÍTULO 1

A It's the beginning of a new school year! You and your friends are talking about your new classes. Underline the words that correspond to each picture. *(40 points)*

1. —¿Cuál es la tarea de (historia / <u>álgebra</u>)?
—Tenemos que hacer el ejercicio de la (problema / <u>página</u>) 10.

2. —¿Cuándo tienes la clase de (<u>alemán</u> / armario)?
—Después de la clase de (biología / <u>matemáticas</u>).

3. —¿Te gusta la clase de (educación física / <u>química</u>)?
—Sí, pero la clase de (arte / <u>literatura</u>) es la más interesante.

4. —¿Hay una (<u>bandera</u> / bolsa) en la clase de ciencias?
—No, pero hay un (alemán / <u>armario</u>) para mis libros.

B Marisa wants to know about Alberto's first day at school. Select the best response to Marisa's questions, then write the letter in the blank space. *(60 points)*

a. Sí. Son las diez y media.

b. La educación física es la menos interesante.

c. Por suerte, no tengo mucha esta noche.

d. Para mí, la química.

e. Sí, el alemán.

f. No. Voy a sacar una buena nota.

_d_ 1. ¿Qué materia es la más interesante para ti?

_c_ 2. ¿Tienes mucha tarea en la clase de inglés?

_a_ 3. ¿Hay un reloj aquí?

_f_ 4. ¿Es difícil tu clase de español?

_e_ 5. ¿Estudias otro idioma?

_b_ 6. ¿Qué materia es la menos interesante?

Vocabulario para conversar　9

Page 10

CAPÍTULO 1

A You are in the counselor's office because you want to add a class to your schedule. Your counselor has given you a copy of the course catalog to help you make the change. Write the names of the classes pictured in the catalog. *(50 points)*

1. La clase de ___*biología*___ empieza a las nueve y media.

2. La clase de ___*francés*___ empieza a las nueve y media.

3. La clase de ___*geometría*___ empieza a las nueve y media.

4. La clase de ___*historia*___ empieza a las nueve y media.

5. La clase de ___*geografía*___ empieza a las nueve y media.

B Frank has written to Gavino, his pen pal in El Salvador, to tell him about his classes this year. Choose the words or expressions that best complete Frank's letter to Gavino and insert the corresponding letters in the spaces provided. *(50 points)*

a. alguna　　d. la más　　g. idioma　　i. por suerte

b. el más　　e. el menos　　h. repasar　　j. armario

c. la menos　　f. próximo

Hola, Gavino:

¡Me encantan mis clases este año! Me gusta mucho el español. Para mí, esta clase es _d_ interesante de todas. Creo que es un _g_ más fácil que el alemán. _i_ , la tarea es bastante fácil. Y tengo un amigo en El Salvador que me puede ayudar, ¿no? Este año no tengo clase de matemáticas, pero el _f_ año voy a tomar la clase de geometría. ¿Tienes tú _a_ clase de matemáticas este año? ¡Escríbeme, Gavino! Quiero saber qué clases tienes este año.

Tu amigo, Frank

10　*Vocabulario para conversar*

T51

Capítulo 1

A Your teacher has asked you to help her get the classroom ready for the new school year. Write down the names of the objects that the teacher wants you to place around the room or the location where they will be placed, depending upon the picture. (50 points)

el proyector _____ 1. Pon _____ sobre la mesa.

la grapadora _____ 2. Vamos a poner _____ sobre el escritorio.

la pared _____ 3. La bandera va aquí, en _____

los sujetapapeles _____ 4. Separa _____ grandes de los pequeños.

el sacapuntas _____ 5. Trae _____ y ponlo aquí.

B Rebeca and Anabel are talking in the hallway about their first day at school. On the line provided, write the letter which best corresponds to Anabel's responses to Rebeca's questions. (50 points)

Rebeca

_e_ 1. ¿Conoces al profesor de francés?

_d_ 2. ¿Cómo es la cafetería este año?

_b_ 3. ¿Dónde están los consejeros?

_c_ 4. ¿Cómo es la profesora de alemán?

_a_ 5. ¿Se puede comer en el auditorio?

Anabel

a. No, no se permite. Solamente detrás del escenario.

b. En la oficina que está al lado de la del director.

c. Es muy simpática, pero en su clase no se permite hablar inglés.

d. Tienes que hacer fila para el bufet de ensaladas.

e. No, no lo conozco todavía.

Capítulo 1

A You are working on a project for your geography class but you can't find the materials you need. Write the letter of the picture which best corresponds to each statement. (50 points)

a

b

c

d

e

f

_c_ 1. No tengo un mapa. ¿Dónde hay uno?

_a_ 2. ¿Dónde están los sujetapapeles? Necesito uno para mis hojas de papel.

_f_ 3. ¿Hay un sacapuntas aquí?

_d_ 4. No veo una grapadora. ¿Tienes una, Samuel?

_e_ 5. Necesito un proyector. ¿Hay uno debajo del asiento?

B Aurora wants to ask you some questions because she's a new student in your school. Underline the word or expression that best completes Aurora's questions. (50 points)

1. ¿(Conozco / Conoces) al profesor de química? ¿Da tarea fácil o difícil?

2. ¿En la clase de geometría se permite (hacer fila / hacer una pregunta) sobre un problema difícil?

3. ¿Se prohíbe comer en (el escenario / la cafetería)?

4. ¿Tienes (la consejera / la respuesta) para el problema de la tarea de álgebra?

5. ¿Tengo que (hacer fila / explicar) para comprar el almuerzo en la cafetería?

T52

Paso a paso 2 Nombre

CAPÍTULO 1
Fecha   Prueba **1-5**

You and your friends want to get together after school today, but none of you knows when the others will finish their classes. Write the correct forms of the verb *salir* in the present tense to complete your conversation. *(100 points)*

1. —Celina, ¿a qué hora **sales** tú de la clase de química?

   —Siempre **salgo** a las tres y cuarto.

2. —¿Cuándo **salen** Marcos y Diana?

   —Diana **sale** a las tres y cuarto también.

3. —¿Y Marcos? ¿A qué hora **sale** él?

   —Creo que **sale** a las dos.

4. —Rubén, ¿a qué hora **salen** tú y tus amigos?

   —Pues, **salimos** a las dos y media, pero tenemos que practicar tenis después de las clases.

5. —Yo **salgo** a las dos y media también. ¿Quieren ir con nosotros más tarde al cine?

   —Lo siento, pero no vamos a poder ir. Joaquín, Agustín y yo **salimos** muy tarde de practicar tenis.

Gramática en contexto / El verbo salir   13

Paso a paso 2 Nombre

CAPÍTULO 1
Fecha   Prueba **1-6**

A While looking through the school yearbook, Mauro and Benita are describing some friends' personality traits. Complete each statement with the expression *tan...como* plus the adjective in parentheses. Be sure that the adjective agrees with the subject. *(60 points)*

1. Efraín no es **tan alto como** Blas. (alto)
2. Juana y Ángela no son **tan serias como** Clarisa. (serio)
3. Bruno y Conrado son **tan graciosos como** tú. (gracioso)
4. Eloy es tacaño, pero no es **tan tacaño como** Diana. (tacaño)
5. Nosotros no somos **tan perezosos como** Alonso y Arsenio. (perezoso)
6. Benita, tú eres **tan simpática como** yo. (simpático)

B You and your friends are comparing the students in your literature class. Some of your friends agree with you while others do not. Select one of the expressions from the list to complete your conversation. *(40 points)*

menos deportista que   más callada que   menor que

menos deportistas que   más calladas que   mayor que

1. —Diego habla mucho. Coral nunca habla.

   —Tienes razón. Coral es **más callada que** Diego.

2. —Pablo y Joaquín practican deportes a menudo. Daniel nunca practica.

   —No, no tienes razón. A Joaquín no le gustan los deportes. Él es **menos deportista que** Daniel.

3. —Berta y Andrea nunca hablan. Adrián siempre habla.

   —Sí, tienes razón. Ellas son **más calladas que** Adrián.

4. —Omar tiene quince años. Natán tiene dieciséis.

   —Tienes razón. Natán es **mayor que** Omar.

14   *Gramática en contexto / La forma comparativa: tan...como*

CAPÍTULO 1

Prueba **1-8**

You are talking to some friends during the morning break between classes. Complete your conversation by using a correct form of the direct object pronoun in place of the underlined noun. *(100 points)*

1. —¿Tomaste la <u>prueba</u> esta mañana en la clase de ciencias?
   —Sí, *la* tomé y creo que saqué una buena nota.

2. —¿Son nuevos tus <u>zapatos</u>?
   —Sí, *los* compré en el almacén Sánchez.

3. —¿Y cuándo compraste esos <u>pantalones</u>?
   —Mi madre me *los* compró para mi cumpleaños.

4. —¿Comiste <u>pasteles</u> en la cafetería esta mañana?
   —Sí, *los* comí. Me gusta mucho el desayuno que sirven en la cafetería.

5. —¿Tienes tu <u>calculadora y regla</u> para la clase de geometría?
   —No, no *las* tengo ahora.

6. —¿Tienes <u>mis libros y mi mochila</u>?
   —Sí, *los* tomé en la clase de inglés. Lo siento.

7. —¿Quién tiene mi <u>sacapuntas</u>? No está en mi mochila.
   —Pues, no sé. Yo no *lo* tengo.

8. —¿Vas a hacer la <u>tarea de geografía</u> conmigo esta noche?
   —Sí, *la* voy a hacer contigo, pero tú tienes que explicarme la de ciencias.

9. —¿Ves a <u>esas dos rubias guapas</u> que salen de la clase de arte?
   —Sí, *las* veo. Son hermanas de Jacinto. Son gemelas.

10. —Son las diez y media. ¿Viste el <u>reloj</u>?
    —¡No, no *lo* vi! Ya tengo que ir a clase. ¡Hasta luego!

16   *Gramática en contexto / Repaso: El complemento directo: Los pronombres lo, la, los, las*

CAPÍTULO 1

Prueba **1-7**

Rafael and his brother David are looking at some photographs they took while on vacation during the summer. Complete their responses by using one of the superlative forms from the list along with the underlined word or words in each question. *(100 points)*

las...mayores...	el...más...	el...más...
el...menor...	las...más...	la...más...
los...más...		

1. —¿Es un <u>parque</u> grande?
   —Sí, Central Park es *el parque más grande* de la ciudad de Nueva York.

2. —¿Son esos <u>monumentos</u> bonitos?
   —Sí, son *los monumentos más bonitos* de la ciudad de Pittsburgh.

3. —¿Es un <u>actor</u> guapo?
   —Sí, es *el actor más guapo* de Hollywood.

4. —¿Son esas <u>montañas</u> muy altas?
   —Sí, son *las más altas* de Montana.

5. —¿Es un <u>parque de diversiones</u> malo?
   —Sí, es *el peor parque de diversiones* de California.

6. —¿Tiene siete años <u>tu hermano</u>?
   —Sí, es *el menor* de la familia.

7. —¿Cuántos años tienen las <u>gemelas</u>? ¿Dieciocho?
   —Sí, son *las mayores* de la familia.

8. —¿Son todas <u>ciudades</u> viejas?
   —Sí, son *las ciudades más viejas* del país.

9. —¿Están contaminadas estas <u>plantas</u>?
   —Sí, son *las plantas más contaminadas* del medio ambiente.

10. —¿Es esa <u>casa</u> cómoda?
    —Sí, es *la más cómoda* de todas las casas.

15   *Gramática en contexto / Repaso: La forma superlativa*

CAPÍTULO 1

Paso a paso 2

Nombre _____

Fecha _____

Prueba **1-9**

Elisa and some friends are in the school cafeteria talking about their first day at school. Complete their conversation by using the corresponding form of the verb in parentheses in the present tense. *(100 points)*

1. —¿Quién es el profesor de francés? Es muy guapo, ¿no?
   —Pues, no lo ___*conozco*___ . (conocer)

2. —¿Qué tienes en la mochila, Elisa? ¡Es tan grande como un elefante!
   —Pues, ___*traigo*___ las cosas que necesito para mis clases. (traer)

3. —¿Y qué ___*tienes*___ tú en el bolso? ¡Es más grande que mi mochila! (tener)
   —Libros, cuadernos, el almuerzo. Muchas cosas.

4. —¿Cómo es la clase de literatura?
   —Me encanta, pero nosotros ___*tenemos que*___ hacer mucha tarea. (tener que)

5. —¿Qué ___*tienen que*___ traer ustedes para la clase de química? (tener que)
   —Una calculadora y un cuaderno.

6. —¿Crees que este año escolar va a ser muy difícil?
   —Creo que no. Nosotros ___*tenemos*___ profesores buenos. (tener)

7. —¿Conocen ustedes a ese joven simpático?
   —Nosotras no, pero por suerte Bárbara sí lo ___*conoce*___ . (conocer)

8. —La clase de arte va a dar una fiesta. ¿Quieren ir con nosotros?
   —Sí, y ¿qué ___*traemos*___ nosotras? (traer)

9. —Ustedes pueden ___*traer*___ unos sandwiches o unos refrescos. (traer)
   —Bueno. ¿Adónde vamos?

10. —No sé. ¿ ___*Conoces*___ tú un buen parque con piscina? (conocer)
    —Sí, hay uno cerca de mi casa.

Gramática en contexto / Repaso: Los verbos tener, traer y conocer   17

CAPÍTULO 1

Paso a paso 2

Nombre _____

Fecha _____

Hoja para respuestas
Prueba cumulativa

A *(30 points)*

1. geografía _____ *el mapa*
2. francés _____ *las diapositivas*
3. historia _____ *el proyector*

B *(12 points)*

1. el consejero _____ 3. *por suerte*
2. el reloj _____ 4. *asiento*

C *(10 points)*

1. *tan alto como*
2. *tan inteligentes como*

D *(12 points)*

1. el *más simpático*
2. el *mejor* _____ 3. *las más guapas*
   _____ 4. *el peor*

E *(12 points)*

1. *Se prohíbe*
2. contestar _____
3. *las respuestas*

F *(12 points)*

1. *salen*
2. *salimos* _____ 3. *salgo*

G *(12 points)*

1. *(yo) la conozco*
2. *(él) lo tiene*
3. *(yo) las traigo*

20

II. Reading Comprehension (20 points)

1. _b_
2. _b_
3. _c_
4. _b_
5. _c_

III. Writing Proficiency (20 points)

[See page T7 for suggestions for evaluating student writing.]

Hola, _____ :

_____

_____

Saludos,

_____

IV. Cultural Knowledge (20 points)

Answers will vary. In the larger cities, students attend two different sessions because there are so many students. The morning sessions, which begin at seven o'clock, are for the younger students up to age eleven. The afternoon sessions, which begin at two o'clock and end at eight o'clock, are for the high school students. Some students have more subjects than students in the United States do. Some schools have very strict rules and don't permit the girls to wear makeup, high heels, or pants, except during the colder season. The boys are not permitted to wear caps or earrings.

V. Speaking Proficiency (20 points)

[See pages T39–T46 for suggestions on how to administer this portion of the test.]

I. Listening Comprehension (20 points)

A. (10 points)

a

b

c

d

e

f

1. _b_
2. _c_
3. _e_
4. _d_
5. _f_

B. (10 points)

1. Esteban es un estudiante nuevo en la escuela. — Sí (No)
2. Elena piensa que la escuela de Esteban es difícil. — (Sí) No
3. Elena no quiere preguntar mucho porque no habla bien el inglés. — (Sí) No
4. Esteban habla alemán muy bien. — Sí (No)
5. Elena no tiene problema en la clase de alemán. — (Sí) No

Nombre

CAPÍTULO 2

Fecha

Prueba **2-1**

A You have been invited by good friends to spend the weekend at their family cabin. Since you have never spent the weekend with these friends before, you have some questions. Complete your conversation by underlining the words or expressions that match each picture. *(40 points)*

1. —¿A qué hora (me despierto / te despiertas) tú los fines de semana?

—A las 10:00 en punto porque pongo el (despertador / despertarse).

2. —¿Cuánto tiempo tiene uno para (ducharse / bañarse)?

—Pues, diez minutos, y cinco para (secarse / cepillarse los dientes).

3. —¿Dónde puede uno (vestirse / levantarse)?

—En el baño. Allí también hay un espejo para (acostarse / peinarse).

4. —¿Es necesario (peinarse / acostarse) temprano?

—No, y tampoco es necesario (lavarse / levantarse) temprano.

B You are talking with a friend before you go to your first period class, which begins at 7:30 in the morning. Choose the correct answer to complete your conversation, then write the appropriate letter in the blank space. *(60 points)*

a. según
b. me despierto
c. antes de
d. por lo menos
e. de mal humor
f. hay que
g. mismo
h. sin
i. sueles

1. —¿ _i_ despertarte temprano?

2. —Pues no, y lo hago _e_ .

3. —¡No me digas! Yo siempre _b_ de buen humor porque me gusta mucho la mañana.

4. —¿Desayunas siempre lo _g_ ?

5. —A veces bebo un vaso de jugo y como pan tostado _h_ mantequilla.

6. —Pues yo necesito _d_ tres tazas de café.

Vocabulario para conversar 25

Nombre

CAPÍTULO 2

Fecha

Prueba **2-2**

A Berta has noticed that her friend Sara is not her usual self today. Complete their conversation by underlining the expression that best completes each statement or question. *(40 points)*

1. —¿Qué te pasa, Sara, no te sientes bien? Siempre estás (de mal humor / de buen humor), pero hoy no.

2. —Es verdad. Es que hoy (hay que / según) estar en la clase de biología a las 7:30.

3. —¿Tienes que estar en la escuela a (la cara / la misma) hora siempre?

4. —No, sólo los viernes debo estar (antes de / después de) llegar el profesor. No le gusta empezar la clase tarde.

B The school nurse has come to talk to the students in a third grade class about their daily routine. Write the word or expression that corresponds to each picture. *(60 points)*

1. ¿Cuándo es necesario ___**cepillarse los dientes**___ , clase?

2. ¿A qué hora deben ___**acostarse**___ de lunes a viernes?

3. ¿Cuándo es necesario ___**lavarse el pelo**___ , clase?

4. ¿Tienen ustedes tiempo para ___**vestirse**___ , clase?

5. ¿Cuándo deben ustedes ___**ducharse**___ , clase?

6. ¿Por qué es necesario ___**secarse el pelo**___ , clase?

26 *Vocabulario para conversar*

Prueba 2-4

CAPÍTULO 2

A The yearbook staff in your school has asked the graduating seniors to submit pictures of themselves for a special senior page. Complete the captions for those pictures by writing the corresponding word or expression. *(60 points)*

1. Samuel toca muy bien **el clarinete** en la banda.

2. Clarita puede **cantar** muy bien.

3. Maritza es la mejor poeta de **la revista literaria** .

4. Me encanta cómo toca Luz **la flauta** .

5. Santiago toca **el saxofón** en las fiestas de la escuela.

6. Luisa toca **el contrabajo** para una banda.

B Patricio is introducing Victoria, a new student from Cuba, to some of his friends. Victoria has expressed an interest in getting involved with school activities, so Patricio and the others are describing some of the activities to her. Circle the letter of the appropriate word or expression to complete their conversation. *(40 points)*

1. —¿Qué actividades extracurriculares son las más populares?
   —Creo que _____ y los deportes son las más populares.
   a. cuidar niños   (b.) el consejo estudiantil

2. —¿Puedo trabajar como tutora de español?
   —¡Claro! Así puedes _____ dinero también.
   (a.) ganar   b. repartir

3. —¿Qué hacen los estudiantes después de las clases?
   —Algunos prefieren _____ las actividades de los clubs de la escuela.
   (a.) participar en   b. cuidar niños en

4. —¿Puedo practicar deportes después de la escuela?
   —¡Pues sí! Hay muchos _____ en nuestra escuela.
   (a.) equipos   b. coros

28   *Vocabulario para conversar*

Prueba 2-3

CAPÍTULO 2

A Some new students are getting acquainted by asking questions about the extracurricular activities in which they participate at school. Match the pictures with the conversations, then write the letter that corresponds to the picture in the space provided. *(60 points)*

_b_ 1. —¿Eres miembro del coro?

_b_ 2. —No, del coro, pero sí del periódico.

_a_ 3. —¿Practicas artes marciales después de la escuela?

_a_ 4. —Sí, y también practico la flauta.

_b_ 5. —¿Tocas el tambor en la orquesta?

_a_ 6. —No, pero sí toco el contrabajo.

B You are talking to an employment agency because you're interested in a part-time job after school. Underline the word or expression which best completes each statement. *(40 points)*

1. Necesito (repartir / <u>ganar</u>) dinero para comprar un saxofón y una trompeta.

2. Quiero (trabajar en el consejo estudiantil / <u>ser tutor</u>) porque pagan bien.

3. No quiero (trabajar como voluntario / <u>cuidar niños</u>) porque no pagan nada.

4. También soy miembro del club (<u>literario</u> / de teatro) porque escribo muy bien.

27   *Vocabulario para conversar*

Capítulo 2

Julio is changing channels trying to find a more interesting program to watch, but he keeps running into commercials. Complete each of the following commercials by changing the reflexive verb in parentheses to the correct form in the present tense. Don't forget to place the pronoun correctly. *(100 points)*

1. ¿Siempre __te levantas__ tarde? ¡Debes comprar el despertador *Puntual!* (levantarse)
2. ¿Con qué __se lavan__ ustedes el pelo? Con el champú *Clarita*, ¿verdad? (lavarse)
3. Para usted, señora, porque usted __se baña__ con el mejor jabón, *Suave*. (bañarse)
4. Nosotros __nos cepillamos__ los dientes con la pasta dentrífica *Fresquita*, y ¡ustedes también! (cepillarse)
5. Elena y Pilar __se secan__ el pelo después de bañarse con el jabón *Limpio y fresco*. (secarse)
6. Yo siempre __me acuesto__ escuchando música de la mejor estación, *Radio Ritmosuave*. (acostarse)
7. Las personas inteligentes siempre __se duchan__ con el jabón *Ideal*. (ducharse)
8. ¿__Se peinan__ tus hijos o prefieren salir de casa sin peinarse? Tenemos el producto perfecto, *Sólo para jóvenes*, con perfume o sin perfume. (peinarse)
9. Yo siempre __me despierto__ de buen humor porque yo desayuno con el cereal *Vitapro*. (despertarse)
10. Amigo, ¿__te quedas__ en casa solo porque nadie te llama por teléfono? Habla con *Querida Chabela* en seguida; ella te puede ayudar con todos tus problemas. (quedarse)

Capítulo 2

A You are trying to concentrate on studying for a test, but you can't do so because of the conversations going on around you. Complete each conversation by using the verb in parentheses in the present tense. *(80 points)*

1. (poder)
   —Manolo, ¿no __puedes__ ir con nosotros a ver el equipo de béisbol?
   —No, no __puedo__ ir. Claudia y yo tampoco __podemos__ ir con ustedes al zoológico el sábado. Trabajamos como voluntarios ese día.

2. (pensar)
   —¿Qué __piensan__ ustedes de la banda este año?
   —Gregorio __piensa__ que son muy buenos, pero yo __pienso__ que no son tan buenos como la orquesta.

3. (pedir)
   —Ustedes siempre __piden__ lo mismo, hamburguesa o sandwich de jamón.
   —Sí, es verdad. Nosotras los __pedimos__ porque nos encanta comerlos.

4. (despertarse)
   —¿A qué hora __se despiertan__ tus padres los sábados?
   —Mi papá siempre __se despierta__ a las 8:00 en punto y mi mamá a las 7:30.

B Emilio is taking an early-morning flight to visit his cousin in New York. His mother doesn't want him to miss the plane so she's asking Emilio some questions. Use the verb in parentheses to complete their conversation. *(20 points)*

1. —Emilio, ¿a qué hora __te acuestas__ esta noche? (acostarse)
2. —__Me acuesto__ temprano, mamá. Ya sé que debo salir temprano. (acostarse)
3. —¿Cuándo __te vistes__ Emilio, antes o después del desayuno? (vestirse)
4. —__Me visto__ antes, mamá. (vestirse)
5. —¿A qué hora __piensan__ salir tú y papá? (pensar)
   —Temprano, mamá. Debemos salir a las 5:30.

Page 1 (Prueba cumulativa):

Paso a paso 2   Nombre

Capítulo 2   Fecha

Hoja para respuestas
Prueba cumulativa

A (30 points)

1. *la banda / el contrabajo*
2. *el tambor / el saxofón*
3. *el anuario / la revista (literaria)*
4. *consejo estudiantil*
5. *repartir*
6. *el periódico*

B (18 points)

1. *trabajar como voluntarios*
2. *ganar*
3. *cuidar niños*
4. *Me visto*
5. *te acuestas*
6. *nos acostamos*

C (24 points)

1. *se despiertan*
2. *Nos despertamos*
3. *Te vistes*
4. *Me visto*
5. *te acuestas*
6. *nos acostamos*

D (20 points)

1. *lavarse la cara*
2. *Se peinan*
3. *cepillarse los dientes*
4. *lavarse el pelo*

E (8 points)

1. *antes de comer*
2. *después de levantarme*
3. *antes de vestirme*
4. *antes de dormir*

34

Page 2 (Prueba 2-7):

Paso a paso 2   Nombre

Capítulo 2   Fecha

Prueba **2-7**

Alba is telling a friend what she does during the day. Look at the picture to see what action is missing from each statement. Decide whether the pictured action occurred before or after the action mentioned in the statement. Then, complete each statement by using either *antes de* or *después de* along with the correct form of the verb represented in the picture. *(100 points)*

1. Me despierto ___ *antes de levantarme* ___ .

2. ___ *Después de bañarme* ___ , me visto.

3. Me gusta ver la tele ___ *antes de acostarme* ___ .

4. Me lavo la cara ___ *después de levantarme* ___ .

5. ___ *Antes de vestirme* ___ , me ducho.

6. Como la cena ___ *después de poner la mesa* ___ .

7. Me acuesto ___ *después de cepillarme los dientes* ___ .

8. Me lavo el pelo ___ *antes de secarme el pelo* ___ .

9. Descanso ___ *después de practicar deportes* ___ .

10. ___ *Después de lavar los platos* ___ , saco la basura.

Gramática en contexto / Antes de y después de + infinitivo   31

Copyright © Prentice-Hall, Inc.

T60

CAPÍTULO 2

Paso a paso 2

Nombre _____

Fecha _____

Hoja para respuestas 2
Examen de habilidades

III. Writing Proficiency (20 points)

[See page T7 for suggestions for evaluating student writing.]

Hola, _____ :

_____

_____

Saludos,

_____

IV. Cultural Knowledge (20 points)

Answers will vary. In Guatemala the students participate in several school activities. They have a student council, sports programs and various clubs, such as the Theater Club, the school newspaper and the literary magazine. Sometimes their clubs have parties or sell candy or pastries to earn money for some project. Because the school is bilingual, the idea of forming a new club to practice English is a popular idea. The extracurricular activities of this school are just like those of a school in the United States.

_____

_____

V. Speaking Proficiency (20 points)

[See pages T39–T46 for suggestions on how to administer this portion of the test.]

38

CAPÍTULO 2

Paso a paso 2

Nombre _____

Fecha _____

Hoja para respuestas 1
Examen de habilidades

I. Listening Comprehension (20 points)

 6

 7

 3

 4

 1

 5

 8

 2

II. Reading Comprehension (20 points)

1. Patricia escribe para el anuario este año.   Sí   (No)
2. Federico escribe para la revista literaria.   (Sí)   No
3. Pilar toca la flauta.   Sí   (No)
4. Federico gana mucho dinero en su trabajo como tutor.   Sí   No
5. Patricia toca la flauta.   (Sí)   No
6. Marisol es miembro de la orquesta con Patricia.   (Sí)   No
7. Patricia cuida niños después de la escuela.   Sí   (No)
8. Patricia practica las artes marciales de las 3:00 a las 4:30.   Sí   (No)
9. Federico practica las artes marciales después de las 4:30.   Sí   (No)
10. Federico piensa que el béisbol es más fácil que las artes marciales.   (Sí)   No

37

CAPÍTULO 3

A Rebeca's part-time job in a clothing store involves placing the merchandise where it will look more attractive to the customers. Complete the instructions that Rebeca's manager gives her by writing down the names of the items that correspond to the pictures. (64 points)

1. Rebeca, pon ___*los pañuelos*___ al lado de ___*las carteras*___ .

2. Rebeca, pon ___*el chandal*___ al lado de ___*los mocasines*___ .

3. Tráeme ___*las corbatas*___ y ___*los trajes*___ .

4. Ahora, pon ___*los zapatos de tacón alto*___ al lado de ___*los bolsos*___ .

B Antonia is looking through a new catalog to see if she can find something she would like to order. Underline the word or expression that best completes Antonia's statements. (36 points)

1. Me encanta esta blusa (floreada / las telas).

2. Necesito unos pantalones (liso / a rayas) como éstos.

3. Estos zapatos (probarse / a cuadros) son muy baratos.

4. Debo comprar esta chaqueta de (sintético / lana).

40   *Vocabulario para conversar*

CAPÍTULO 3

A Tina and Paquita have decided to buy some clothes with the money they have earned baby-sitting. Match the pictures with their conversation, then write the number of the corresponding sentence in the space to the left of the picture. (60 points)

_3_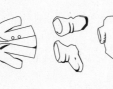

_6_

_1_

_2_

_4_

_5_

1. —¿Qué va a bien con este chaleco?

2. —Yo creo que los botines, porque son del mismo color, ¿no?

3. —¿Por qué no le compras esa gorra a tu hermano?

4. —Prefiero comprarle algo sencillo como este cinturón.

5. —¿Te gusta el suéter de cuello alto?

6. —Sí, pero me gusta más aquel chaquetón de cuero.

B Pablito's mother wants to buy him some school clothes but he doesn't like the items she chooses. Underline the word or expression which best completes each statement. Use the pictures to help you pick the correct answer. (40 points)

1. —Pablito, ¿te gusta esta camisa (a cuadros / a rayas)?

2. —No, mamá. Prefiero la camisa (a cuadros / a rayas).

3. —Pablito, ¿quieres estos pantalones de (algodón / moda)?

4. —No, y tampoco me gustan esos pantalones (sencillos / floreados).

Vocabulario para conversar   39

CAPÍTULO 3

A. Nacho's family has decided to have a rummage sale this weekend, so everyone is gathering articles of clothing to sell. Complete their conversation by writing in the blank space the word or expression that corresponds to each picture. (40 points)

1. —Vamos a vender esta camisa. Ya no tiene ___*botones*___

2. —Y estos pantalones ya no tienen ___*bolsillos*___

3. —Bueno, ponlos en el ___*suelo*___

4. —¡Uf! Hay que vender el ___*cesto de la ropa sucia*___. Ya no me gusta.

B. You and a friend have decided to spend Saturday morning shopping for some clothes. In the blank space, write the word or expression that best completes your conversation. (60 points)

tarjetas de crédito	apretados	en efectivo	liquidación
número y medio	flojo	vendedora	tamaño

1. —¡Qué gangas! No lo sabía, pero esta tienda tiene una ___*liquidación*___

2. —Me gusta este chaquetón porque no es ni grande ni pequeño. Es de ___*tamaño*___ mediano.

3. —Estos zapatos me quedan muy ___*apretados*___

4. —¿Qué número son? Creo que necesitas un ___*número y medio*___

5. —¿Cómo vas a pagar, con cheque o ___*en efectivo*___?

6. —Tengo que preguntarle a la ___*vendedora*___ si aceptan ___*tarjetas de crédito*___?

CAPÍTULO 3

A. Marco is trying on a tuxedo for the senior prom. He especially likes the one he has on now, but he will take it only if the salesperson agrees to make some alterations. Fill in the letter of the picture that best matches each statement in the conversation. (60 points)

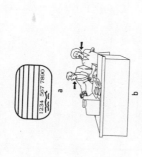

d 1. —Creo que la manga izquierda no me queda bien.

f 2. —¿Qué talla usa usted de pantalones? ¿Cómo le quedan éstos?

e 3. —Me quedan bien, pero necesitan otra cremallera.

c 4. —Este traje es muy elegante, pero si prefiere tenemos otros en el catálogo.

a 5. —No, quiero comprar éste. ¿Se permite pagar con tarjeta de crédito?

b 6. —Claro que sí, la cajera le puede ayudar.

B. Marta has just purchased a dress for a special party. Because she's disappointed with her purchase, she has called her best friend to get her advice. Underline the word or expression which best completes her conversation. (40 points)

1. —Marta, ¿(encontraste / colgaste) un vestido para la fiesta?

2. —Sí, pero me queda muy (en efectivo / flojo).

3. —¿Por qué no vamos al almacén para (colgar / encontrar) otro?

4. —Tengo una idea genial. Hay (una liquidación / un tamaño) en el centro comercial. Allí puedo comprarme otro.

Prueba 3-6

CAPÍTULO 3
Fecha _____   Prueba **3-6**

You and some friends are talking in the school cafeteria about different activities. Complete the conversations by writing the correct preterite form of the verb in parentheses in the blank space. *(100 points)*

1. —Lucho, ¡qué bonito chaquetón! ¿Cuánto __pagaste__? (pagar)

2. —No __pagué__ mucho, gracias a una liquidación en mi tienda favorita. (pagar)

3. —Margarita, ¿cuándo __llegaste__ a tu primera clase esta mañana? (llegar)

4. —Pues, __llegué__ tarde. (llegar)

5. —Yo te __busqué__ por todas partes. (buscar)

6. —__Devolví__ un libro al profesor de ciencias. (devolver)

7. —Julio, ¿ __tocaste__ el contrabajo o el saxofón en el concierto de ayer? (tocar)

8. —__Toqué__ los dos. (tocar)

9. —Diana, ¿cómo te sientes? ¿Te __lastimaste__ jugando con el equipo de vóleibol? (lastimar)

10. —Sí, por eso __jugué__ mal, pero ya me siento bien. ¡Somos el número uno en vóleibol! (jugar)

Prueba 3-5

CAPÍTULO 3
Fecha _____   Prueba **3-5**

Rocío and her brother Victor have just returned from a day of shopping. Their mother is curious when she sees several shopping bags full of merchandise. Complete their conversation by writing the correct preterite form of the verb in parentheses in the blank space. *(100 points)*

1. —Rocío, ¿qué __compraste__ hoy? (comprar)

—Pues, yo __encontré__ ropa práctica para la escuela. (encontrar)

2. —¿Qué __compró__ Víctor? (comprar)

—Víctor __escogió__ mucha ropa deportiva barata. (escoger)

3. —¿ __Compraron__ toda la ropa de la tienda? (comprar)

—No, mamá. Nosotros __encontramos__ una liquidación genial. (encontrar)

4. —¿Y quién __usó__ mi tarjeta de crédito? (usar)

—Pues, nadie. Yo __escribí__ unos cheques. (escribir)

5. —¿Y cómo __pagó__ Víctor? (pagar)

—Pues, él __sacó__ dinero del banco y __pagó__ en efectivo.
(sacar / pagar)

6. —Y, ¿cuándo __comieron__ ustedes? (comer)

—__Comimos__ unos sandwiches de jamón y queso a las doce y media. (comer)

7. —¿A qué hora __salieron__ ustedes de la casa hoy? (salir)

—__Salimos__ temprano. (salir)

8. —¿Y a qué hora __llegaron__ al centro comercial? (llegar)

—Pues, __llegamos__ allí a las nueve y media. (llegar)

9. —¿Y ustedes se __probaron__ la ropa antes de comprarla? (probar)

—¡Claro, mamá! Yo me __probé__ toda la ropa que __compré__.
(probar / comprar)

CAPÍTULO 3

Paso a paso 2   Nombre _____   Fecha _____   Prueba **3-7**

Consuelo and Rosa are shopping in a department store. They're having trouble deciding what to buy because they see so many things they like. Select the appropriate demonstrative adjective from the list, then write it in the blank space. Be sure to think about the location of each item the girls are talking about. *(100 points)*

aquellas	aquella	esta	esos	estas	esas
aquellos	aquel	ese	esa	este	estos

CONSUELO Rosa, me encanta **este** pañuelo.

ROSA Sí, pero yo prefiero **aquellos** pañuelos que están al lado de la cajera.

CONSUELO ¿Te gusta cómo me queda **este** chaleco?

ROSA ¿ **Ese** chaleco que llevas? Te queda muy bien, Consuelo.

CONSUELO Rosa, me gustaría probarme **esos** mocasines que tienes en la mano.

ROSA **Estos** mocasines no me quedan muy bien. Aquí los tienes.

CONSUELO Rosa, ¿viste **aquellas** corbatas allí al lado del vendedor? ¡Están muy de moda!

ROSA Me gusta mucho **esta** falda que tengo en la mano, pero no me gusta la cremallera.

CONSUELO Yo vi otras como **esa** falda, pero sin cremallera.

ROSA Consuelo, creo que voy a comprar **esas** blusas que están sobre la mesa redonda. ¡Me encantan las blusas de algodón!

CAPÍTULO 3

Paso a paso 2   Nombre _____   Fecha _____   Prueba **3-8**

Eduardo and Raúl are looking for some videos to rent but they can't make up their mind about which ones to choose. Complete their conversation by choosing the appropriate demonstrative pronoun from the list and writing it on the line. Be sure to think about the relative position of the different videos or films the boys refer to in their statements. *(100 points)*

aquéllas	aquélla	ésta	ése	ésos	ésas
aquéllos	aquél	éste	ésa	éstas	éstos

EDUARDO Raúl, ¿te gustan los vídeos de ciencia ficción como **éstos** que están aquí?

RAÚL No, prefiero **aquéllos** que tiene la cajera. Son vídeos de unas películas de terror.

EDUARDO ¿Y **ésos** que tienes en la mano? ¿De qué son?

RAÚL Son vídeos de comedias, pero prefiero ver **ésos** que tú tienes. Me encantan los vídeos de dibujos animados.

EDUARDO Raúl, ¿qué piensas de **aquéllas** , allí al lado de la puerta? Creo que son películas de aventuras.

RAÚL Sí, pero no son tan divertidas como **éstas** que tengo yo. Son películas románticas de hace muchos años.

EDUARDO Me gustaría llevar **ésas** otras que tienes. ¿Son unas películas del oeste?

RAÚL Ya las vimos la semana pasada. El vídeo que tiene la cajera allí es uno que no vimos. Quisiera ver **aquél** .

EDUARDO Perdón, señorita, ¿podemos llevar ese vídeo que tiene? Sí, **ése** que tiene en la mano.

SEÑORITA ¿ **Éste** , el vídeo en blanco y negro? Pues sí. Aquí lo tienen.

T65

CAPÍTULO 3

A (32 points)

1. cinturones / carteras
2. chandales / chalecos
3. corbatas / floreadas
4. suéteres de cuello alto / lana

4. comimos
5. saliste

B (15 points)

1. compré
2. pagué
3. apagó

6. botones
7. cremalleras
8. apretado (flojo)
9. flojo (apretado)
10. tarjeta de crédito

C (20 points)

1. chaquetón
2. mangas
3. tamaño
4. mediano
5. bolsillos

4. tantas naranjas como
5. tanta sopa como

D (15 points)

1. tantos guisantes como
2. tanta leche como
3. tanto pan como

E (18 points)

1. esta
2. Ésa
3. esos

4. Éstos
5. aquellos
6. aquéllos

50

CAPÍTULO 3

A Dolores and Eva are talking about their friends while watching a basketball game. Complete their conversation by using tan...como plus the adjective in parentheses. Be sure the adjective agrees with the subject. (50 points)

1. —Verónica es _tan baja como_ María Eugenia. (bajo)
2. —Sí, pero María Eugenia no es _tan graciosa como_ Verónica. (gracioso)
3. —Virginia es _tan seria como_ Samuel. (serio)
4. —Sí, y ellos no son _tan buenos como_ Reina en el equipo de básquetbol. (bueno)
5. —Es verdad, pero nadie es _tan deportista como_ tú. (deportista)

B You have gone to the shopping mall with some friends. Complete your conversation by using the correct form of tanto...como. In addition, include the word or expression that corresponds to each picture. Be sure to make tanto agree with the noun each time. (50 points)

1. Ramón compró _tantos cinturones como_ Eugenia.
2. Lucho comió _tantas hamburguesas como_ Carmen.
3. La chaqueta de Laura tiene _tantas cremalleras como_ la de Carmen.
4. Felipe tiene _tantas tarjetas de crédito como_ Miguel.
5. Emilia compró _tanta lona como_ Marisol.

47

Gramática en contexto / Los comparativos: tanto(a)...como

Page 54

II. Reading Comprehension *(20 points)*

 5

 3

 1

 4

2

III. Writing Proficiency *(20 points)*

[See page T7 for suggestions for evaluating student writing.]

Hola, _____ :

_____

_____

_____

Saludos,

_____

IV. Cultural Knowledge *(20 points)*

Answers will vary. Each Latin American country has its own monetary system and each currency differs in value. In addition, the currency value can change from day to day. A country's coins or bills can tell us a lot about its culture and history. The balboa of Panamá was named for Vasco Núñez de Balboa, the Spanish explorer of the Pacific Ocean. The córdoba of Nicaragua was named for Francisco Hernández de Córdoba, who established the Nicaraguan cities of León and Granada.

V. Speaking Proficiency *(20 points)*

[See pages T39–T46 for suggestions on how to administer this portion of the test.]

54

Page 53

I. Listening Comprehension *(20 points)*

A. *(10 points)*

 1

 3

 4

 5

 6

2 Alicia

4 Carmen

5 Santiago

1 Profesor Laredo

3 Luis

B. *(10 points)*

1. ¿Qué busca Olga?
   a. un chandal para la fiesta
   b. a una vendedora para ayudarla
   c. algo elegante para el sábado

2. ¿Cuál de los chalecos no le queda bien?
   a. el primero que se pone
   b. el chaleco floreado
   c. el chaleco de lana

3. ¿Qué chaleco escogió Olga?
   a. el chaleco a cuadros
   b. el chaleco a rayas
   c. el chaleco floreado

4. ¿Qué problema tiene Olga?
   a. No tiene dinero en efectivo.
   b. Necesita diez dólares más.
   c. Necesita treinta dólares más.

5. ¿Qué hizo Elizabet?
   a. Buscó chalecos grandes para Olga.
   b. Colgó la ropa para ayudar a su amiga.
   c. Guardó los treinta dólares en el banco.

53

CAPÍTULO 4
Fecha

A Rafael helps out in the gym locker room by distributing and collecting the equipment for different sports. Write the word or expression that corresponds to each picture on the blank space. *(60 points)*

1. Necesito ___un palo de hockey___ , por favor.

2. ¿Nos puedes dar ___un balón___ ?

3. Aquí tienes ___el guante___ . Ya no lo necesito. Gracias.

4. Carmela y yo necesitamos ___una raqueta (de tenis)___ , por favor.

5. ¿Tienes otro ___bate___ , por favor? No me gusta éste.

6. ¿Cuántos ___cascos___ de hockey hay?

B Nicolás and Gregorio have rented a sports video. Complete the conversation the boys have while they watch their video. Underline the appropriate word or expression. *(40 points)*

1. —¡Los Jaguares son los mejores (jugadores / entrenadores) de la liga!

2. —Creo que van a ganar (la entrenadora / el campeonato) este año.

3. —¡Mira, Nicolás! Romero va a (pedir prestado / meter un gol).

4. —¡No lo puedo creer! ¡Mi equipo favorito va a (prestar / empatar)!

CAPÍTULO 4
Fecha

A Your friends are interested in a variety of sports. Write the letter corresponding to the picture which best completes each statement. *(60 points)*

1. ¿Me prestas tu bate y __d__ de béisbol?
2. Tengo una __c__ nueva. ¿Jugamos tenis mañana?
3. Necesitas un __b__ si quieres montar en bicicleta.
4. Hoy nieva en las montañas y tengo unos __a__ nuevos. ¿Quieres ir conmigo?
5. ¿Tienes un __f__ ? Me gustaría jugar fútbol.
6. Vamos a patinar sobre hielo el sábado. ¿Tienes __e__ ?

B Agustín and his friends spend most of their free time talking about sports. Write the letter corresponding to the word or expression which best completes each statement. *(40 points)*

a. la liga
b. pedir prestado
c. meter un gol
d. los campeones
e. tuve que
f. empatar

1. No fui a ninguna parte porque __e__ ayudar en casa.
2. No tenemos bate. Hay que __b__ uno al entrenador.
3. Mi equipo favorito no puede __c__ . ¡Sólo sabe perder!
4. Siempre lo mismo. ¡Dos a dos o tres a tres! Esos equipos sólo saben __f__ .

CAPÍTULO 4

Paso a paso 2

Nombre _____

Fecha _____

A You want to know what your friends did this past weekend, so you call them on the phone to find out. Complete the statements by writing in the missing word or expression that corresponds to each picture. (80 points)

1. Fuimos a un concierto de ___música clásica___.

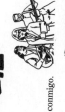

2. María fue a un concierto de ___música rock___ conmigo.

3. Mi novia y yo compramos entradas para ___la obra de teatro___.

4. Raúl y yo hicimos ___un crucigrama___ en español.

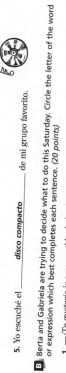

5. Yo escuché el ___disco compacto___ de mi grupo favorito.

B Berta and Gabriela are trying to decide what to do this Saturday. Circle the letter of the word or expression which best completes each sentence. (20 points)

1. —¿Te gustaría ir a un partido de hockey? Vas a _____ porque es un partido entre los dosmejores equipos.
   a. aburrirte   (b.) pasarlo bien

2. —Pues, no me gustó el _____ partido que vimos. ¿Quieres ir a un partido de tenis?
   a. bastante   (b.) último

3. —No, prefiero algo más _____
   (a.) alegre   b. aburrido

4. —Podemos ver una obra cómica de teatro. ¡Nunca _____ qué hacer los sábados!
   (a.) sabemos   b. soportamos

5. —¿Por qué no vamos al cine? Dice Juan que la película de aventuras _____ muy buena.
   a. estoy   (b.) estuvo

CAPÍTULO 4

Paso a paso 2

Nombre _____

Fecha _____

A You are discussing with your friends what you did this past weekend. Complete the conversation you had during lunch by selecting the letter that corresponds to the appropriate picture. (60 points)

d 1. —Andrés, ¿fuiste a la exposición de arte?

c 2. —No, pero fui a la fiesta de disfraces.

e 3. —¿Cómo estuvo el concierto de *Los Roqueros*?

b 4. —No fui. Luis y yo fuimos al campeonato de ajedrez. ¿Qué hiciste tú?

h 5. —No fui a ninguna parte. Manuel y yo jugamos a las damas en casa.

a 6. —Pues, Sofía y yo fuimos al desfile.

B You are talking with the new exchange student from Ecuador about your favorite pastimes. Choose the word or expression which best completes your conversation. (40 points)

1. —Me encantan (los picnics / los discos compactos) en el campo.

2. —¿Cómo prefieres (divertirte / aburrirte)? ¿Jugando (ajedrez / desfile) o damas?

3. —Pues, yo siempre (soporto / lo paso bien) en un partido de fútbol. ¡Me encanta el fútbol!

4. —A mí (saber / me aburren) los deportes.

T69

CAPÍTULO 4

Rocío and Sara are looking through *Astromundo*, a magazine which features famous people. Complete each sentence by writing the correct form of the verb ser in the preterite tense. *(100 points)*

ROCÍO　¿Sabes que hace muchos años Julio Iglesias **fue** jugador de fútbol?

Ahora es cantante.

SARA　No lo sabía. ¿Cuántos años hace que **fue** jugador de fútbol?

ROCÍO　Pues, no sé exactamente.

SARA　Mira la foto de este actor guapo. Aquí dice que **fue** estudiante

de medicina.

ROCÍO　Y éstos son los miembros del grupo de rock *Voces*. ¿No **fueron**

ellos los que vimos en concierto?

SARA　Sí, ellos mismos **fueron**. Rocío, tú **fuiste** miembro del coro el

año pasado, ¿no?

ROCÍO　Sí, yo **fui** miembro del coro y de la banda también, ¿por qué me

lo preguntas?

SARA　Bueno, como te gusta mucho la música, creo que en el futuro puedes llegar

a ser una cantante famosa y... no quiero que te olvides de nosotros, los que

fuimos tus amigos.

ROCÍO　¡Qué tonta! ¡Claro que no! Tú **fuiste** eres y siempre vas a ser

mi mejor amiga.

SARA　Sí, es verdad. Ese comentario **fue** un poco tonto.

Gramática en contexto / El pretérito del verbo ser　59

CAPÍTULO 4

Gloria and her friends are disappointed because they weren't able to accomplish many things this past week. Complete the conversations below with the correct preterite form of the verb in parentheses. *(100 points)*

1.　—Me gusta ver los programas que hay en la tele los viernes, pero el viernes pasado no

pude ver nada. (poder)

—Pues, mi novio Manolo y yo no **tuvimos** tiempo de ir a ninguna parte el fin

de semana pasado. (tener)

—¡Qué lástima! Yo tampoco **hice** nada interesante. (hacer)

2.　—Generalmente, Juan Carlos y yo levantamos pesas los lunes, pero el lunes pasado no

pudimos ir al gimnasio. (poder)

—Y, ¿qué **hicieron** ese lunes? (hacer)

—Nada, porque **tuve** que estudiar. (tener)

3.　—Gloria, tú siempre haces trajes cómicos para las fiestas de disfraces, pero no

hiciste uno para la última fiesta. (hacer)

—Sí, es verdad. Es que nadie **tuvo** mucho tiempo esta semana. (tener)

4.　—Casi todos los domingos veo el partido de fútbol con mis amigos, pero el domingo pasado

ellos no **pudieron** ir. (poder)

—¿Qué **hiciste** tú? (hacer)

—Pues, vi el partido en la televisión.

60　*Gramática en contexto / El pretérito de los verbos hacer, poder y tener*

Paso a paso 2   Nombre

CAPÍTULO 4   Fecha

Prueba **4-7**

You work part-time at the community center coaching young children in different sports. Some of the children have had little experience playing. Complete your conversations by adding the correct form of the verb *saber* in the present tense. (100 points)

1. —Carlos, ¿no **sabes** que debes usar el guante para jugar béisbol?

   —Pues, lo único que yo **sé** es que hay que jugar con un bate.

2. —Reina, ¿puedes ayudar a Timo? Él no **sabe** levantar pesas.

   —Sí, y también puedo ayudar a Soledad y a Virginia porque ellas no **saben** tampoco.

3. —Juancho, ¿ustedes **saben** jugar hockey?

   —Creo que **sabemos** . Hay que meter un gol con el disco de hockey, ¿verdad?

4. —Pedro, tú y tus amigos no **saben** divertirse. Son demasiado serios.

   —Pues, **sabemos** divertirnos cuando estamos ganando. ¡Hoy estamos perdiendo!

5. —¿Me pueden ayudar con estos patines? Creo que no **sé** patinar muy bien.

   —Pues, si tú no **sabes** patinar, no debes hacerlo solo.

Gramática en contexto / Repaso: El verbo saber   61

Paso a paso 2   Nombre

CAPÍTULO 4   Fecha

Prueba **4-8**

Felipe is living with a family in Mexico for the school year. While watching a sports program on television, he asks the family some questions. Use the appropriate form of either the verb *saber* or *conocer* in the present tense to complete the sentences. (100 points)

1. —Mario, ¿ **sabes** jugar bien fútbol?

   —Bueno, **sé** jugar, pero no muy bien.

2. —¿ **Conocen** ustedes al jugador con el balón?

   —Mi papá lo **conoce** , pero yo no lo **conozco** .

3. —Mis hermanos y yo **sabemos** jugar fútbol americano, pero no muy bien.

   —Yo no **sé** jugar fútbol americano, pero mi primo sí **sabe** .

4. —Señor Díaz, ¿ **conoce** usted al entrenador?

   —No, yo no lo **conozco** .

5. —Yo no **sé** cuántos goles metieron los jugadores. ¿Lo **saben** ustedes?

   —Lo único que **sabemos** es que nuestro equipo está perdiendo.

6. —Muchos estudiantes de mi escuela **saben** jugar básquetbol muy bien, pero yo no **sé** .

7. —Yo no **conozco** a ningún deportista famoso en los Estados Unidos.

   —Bueno, si tú no **conoces** a nadie, yo tampoco.

   —Mi amigo Tomi **conoce** a un campeón de tenis que vive cerca de su casa.

8. —Vamos al partido el sábado. ¿Quieres ir, Felipe? Mi familia **conoce** a alguien que nos puede comprar unas entradas muy baratas.

   —Sí, quiero ir. ¿Estás seguro de que ustedes **conocen** a alguien que puede comprarnos entradas baratas?

62   Gramática en contexto / Los verbos saber y conocer

T71

CAPÍTULO 4

Prueba 4-9

Several of Marta's friends don't seem to be too happy that it's Monday morning. Answer Marta's questions by choosing the correct reflexive verb from the list. Then write the appropriate form of the verb in the preterite tense. *(100 points)*

lastimarse	aburrirse	peinarse	secarse	vestirse	ducharse
levantarse	cepillarse	divertirse	sentirse	acostarse	probarse

1. —¿Qué tiene Josefina? Está muy cansada.
   —__Se levantó__ muy temprano. Tiene un examen esta mañana en la clase de historia.

2. —Humberto y su hermano no están muy alegres. ¿Qué les pasa?
   —Ellos __se vistieron__ con la ropa de su hermano mayor. ¡Y ya sabes que ese hermano lleva talla grande y ellos llevan talla pequeña!

3. —¿Por qué está Jesús de mal humor?
   —Esta mañana __se cepilló__ los dientes con el champú y no con la pasta dentrífica.

4. —¿Por qué ustedes no se sienten bien?
   —Fuimos a las montañas para esquiar y __nos lastimamos__ la pierna y el brazo.

5. —Toño, no tienes una cara muy alegre. ¿Qué te pasa?
   —¡Pues, claro! Esta mañana __me duché__ con agua fría porque el entrenador dice que es bueno para la salud.

6. —Ricardo, ¿no fuiste a la fiesta el sábado?
   —Sí, yo fui, pero ¡qué desastre! No __me diverti__ en toda la noche.

7. —Ana y Clara, ¿no lo pasaron bien con sus primos este fin de semana?
   —¡No! __Nos aburrimos__ mucho porque ellos hablaron de cosas tontas todo el fin de semana.

8. —Elizabet, ¿no te sientes bien?
   —¡No! Tuve que salir de mi casa muy temprano esta mañana y no __me sequé__ el pelo.

9. —Luis Miguel, tienes mucho sueño, ¿verdad? ¿No __te acostaste__ temprano anoche?

10. —No. Anoche comí un postre muy sabroso que preparó mi hermana y no __me sentí__ bien después.

CAPÍTULO 4

Fecha ___

A (20 points)
1. *el guante de béisbol*
2. *levantar pesas*
3. *los palos de hockey*
4. *los cascos / montar en bicicleta*

B (12 points)
1. *ganar*
2. *perder / la liga*
3. *meter un gol / empatar*
4. *campeón*

C (16 points)
1. *damas*
2. *crucigramas*
3. *hacer un picnic*
4. *un desfile*

D (12 points)
1. *exposición*
2. *sabes / soportar*
3. *última / Estuvo*
4. *me aburro*

E (40 points)
1. *hicieron*
2. *levantamos / tuvimos / hiciste*
3. *vestí*
4. *fue*
5. *fueron*
6. *divirtieron*
7. *fue / pudimos*

CAPÍTULO 4

I. Listening Comprehension (20 points)

A. (10 points)

1. __b__   2. __e__   3. __a__   4. __d__   5. __c__

B. (10 points)

DIÁLOGO 1

1. Alex prefiere ir a un concierto de música clásica. Sí (No)
2. Cristina quiere escuchar unos discos compactos. Sí (No)
3. Hay un picnic esta tarde en el parque. Sí (No)
4. Alex no lo pasó bien la última vez que fue a un concierto de música clásica. (Sí) No
5. A Cristina le gustaría ver el desfile. Sí (No)

DIÁLOGO 2

1. Guille no sabe nada de hockey. (Sí) No
2. A Guille le gustan los deportes. Sí (No)
3. Patricio piensa que el hockey es una diversión interesante. (Sí) No
4. Guille prefiere pensar cuando juega ajedrez. (Sí) No
5. Guille le va a pagar el almuerzo a Patricio. Sí (No)

II. Reading Comprehension (20 points)

1. Marité tuvo un accidente jugando al tenis. Sí (No)
2. *Sonsonante* son deportistas que visten con disfraces. (Sí) No
3. Adrián no tuvo mucho dinero de joven. Sí No
4. Arnoldo Rufin es un campeón de ajedrez. (Sí) No
5. Marité se divierte patinando. (Sí) No

CAPÍTULO 4

6. Arnoldo Rufin es un deportista famoso, pero tiene otros intereses. (Sí) No
7. *Sonsomante* es una banda que toca música. (Sí) No
8. Adrián es un jugador de básquetbol. Sí (No)
9. Marité se lastimó la pierna metiendo un gol. Sí (No)
10. Adrián es el campeón de la liga de béisbol. (Sí) No

III. Writing Proficiency (20 points)

[See page T7 for suggestions for evaluating student writing.]

IV. Cultural Knowledge (20 points)

Answers will vary. Diego Rivera is an important Mexican muralist. Many of Diego Rivera's murals are found in public buildings and museums throughout Mexico City. During visits to the United States he also painted murals such as the one in the Detroit Museum of Art. His murals tell us a lot about the cultural life of Mexico, past and present. The art of Frida Kahlo, the wife of Diego Rivera, is mostly autobiographical. While some show her dressed in the beautiful folkloric costumes of Mexico, the majority of her paintings reveal her personal suffering as a result of a terrible bus accident.

V. Speaking Proficiency (20 points)

[See pages T39–T46 for suggestions on how to administer this portion of the test.]

CAPÍTULO 5

Paso a paso 2   Nombre

Fecha   **Prueba 5-2**

A You are talking with your friends about your childhood. Choose the correct expression from the list to complete each conversation. *(40 points)*

a. eras	d. tenías	g. era
b. tenía	e. te gustaban	h. me gustaban
c. jugabas	f. ibas	i. jugaba

1. —Eres obediente ahora, pero de pequeño ¿ _a_ obediente también?
   —Sí, de pequeño _g_ obediente también.

2. —No juego con trenes ahora y de pequeño tampoco _i_ mucho con ellos.
   —Tú no _c_ con los trenes de pequeño, pero yo sí.

3. —Me gustan mucho los peces, pero de pequeño no _h_ mucho. ¿Y a ti?
   —¿A ti no _e_ los peces? Pues, ¡a mí sí!

4. —Tienes una colección de dinosaurios muy buena. ¿También la _d_ de pequeño?
   —No, de pequeño _b_ una colección de robots.

B You help to organize the activities for young children at a day-care center. Each child wants to play a different game today. Write the word or expression that corresponds to each picture. *(60 points)*

1. Yo quiero _montar en triciclo_ .
2. Nosotros queremos _saltar a la cuerda_ .
3. ¡Yo no! Prefiero jugar con _los muñecos_ .
4. Maribel y yo queremos jugar con _los animales de peluche_ .
5. Pepe y yo queremos jugar con _los camiones_ .
6. Y yo quisiera jugar con _la tortuga_ .

72   *Vocabulario para conversar*

CAPÍTULO 5

Paso a paso 2   Nombre

Fecha   **Prueba 5-1**

A Celina has gone to a toy store to buy some gifts for her younger brother and sister. Look at the choices she is considering, then select the word which matches each picture. *(60 points)*

a. los animales de peluche	d. la muñeca	g. los pájaros
b. el triciclo	e. los bloques	h. los camiones
c. el tren de juguete	f. los peces	i. el muñeco

1. _d_

2. _h_

3. _c_

4. _e_

5. _f_

6. _a_

B Fabián wants to know more about what things were like when his grandparents were children. Complete his conversation with them by underlining the correct word or expression. *(40 points)*

1. —Abuelito, ¿con qué (<u>jugabas</u> / tenías) de pequeño?
   —(<u>Jugaba</u> / Tenía) muchos animales de peluche y de verdad.

2. —Abuelita, ¿cómo (<u>eras</u> / ibas) de pequeña?
   —Pues, (<u>era</u> / me gustaba) ser muy obediente y bien educada.

Vocabulario para conversar   71

Paso a paso 2
CAPÍTULO 5

Nombre _____

Fecha _____

A Lucero wants to know what her older sister was like as a young child. Place the letter of the picture that corresponds to each of her responses on the line provided. *(40 points)*

a

b

c

d

e

f

d 1. —¿Qué te gustaba de pequeña?
—Me gustaba mucho el columpio.

b 2. —¿Dónde jugabas de pequeña?
—Jugaba mucho en el tobogán.

f 3. —¿Te gustaba jugar en casa?
—No, pero me gustaba mucho jugar en el patio de recreo.

e 4. —¿Qué no te gustaba de pequeña?
—No me gustaba mucho el sube y baja.

B You and your classmates are revealing what you were really like as young children. Underline the word or words which best complete each statement. *(60 points)*

1. Soy muy obediente ahora, pero de pequeño siempre (obedecía / me portaba) mal.

2. Tengo muchos amigos ahora, pero cuando era niña yo siempre (me peleaba / preferia) con los otros.

3. Soy muy sociable ahora, pero de pequeña yo era muy (consentida / timida).

4. Ahora siempre digo la verdad, pero de pequeño (lloraba / mentía) a veces.

5. Me gustan mucho las películas tristes, pero de pequeña yo siempre (molestaba / lloraba).

6. Ahora mi hermana y yo somos buenos amigos, pero de pequeño yo la (obedecía / molestaba) mucho.

Vocabulario para conversar 73

Paso a paso 2
CAPÍTULO 5

Nombre _____

Fecha _____

A A friend is asking you some questions about your childhood. For each question in the conversation below, first write the letter of the word which corresponds to the picture. Then, underline the word or words in parentheses which complete the answer. *(50 points)*

a. el tobogán
b. el columpio
c. el carrusel
d. el cajón de arena
e. el patio de recreo
f. el sube y baja

1. —¿Cómo eras de pequeño en __e__?
—Era un niño muy (travieso / vecino) y consentido.

2. —¿Por qué no te gustaba jugar en __a__?
—Me daba miedo y por eso (lloraba / mentía).

3. —¿Jugabas mucho en __b__?
—Sí, y (molestaba / me portaba) bien con todos los niños.

4. —¿Te gustaba jugar en __d__?
—No, porque siempre (me peleaba / obedecía) con los otros niños.

5. —¿Te gustaba mucho __f__?
—No, porque yo (decía / preferia) montar en triciclo.

B Carmela wants to know how she behaved as a child. Complete the conversation she has with her grandmother by changing the underlined verb in each statement to the correct form to express Carmela's past behavior. *(50 points)*

1. —Ahora te portas muy bien, pero antes **te portabas** muy mal.

2. —Siempre obedeces a tus padres ahora, pero antes no les **obedecías** mucho.

3. —Ahora no te gusta mentir, pero de pequeña **mentías** a veces.

4. —Ahora no molestas a nadie, pero a los tres años **molestabas** a todos.

5. —Siempre prefieres caminar sola, pero antes **preferias** caminar conmigo.

74 *Vocabulario para conversar*

A You and your family are looking at some old photographs of what you and your siblings did as young children. Write the verb or expression which corresponds to each picture using the imperfect tense. *(50 points)*

1. Yo _____ **saltaba a la cuerda** _____ a menudo.

2. Mis hermanos y yo siempre _____ **montábamos en triciclo** _____ .

3. Nosotros _____ **escuchábamos** _____ música a todas horas.

4. Graciela, tú siempre _____ **patinabas sobre hielo** _____ con tus primos.

5. Gil y Eva siempre _____ **sacaban libros** _____ de la biblioteca.

B Some friends are asking one another questions about the things they liked to do when they were younger. Change each of the underlined verbs from the present to the imperfect tense. *(50 points)*

1. —Marisol, patinas a menudo ahora, ¿y de pequeña también te gustaba?

   —No, yo nunca _____ **patinaba** _____ cuando era niña.

2. —Fernando y Beto, ustedes caminan todos los días. ¿Caminaban también de pequeños?

   —No, cuando éramos pequeños no _____ **caminábamos** _____ mucho.

3. —José, tu hermano juega al béisbol muy bien. ¿Siempre jugó tan bien?

   —Pues, de pequeño _____ **jugaba** _____ bastante bien, pero no tan bien como ahora.

4. —Marcial y Catalina cantan muy bien, ¿y de pequeños también?

   —Sí, _____ **cantaban** _____ muy bien en todos los conciertos de la escuela.

5. —Yo nunca me peleo con mis amigos.

   —No te peleas ahora, pero antes _____ **te peleabas** _____ con tu hermanito, ¿verdad?

Gramática en contexto / El imperfecto de los verbos que terminan en -ar   75

You have gone back to visit the town where you lived as a child. Everything has changed over the years. You are trying to remember what the town used to be like when you lived there. Change the underlined verb in each statement to the imperfect tense. *(100 points)*

1. Una familia grande vive en la casa donde nosotros _____ **vivíamos** _____ antes.

2. Hay un supermercado aquí, pero antes _____ **había** _____ una escuela.

3. Ahora comen platos típicos de México en ese restaurante, pero antes yo _____ **comía** _____ .

4. Hacen televisores en la fábrica al otro lado de esa calle, pero antes _____ **hacían** _____ hamburguesas y papas fritas allí.

5. No vemos ningún animal en el lago ahora, pero antes nosotros _____ **veíamos** _____ muchos pájaros y peces, ¿verdad, Pablo?

6. Nadie me escribe de ese pueblo, pero antes todos me _____ **escribían** _____ muchas cartas.

7. En aquel restaurante todos piden café o té, pero antes nosotros _____ **pedíamos** _____ refrescos o helados.

8. Tú no conoces a nadie en esta calle, pero antes los _____ **conocías** _____ a todos.

9. Todos esos niños se aburren en el parque que está enfrente del museo, pero antes mis amigos y yo nunca _____ **nos aburríamos** _____ allí.

10. Ahora nadie sabe mucho sobre la historia de este pueblo, pero antes todos _____ **sabían** _____ mucho más.

76   *Gramática en contexto / El imperfecto de los verbos que terminan en -er e -ir*

T76

CAPÍTULO 5

Fecha

Prueba **5-7**

A Elisa is surprised to find out that her friends have changed their plans for the weekend. Answer her questions by writing the correct form of the verb *ir* in the imperfect tense. *(50 points)*

1. —Joaquín, ¿no vas al cine?

   —No, _____ **iba** _____ a ir con Juanita pero ella fue a la playa.

2. —Leticia y Andrea, ¿no van ustedes al baile?

   —No, _____ **íbamos** _____ a ir pero no tuvimos tiempo.

3. —Diego, ¿no voy contigo a las montañas este fin de semana?

   —_____ **Ibas** _____ a ir conmigo, pero ahora mi familia no puede.

4. —Irma, ¿no van Ofelia y Paloma al centro de reciclaje esta tarde?

   —_____ **Iban** _____ a ir, pero ahora no se sienten bien.

5. —Ernesto, ¿no va Magda contigo al concierto?

   —_____ **Iba** _____ a ir conmigo, pero fue con su primo.

B Your psychology teacher is conducting a survey. She wants to know how you and your classmates behaved as young children. Complete the statements with the correct form of the verb *ser* in the imperfect tense. *(50 points)*

1. Cuando yo _____ **era** _____ pequeño, (yo) _____ **era** _____ muy desobediente.

2. Mi hermano _____ **era** _____ mucho más travieso que yo.

3. Mis amigos y yo siempre _____ **éramos** _____ los más graciosos de la escuela primaria.

4. Mis hermanas gemelas _____ **eran** _____ muy consentidas.

5. ¿Cómo _____ **eras** _____ tú, Faustino, tímido o sociable?

CAPÍTULO 5

Fecha

A *(24 points)*

1. _juguetes / una muñeca_

2. _un columpio / el carrusel_

3. _un pájaro / una tortuga_

B *(24 points)*

1. _prefería_   4. _el sube y baja_

2. _el tobogán_   5. _iba_

3. _jugaba_   6. _patio de recreo_

C *(16 points)*

1. _mentía_   3. _obedecía_

2. _decía_   4. _montaba_

D *(36 points)*

1. _era_   6. _eran_

2. _tenían_   7. _estudiaban_

3. _iban_   8. _aprendían_

4. _montaban_   9. _había_

5. _vivían_

I. Listening Comprehension (20 points)

PRIMERA DESCRIPCIÓN

1. Antonio siempre
   a. era muy callada.
   b. era muy traviesa.

2. La hermana de Antonio
   a. era muy callada.
   b. era muy traviesa.

3. ¿Dónde ponía el muchacho los camiones de Antonio?
   a. por toda la casa
   b. en el cuarto de su hermana

4. Antonio no soportaba
   a. a su hermana.
   b. a su hermano.

SEGUNDA DESCRIPCIÓN

5. La persona que habla
   a. era una niña obediente.
   b. era un niño travieso.

6. A esta persona le gustaba
   a. pelearse con los amigos para montar en triciclo.
   b. prestarles sus juguetes a los amigos.

7. Esta persona quería
   a. subirse en el tobogán.
   b. montar en el triciclo de su amigo.

TERCERA DESCRIPCIÓN

8. La persona que habla
   a. prefería bañarse con los peces.
   b. creía que todo era un juguete.

9. ¿Cuántos años tenía esta persona cuando aprendió a caminar?
   a. más o menos un año
   b. menos de un año

10. ¿Dónde ponía los muñecos de sus hermanos?
    a. en el agua fría
    b. en el refrigerador

II. Reading Comprehension (20 points)

1. Melisa estaba en su cama. Sí   No
2. La niña bailaba con los animales de peluche. Sí   No
3. Los juguetes estaban sobre la cama. Sí   No
4. Había música en el cuarto de Melisa. Sí   No
5. Algunos animales de peluche cantaban y bailaban. Sí   No
6. Todos los animales bailaban menos el tigre y el lobo. Sí   No
7. El osito molestaba a los otros animales. Sí   No
8. El osito no estaba alegre cuando Melisa lo vio. Sí   No
9. Melisa escuchaba música a todas horas. Sí   No
10. Por la mañana todos los animales estaban encima del sillón. Sí   No

83

III. Writing Proficiency (20 points)

[See page T7 for suggestions for evaluating student writing.]

IV. Cultural Knowledge (20 points)

Answers will vary. José Martí was a Cuban poet and revolutionary. As a young man he began to write in favor of Cuban independence from Spain. At age fifteen he was arrested and sentenced to six years of hard labor. He was freed after three years and exiled to Spain. Since he could not return to Cuba, he traveled to Latin America and the United States. He spent 14 years in New York, where he continued his efforts in favor of the revolution. In 1895, he returned to Cuba. A month after his arrival he was killed by a gunshot when the Spaniards attacked during the battle of Dos Ríos. Seven years later Cuba won its independence from Spain.

V. Speaking Proficiency (20 points)

[See pages T39-T46 for suggestions on how to administer this portion of the test.]

84

T78

Prueba 6-1

CAPÍTULO 6

A You are talking to Sebastián, a student from Uruguay, about how he and his family celebrate different occasions and what they do in various situations. Match each statement with the appropriate picture. *(60 points)*

_6_   _1_

_4_   _3_

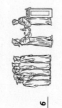

_2_   _5_

1. —Generalmente, ¿cómo saludas a tus primos en Uruguay?
   —Nos abrazamos.

2. —¿Qué dicen tus amigos de la escuela cuando se saludan?
   —Siempre dicen "¡Hola!".

3. —¿Cómo saludas al director de la escuela?
   —Nos damos la mano.

4. —Cuando eras pequeño, ¿qué hacía tu familia cuando alguien cumplía años?
   —Comprábamos un pastel y yo siempre apagaba las velas.

5. —¿Tienes una familia grande?
   —Sí, y en julio vamos a tener una reunión. ¡Se casa una prima mía!

6. —¿Sueles ir a muchas fiestas?
   —Sí, me encantan. En junio vamos a la graduación de mi hermano.

B While at a family reunion, Jorge is pointing out his relatives to his girlfriend. Determine what relationship each person has with Jorge, then match the descriptions with the statements below. *(40 points)*

a. Es mi sobrina.   c. Es mí bisabuela.   e. Es mi sobrino.
b. Es mi cuñada.   d. Yo soy su sobrino.   f. Es mi cuñado.

_f_ 1. Allí está el esposo de mi hermana.
_a_ 2. La muchacha rubia es la hija de mi hermano.
_c_ 3. La señora mayor en el sofá es la madre de mi abuela.
_d_ 4. Allí está mi tía Bela.

CAPÍTULO 6

A Rosalinda is thinking about the past and how her entire family used to get together for different occasions and celebrations. Write the word or expression associated with each picture. *(40 points)*

1. Cuando yo era pequeña todos los familiares iban a una reunión después de _una boda_ .

2. También íbamos a casa de abuelita para celebrar las _fiestas de cumpleaños_ .

3. Los abuelos solían _besar_ a sus nietos.

4. Nadie en la reunión podía _despedirse_ antes de las dos de la mañana.

B Ramón is showing his girlfriend, Maruja, some photographs from the family album. Select the word or expression from the list that corresponds to what Ramón tells Maruja, then write it in the blank space. *(60 points)*

la bisabuela	la sobrina	el esposo	soltero	muerta
el bisabuelo	la cuñada	la soltera	la nieta	casada
el sobrino	el cuñado	la esposa	muerto	el nieto

1. Aquí está el padre de mi abuelo. Es mi _bisabuelo_ Humberto.
2. Se casó con Manolo hace tres años. Se llama Berta y es _la esposa_ de Manolo.
3. Él era mi tío Víctor, pero ya no vive. Está _muerto_ .
4. Úrsula nunca se casó. Es la única persona _soltera_ de la familia.
5. Es mi abuela Marta. Yo soy _el nieto_ favorito.
6. Ella está casada con mi hermano Gil. Es Sonia, mi _cuñada_ .

T79

CAPÍTULO 6

Paso a paso 2   Nombre

Fecha   Prueba **6-3**

A. Ana María loves to do things for her friends and family when they celebrate different occasions during the year. To make sure she doesn't miss a date, she has taken out her calendar to check off which ones she needs to remember. Match each statement with a celebration pictured on Ana María's calendar. (60 points)

_e_ 1. A ver, ¿cuándo es el Día de Acción de Gracias este año? Me gustaría preparar un pavo para mis bisabuelos.

_c_ 2. Y para el Día de la Raza debo comprar una piñata para mis amigas mexicanas Flora y Carmen.

_b_ 3. El Día del Padre es el tercer domingo de junio. Tengo mucho tiempo todavía.

_h_ 4. Quisiera preparar un plato típico para la cena de Nochebuena.

_a_ 5. El segundo domingo de mayo es el Día de la Madre. Creo que a mi mamá le gustaría ver un concierto en el parque.

_d_ 6. Para el Día de los Enamorados creo que voy a prepararle a Marcos una cena romántica.

B. Gerardo wants to know how his great-grandfather celebrated Independence Day in Mexico. Complete his great-grandfather's description with a word or expression from the list. (40 points)

a. charlando   d. bailaba
b. se encontraban   e. fuegos artificiales
c. baile   f. felicitar

Nos gustaba mucho celebrar el 16 de septiembre con un gran _c_ porque es un día muy importante. Primero, todos _b_ en la plaza, donde la gente _a_ . A las nueve lanzaban _e_ de muchos colores para celebrar ese día histórico. Nos pasábamos la noche bailando y _d_ con la música de los mariachis. Después, ¡bamos a nuestra casa para cenar y continuar la celebración.

87   Vocabulario para conversar

CAPÍTULO 6

Paso a paso 2   Nombre

Fecha   Prueba **6-4**

A. You are telling the exchange student who has just come to spend the year with you all about the holidays that the two of you will celebrate with family and friends. Complete your conversation by writing the word associated with each picture. (50 points)

1. Nosotros siempre celebramos la Navidad con mucha comida
y _un baile_ .

2. Para la Nochebuena quisiera invitar a todos nuestros amigos a cenar. Tú me puedes ayudar con _las invitaciones_ .

3. Te va a gustar mucho cómo celebramos el _fin de año_ .
Damos una fiesta fenomenal.

4. Siempre celebramos nuestro _Día de Independencia_ en el parque.
Allí lanzan _fuegos artificiales_ muy bonitos e impresionantes.
¡Vas a ver cómo nos vamos a divertir este año!

B. Several of your relatives are at a family gathering and they are all talking at once. Complete their conversations by underlining the best answer. (50 points)

1. —¿Se ven a menudo tú y mi cuñado?
—No, no (se ven / nos vemos) mucho porque él vive muy lejos de aquí.

2. —¿Cómo celebran ustedes el Día de la Raza?
—(Nos encontramos / Nos escribimos) en la plaza de la ciudad.

3. —¿Celebran ustedes el cumpleaños de su hijo todos los años?
—¡Pues, claro! Lo celebramos (a los cinco años / desde que) nació en 1990.

4. —Yo no sé por qué no estuve el año pasado. ¿Qué hicieron ustedes para celebrar el cumpleaños de la bisabuela?
—Después de una cena deliciosa, la (felicitamos / charlamos) y todos la besamos.

5. —¿(A qué edad / Después que) conociste a nuestro primo Alberto?
—Pues, lo conocí a los dieciocho años.

88   Vocabulario para conversar

CAPÍTULO 6

Fecha

Prueba 6-5

A You want to take your family to a restaurant that just opened downtown. Because you have never eaten there, you ask your friends who are already familiar with the restaurant a few questions about it. Complete your conversation with them by writing the preterite form of the verb in parentheses. (50 points)

1. —¿Qué **pidieron** ustedes de comer? (pedir)
   —Primero **pedimos** una ensalada de pavo. (pedir)

2. —¿Y qué **pediste** tú, Eduardo? (pedir)
   —Pues, **pedí** la sopa de verduras y me gustó mucho. (pedir)

3. —¿Qué **pidió** usted después, Patricia? (pedir)
   —El pescado y las papas al horno. Luis también **pidió** el pescado y le encantó. (pedir)

4. —¿Qué les **sirvieron** de postre? (servir)
   —El camarero nos **sirvió** un flan muy sabroso. (servir)

5. —¿Cómo **se vistieron** ustedes? ¿Con ropa elegante o deportiva? (vestirse)
   —**Nos vestimos** con camisas y jeans. No es un restaurante elegante, pero sí es un restaurante muy bueno. Te lo recomendamos. (vestirse)

B Some friends are talking about the Mexican restaurant they went to last weekend. Change the form of the verbs from the present to the preterite tense. (50 points)

LUZ   Generalmente pido salsa picante, pero el sábado **pedí** guacamole.

GIL   Jesús y yo generalmente pedimos los tacos, pero **pedimos** las enchiladas y nos gustaron mucho.

EVA   A veces sirven platos pequeños, pero el sábado nos **sirvieron** platos grandes.

ED   Es la verdad. El camarero generalmente me sirve sólo arroz con los burritos, pero el sábado me **sirvió** frijoles también.

LUZ   Generalmente Eduardo se viste con ropa deportiva, pero el sábado **se vistió** con una camisa típica mexicana. ¡Me encanta la camisa de Eduardo!

CAPÍTULO 6

Fecha

Prueba 6-6

A As you wait for your friends to arrive at the restaurant, you overhear the people at the next table discussing the gifts they gave their relatives for their birthdays. Complete their conversation by using the correct form of the verb dar in the preterite tense. (60 points)

1. —¿Qué le **diste** a tu cuñado, Emilio?
   —Le **di** una corbata azul oscuro.

2. —¿Qué les **dieron** ustedes a los bisabuelos?
   —Les **dimos** un reloj para la sala que les gustó mucho.

3. —Y a ti, Gilberto, ¿qué te **dio** tu sobrina?
   —Me **dio** una cartera, pero no me gusta mucho.

B Your friends are asking one another for advice on gifts to give for the approaching holidays. Complete what they say by changing the verb dar from the present to the preterite tense. (40 points)

1. Ana, ¿qué debo darle a mi novia por su cumpleaños? Siempre le doy flores y el año pasado le **di** chocolates.

2. Mario, ¿nos puedes ayudar? Generalmente les damos a mis sobrinos algo para la escuela. El año pasado les **dimos** un suéter. ¿Qué podemos regalarles este año?

3. ¿A qué edad debe mi tío regalarle a su hija una bicicleta? Le da muchos juguetes y el año pasado él le **dio** un triciclo. ¿Qué piensas?

4. Esperanza, ¿qué le vas a dar a tu novio este año? Recuerdo que el año pasado le **diste** unas entradas para un concierto. ¿Por qué no le compras unos videos?

CAPÍTULO 6

A Cristina is telling a friend about some of her childhood memories. Change the verbs in parentheses in her description to the imperfect tense. (50 points)

Cuando mi hermano y yo (**1.** ser) muy jóvenes, nuestros parientes nos (**2.** visitar) a menudo. Yo siempre (**3.** jugar) a las damas con mi prima, y mi hermano siempre (**4.** montar) el triciclo con mi primo Lucho. Mis padres (**5.** preparar) la cena y a veces nosotros (**6.** comer) en el patio porque (**7.** hacer) mucho calor en la casa. Nosotros nunca (**8.** aburrirse) porque (**9.** tener) muchos juguetes y mucha imaginación. Por la noche todos (**10.** ir) a la casa del vecino para charlar o jugar con sus hijos pequeños.

1. _éramos_
2. _visitaban_
3. _jugaba_
4. _montaba_
5. _preparaban_
6. _comíamos_
7. _hacía_
8. _nos aburríamos_
9. _teníamos_
10. _iban / íbamos_

B Esteban has just moved to a new city, but he misses the things he used to do in his old school. Complete the description he gives to a friend by changing the verbs to either the preterite or the imperfect tense. (50 points)

Me gusta mi escuela nueva, pero en mi escuela de Washington mis amigos y yo siempre (**1.** patinar) sobre hielo. Aquí no es posible porque nunca hay nieve. Allí, después de las clases todas las tardes, nosotros (**2.** ir) al lago. Yo (**3.** ser) miembro del equipo de hockey y nosotros nunca (**4.** perder) los partidos. Recuerdo que una vez yo (**5.** querer) meter un gol cuando un jugador me (**6.** lastimar) la pierna. El entrenador no (**7.** estar) muy alegre. Yo lo (**8.** pasar) muy mal hasta que mis compañeros (**9.** ganar) el partido. Después, el entrenador nos (**10.** llevar) a todos a un restaurante para celebrar la victoria.

1. _patinábamos_
2. _íbamos_
3. _era_
4. _perdíamos_
5. _quería_
6. _lastimó_
7. _estaba_
8. _pasé_
9. _ganaron_
10. _llevó_

CAPÍTULO 6

Betina is bragging about her family because they do a lot of things together. Complete Betina's statements by changing the verb in parentheses to the present tense whenever it belongs. Don't forget to place the reflexive pronoun where it is appropriate. (100 points)

1. Mis parientes y yo _nos hablamos_ por teléfono todas las semanas. (hablarse)

2. Mis cuñados Raúl y Roberto siempre _se abrazan_ cuando se saludan. (abrazarse)

3. ¿Tus parientes siempre _se besan_ en las reuniones? ¡Los nuestros sí! (besarse)

4. ¿Tus sobrinos _se ayudan_ cuando hacen la tarea? ¡Los míos siempre! (ayudarse)

5. Nuestros tíos _se escriben_ a menudo. Me encanta leer sus cartas. (escribirse)

6. ¿Tus primos _se pelean_ a veces? ¡Los míos casi nunca! (pelearse)

7. ¿Suelen ustedes _verse_ los fines de semana? (verse)

8. Mi bisabuela y sus nietos _se encuentran_ todos los sábados. (encontrarse)

9. Mi prima Carmen y yo _nos visitamos_ una vez al mes. (visitarse)

10. A ti y a tu novia, ¿les gustaría _casarse_ algún día? (casarse)

CAPÍTULO 6

Fecha _____

A (12 points)

1. el Día de la Independencia _____

2. el Año Nuevo _____

3. la Navidad _____

B (16 points)

1. boda / casarse _____

2. graduación / graduarse _____

C (12 points)

1. bisabuela _____

2. nietos _____

3. soltero _____

D (16 points)

1. pedí / sirvió _____

2. pidieron / serví _____

E (16 points)

1. diste / di _____

2. dio / dieron _____

F (12 points)

1. decirle "¡Hola!" _____

2. darse la mano _____

3. besarse _____

4. abrazarse _____

G (16 points)

1. íbamos _____

2. bailabas _____

3. cantabas _____

4. tenías _____

5. aprendiste _____

6. naciste _____

7. eras _____

8. cumplió _____

95

CAPÍTULO 6

Fecha _____

I. Listening Comprehension (20 points)

A. (12 points)

a

b

c

d

e

f

3. _f_

4. _b_

1. _c_

2. _e_

B. (8 points)

1. Trini es de Estados Unidos. (Sí) No

2. Maricruz celebró el 24 de diciembre con su familia en Venezuela. Sí (No)

3. La familia de Trini le dio un regalo a Maricruz. (Sí) No

4. La familia de Trini envió invitaciones a todos. (Sí) No

5. Todos se despidieron por la tarde, antes de las doce. Sí (No)

6. La familia sirvió pescado de cena. Sí No

7. Sólo había familiares en la fiesta. (Sí) No

8. Maricruz y su familia se escriben a menudo. Sí (No)

II. Reading Comprehension (20 points)

1. Alejandro y José Luis
   ⓐ son familiares.
   b. no se conocen.
   c. no se encuentran nunca.

98

CAPÍTULO 7

Fecha

Prueba **7-1**

A Nicolás and Eugenia are taking a survey for their sociology class to find out in which countries the personal possessions of their classmates were produced. Underline the word or words which correspond to each picture. (*40 points*)

1. —En tu casa tienen (videocasetera / televisor), ¿verdad? ¿De dónde es?
   —Sí, tenemos uno. Es de Japón, pero mi (radio / tocacintas) es de Taiwán.

2. —¿Siempre llevas (reloj pulsera / collar)? ¿De dónde es?
   —A veces no. Es de Rusia, pero mis (aretes / collar) de plata son de México.

3. —Tu (llave / llavero) es muy bonito. ¿De dónde es?
   —Es de Colombia. Tengo (unas monedas / un peine) de oro de Colombia también. ¿Quieres verlas?

4. —Llevas (anteojos / lentes de contacto). ¿De dónde son?
   —Son de los Estados Unidos, pero mis (anteojos / lentes de contacto) son de Corea.

5. —¿De dónde es tu (anillo / cadena)?
   —Creo que es de Italia, pero mi (anillo / cadena) es de España.

B You are having a conversation with your friends about what you need in order to get into the football game tonight. Choose the correct word or expression from the list to complete your conversation. (*60 points*)

a. propia	d. misma	g. yo misma
b. mismo	e. el mío	h. me parece que
c. carnet de identidad	f. la mía	i. te parece que

j. mostrar

1. —Tere, recuerda que necesitas _j_ alguna clase de identificación para el partido de fútbol esta noche. ¿Tienes tu _c_ ?
   —¡No me digas! No tengo _e_ todavía.

2. —Pues, me parece que tú y yo no podemos usar la _d_ foto.
   —¿_i_ es buena idea ir a recogerlo ahora?
   —¡Pues, es muy buena ideal Si no tienes tu _a_ identificación, no podemos ir esta noche.

100   *Vocabulario para conversar*

CAPÍTULO 6

Fecha

Hoja para respuestas 2
Examen de habilidades

2. Las Posadas es una celebración
   a. sólo para los niños.   c. para celebrar el fin de año.
   (b.) popular en algunos países hispanos.

3. Todos los que participan en la procesión
   a. piden comida de casa en casa.   c. se visten con disfraces.
   (b.) piden, simbólicamente, un lugar donde pasar la noche.

4. La procesión de las Posadas
   a. termina en la calle.   (c.) termina en una casa donde la gente se saluda alegremente.
   b. es una celebración solemne y triste.

5. El joven que escribe
   a. celebra el cumpleaños de su amigo Alejandro.   c. se vistió de ángel.
   (b.) se divirtió mucho en la fiesta.

III. Writing Proficiency (20 points)

[See page T7 for suggestions for evaluating student writing.]

Hola, _____ :

_____

_____

_____

_____

Saludos,

_____

IV. Cultural Knowledge (20 points)

Answers will vary. Los carnavales, which are celebrated throughout Latin America, include parades with dances, music, and costumes. In Bolivia and the northern part of Argentina, the carnaval is influenced by the Incan culture. In the Caribbean one can see a mixture of both Christian and African influences.

V. Speaking Proficiency (20 points)

[See pages T39-T46 for suggestions on how to administer this portion of the test.]

99

T84

Capítulo 7

You and your classmates are designing a modern house as part of an assignment for your computer graphics class. In your conversation you discuss what you should include in your house plan. Choose the picture that corresponds to each statement below. *(100 points)*

a

b

c

d

e

f

g

h

i

j

k

l

<u>h</u> 1. —¿Te parece que hay que tener un detector de humo en cada cuarto?

<u>g</u> 2. —Creo que sí, y también un calentador.

<u>d</u> 3. —¿Crees que es necesario tener el extinguidor de incendios cerca de estos aparatos eléctricos?

<u>f</u> 4. —Claro que sí. Debemos tener uno al lado del horno.

<u>a</u> 5. —¿Para qué sirve este ventilador?

<u>l</u> 6. —Sirve para bajar la temperatura. ¡No queremos tener incendios en nuestra casa!

<u>i</u> 7. —¿Te parece que debemos poner el estante aquí?

<u>b</u> 8. —Sí, me gusta la idea de ponerlo al lado del aire acondicionado.

<u>e</u> 9. —¿En tu casa tienen microondas?

<u>c</u> 10. —Pues sí. Tenemos todos los aparatos eléctricos, pero no tenemos calefacción central. Es una casa muy antigua.

Capítulo 7

A Guille is having trouble finding some of his personal possessions because he and his family recently moved from one house to another. Write the name of the item that corresponds to each picture. *(60 points)*

1. Siempre está encima de la cómoda, pero ahora no la encuentro. ¿Dónde está ___**la llave**___ de la puerta?

2. No puedo encontrar ___**el peine**___ que me regaló mi novia.

3. ¿Y dónde están ___**los anteojos**___ que quería darle a Pilar por su cumpleaños?

4. Tampoco encuentro ___**el secador de pelo**___ y lo necesito esta tarde.

5. Tengo que llevar ___**el carnet de identidad**___ conmigo esta tarde. ¿Por qué no está aquí?

6. Quiero escuchar un casete, pero ¡___**el tocacintas**___ no está por ninguna parte!

B Gloria is not pleased that her sister always wants to borrow her personal belongings. Choose the appropriate word or expression from the list to complete the conversation Gloria has with her sister and write it in the blank space. *(40 points)*

de vez en cuando	propias	la mía	misma	el tuyo
te parece que	propios	la tuya	cadena	un lujo

1. —Gloria, ¿me puedes prestar tu ___**cadena**___ de oro?

   —¿Por qué? ¡Tú tienes tus ___**propias**___ joyas!

2. —Sí, Gloria, pero ___**la tuya**___ es mucho más elegante

   y ___**la mía**___ no está de moda.

   —Está bien pedir prestadas las cosas de otra persona ___**de vez en cuando**___, pero ¡no siempre!

3. —¿No ___**te parece que**___ dos hermanas pueden usar la ___**misma**___ ropa?

   —¡Pues, no! Comprarse ropa es una necesidad, no es ___**un lujo**___.

T86

Right panel (Prueba 7-5)

Paso a paso 2   Nombre

CAPÍTULO 7   Fecha _____   Prueba **7-5**

A While Esperanza and her friends were playing basketball in the gym, their personal belongings got mixed up in the locker room. Complete what each girl says by writing another form of the possessive adjective which corresponds to the one underlined in each statement. *(60 points)*

1. —No veo la llave de mi bicicleta. ¡Ah! Aquí está la llave ___**mía**___ .

2. —Pues, no creo que ésa es tu llave. La llave ___**tuya**___ está allí.

3. —¿Quién tiene los anteojos de nosotros? Los anteojos ___**nuestros**___ estaban encima de la silla.

4. —Berta, ¿tienes el anillo de Marta? No veo su anillo y creo que el anillo ___**suyo**___ estaba al lado de las sudaderas.

5. —Pues, yo estoy buscando sus carnets de identidad, los de Raquel y Marisol. Los carnets de identidad ___**suyos**___ deben estar aquí.

6. —¡Éstos no son mis aretes! Los aretes ___**míos**___ son verdes.

B Mateo's family exchanged gifts during a recent get together. Because the cards got separated from the gifts, everyone is trying to figure out who got what. Complete the statements by using the correct form of the possessive adjective. *(40 points)*

1. —¿Es éste el collar de Verónica?
   —Sí, es el collar ___**suyo**___ .

2. —¿Son éstas las linternas de ustedes?
   —Sí, son las linternas ___**nuestras**___ .

3. —¿De quiénes son estos relojes pulsera de oro? ¿De los abuelos?
   —Sí, son los relojes pulsera ___**suyos**___ .

4. —¿Son éstos mis anillos de plata?
   —Sí, son los anillos ___**tuyos**___ .

104   *Gramática en contexto / Los adjetivos posesivos*

Left panel (Prueba 7-4)

Paso a paso 2   Nombre

CAPÍTULO 7   Fecha _____   Prueba **7-4**

A Sr. and Sra. Olivares are giving Maite, their baby sitter, some last-minute instructions before they leave for a dinner party. Select the word or expression which best completes their conversation. *(50 points)*

a. linterna	d. en caso de	g. suficiente	j. fregadero
b. se apagan	e. ahorrar	h. funcionan	k. bombillo
c. electricidad	f. reparar	i. encender	l. pilas

1. ___d___ emergencia siempre debes llamar al 911.

2. Si ___b___ las luces, hay una ___a___ y dos ___l___ sobre la mesa de la cocina.

3. Hay unos platos sucios en el ___j___ . ¿Los puedes lavar, por favor?

4. ¿Sabes cómo ___h___ todos los aparatos eléctricos?

5. Si tienes problemas con la estufa, el vecino la puede ___f___ .

6. Si la niña llora por la noche, puedes ___i___ la luz de su cuarto. A veces le da miedo.

7. A ella le encanta el ___k___ de luz rosada de la lámpara al lado de su cama.

8. Hay ___g___ comida en el refrigerador para ti y la niña si tienen hambre.

B The contestants are hoping to win some prizes at a game show. Look at each picture, then write down what the announcer says the contestants could win. *(50 points)*

___lavadora___   1. ¡Aquí tienen la mejor _____ para su casa!

___lavaplatos___   2. ¡Les va a gustar mucho este _____ !

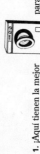

___microondas___   3. ¡Todas las casas modernas necesitan este _____ !

___secadora___   4. ¡Ustedes pueden ganar esta _____ !

___ventilador___   5. ¡Todos quisieran tener este _____ cuando hace calor!

103   *Vocabulario para conversar*

CAPÍTULO 7   Fecha

Prueba **7-6**

A friend is helping you and your family unpack after moving to a new home. Answer your friend's questions by writing down the correct form of the possessive pronoun. Do not write the noun as part of your answer. (100 points)

1. —Y, ¿estas chaquetas? ¿Son de tu papá?

  —Sí, son _____**suyas**_____ .

2. —¿Son éstos los libros de tu hermano?

  —No, _____**los suyos**_____ están al lado de la puerta.

3. —¿Esta raqueta de tenis es de tu hermano?

  —Sí, es _____**suya**_____ .

4. —¿Dónde pongo este radio? ¿Es de tu hermana?

  —Sí, es _____**suyo**_____ .

5. —¿Es ése el estante de tus padres?

  —No, _____**el suyo**_____ está aquí.

6. —Creo que sólo a una persona le puede gustar este suéter amarillo. Es tuyo, ¿verdad?

  —Sí, es _____**mío**_____ .

7. —¿De quiénes son estos aparatos eléctricos? ¿De ustedes?

  —No sé. _____**Los nuestros**_____ no son tan antiguos como ésos.

8. —Aquí hay un secador de pelo. Es de tus hermanos.

  —Sí, es _____**suyo**_____ .

9. —¿Dónde pongo estas pilas? ¿Son de papá?

  —¿No recuerdas? Tú y yo las compramos ayer para nuestro tocacintas.

  Son _____**nuestras**_____ .

10. —Pero yo creía que _____**las nuestras**_____ estaban en mi coche.

  —No. Están aquí.

CAPÍTULO 7   Fecha

Prueba **7-7**

Several conversations are going on during the morning break at school. Choose the missing verb form from the list to complete each conversation. You may use the same verb form as often as appropriate. (100 points)

| estuvieron | estuve | eres | eran | era | fueron | ser |
| estuviste | estuvo | soy | fue | es | somos | son |

1. —¿De dónde _____**es**_____ el estudiante rubio? ¿De Colombia o de Venezuela?

  —No sé, pero creo que todos en esa familia _____**son**_____ de Latinoamérica.

  Viven aquí ahora.

2. —Me gusta mucho tu cadena. ¿ _____**Es**_____ de plata?

  —No, mis otras cadenas _____**son**_____ de plata. Ésta es de oro.

3. —¿Cuándo _____**es**_____ la reunión del consejo estudiantil? ¿El martes o el jueves?

  —Hay dos reuniones y _____**son**_____ el lunes y el viernes.

4. —Dolores, ¿dónde _____**estuviste**_____ el sábado pasado? Te llamé varias veces.

  — _____**Estuve**_____ con mi familia en otra ciudad.

5. —¿Qué hora _____**era**_____ cuando ustedes llegaron a la casa de Rafá?

  — _____**Eran**_____ las once, más o menos.

6. —Quisiera ir al concierto. ¿Sabes algo del concierto? ¿ _____**Es**_____ en el teatro

  o en el parque?

  —El año pasado _____**fue**_____ en el parque, a las dos en punto.

7. —¿Tienes un secador de pelo? Tengo uno, pero no _____**es**_____ muy bueno.

  —Sí, tengo uno, pero _____ de mi hermana. Siempre me lo presta.

8. —¿ _____**Es**_____ tuyo ese anillo?

  —Sí. _____**Fue**_____ un regalo de mi abuela cuando cumplí catorce años.

9. —¿Sabes cuándo va a _____**ser**_____ el cumpleaños de Juan Carlos?

  —Creo que ya _____**fue**_____ la semana pasada. ¿No lo sabías?

10. —Creo que estas llaves _____**son**_____ de Julio.

  —Esta llave sí _____**es**_____ de Julio, pero la otra no.

Paso a paso 2   Nombre _____

Hoja para respuestas 1
Examen de habilidades

CAPÍTULO 7   Fecha _____

I. Listening Comprehension (20 points)

A. (10 points)

1. El cliente quiere devolver su cadena de oro porque quiere una de plata. — Sí · (No)
2. La cadena que compró el cliente costó más que la cadena de su amiga. — (Sí) · No
3. El secador de pelo que compró esta persona es de lujo. — Sí · (No)
4. En la tienda repararon el secador de pelo y ahora sí funciona. — Sí · (No)
5. El aparato para el televisor no funciona porque no tiene pilas. — (Sí) · No
6. Lo único que funciona es el control remoto. — (Sí) · No
7. El regalo para la tía tenía sólo una pulsera y un collar. — Sí · No
8. La señora compró dos aretes de plástico. — (Sí) · No
9. El cliente piensa que los radios en esta tienda son mejores que los tocacintas. — Sí · (No)
10. El cliente quiere devolver el tocacintas porque no funciona. — Sí · (No)

B. (10 points)

1. "Servicios eléctricos Manolo" puede reparar
   (a) toda clase de aparato eléctrico.
   b. de vez en cuando.
   c. sólo en su tienda.

2. Cuando nuestros aparatos eléctricos no funcionan
   a. debemos comprar otros.
   b. podemos devolverlos a la tienda de Manolo y comprar otros.
   (c) Manolo los repara en seguida.

3. "Servicios eléctricos Manolo" dice que
   a. no puede reparar un microondas que no funciona.
   b. no puede reparar los aparatos en su casa.
   (c) puede ir a su casa.

4. "Servicios eléctricos Manolo" dice que
   (a) puede mostrarles cómo conservar energía en su casa.
   b. quiere comprar detectores de humo que no funcionan.
   c. Manolo mismo no puede ayudarles.

5. En caso de emergencia "Servicios eléctricos Manolo" dice que
   a. tienen servicio sólo de día.
   b. tienen servicio sólo de noche.
   (c) tienen servicio las veinticuatro horas del día.

Paso a paso 2   Nombre _____

Hoja para respuestas
Prueba cumulativa

CAPÍTULO 7   Fecha _____

A (32 points)

1. el microondas / horno
2. la lavadora / la secadora
3. El lavaplatos / fregadero
4. el control remoto / televisor

B (20 points)

1. aparatos
2. mostrar
3. funcionan
4. apagar
5. lujo

6. electricidad
7. encender
8. incendio
9. detector de humo
10. En caso de

C (24 points)

1. el llavero / oro
2. El carnet de identidad / el peine
3. secador de pelo / arete

D (10 points)

1. es
2. es
3. está

4. son
5. es

E (14 points)

1. mías / tuyas
2. tuyos / suyos

3. nuestra / nuestra
4. nuestra

Paso a paso 2 Nombre

Hoja para respuestas 2

CAPÍTULO 7 Fecha

Examen de habilidades

II. Reading Comprehension (20 points)

1. CASAS DE HOY
   a. vende aparatos eléctricos.
   b. ayuda a sus clientes a escoger aparatos eléctricos.

2. CASAS DE HOY sirve a sus clientes con
   a. información sobre cómo conservar energía en su casa.
   b. información sobre cómo reparar aparatos eléctricos.

3. CASAS DE HOY les muestra cómo
   a. funciona un tostador.
   b. dar la impresión de lujo en una casa económica.

4. CASAS DE HOY dice que para conservar energía uno puede
   a. ahorrar su dinero y tener menos diversión.
   b. comprar aparatos que usan pilas.

III. Writing Proficiency (20 points)

[See page 77 for suggestions for evaluating student writing.]

Hola, _____ :

_____

_____

Saludos,

_____

IV. Cultural Knowledge (20 points)

Answers will vary. The Aztecs were a large civilization which, in the year 1500, dominated most of Mexico. The Mayan civilization knew a great deal about astronomy and their calendar of 365 days was more precise than the European calendar of that era. The Inca civilization constructed many roads and bridges in the high mountains of the Andes.

V. Speaking Proficiency (20 points)

[See pages T39–T46 for suggestions on how to administer this portion of the test.]

Paso a paso 2 Nombre

CAPÍTULO 8 Fecha

Prueba **8-1**

A Roberto works part-time in an information booth for tourists in his city. Several tourists have questions to ask Roberto today. Underline the word or expression that corresponds to the picture. *(40 points)*

1. —¿Podrías indicarnos dónde hay (un bombero / un buzón), por favor?
   —Sí. Hay uno cerca del (quiosco / <u>cruce</u>), enfrente del banco.

2. —Perdone, buscamos (<u>la carretera</u> / la carnicería) para seguir nuestro viaje.
   —Sí, señor. Doble a la derecha en (el semáforo / la señal de alto).

3. —Necesito encontrar (una floristería / una verdulería). ¿Hay una cerca?
   —Sí, señora. Queda al otro lado de (la panadería / la frutería).

4. —¿Sabes si hay (una heladería / una <u>pescadería</u>) cerca?
   —Sí. Está muy cerca. Queda al otro lado (del semáforo / de la señal de alto).

B Some tourists are talking while waiting for their tour bus. Choose the letter of the correct word or expression to complete what each one says. *(60 points)*

a. siga	c. cruzar	e. por	g. bombero
b. doble	d. teléfono público	f. quiosco	h. millas

1. No veo una librería _e_ aquí. ¿Sabes dónde queda una?
2. Ayer conocimos a un _g_ muy amable. Nos ayudó con un problema que tuvimos con el coche.
3. Cien kilómetros son sesenta y dos _h_, ¿no?
4. ¿Podrías indicarme dónde hay un _f_? Necesito comprar un periódico.
5. ¿Busca una farmacia? _a_ esta calle unas dos cuadras más. Está enfrente del correo.
6. Necesito llamar a mis padres. ¿Dónde hay un _d_?

A A new department store has just opened up downtown. Since the customers are unfamiliar with where everything is located, several of them are asking questions. Write the letter of the picture that corresponds to each question on the line provided. *(40 points)*

a   b

b 1. Por favor, ¿dónde está la escalera?

a   b

a 2. Perdone, ¿me podría indicar dónde queda el mostrador de joyas?

a   b

b 3. No puedo encontrar los servicios. ¿Están en este piso?

a   b

b 4. ¿Podría usted decirme dónde está la crema de afeitar?

B You and your friends are standing near the make-up counter of a department store where a customer and a sales clerk are having a conversation. Underline the words or expressions which best complete their conversation. *(60 points)*

—Señora, usted no tiene que (<u>gastar</u> / afeitarse) tanto dinero en maquillaje. Aquí tenemos muy buenos precios. Primero, debe (<u>ponerse</u> / quitarse) el maquillaje que tiene ahora. Le voy a mostrar un color más atractivo para usted.

—¿Se venden (uñas / <u>desodorantes</u>) aquí también?

—¡Claro que sí! Éste tiene un (<u>perfume</u> / labios) muy suave.

—¿Qué (<u>lápiz de labios</u> / venda) le gusta más a la señora?

—Me encanta el rosado. Ahora quiero ir a la sección de (ropa para damas / <u>ropa para caballeros</u>) para comprarme un vestido nuevo.

A On your way to the library, several people unfamiliar with your city stop to ask you where different places are located. Identify the picture which corresponds to what each person is looking for by writing the word in the space. *(60 points)*

1. Perdone, ¿sabe si hay _____ *una panadería* _____ por aquí? Quisiera comprar unos pasteles.

2. Necesito unos tomates. ¿Podrías decirme dónde queda _____ *la verdulería* _____?

3. ¡Tenemos un incendio en el coche! ¿Dónde queda _____ *la estación de bomberos* _____?

4. ¿Dónde hay _____ *una floristería* _____, por favor? Queremos comprar unas flores.

5. ¿Sabes si _____ *la carnicería* _____ queda lejos de aquí? Tenemos que comprar jamón y bistec.

6. Por favor, ¿hay _____ *un teléfono público* _____ por aquí? Tengo que llamar a mi esposo.

B You have decided to explore the city where you recently arrived as an exchange student. Even though you have a map, you still need to ask some directions. Select the word which best completes each question or statement. *(40 points)*

semáforo	metros	seguir	buzón
histórico	doblar	indicar	cruce

1. Perdone, señor. ¿Dónde hay un _____ *buzón* _____ para enviar estas cartas?

2. Señora, ¿sabe usted si hay un museo _____ *histórico* _____ cerca de aquí?

3. Señorita, ¿para llegar al centro debo _____ *doblar* _____ a la izquierda o a la derecha en la calle Fernán?

4. ¿Me podría _____ *indicar* _____ usted dónde queda la tienda de regalos?

T90

CAPÍTULO 8

A You promised your family that you would pick up some things for them at the drugstore. Look at the pictures, then write the name of each item that your family has asked you to buy. (60 points)

1. ¿Puedes comprarme _el perfume_ "Rosas olorosas" en la farmacia?

2. ¿Me podrías traer unas _vendas_, por favor?

3. Ya no tengo _lápiz de labios_. Necesito el color rojo.

4. También necesitamos _seda dental_.

5. Y creo que no tenemos _desodorante_ tampoco.

6. ¿Podrías traerme _esmalte de uñas_ rosado, por favor? Gracias.

B Because Manuel works in the men's accessories section located near the front door of the department store, customers are always stopping to ask him where things are located. Complete his answers to the customers by circling the letter of the correct answer. (40 points)

1. Sí, señora, los servicios están en el tercer piso. Debe subir en
a. la caja.   (b.) el ascensor.

2. ¿Busca pantalones y camisas? Podría econtrarlos en
(a.) la ropa para caballeros.
a. la ropa para damas.

3. ¿Le dan miedo los aparatos eléctricos? Pues, usted puede subir al segundo piso por
(a.) la escalera.   b. la escalera mecánica.

4. ¿Pañuelos para hombres? Yo mismo le puedo ayudar. Tengo muchos en
a. la salida.   (b.) el mostrador.

CAPÍTULO 8

Sara and Celia are watching their favorite soap opera on television. As they watch today's episode, they make comments about the stars. Use the correct form of ser or estar in the present tense to complete their comments. (100 points)

1. —¿Dónde _está_ Rafael hoy? No lo veo en este episodio todavía.
—Sí, ¡qué lástima! Creo que él _es_ el mejor actor de todos.

2. —¡Y qué guapo _es_ ! Me encantan los ojos azules que tiene.
—Allí está Fernanda. ¡Qué guapa _está_ ella hoy! _Es_ una mujer muy bonita, ¿verdad?

3. —¡Escucha! Me parece que el novio de Fernanda _está_ de mal humor. Los dos _están_ muy serios ahora.
—¡Mira! Otra persona _está_ al fondo. Creo que _es_ María del Carmen, la hermana mala de Fernanda.

4. —Celia, yo ya _estoy_ cansada de esta telenovela. Vamos a ver otro programa.
—No, Sara. Quiero ver qué _es_ lo que va a pasar.

5. —Pues, lo mismo de siempre. ¿No _estás_ aburrida de mirar esta telenovela?
—Bueno, _estoy_ de acuerdo que _es_ una telenovela un poco tonta, pero a veces _es_ emocionante.

6. —Sí, pero hoy no _está_ emocionante. Y el día _está_ muy bonito y quiero salir a tomar el sol.
—¡ _Es_ verdad! Hace sol y buen tiempo. Voy a apagar el televisor.

7. —Ahora sí _estoy_ contenta, Celia. Vamos, que _estamos_ perdiendo el tiempo hablando tonterías.
—¿Vamos a la playa? No _está_ muy lejos y podemos ir a pie.

T91

Trini and her friends are hiding in a dark room waiting for Vicente to arrive because they have planned a surprise party for him. Trini is so anxious that she reacts to every noise she hears. Complete her conversation with her friends by writing an affirmative word in the question, then a negative word in the answer. Do not use any word more than once. *(100 points)*

1. —¿Hay __alguien__ en la puerta ahora? Creo que una persona habló.
   —No, Trini, no hay __nadie__ en la puerta. ¡Cálmate!

2. —¿Qué hay enfrente de la casa? ¿Es un coche? ¿Una bicicleta? ¡Yo veo __algo__ !
   —No, Trini, no hay __nada__ enfrente de la casa, ni un coche ni una bicicleta.

3. —Beto dice que él vio un coche __también__ .
   —No, Trini, tú no viste un coche, y Beto __tampoco__ .

4. —¡Uf! No puedo ver. Tengo sed. ¿Hay __alguna__ bebida por aquí?
   —No, Mario. No hay __ninguna__ bebida. ¡Más tarde!

5. —Vicente es muy inteligente. Él __siempre__ sabe lo que estamos haciendo.
   —No, no es verdad. Vicente __nunca__ sabe qué estamos haciendo. ¡Esta fiesta va a ser una gran sorpresa!

Everyone in Carolina's family has gathered together for a wedding except Elisa, Carolina's cousin. Elisa has telephoned to give her best wishes. Complete the telephone conversation by writing the verb in parentheses in the present progressive tense to describe what each person is doing. Don't forget to use two verbs in your answer. *(100 points)*

1. —Carolina, ¿qué hacen los novios ahora?
   —Los novios __están bailando__ . ¡Qué guapos están los dos! (bailar)

2. —¿Y qué hace nuestro tío Efraín?
   —Creo que __está durmiendo__ . No le gusta la música alta. (dormir)

3. —¿Y nuestra tía Paquita?
   —¡Qué graciosa! __Se está quitando / Está quitándose__ el sombrero porque quiere bailar. (quitarse)

4. —¿Te diviertes, Carolina?
   —Pues, claro, yo __me estoy divirtiendo / estoy divirtiéndome__ mucho. (divertirse)

5. —¿Y ya llegaron nuestros abuelos?
   —Sí, __están abrazando__ a toda la familia. (abrazar)

6. —¿Dónde está nuestra sobrinita?
   —__Está vistiendo__ su muñeca con un vestido de novia. (vestir)

7. —¿Cuándo van a abrir los regalos?
   —__Los están abriendo / Están abriéndolos__ ahora. (abrir)

8. —¿Todos se sienten románticos en este momento, Carolina?
   —Sí, ahora mismo nuestra tía Isabela __está encendiendo__ unas velas en cada mesa. (encender)

9. —¿Qué hace Eugenia?
   —Ella y yo __estamos sirviendo__ la comida para todos. Por eso sólo puedo hablar un minuto más. (servir)

10. —¿Y tú, Elisa? ¿ __Estás estudiando__ mucho? (estudiar)
    —Sí, claro. Mañana tengo exámenes en la universidad y quiero graduarme. Pero me gustaría estar allí con ustedes.

Paso a paso 2
Nombre

CAPÍTULO 8
Fecha

Prueba **8-8**

It's David's first day in Mexico City. As he walks around the downtown area, he's trying to understand all of the signs posted in the windows of different buildings. Look at the pictures, then write down what each sign says. Use the verb in parentheses and the impersonal pronoun *se* in each answer. *(100 points)*

1. Aquí _____ **se venden perfumes** _____ muy baratos. (vender)

2. En nuestro restaurante _____ **se sirven sandwiches** _____ deliciosos. (servir)

3. _____ **Se prohíbe sacar fotos** _____ en el museo. (prohibir)

4. No _____ **se permite comer** _____ en el teatro. (permitir)

5. _____ **Se muestran monedas** _____ antiguas a los coleccionistas. (mostrar)

Gramática en contexto / El se impersonal   121

Paso a paso 2
Nombre

CAPÍTULO 8
Fecha

Hoja para respuestas
Prueba cumulativa

A *(24 points)*

1. *una verdulería / una frutería*

2. *una panadería / una pescadería*

3. *una carnicería / un quiosco*

B *(24 points)*

1. *kilómetros*

2. *histórico*

3. *alguien*

4. *indica*

5. *podría*

6. *siga / centro / Doble*

C *(20 points)*

1. *el cepillo de dientes / la seda dental*

2. *el secador de pelo / el desodorante*

3. *las vendas*

D *(24 points)*

1. *nunca / tampoco / nos estamos vistiendo / estamos vistiéndonos*

2. *nadie / algunas / estoy sirviendo*

3. *alguien / están haciendo*

E *(8 points)*

1. *Se venden*

2. *Se reparan*

3. *Se envían*

4. *Se sirve*

124

T93

II. Reading Comprehension (20 points)

1. c
2. a
3. a
4. c
5. b

III. Writing Proficiency (20 points)

[See page T7 for suggestions for evaluating student writing.]

IV. Cultural Knowledge (20 points)

Answers will vary. The bargaining process usually consists of the following steps:

1. The vendor greets the customer and asks what he or she is looking for.
2. The customer asks for the price of the merchandise.
3. The vendor states a price and describes the good qualities of the merchandise.
4. The customer responds that the price is too high and offers less.
5. The vendor replies with a lower price.
6. The customer either accepts or rejects the lower price.
7. If the customer rejects the price, further discussion takes place until the customer accepts the vendor's final offer.

V. Speaking Proficiency (20 points)

[See pages T39–T46 for suggestions on how to administer this portion of the test.]

I. Listening Comprehension (20 points)

A. (10 points)

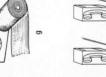

a   b   c   d   e   f   g   h

1. e
2. h
3. f
4. d
5. c

B. (10 points)

DIÁLOGO 1

1. La señorita está en un almacén.   Sí   (No)
2. La señorita busca lápiz de labios.   Sí   (No)
3. La señorita quiere saber dónde se encuentra el esmalte de uñas.   (Sí)   No
4. Se venden muchas revistas en esta tienda.   (Sí)   No
5. El vendedor le explica a la señorita dónde queda un quiosco.   Sí   (No)

DIÁLOGO 2

1. La señora está en un almacén.   Sí   (No)
2. En esta tienda se puede subir al segundo piso en una escalera mecánica.   Sí   (No)
3. La ropa para caballeros está en el segundo piso.   (Sí)   No
4. La ropa para niños queda al fondo de la tienda.   Sí   (No)
5. La señora quiere ponerse el pañuelo viejo.   Sí   (No)

A You are sitting in the doctor's office with several other patients who are also waiting their turn to see the doctor. Match each statement with the corresponding picture. (60 points)

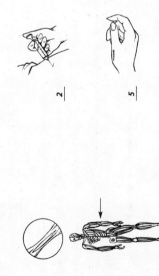

1. Llevo muletas porque me lastimé la pierna izquierda jugando al fútbol.

2. Creo que la enfermera me va a poner una inyección porque me duele mucho el oído.

3. Me rompí el hueso del brazo derecho.

4. Me parece que me van a poner un yeso.

5. Me corté en la mano. Por eso me hicieron diez puntadas.

6. Me duele mucho el codo.

B A group of students are asking one another why they have come to the nurse's office. Match the questions with the answers, then fill in the blank with the letter you have selected. (40 points)

_a_ 1. ¿Te quemaste las manos?

_d_ 2. ¿Te van a poner frenillos pronto?

_b_ 3. ¿Qué te pasó en la clase de educación física?

_c_ 4. ¿Hasta cuándo tienes que estar en esa silla de ruedas?

   a. Sí, poniendo el pavo en el horno.

   b. Me caí jugando béisbol.

   c. Pues, no voy a poder caminar por varios meses.

   d. Creo que sí. Voy al dentista el viernes.

A You work part-time as a receptionist in a doctor's office. Today you are talking to several patients who are complaining of a variety of problems. Complete what each patient says by writing the word or words that correspond to the picture. (50 points)

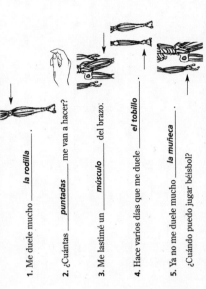

1. Me duele mucho ___ *la rodilla* ___.

2. ¿Cuántas ___ *puntadas* ___ me van a hacer?

3. Me lastimé un ___ *músculo* ___ del brazo.

4. Hace varios días que me duele ___ *el tobillo* ___.

5. Ya no me duele mucho ___ *la muñeca* ___.
   ¿Cuándo puedo jugar béisbol?

B You are thinking about going to medical school in the future. In the meantime, you work at the local hospital as a volunteer. Select a word or expression from the list to complete each of your conversations with the patients and place the corresponding letter in the space provided. (50 points)

a. silla de ruedas	d. te rompiste	g. me quemé	j. te caiste
b. rotos	e. operación	h. te quemaste	k. sangre
c. me rompí	f. una radiografía	i. me caí	

1. —¿Qué te pasó? ¿ _i_ ?
   —Sí, y me lastimé la pierna. El doctor dice que me tiene que sacar _f_ .

2. —Llevas muchas vendas en el brazo. Me parece que _h_ , ¿verdad?
   —Sí, la semana pasada _g_ con la estufa.

3. —¿Por qué estás en el hospital? ¿Te hicieron una _e_ ?
   —No. Estoy aquí porque me están haciendo unos análisis de _k_ .

4. —¿No puedes caminar? Necesitas una _a_ .
   —Sí, tengo el brazo y la pierna _b_ .

5. —¿Qué hueso _d_ ?
   — _c_ el hueso que está entre el codo y la mano.

CAPÍTULO 9

Prueba **9-4**

A You're explaining to a kindergarten class some things they need to know about protecting themselves from insects and plants before you take them on a hike in the country. Complete your explanation by writing the word that corresponds to each picture. (*60 points*)

Hay muchos insectos en el campo que pueden picarles, por ejemplo: 1. , . Las 4. pueden doler mucho.

2. y 3.

Por eso necesitamos llevar 5. para protegernos. También hay algunas flores y plantas en el campo que nos hacen 6. . Podemos tomar pastillas para ese problema.

1. *los mosquitos*
2. *la abeja*
3. *la araña*
4. *picaduras*
5. *el repelente*
6. *estornudar*

B Felicia has gone to see her doctor because she has an allergy. Select a word from the list to complete her conversation with the doctor. (*40 points*)

a. virus	c. tos	e. proteger	g. alergia	i. síntomas
b. gotas	d. insecticida	f. polvo	h. enfermedad	j. infección

FELICIA Doctor, no me siento muy bien. Tengo una fuerte __g__ a algo pero no sé a qué.

DOCTOR A ver. ¿Qué __i__ tiene Ud.?

FELICIA Tengo __c__ y me duelen mucho los ojos. El jarabe que estoy tomando no me la quita.

DOCTOR A veces hay mucho __f__ en la casa y ése puede ser el problema.

FELICIA Creo que no, porque limpio la casa muy bien todos los días.

DOCTOR ¿Tiene usted gatos?

FELICIA Sólo ocho.

CAPÍTULO 9

Prueba **9-3**

A Daniel is trying to convince some friends to accompany him on a camping trip, but they don't want to spend time outdoors. Select the picture which corresponds to what each of Daniel's friends tell him. (*40 points*)

a

b

c

d

e

f

__b__ 1. Pues, no no puedo. No me gustan mucho esas arañas grandes que hay en el campo.

__f__ 2. Me gustaría ir, Daniel, pero soy alérgico al polen de las flores.

__d__ 3. No quiero comer con tantas moscas encima de la comida. Siempre es así cuando vamos a las montañas.

__e__ 4. Lo siento, Daniel, pero no me gustan las hormigas.

B You and a friend are packing for your trip to a camp where you will work as counselors. Underline the word or words which best complete the conversation the two of you are having. (*60 points*)

1. —Creo que debemos llevar el repelente para (recetarnos / <u>protegernos</u>) de los insectos.
   —Yo llevo unas pastillas (<u>antialérgicas</u> / leves) por si las necesitamos.

2. —¿Debemos llevar estas (recetas / <u>gotas</u>) para los ojos?
   —Sí, y también (<u>la calamina</u> / el polvo).

3. —¿Quieres tomar este jarabe para (la pastilla / <u>la tos</u>) que tienes?
   —Sí, gracias. Todavía no (<u>me siento</u> / me protejo) muy bien del catarro.

T96

CAPÍTULO 9

Fecha

A Rosario is talking to her cousin Luisa about what their relatives did at the last family picnic. Complete each sentence by changing the verb in parentheses to the imperfect progressive tense. Remember that you must use two verbs to express the imperfect progressive tense. *(50 points)*

1. Nuestros primos _____ **estaban comiendo** _____ . (comer)

2. Susanita _____ **estaba llorando** _____ . (llorar)

3. Tú _____ **estabas sacando fotos** _____ . (sacar fotos)

4. Nuestro abuelito _____ **estaba durmiendo** _____ . (dormir)

5. El amigo de papá _____ **estaba cocinando** _____ . (cocinar)

B Tomás works part-time at a medical clinic. He has phoned his friend Miguel to tell him about the busy Saturday night everyone had at the clinic. Finish his statements by changing the verb in parentheses to the imperfect progressive tense. *(50 points)*

1. Cuando llegó la ambulancia, yo le _____ **estaba poniendo** _____ un yeso a un señor. (poner)

2. Cuando se apagaron las luces, la enfermera le _____ **estaba sacando** _____ una radiografía a una niña. (sacar)

3. Cuando los doctores llegaron, nosotros _____ **estábamos haciendo** _____ las camas para unos jóvenes. (hacer)

4. Cuando llegó la policía después del accidente, tú me _____ **estabas llamando** _____ por teléfono. (llamar)

5. Cuando se durmieron los pacientes, los enfermeros _____ **estaban recibiendo** _____ a más pacientes nuevos. (recibir)

CAPÍTULO 9

Fecha

A A newspaper reporter is asking you questions because you were a witness to an accident. Complete your statements to the reporter by writing the first verb in parentheses in the preterite tense, then the second verb in the imperfect progressive. Remember to use two verbs for the imperfect progressive tense. *(50 points)*

1. Cuando yo _____ **salí** _____ del almacén, un coche _____ **estaba llegando** _____ al semáforo. (salir / llegar)

2. El conductor del taxi no _____ **vio** _____ la luz roja porque _____ **estaba hablando** _____ por teléfono. (ver / hablar)

3. Cuando _____ **ocurrió** _____ el accidente, yo _____ **estaba corriendo** _____ para llamarle la atención al conductor del taxi. (ocurrir / correr)

4. Un policía _____ **llamó** _____ a la ambulancia y algunas personas _____ **estaban ayudando** _____ a las víctimas. (llamar / ayudar)

5. Cuando usted _____ **sacó** _____ la fotografía, los enfermeros ya les _____ **estaban poniendo** _____ en la ambulancia. (sacar / poner)

B You are trying to explain to your best friend why you arrived so late. Complete your statements by writing the first verb in parentheses in the imperfect progressive tense and the second verb in the preterite. *(50 points)*

1. Yo _____ **estaba vistiéndome / me estaba vistiendo** _____ cuando Juanita _____ **llamó** _____ por teléfono. (vestirse / llamar)

2. Ella _____ **estaba hablando** _____ tonterías. Por eso yo le _____ **dije** _____ que tenía que despedirme. (hablar / decir)

3. Después, yo _____ **estaba secándome / me estaba secando** _____ el pelo cuando mi mamá me _____ **pidió** _____ prestado el secador. (secarse / pedir)

4. Ya eran las cinco y yo _____ **estaba maquillándome / me estaba maquillando** _____ cuando mi papá _____ **se quemó** _____ en la cocina. (maquillarse / quemarse)

5. A las cinco y media yo ya _____ **estaba saliendo** _____ de mi casa cuando _____ **llegó** _____ mi prima Carmen de visita. (salir / llegar)

A The doctor's waiting room is filled today with several patients who were in an accident. Complete what each patient says by first writing the action that corresponds to the picture in the imperfect progressive tense. Then change the verb *caerse* to the appropriate form of the preterite tense. *(50 points)*

1. Yo __estaba jugando básquetbol__

   cuando __me caí__.

2. Mis hermanos __estaban sacando la basura__

   cuando __se cayeron__.

3. ¿Tú __estabas bailando__

   cuando __te caíste__?

4. Mi hija __estaba corriendo__

   cuando __se cayó__.

5. Mi esposo y yo __estábamos poniendo las decoraciones__

   cuando __nos caímos__.

B You are discussing with your friends what you read in different newspapers about a famous celebrity who has just been in an accident. Each of you has a different version of what the celebrity was doing at the time of the accident. Use the correct form of the verb *leer* in the preterite tense in each of these statements. *(50 points)*

1. Yo __leí__ que estaba subiendo una pirámide cuando ocurrió el accidente.

2. Alicia __leyó__ que estaba paseando en bote cuando ocurrió el accidente.

3. Pues, mis amigos __leyeron__ que estaba montando en bicicleta cuando ocurrió el accidente.

4. Manolo, ¿no __leíste__ tú que estaba reparando las luces de su coche cuando ocurrió el accidente?

5. Isa y yo __leímos__ que estaba apagando un incendio en la casa de un vecino cuando ocurrió el accidente.

A Adán has discovered that he is allergic to a particular perfume. As he enters the party tonight, he recognizes the faint smell of that perfume. Complete the conversations Adán has with each person by using the correct form of the verb *ponerse* in the preterite tense. Don't forget to use the appropriate form of the pronoun *se* along with the verb. *(70 points)*

1. —¿Qué __te pusiste__ tú, Maribel?

   —__Me puse__ calamina porque tengo una picadura.

2. —¿Qué __se pusieron__ ustedes, Vicente y Julio?

   —__Nos pusimos__ repelente. Hay muchos mosquitos aquí.

3. —Mateo, ¿qué __se puso__ tu novia Raquel?

   —No sé, pero yo __me puse__ unas gotas para los ojos porque tengo alergia.

4. —¡Hola, Adán! ¿Te gusta el perfume que Diana y yo __nos pusimos__?

   Es Bellaflor, tu perfume favorito.

   —¡No me digas! Lo siento, pero ¡soy alérgico a ese perfume!

B Sara is asking her friend Adriana where she put some things that she needs. Complete her questions with the correct form of the verb *poner* in the preterite tense. *(30 points)*

1. ¿Sabes dónde __puso__ Manolo mi juego de ajedrez?

2. ¿En qué cuarto __pusieron__ tú y Nacho mi televisor pequeño?

3. Adriana, ¿dónde __pusiste__ mi tocacintas? Recuerdo que yo lo __puse__ encima del escritorio.

T98

CAPÍTULO 9

I. Listening Comprehension (20 points)

A. (10 points)

1. Rogelio jugó en un partido de básquetbol. Sí No
2. Unos amigos de Rogelio están en el hospital porque tuvieron un accidente. Sí (No)
3. Los jugadores son jóvenes enfermos. Sí (No)
4. Rogelio fue a ver un partido en que los jugadores eran doctores. (Sí) No
5. El partido era para divertir a los jóvenes enfermos. (Sí) No
6. Los médicos estaban jugando en sillas de ruedas. (Sí) No
7. Rogelio tenía que ir a la sala de emergencia. Sí No
8. Unos jugadores tuvieron un accidente mientras jugaban en el partido. (Sí) No
9. Rogelio trabaja en un hospital los sábados y domingos. (Sí) No
10. Uno de los médicos no puede caminar muy bien ahora. (Sí) No

B. (10 points)

a b c d e f

1. _d_
2. _a_
3. _e_
4. _c_
5. _b_

CAPÍTULO 9

A (24 points)

1. una silla de ruedas / una ambulancia
2. muletas / el tobillo
3. polen / unas gotas (para los ojos)

B (18 points)

1. antialérgicas / mariscos
2. te cortaste / Me corté
3. radiografía / roto

C (28 points)

1. el músculo / Se cayó
2. una radiografía / se cayeron
3. la sala de emergencia / nos caímos
4. frenillos / Te caíste

D (30 points)

1. estabas durmiendo / pusimos
2. me estaba vistiendo (estaba vistiéndome) / puso
3. estaban llegando / puse
4. estaba apagando / te pusiste
5. estábamos escuchando / pusieron

CAPÍTULO 10

Fecha _____   Prueba **10-1**

A The teacher in your film studies class is asking the students about the movies they have recently seen. Match each student's description with the corresponding picture. *(40 points)*

a   b   c   d   e   f

_a_   1. Vimos una película que se trata de unos ladrones que roba un banco.

_d_   2. Martín y yo fuimos a ver la película "Vaqueras." Nos gustó mucho.

_f_   3. Reina me invitó a ver una película en la que un detective mata a otro sin saber quién era.

_c_   4. Me encantan las películas de extraterrestres. El mes pasado vi tres.

B You are telling a friend about the play you saw recently because she is trying to decide whether or not to see it. Underline the appropriate word or expression to complete your conversation. *(60 points)*

1. —¿Qué tal es (la escena / <u>el argumento</u>) del drama?
   —¡Excelente! El mismo director escribió (<u>el guión</u> / el papel) también.

2. —¿De qué (<u>se trata</u> / hace el papel)?
   —De una mujer que (actúa / <u>se enamora de</u>) un policía que investiga un crimen en su apartamento.

3. —¿Y qué tal (<u>el personaje</u> / la actuación)?
   —MariCarmen de la Rosa es la (<u>heroína</u> / personaje) perfecta. Ella es muy buena actriz.

CAPÍTULO 9

Fecha _____   Hoja para respuestas 2

Examen de habilidades

II. Reading Comprehension *(20 points)*

1. _a_
2. _b_
3. _a_
4. _a_

III. Writing Proficiency *(20 points)*

[See page T7 for suggestions for evaluating student writing.]

_____

_____

_____

_____

_____

IV. Cultural Knowledge *(20 points)*

Answers will vary. In Mexico antibiotics and other medications are usually less expensive. Antibiotics and other medications are kept behind the counter and the customer must first explain to the pharmacist the reason for needing the medicine. In case of an emergency very late at night, it's possible to get medication at a pharmacy which remains open 24 hours a day. Not all pharmacies in Mexico stay open all night, however. They take turns doing so. The schedule of open pharmacies is published in the local newspaper.

V. Speaking Proficiency *(20 points)*

[See pages T39–T46 for suggestions on how to administer this portion of the test.]

Paso a paso 2 Nombre

CAPÍTULO 10 Fecha

Prueba **10-3**

A You are talking with your friends about the television programs you each saw this past weekend. Select the picture that corresponds to each statement in your conversation, then write down the letter of your choice. *(30 points)*

 a   b

_a_ 1. Anoche en las noticias dijeron que hubo una inundación en Tennessee.

 a    b

_a_ 2. Me gustó el programa de concursos que vi. Un joven ganó un viaje a Puerto Vallarta.

 a   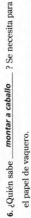 b

_b_ 3. Anoche, mientras miraba las noticias, vi que hubo un derrumbe cerca de nuestra casa.

B Ernesto and Justino agree about the soap opera they watched just once on television. Select the letter of the word or expression which best completes their conversation. *(70 points)*

a. tiene éxito	d. violencia	g. el hecho
b. destruyó	e. tonta	h. cambiar
c. fracaso	f. dañar	i. ocurrió

1. —Es una telenovela muy __e__, ¿verdad?

2. —Sí. El galán es un __c__ total. Nunca puede besar a la heroína.

3. —Además, hay bastante __d__ también. ¿Viste cómo el ladrón mató a la novia de su hermano?

4. —Pues, me gustó la escena en que el personaje sin dinero __a__ porque la joven más bonita se enamora de él.

5. —¿Qué __i__ después?

6. —__g__ es que no vi más. Decidí __h__ de canal.

146   *Vocabulario para conversar*

Paso a paso 2 Nombre

CAPÍTULO 10 Fecha

Prueba **10-2**

A The drama teacher has just chosen the cast for the school play. Look at the pictures of the different characters in their costumes that the director is showing to the cast members. Write down the word or words that correspond to each picture. *(60 points)*

1. Joaquín, para hacer el papel de ___**detective**___ necesitas un abrigo largo.

2. Teodoro, tú eres ___**el monstruo**___ y vas a llevar una máscara.

3. Paulina, ¿tienes un vestido elegante para ___**la heroína**___ ?

4. René y Sam deben llevar pañuelos sobre la boca para hacer el papel de ___**criminales**___ .

5. Violeta, creo que debes vestirte de blanco para el papel de ___**la científica**___ .

6. ¿Quién sabe ___**montar a caballo**___ ? Se necesita para el papel de vaquero.

B For career day at school, Virgilio and Liliana are discussing some professions associated with the film industry. Choose words or expressions from the list to complete their conversation. Use each word or expression only once. *(40 points)*

los efectos especiales	la fotografía	guiones	actuar
el argumento	la escena	personaje	dirigir

1. —A mí me encantaría ___**dirigir**___ películas porque me gustaría decirles a los actores qué deben hacer.

2. —Pues, a mí no. Yo quisiera ser actriz. Yo prefiero ___**la actuación**___ .

3. —También estaba pensando en hacer algo con ___**los efectos especiales**___ . Se puede hacer mucho con la tecnología de las computadoras.

4. —Yo prefiero trabajar con ideas y palabras. Me gustaría mucho escribir ___**guiones**___ .

Vocabulario para conversar   145

T101

A Your television production class is preparing the script for today's weather report. Write down the type of weather shown in each picture. *(60 points)*

1. Ayer en el Caribe hubo ___*un huracán*___ .

2. Me parece que van a tener ___*una tormenta*___ en el este de los Estados Unidos.

3. El pronóstico para Texas es lluvia y ya tienen ___*una inundación*___ cerca de la capital.

4. No pueden ir a las montañas este fin de semana. Hay ___*un derrumbe*___ cerca de la carretera.

5. En California hubo ___*un terremoto*___ anoche, pero no fue muy fuerte.

6. Hay peligro de ___*una erupción*___ en Hawai esta tarde.

B You're telling a friend about a situation comedy you just saw on television. In the episode you are describing, Sergio and Osvaldo are ten-year-old twins with opposite personalities. Write down the word which best expresses the opposite idea of the one underlined in each statement. *(40 points)*

1. —Osvaldo siempre tiene <u>éxito</u> en todo, pero todo lo que hace su hermano Sergio siempre es ___*un fracaso*___ .

2. —Sí, cuando Osvaldo <u>hizo</u> un pastel para su amiga, Sergio lo ___*destruyó / dañó*___ .

3. —Es verdad. Osvaldo es <u>pacífico</u> y no es nunca ___*violento*___ como Sergio.

4. —Sergio hace cosas ___*tontas*___ . Osvaldo siempre hace cosas <u>inteligentes</u>.

During a trial, the prosecuting attorney is asking questions of the policeman who found the murdered victim and of the doctor who performed the autopsy. Choose the letter of the appropriate verb in the correct tense, then write it in the space provided. *(100 points)*

1. —¿Qué hora ___*b*___ cuando usted ___*c*___ al restaurante?
   a. fue   b. era   c. llegó   d. llegaba

2. —Creo que ___*d*___ las once y media cuando yo ___*a*___ .
   a. llegué   b. llegaba   c. fueron   d. eran

3. —¿Qué tiempo ___*b*___ cuando usted ___*c*___ a la víctima?
   a. hizo   b. hacía   c. encontró   d. encontraba

4. — ___*b*___ mucho. Por eso yo no ___*c*___ ver el cuerpo hasta más tarde.
   a. nevó   b. nevaba   c. pude   d. podía

5. —¿ ___*b*___ de noche o de día cuando alguien ___*c*___ a la víctima?
   —Pues, sólo soy policía. Me parece que un médico podría decirle más.
   a. fue   b. era   c. mató   d. mataba

6. —A ver, doctor. ¿Cuándo ___*b*___ a la víctima? ¿ ___*d*___ tarde o temprano?
   a. mataste   b. mataron   c. eran   d. era

7. —Pues, el cuerpo no ___*a*___ muy descompuesto porque ___*c*___ mucho frío.
   a. estaba   b. estuvo   c. hacía   d. hubo

8. —Bueno, doctor. Lo que ___*a*___ saber es a qué hora ___*d*___ a la víctima.
   a. quieres   b. quieres   c. mató   d. mataron

9. —Bueno, yo digo que ___*a*___ como a las once de la mañana, así que ___*c*___ de día.
   a. fue   b. fueron   c. era   d. eran

10. —Si el crimen ___*d*___ de día, el acusado ___*a*___ en su trabajo. ¡Es inocente!
    a. estaba   b. está   c. fui   d. fue

Prueba 10-7 (page 150)

CAPÍTULO 10
Fecha   Prueba **10-7**

Some witnesses are reporting to the police their version of what happened at the crime scene. Decide whether the verb should be in the preterite or the imperfect tense, then underline your choice. Remember that the imperfect tense is used to contrast a continuing action with an action that has a definite beginning and end. (100 points)

SEÑOR   El viernes (llovía / llovió) cuando mi esposa y yo (llegábamos / llegamos) al banco. Creo que (eran / fueron) las dos y media cuando nosotros (entrábamos / entramos) para protegernos de la lluvia.

POLICÍA   Mientras (estaban / estuvieron) en el banco, ¿(veían / vieron) al ladrón?

SEÑORA   Yo sí. (Era / Fue) un señor muy alto, de pelo rubio y (llevaba / llevó) una sudadera muy vieja y sucia. Mi esposo no lo (veía / vio), pero yo sí.

POLICÍA   ¿Y qué (estaba haciendo / estuvo haciendo) el ladrón cuando usted lo (veía / vio), señora?

SEÑORA   Pues, mientras el ladrón (iba / fue) hacia la caja, (sacaba / sacó) una pistola del bolsillo. La cajera le (daba / dio) todo el dinero que (tenía / tuvo) en el mostrador.

POLICÍA   ¿Qué (ocurría / ocurrió) después, señorita?

SEÑORITA   El ladrón (ponía / puso) el dinero en un saco y (corría / corrió) hacia la calle. Pero como todavía (estaba lloviendo / estuvo lloviendo), el ladrón (se caía / se cayó). ¡Había dinero por todas partes!

Prueba 10-6 (page 149)

CAPÍTULO 10
Fecha   Prueba **10-6**

A Laurita has just asked the baby sitter to read her the story of *Ricitos de oro y los tres osos*. Decide whether the missing verb should be in the preterite or imperfect tense. Pick the appropriate verb in the correct tense from the list, and don't use any verb more than once. Write your answer in the space provided. (50 points)

encontraba	caminaba	decidía	tenía	llamó	hubo
preparaba	preparó	estuvo	estaba	caminó	dijo
encontró	llamaba	decidió	vivían	había	decía

Había una vez una familia de tres osos: el papá oso, la mamá osa y el bebé oso.

Vivían en el bosque. Un día, la mamá osa **preparó** tres platos de avena.

La familia **decidió** dar un paseo porque la avena **estaba** muy caliente. Cerca

de allí, una niña **caminaba** por el bosque cuando **encontró** la casa de los osos.

"¡Qué casa tan bonita," **dijo** ella. La niña se **llamaba** Ricitos de oro

porque **tenía** el pelo rubio como el color del oro.

B Your friends were unable to do some things this past weekend because they weren't feeling well. The following statements are some of their explanations. Underline the correct verb in each statement. (50 points)

1. No (fui / iba) al concierto con María porque (tenía / tuve) fiebre.
2. Mi hermano y yo no te (llamamos / llamábamos) porque (estábamos / estuvimos) enfermos.
3. No te (llamé /llamaba) para ir de compras porque (me caía / me caí) en el gimnasio jugando básquetbol.
4. No (hice / hacía) la tarea anoche porque (me sentía / me sentí) mal.
5. No (tuve / tenía) mucha hambre. Por eso, no (comí / comía) nada en el restaurante.

CAPÍTULO 10

Fecha

A (24 points)

1. *heroína / una científica*
2. *monstruos / extraterrestres*
3. *galán / un vaquero*

5. *argumento*
6. *el guión*
7. *fotografía*
8. *basada*

B (24 points)

1. *película de acción*
2. *efectos especiales*
3. *La actuación*
4. *escenas*

C (24 points)

1. *una tormenta / un huracán*
2. *una inundación / un terremoto*
3. *La locutora / una erupción*

D (28 points)

1. *estaba*
2. *te enamoraste*
3. *exagerada*
4. *se enamoró*
5. *divertíamos*
6. *estábamos*
7. *dijiste*
8. *era*
9. *Fue*
10. *dije*
11. *destruyó*
12. *fracaso*
13. *estuve*
14. *heroína*

CAPÍTULO 10

Fecha　　Prueba **10-8**

Octavio is a reporter trying to get the facts from some witnesses who saw something unusual occur in the park. Complete his interview with them by writing the correct form of the verb *decir* in the preterite tense. *(100 points)*

1. —¿Ustedes ___dijeron___ que vieron unas luces en el cielo?

   —No, nosotros ___dijimos___ que vimos unas luces detrás de los árboles.

2. —Y usted, señor, ¿también ___dijo___ que vio algo cerca de los árboles?

   —Es verdad. Yo le ___dije___ a mi esposa que vi un robot cerca de un aparato que tenía luces verdes y azules.

3. —Pero, mi amor, tú me ___dijiste___ que había dos o tres robots.

   —¿Y quién me ___dijo___ que eran extraterrestres?

   —Yo lo ___dije___. No pueden ser otra cosa.

4. —Perdón, señores, pero no se permite estar en el parque ahora. Estamos haciendo una película esta noche. ¿No les ___dijeron___ nada en la entrada?

   —No, nadie nos ___dijo___ nada.

5. —Soy reportero y alguien me ___dijo___ por teléfono que debía investigar algo raro en el parque. Señor, ¿usted es el director de la película? ¿Me podría decir algo sobre los actores y el argumento de la película?

Paso a paso 2

CAPÍTULO 10

Nombre _____

Fecha _____

Hoja para respuestas 2

Examen de habilidades

8. El científico es un extraterrestre con un disfraz de ser humano.   Sí   (No)
9. Los extraterrestres están en la Tierra para destruirla.   (Sí)   No
10. El programa que Rolando está escuchando es una entrevista.   (Sí)   No

II. Reading Comprehension (20 points)

1. _b_   3. _a_

2. _c_   4. _c_

III. Writing Proficiency (20 points)

[See page T7 for suggestions for evaluating student writing.]

IV. Cultural Knowledge (20 points)

Answers will vary. In both English-language and Spanish-language soap operas, the manner in which the actors speak is exaggerated because the dramatic situations in soap operas are meant to be exaggerated. But in Latin America, expressions such as "You are the sunshine in this house" or "As long as this old body is still alive..." are commonly used and are not considered exaggerations. In Spanish-language soap operas, one notices that the affection between family and friends is expressed very openly. In soap operas, as in real life, people hug and kiss. Also, men may express their feelings more openly than in other cultures.

V. Speaking Proficiency (20 points)

[See pages T39–T46 for suggestions on how to administer this portion of the test.]

Paso a paso 2

CAPÍTULO 10

Nombre _____

Fecha _____

Hoja para respuestas 1

Examen de habilidades

I. Listening Comprehension (20 points)

a   b   c   d

e   f   g   h

A. (10 points)

1. _e_   4. _b_

2. _d_   5. _h_

3. _g_

B. (10 points)

1. Rolando está escuchando un programa de concursos.   Sí   (No)
2. El galán es un actor en una película de ciencia ficción.   (Sí)   No
3. El actor principal de esta película no está en el programa que escucha Rolando.   (Sí)   No
4. Unos extraterrestres hacen el papel de científicos.   Sí   (No)
5. El galán de esta película actúa frecuentemente en películas de ciencia ficción.   (Sí)   No
6. Según el galán, la actuación es muy buena.   Sí   (No)
7. Los extraterrestres están en la Tierra para protegerla de un virus.   Sí   (No)

Page 11-1

A You are talking with a friend about possible careers. Match your statements with the appropriate picture, then write the letter in the space provided. (40 points)

a   1. —¿Te gustaría ser deportista?

a   2. —No sé. Conozco a una señora que es juez y me parece una profesión fascinante.

b   3. —Yo quisiera ser abogado.

b   4. —Pues, yo creo que me gustaría ser obrera.

B Your sociology teacher has asked the students to discuss possible careers. Underline the word or words which best complete your conversation with one of your classmates. (60 points)

1. —¿Crees que (la profesión / la política) de enfermera podría ser interesante?
   —Creo que sí. Pero hay que (ganarse la vida / dedicarse) a ella en serio.

2. —¿Te parece una (ventaja / negocios) estudiar en la universidad?
   —Pues, si te interesa ser (veterinaria / novela), creo que es necesario.

3. —¿Cuál es (la educación / la desventaja) de ser cantante?
   —(Quisiera / Conozco) ser cantante, pero hay que viajar mucho todo el año.

Page 11-2

A You and some friends are discussing what you might do after graduating from high school. Complete the statements by writing the word or words that correspond to each picture. (60 points)

1. Ahora soy _secretaria_ los fines de semana y me aburre mucho. Por eso, prefiero estudiar en la universidad después de graduarme.

2. A mí me gustaría ser _escritor_ .

3. Ya sé que voy a ser _bailarina_ después de graduarme.

4. Pienso estudiar en una escuela técnica. Me gustaría mucho ser _técnico de computadoras_ .

5. Mi tía tiene mucho éxito porque es _mujer de negocios_ . Creo que me gustaría hacer lo mismo que ella.

6. A mí me encanta la ciencia. Quiero estudiar para ser _astronauta_ .

B You are interviewing some professional people who are visiting your school on career day. Choose a word or expression from the list, then write it in the appropriate space to complete your interview. Use each word or expression only once. (40 points)

ganarme la vida	negocios	dedicarte	mecánicos	jueces
desventaja	educación	quisieras	ventaja	quisiera

1. —¿Los _jueces_ tienen que estudiar muchos años?
   —¡Claro! Y si piensas _dedicarte_ a esa profesión, primero debes estudiar para ser abogado.

2. —¿Qué _ventaja_ tiene estudiar en la universidad si quiero trabajar con computadoras?
   —Depende. Si tú _quisieras_ trabajar con computadoras, también puedes estudiar en una escuela técnica.

Prueba 11-3

Paso a paso 2

Nombre

Fecha

CAPÍTULO 11

A Your science teacher has asked the class to discuss what the planet Earth might be like in the year 2050. Select the letter of the picture that corresponds to each statement and write it in the space provided. *(50 points)*

a

d

b

e

f

c

_c_ 1. Pienso que vamos a usar menos latas y cartón.

_b_ 2. Me da miedo pensar en la posibilidad de tener menos bosques.

_f_ 3. En el año 2050 quisiera ver ríos sin contaminación.

_a_ 4. Creo que vamos a viajar a la Luna a menudo.

_d_ 5. Me gustaría ver teléfonos con video en las casas del futuro.

B Your computer graphics teacher has asked the students in his class to design a more economical house for the future. Before you begin your assignment, you discuss the topic with a classmate. Select the word or expression which best completes your conversation, then write it in the space. *(50 points)*

a. solar	g. gastar
b. gigante	h. eficientes
c. habrá	i. sistema de seguridad
d. será	
e. echar	
f. por supuesto	

1. —¿Te parece que en nuestra casa del futuro debemos poner un __i__ para proteger a la familia de los ladrones?

2. —Sí, y también debemos tener estufas y refrigeradores más __h__ para conservar energía.

3. —Creo que en la casa del futuro __c__ más aparatos automáticos y menos muebles.

4. —Debemos tener algo donde __e__ las botellas para luego reciclarlas, ¿verdad?

5. —¿Crees que __d__ difícil conservar energía en la casa del futuro?

   —¡No! La casa del futuro puede ser más económica si desde ahora hacemos cambios para proteger el medio ambiente.

Prueba 11-4

Paso a paso 2

Nombre

Fecha

CAPÍTULO 11

A Your science class is watching a video in which a narrator is explaining some of the problems facing the environment. Write the word that corresponds to each picture on the line provided. *(60 points)*

1. Hay que proteger nuestro ___planeta___, la Tierra.

2. Los árboles de nuestros ___bosques___ están en peligro de extinción.

3. Algunos peces del ___océano___ también están en peligro.

4. Sabemos que el ___tráfico___ es un problema y hay que reducirlo.

5. Hay gente que todavía echa ___latas___ o botellas en los ríos y en el campo sin pensar en la contaminación.

6. El mundo del futuro depende de la exploración del ___espacio___, según algunos científicos.

B You're writing a brief talk about the environment for your sociology class. Complete your notes by selecting the correct word or expression from the list. Each word or expression should be used only once. *(40 points)*

echar	eficiente	habrá	reducir	solar
seres humanos	por supuesto	contaminar	será	guerra	hay
tendrán				

Me parece que en todas las casas del futuro ___habrá___ calefacción ___solar___, porque ___será___ mucho más importante que ahora proteger el medio ambiente. Las personas ___tendrán___ que reciclar de manera más ___eficiente___ el papel y el cartón. Nadie va a ___echar___ basura en los ríos o en el campo, porque en el futuro nadie va a ___contaminar___ el planeta. Todos los ___seres humanos___ van a vivir en paz.

Prueba 11-5

Leonardo is fascinated by the exploration of space and he reads everything that he can about the subject. Complete what he is reading today about a proposed space station by circling the letter of the correct verb form. *(100 points)*

1. Algunos científicos creen que vivir en el espacio _____ posible en el año 2015.
   a. serás   **b.** será   c. serán   d. seré

2. Los astronautas _____ en estaciones espaciales por varios meses.
   a. vivirás   **b.** vivirán   c. viviremos   d. vivirá

3. Algunos viajes a otros planetas _____ más de un año.
   a. duraremos   b. duraré   **c.** durarán   d. durarás

4. Un astronauta que piensa en el futuro dice: "Nosotros _____ para reducir los problemas del medio ambiente en la Tierra."
   a. trabajarás   b. trabajarán   c. trabajará   **d.** trabajaremos

5. "Yo _____ en una cama especial," dice otro astronauta que piensa vivir en una estación espacial del futuro.
   a. dormirás   b. dormirá   **c.** dormiré   d. dormiremos

6. Vamos a tener estaciones espaciales en las que el astronauta no se _____ aburrido trabajando tanto tiempo en el mismo lugar.
   a. sentiré   **b.** sentirás   c. sentirá   d. sentirás

7. Todos _____ aparatos automáticos para reciclar la basura.
   a. usaremos   b. usarás   c. usaré   d. usará

8. No me gustaría pasar muchos años en el espacio, pero hay gente que _____ vivir en una estación espacial.
   a. preferirá   b. preferiremos   c. preferiré   d. preferirás

9. Nuestros nietos _____ mucho de la oportunidad de vivir en el espacio.
   a. aprenderás   b. aprenderá   **c.** aprenderán   d. aprenderé

10. ¿Dónde _____ tú en el año 2015? ¿En la Tierra, en la Luna o en una estación espacial?
    a. estarás   b. estarán   c. estaremos   d. estará

Prueba 11-6

Some friends are thinking aloud about what they and others will be doing in the future. Complete their conversation by changing the verb in parentheses to the correct form of the future tense. *(100 points)*

1. —¿Qué **serás** en el futuro, María? (ser)
   —No sé. Creo que **estudiaré** para ser abogada. (estudiar)

2. —Alonso, ¿dónde **vivirán** ustedes en quince años? (vivir)
   —Creo que **compraremos** una casa en las montañas, lejos del tráfico. (comprar)

3. —Gabriela, ¿crees que tu hermano **dirigirá** un banco algún día? (dirigir)
   —Creo que sí. Él y su esposa **servirán** a la comunidad haciendo varias actividades. (servir)

4. —Susana, ¿crees que **te enamorarás** de un hombre muy rico y guapo en el futuro? (enamorarse)
   —Claro, y **me divertiré** escribiendo novelas románticas también. (divertirse)

5. —¿Qué **ocurrirá** en cincuenta años? (ocurrir)
   —¡Quién sabe! Todo **cambiará** mucho, creo yo. (cambiar)

Prueba 11-7

An astronaut has come to visit Elena's elementary school. Complete the conversations that the children have with the astronaut by underlining the correct verb form. (100 points)

1. —¿Cuándo (podrás / podrán) ustedes viajar a otros planetas?

—(Podrán / Podremos) ir otra vez en algunos años.

2. —¿Qué (haré / hará) usted en la nave espacial?

—Pues, (haré / haré) muchos experimentos.

3. —¿(Habrán / Habrá) seres humanos en los otros planetas?

—No se sabe ahora, pero algún día nosotros lo (sabrán / sabremos).

4. —¿Qué (tendrá / tendrás) que llevar usted en la nave especial?

—Todos los astronautas (tendrán / tendrás) que llevar un traje espacial.

5. —¿Cuándo (podré / podrá) yo ir al espacio?

—(Podrás / podrán) ir cuando te gradúes de la universidad. ¿Te interesa la ciencia?

Prueba 11-8

Sarita is curious about the future, so she has asked her older brother several questions. Finish her brother's answers by changing the underlined verb to the future tense. (100 points)

1. No tenemos estaciones espaciales en la Luna ahora, pero en el futuro sí las _tendremos_.

2. No hay teléfonos con video en las casas ahora, pero creo que los _habrá_ algún día.

3. No sabemos si hay seres humanos en otros planetas, pero _sabremos_ más en el futuro.

4. No puedes ganarte la vida ahora, pero algún día _podrás_ ser una bailarina famosa, si quieres.

5. Pues, papá tiene que trabajar ahora, pero en diez años no _tendrá_ que trabajar.

6. Yo no sé mucho de robots ahora, pero pronto _sabré_ porque estoy estudiando tecnología en la universidad, Sarita.

7. No hacen muchos viajes ahora porque están trabajando, pero nuestros padres _harán_ más viajes en el futuro.

8. No tienes una pantalla gigante ahora, Sarita, pero en el futuro _tendrás_ una si quieres.

9. Sí, algunos animales tienen bastante comida en los bosques, pero no la _tendrán_ en el futuro si no los protegemos más.

10. No hacemos mucho ahora para proteger el medio ambiente, pero creo que _haremos_ más en el futuro.

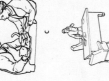

CAPÍTULO 11

Paso a paso 2 — Nombre

Fecha

Hoja para respuestas 1
Examen de habilidades

I. Listening Comprehension (20 points)

a   b   c   d   e

1. _c_
2. _d_
3. _b_
4. _e_

II. Reading Comprehension (20 points)

1. Si quieres comprar un juguete para un joven, debes comprar un *Astro-robot*. Sí No
2. La exhibición en el Centro de convenciones muestra una casa del futuro. Sí No
3. Hay una exhibición de aparatos técnicos en el *Anfiteatro municipal*. Sí No
4. Si te interesa la profesión de astronauta, tendrás que comprar un *Astro-robot*. Sí No
5. En la exhibición Futurama verán un coche con pantalla y computadora. Sí No
6. En el futuro se podrá cocinar automáticamente por computadora. Sí No
7. En Futurama verás robots que harán los quehaceres de la casa en el futuro. Sí No
8. Las naves espaciales del *Astro-robot* tienen calefacción solar. Sí No
9. Las pantallas de las naves de los *Astro-robots* son muy pequeñas. Sí No
10. Habrá una exhibición de pintores en el Centro de convenciones. Sí No

172

CAPÍTULO 11

Paso a paso 2 — Nombre

Fecha

Hoja para respuestas
Prueba cumulativa

A (32 points)
1. veterinario / océano
2. mecánica / sistemas de seguridad
3. astronauta / planetas
4. escritor / novela

B (20 points)
1. viviremos
2. usará
3. será
4. tendrá
5. sabrán
6. haremos
7. habrá
8. podremos
9. será
10. Estará

C (32 points)
1. mujer de negocios / el vidrio
2. Los escritores / el cartón
3. los músicos / las latas / las botellas
4. el tráfico

D (16 points)
1. dedicarme
2. tecnología
3. la ventaja
4. ganarte la vida
5. la universidad
6. desventaja
7. quisieras
8. Por supuesto

169

T110

CAPÍTULO 11

Fecha

III. Writing Proficiency (20 points)

[See page T7 for suggestions for evaluating student writing.]

_____

_____

_____

_____

_____

_____

IV. Cultural Knowledge (20 points)

Answers will vary. Latin Americans make plans for the future, but generally not for the distant future. For example, they usually don't have a special account for saving money to send a son or daughter to the university because it does not cost much money to attend a public university in Latin American countries. In the United States, it's more common for a family to open a special account for a child's university education.

_____

_____

V. Speaking Proficiency (20 points)

[See pages T39–T46 for suggestions on how to administer this portion of the test.]

CAPÍTULO 12

Fecha

Prueba 12-1

A Gabi and her mother are aboard an airplane on their way to Miami. Complete their conversation by selecting the letter of the appropriate picture and writing it in the blank space. *(60 points)*

a

b

c

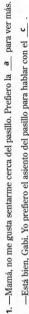

d

e

f

1. —Mamá, no me gusta sentarme cerca del pasillo. Prefiero la __a__ para ver más.

   —Está bien, Gabi. Yo prefiero el asiento del pasillo para hablar con el __c__ .

2. —Mamá, ¿cuándo va a __e__ el avión?

   —En diez minutos. Y en cuatro horas vamos a __f__ en Miami.

3. —¿Quién va a a estar en la __d__ para recibirnos?

   —Tus tíos Rebeca y Simón. Nos van a ayudar con el __b__ y llevarnos a su casa.

B You are at the airport terminal waiting for a friend to arrive. As you wait, you overhear various conversations. Complete each conversation by underlining the appropriate word or expression. *(40 points)*

1. —Magda, creo que puse (el vuelo / la escala / <u>el boleto</u>) en el bolsillo de los pantalones.

   —¡No me digas, Eduardo! Ahora tenemos que (abrocharnos / hacer la maleta / <u>deshacer la maleta</u>).

2. —Perdone, señor, ¿necesito (<u>la aduana</u> / la tarjeta de embarque / el retraso) antes de abordar?

   —Sí, señorita. Y también debe (facturar / registrar / <u>conseguir</u>) las maletas grandes.

3. —¿Cuándo sale el avión (con destino a / <u>procedente de</u> / mano a) Nueva York?

   —Sale en tres minutos de (la línea aérea / la puerta / <u>la terminal de equipaje</u>) número 4.

4. —¿Qué te dijo el aduanero en (la agencia de viajes / <u>la terminal de equipaje</u> / las reservaciones)?

   —Dijo que iba a (facturar / <u>registrar</u> / conseguir) todas nuestras maletas.

T111

CAPÍTULO 12
Fecha

Prueba 12-2

A You have just... Toño has never flown in an airplane before, so his older brother is telling him what to expect. Write the word or expression that best represents what you see in the picture. *(60 points)*

1. Aquí tienes el boleto para ___el avión___ .

2. Según el boleto, puedes sentarte cerca de ___la ventanilla___ .

3. Debes abrocharte ___el cinturón___ antes de despegar el avión.

4. ___El auxiliar de vuelo___ puede ayudarte si tienes alguna pregunta.

5. No debes hablar demasiado con ___los pasajeros___ .

6. Tienes que ir a ___la terminal de equipaje___ después de aterrizar.

B You have gone to a travel agency to make arrangements for a trip to Peru. Complete the conversation you have with the travel agent by writing the letter of the appropriate word or expression in the space provided. *(40 points)*

a. un cheque de viajero   d. retraso   g. una reservación
b. vuelos   e. escalas   h. un boleto de ida y vuelta
c. línea aérea   f. escala

1. —Perdone, señora, ¿puedo hacer _g_ para ir a Perú el dieciséis de abril?

2. —Sí, claro. Hay dos _b_ para Lima ese día, uno por la mañana y otro por la tarde.

3. —¿Qué _c_ sale por la mañana?

4. —Vuelaméxico, pero primero tiene que hacer una _f_ en la Ciudad de México.

5. —¿Habrá mucho tiempo de _d_ ?
—No, sólo una hora.

Vocabulario para conversar   175

CAPÍTULO 12
Fecha

Prueba 12-3

A You have just arrived at your hotel in Peru. Select the picture which best matches the questions that you ask the hotel clerk, then write the corresponding letter in the space provided. *(40 points)*

_a_ 1. ¿Tienen ustedes una habitación individual?

_a_ 2. ¿Dónde puedo encontrar una casa de cambio?

_b_ 3. ¿Me recomienda un lugar para comprar artesanía?

_b_ 4. ¿Dónde puedo encontrar un guía para el museo de artesanía?

B A tour guide is giving you some tips about the city you're visiting. Complete what she says by selecting the letter of the word or expression missing from her statements. *(60 points)*

a. el pueblo   d. regatear   g. no vayas
b. planear   e. la pensión   h. pintorescas
c. cambiar   f. disfrutar de   i. ten cuidado

1. Te recomiendo _e_ en la calle Luz. Tiene camas muy cómodas.

2. ¡ _i_ con los hoteles en la calle Álvaro! Son muy caros y no muy buenos.

3. No vayas al banco si quieres _c_ tus cheques de viajero.

4. Debes _d_ en el Mercado Poblano si no quieres pagar demasiado.

5. Para _f_ tu viaje aquí, recomiendo que vayas a San Felipe. Tiene vistas muy _h_ .

Vocabulario para conversar   176

CAPÍTULO 12   Fecha _____

A Since you're planning a visit to Mexico City next summer, you're asking a Mexican exchange student some questions about her country. Change the verb underlined in each question to the correct form of the affirmative *tú* command. *(70 points)*

1. —¿Qué debo <u>aprender</u> antes de ir de compras en el mercado?
   — ___Aprende___ a regatear si no quieres pagar demasiado.

2. —¿Tengo que <u>pasar</u> por la aduana antes de salir del aeropuerto?
   —Sí, ___pasa___ por la aduana porque necesitan registrar tu equipaje.

3. —¿Necesito <u>cambiar</u> mis dólares en el aeropuerto?
   —Sí, ___cámbialos___, pero no todos. Puedes cambiarlos en una casa de cambio porque te dan más pesos por tus dólares.

4. —¿Qué debo <u>escribir</u> en los cheques de viajero?
   — ___Escribe___ tu nombre y apellido, pero nunca antes de cambiarlos. Alguien puede robarte los cheques.

5. —¿En qué hotel debo <u>quedarme</u>?
   — ___Quédate___ en un hotel cerca de la Reforma. Es una sección de la ciudad muy pintoresca.

6. —¿Debo <u>subir</u> las pirámides de Teotihuacán?
   —¡Claro, ___sube___ la pirámide del Sol! La vista es fantástica.

7. —¿Necesito <u>ahorrar</u> dinero para visitar otros lugares?
   —¡Por supuesto! ___Ahórralo___ para hacer un viaje a Taxco o a Cuernavaca. No quedan lejos de la ciudad y son muy interesantes.

B You are talking with a travel agent who is giving you advice on what to do when you visit another country. Underline the correct form of the affirmative *tú* command to complete each of the agent's statements. *(30 points)*

1. (Hace / <u>Haz</u>) tu maleta el día antes del viaje.
2. En la aduana, (dice / <u>di</u>) al aduanero exactamente lo que pagaste por tus regalos.
3. A veces los aduaneros no son muy amables, pero (<u>sé</u> / es) tú amable con ellos.
4. En el hotel, (<u>pon</u> / pone) tu pasaporte en un lugar seguro o, mejor, llévalo siempre contigo.
5. En la ciudad, (tiene / <u>ten</u>) cuidado con tus cheques de viajero.
6. En caso de emergencia en el hotel, (sale / <u>sal</u>) por las escaleras y no por el ascensor.

CAPÍTULO 12   Fecha _____

A Alicia has sent her cousin some photographs that she took while visiting a friend in Colombia. Complete the captions she wrote for each picture by writing the missing words in the spaces provided. *(60 points)*

1. "Alicia, ___una turista___ típica en Colombia."

2. "Mi amiga Berta y yo enfrente de ___la casa de cambio___."

3. "Nuestra ___guía___, Rosalinda."

4. "Alicia en ___la oficina telefónica___ llamando a mamá y a papá."

5. "Berta comprando fruta en ___el mercado___."

6. "Alicia comprando ___artesanías___ típicas de Colombia."

B You're standing in a hotel lobby and overhear a couple talking to the clerk. Complete their conversation by circling the correct letter. *(40 points)*

1. —Señor, ¿el precio de la habitación _____ el desayuno?
   a. cambia   (b) incluye

2. —Sí, pero si ustedes quieren una con vista _____, cuesta más, claro.
   a. la naturaleza   (b) pintoresca

3. —¿Nos puede recomendar qué hacer para _____ nuestro viaje?
   (a) disfrutar de   b. tener cuidado

4. —Sí, claro. Les recomiendo una visita a la región _____, cerca de la capital.
   a. sin escala   (b) indígena

Gloria is going downtown to run some errands for her family. Before she leaves, she checks with everyone to make sure she understood their requests. Complete her conversation with each family member by changing the underlined verb to the correct form of the negative tú command. (100 points)

1. —Enrique, ¿<u>voy</u> a la zapatería con estas botas?
   —No, no __vayas__ a la zapatería. Las necesito para el concierto esta noche.

2. —Papá, ¿<u>hago</u> la reservación para el vuelo?
   —No, no la __hagas__. Voy en tren y ya tengo el boleto.

3. —Virgilio, ¿<u>devuelvo</u> tus libros a la biblioteca hoy?
   —No, no los __devuelvas__ hasta el lunes. No los leí todavía.

4. —Anita, ¿le <u>digo</u> a la señora Sebastián que mañana vas a escoger el pastel?
   —No, Gloria, no le __digas__ nada. Todavía no sé cuál quiero pedir para la fiesta.

5. —Víctor, ¿<u>busco</u> tu helado favorito?
   —¡No, no lo __busques__! Mi traje para el baile me queda apretado. Tengo que comer menos esta semana.

6. —Tía Sofía, ¿le <u>traigo</u> unas medicinas de la farmacia?
   —No, no me __traigas__ nada, gracias. Me siento mejor.

7. —Tío Humberto, ¿le <u>pago</u> al joven el dinero que usted le debe por traer el periódico?
   —No, gracias, Gloria. No le __pagues__ nada. Yo ya lo pagué.

8. —Teresita, ¿te <u>saco</u> unas novelas de misterio de la biblioteca?
   —No, no las __saques__ porque ya fui a la biblioteca esta mañana.

9. —Abuelita, ¿debo <u>conseguir</u> los ingredientes para el postre que vas a prepararnos?
   —No, Gloria. No los __consigas__. Tu hermano ya fue esta mañana al mercado.

10. —Mamá, creo que ya no es necesario ir al centro porque nadie quiere nada.
    —Gloria, no __seas__ tan perezosa. Ve al supermercado y compra algunas cosas para la cena.

Since Miguelito doesn't know how to behave aboard an airplane, his father tells him what things he should not do. Complete each of his father's statements by changing the underlined verb to the correct form of the negative tú command. (100 points)

1. Miguelito, no __comas__ el sandwich de la señora. Come el tuyo que está aquí.
2. Miguelito, no __bebas__ el café del señor. Bebe tu leche.
3. Miguelito, no __abras__ la maleta de la señorita. Abre tu mochila.
4. Miguelito, no __leas__ ese libro ahora. Léelo después.
5. Miguelito, no le __muestres__ mis fotos al piloto ahora. El piloto quiere mostrarte a ti cómo funciona el avión. Ve con él y sé bueno.
6. Miguelito, no __pierdas__ mis llaves. Ya las perdí esta mañana.
7. Miguelito, no __despiertes__ al señor. Yo lo despierto en una hora.
8. Miguelito, no __devuelvas__ esa revista ahora. Devuélvela más tarde.
9. Miguelito, no __cierres__ la ventanilla. La señora quiere leer. Ella puede cerrarla después.
10. Miguelito, no __pidas__ refrescos al auxiliar de vuelo ahora. Yo los pido más tarde.

T114

CAPÍTULO 12

Paso a paso 2 Nombre _____

Fecha _____

A (30 points)

1. *despegar / abrocharse / cinturón*

2. *Los pasajeros / el pasillo / los auxiliares*

B (25 points)

1. __d__

2. __b__

3. __a__

4. __c__

5. __e__

(45 points)

C

1. *habla / agente (de viajes)*

2. *Haz la maleta / abras*

3. *pagues / el mercado*

4. *digas / aduanero*

5. *pierdas / la oficina de turismo*

6. *seas / muestres / traigas / habla / disfruta*

CAPÍTULO 12

Paso a paso 2 Nombre _____

Fecha _____

I. Listening Comprehension (20 points)

A. (10 points)

DIÁLOGO 1

1. El pasajero quiere
   a. encontrar el pasillo.
   b. encontrar la puerta de salida.
   c. facturar su maleta.

2. El vuelo número 345
   a. llega de Madrid en diez minutos.
   b. llegó hace dos minutos.
   c. sale para Madrid en diez minutos.

3. El pasajero ya
   a. facturó sus maletas.
   b. perdió su vuelo.
   c. sabe dónde debe ir.

DIÁLOGO 2

4. El problema del pasajero es que
   a. perdió su boleto.
   b. no puede encontrar su carnet de identidad.
   c. no tiene tarjeta de embarque.

5. El pasajero todavía puede
   a. cambiar su vuelo.
   b. tomar ese vuelo.
   c. conseguir un boleto.

B. (10 points)

a

b

c

d

e

f

1. __c__   2. __e__   3. __a__   4. __b__   5. __d__

A You and your friend are planning a picnic for the Spanish Club. Match each statement or question to the appropriate picture. Then, write the corresponding number next to that picture. *(60 points)*

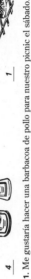

3 ____   2 ____   5 ____   6 ____   4 ____   1 ____

1. Me gustaría hacer una barbacoa de pollo para nuestro picnic el sábado.
2. ¿Te gusta la salsa de aceite y vinagre en la ensalada?
3. Yo recomiendo servir unos frijoles enlatados.
4. Yo traigo la mostaza y la mayonesa para las hamburguesas.
5. Prefiero un pastel de durazno o de manzana para el postre.
6. ¿Debemos llevar helado de piña también?

B Fernandito is a fussy eater. Nothing his aunt serves today pleases him. Match his aunt's questions with Fernandito's answers, then write the letter of the answer you have selected on the line provided. *(40 points)*

_c_ 1. ¿Te gusta el limón sobre los espárragos?

_e_ 2. ¿Quieres probar los camarones? No tienen sal.

_a_ 3. ¿Te preparo unas papas fritas?

_d_ 4. ¿No has probado el cerdo con champiñones?

a. Pues, no gracias. Son demasiado grasosas.
b. No, porque no me gusta mucho el pescado salado.
c. No, es demasiado agrio para mí.
d. No, porque no me gusta mucho la carne.
e. Creo que no. Los mariscos me hacen daño.

188   *Vocabulario para conversar*

II. Reading Comprehension *(20 points)*

1. El hotel puede planear viajes a otros lugares. **(Sí)** No
2. El precio de la habitación no incluye el desayuno. Sí **(No)**
3. Sólo hay servicios en el Hostal Izarra para las personas que pasan la noche allí. **(Sí)** No
4. El Hostal Izarra ofrece servicios para el hombre y la mujer de negocios. Sí **(No)**
5. Según el hotel, recibirás más dinero cambiando tus cheques de viajero en una casa de cambio. Sí No
6. Una familia no podría celebrar una boda en este hotel. **(Sí)** No
7. Se puede hacer viajes a otros lugares con la ayuda del Hostal Izarra. **(Sí)** No
8. El hotel no ofrece protección para tus cosas personales. Sí **(No)**
9. Para disfrutar de una noche bailando o comiendo, el Hostal Izarra recomienda varios lugares cercanos. **(Sí)** No
10. Si te gusta nadar a medianoche, puedes hacerlo en el Hostal Izarra. **(Sí)** No

III. Writing Proficiency *(20 points)*
[See page T7 for suggestions for evaluating student writing.]

IV. Cultural Knowledge *(20 points)*
Answers will vary. Young people would probably prefer to stay in a pension or albergue because this is a good way to meet other young travelers. The Spanish government wanted to attract tourists to places where there were few accommodations so it established a chain of special hotels called paradores, old historical buildings converted into hotels. A retired history professor would find the paradores especially fascinating because of their historical significance. A family with children might also enjoy staying in a parador if they are traveling by car.

V. Speaking Proficiency *(20 points)*
[See pages T39–T46 for suggestions on how to administer this portion of the test.]

187

A You work in the school cafeteria serving food. Complete your conversations with different students by writing the word or expression that corresponds to the picture. (40 points)

1. —¿Quieres probar el pollo ___asado___ ?

2. —No, gracias. Prefiero la ensalada de ___camarón / camarones___ .

3. —¿Te sirvo ___las espinacas___ ?

4. —No, gracias. Sírveme una papa ___al horno___ .

B You and a classmate are planning the meal you must prepare for your cooking class. Select words or expressions from the list to complete your discussion. (60 points)

a. cerdo d. sosos g. espárragos
b. dulce e. hará daño a h. duraznos
c. grasosa f. a la parrilla i. limón

1. —¿Qué verdura servimos con la carne? ¿ __g__ ?
   —Sí. ¿Y cómo vamos a preparar la carne? ¿ __f__ ?

2. —¿Qué te parece si servimos té helado con __i__ de bebida?
   —¡Muy buena idea! ¿Y qué servimos de postre? ¿Unos __h__ enlatados?

3. —Sí, y un helado de piña. No es ni agrio ni muy __b__ .
   —Es verdad. Será la mejor comida del año porque no le __e__ nadie y tiene muy pocas calorías.

A Your friends have invited you to a new Spanish restaurant. Since you are unfamiliar with the kinds of food they serve there, you ask the waiter some questions about the items listed on the menu. (60 points)

a   b   c

d   e   f

g   h   i

__e__ 1. —¿Qué tiene la paella?

__g__ 2. —Arroz con mariscos, chorizo y pollo.

__a__ 3. —¿Cómo es la empanada?

__b__ 4. —Se hace de masa con relleno de carne.

__f__ 5. —Nunca he probado el gazpacho. ¿Cómo es?

__c__ 6. —Nuestra receta es la mejor. Es una sopa fría con pepino, pimiento verde y ajo.

B You and a friend are reading a recipe to help you prepare today's meal in your cooking class. Underline the word or expression which best completes what you and your friend say. (40 points)

1. —Primero debemos (picar / hervir) la sandía y el melón.

2. —¿Qué quieres (que pida / que haga) con la mayonesa?

3. —La receta dice que debes (mezclarla / sugerirla) con los otros ingredientes.

4. —¿Qué hago con estas (cerezas / cocidas)?

5. —Pues, son otro ingrediente para nuestra (ensalada de frutas / tapas).

A It's your turn to demonstrate to your cooking class how to prepare a particular dish. Complete the notes you have jotted down by changing the underlined verb in each sentence to the negative *tú* command. (*50 points*)

"Receta para la tortilla española"

1. Primero corta una cebolla mediana. No la ___**cortes**___ muy cerca de los ojos porque puedes llorar.

2. Mezcla cuatro huevos en un tazón, pero no los ___**mezcles**___ demasiado. Uno o dos minutos serán suficientes.

3. Prepara dos papas, cortándolas como yo las estoy cortando. No las ___**prepares**___ mucho antes de usarlas porque las papas cambian de color.

4. Cocina las papas y los huevos con la cebolla en aceite de oliva, pero no ___**cocines**___ la tortilla mucho tiempo. ¡No quieres quemarla!

5. Puedes comer la tortilla con una ensalada, pero no la ___**comas**___ sin invitar a tu familia o a un amigo porque es muy grande para una sola persona.

B Darío is giving advice to his friend Ernesto about what to do and what not to do when visiting a foreign country. Complete what Darío says by changing the verb in the parentheses to the negative *tú* command. (*50 points*)

1. Aprende a regatear en el mercado de artesanía. No ___**pagues**___ el primer precio que te pidan. (pagar)

2. Escoge bien los restaurantes y no ___**comas**___ de todo el primer día. (comer)

3. Guarda bien tu pasaporte y cheques de viajero y no ___**abras**___ la cartera enfrente de mucha gente. (abrir)

4. Diviértete con la gente hablando español, y no ___**seas**___ tímido si necesitas pedir algo. (ser)

5. Llámanos por teléfono y no nos ___**escribas**___ el primer día. (escribir)

A Your Spanish Club wants to prepare a Spanish meal in honor of the exchange student visiting your school from Madrid. Write the word or words that correspond to each picture. (*50 points*)

1. Vamos a preparar ___una tortilla española___ .

2. Debemos hacer ___un gazpacho___ también.

3. Yo puedo hacer ___una tarta de fresa___ .

4. Me gustaría hacer ___unas empanadas___ de pollo.

5. No es comida típica de España, pero a Joaquín le encantan ___los perros calientes___ .

B The cooking teacher has asked Teresa to transfer her recipe collection to computer files. Select the word or words from the list below that best complete each of her recipes. Do not write any word more than once. (*50 points*)

huevos duros	cerezas	chorizo	calabaza
bocadillos	sugerir	mezclar	ajo

1. "Ensalada de frutas"
   ...melón, sandía y ___cerezas___ .

2. "Guisado de verduras"
   ...sal, pimienta, cebolla y ___ajo___ .

3. "Relleno de pavo"
   ...cortar, picar y ___mezclar___ .

4. "Tapas"
   ...bocadillos, camarones y ___huevos duros___ .

5. "A la parrilla"
   ...cerdo, jamón y ___chorizo___ .

T118

CAPÍTULO 13

Paso a paso 2 Nombre

Fecha Prueba 13-7

Mariluz works part-time for a television station. This week she was asked to transfer to the computer some notes a chef has written for his weekly cooking program. Finish what Mariluz has written by underlining the correct form of the verb in the infinitive or in the indicative or subjunctive mood, as called for in each statement. (100 points)

1. Recomiendo que (compran / compren) los mejores ingredientes para hacer la paella a la valenciana.

2. Yo sé que siempre (puedan / pueden) conseguir el chorizo español en el Bodegón Salchicha, que está en la calle Segunda, en el centro de la ciudad.

3. Prefiero (use / usar) un arroz especial para preparar la paella. También se puede conseguir en esa misma tienda.

4. Le sugiero al cocinero que (consiguen / consiga) los mariscos más frescos posibles.

5. Deben (empiecen / empezar) con una paella que no (sea / ser) tan grande como la que estoy preparando hoy. Los ingredientes son bastante caros.

6. Hay cocineros que nos dicen que (es / sea) mejor preparar una paella grande para así disfrutar más de la variedad de ingredientes que hay en la paella.

7. Después de preparar los mariscos, pueden (preparen / preparar) el pollo con la cebolla, la sal y el ajo.

8. ¡Por favor, no quiero que (cocinen / cocinan) el pollo demasiado!

9. Después, recomiendo que (mezclen / mezclan) el pollo, el chorizo y los mariscos con el arroz, pero que no esté cocido, por favor.

10. Ahora les digo a todos que (se sientan / se sienten) a disfrutar de su paella deliciosa, con un gazpacho fresco y un sabroso flan de postre.

CAPÍTULO 13

Paso a paso 2 Nombre

Fecha Prueba 13-6

You are taking care of some children while their parents are away at the movies. One of your responsibilities is to prepare dinner for them. Complete the conversation you have with the children by underlining the correct form of the verb in the subjunctive. (100 points)

1. —¿Qué quieren que yo les (prepares / prepare / prepara)?

2. —Mamá no quiere que nosotros (comamos / comimos / comemos) muy tarde.

3. —Octavio, ¿qué recomiendas que (bebe / beba / bebas) tu hermanita?

4. —¡Pues, no quiero que ella (tomes / toma / tome) mi leche!

5. —Gracias, Octavio. Y, ¿qué sugieren ustedes que yo (pon / pongas / ponga) en la ensalada?

6. —Papá dice que no me (da / des / dé) tomates, ¿sabes? Me hacen mucho daño.

7. —Saúl, ¿no quieres que yo (mezcle / mezcla / mezcles) las espinacas con los guisantes?

8. —¡No, por favor! Quiero que me (abras / abres / abra) una lata de frijoles.

9. —¡Ustedes son imposibles! ¿Qué sugieren que (hace / haga / haz) yo para la cena?

10. —Sugerimos que nos (pidas / pide / pidamos) una pizza. ¡Por favor!

After trying to prepare a meal with some of your friends, you have discovered the true meaning of the saying: "Too many cooks spoil the broth." Change the verbs that appear in the infinitive in the questions to the correct form of the subjunctive in the answers. *(100 points)*

1. —¿Cuándo debes poner el aceite en la ensalada?
   —Mi mamá siempre me dice que _**ponga**_ el aceite antes de poner el vinagre.

2. —¿Cuánto tiempo debo hervir la sopa?
   —Raúl, te recomiendo que _**hiervas**_ la sopa un poco más.

3. —¿Quién va a probar la ensalada?
   —¿Quieres que yo la _**pruebe**_ antes de servirla?

4. —¿Qué ingredientes debemos buscar?
   —Los buenos cocineros siempre nos recomiendan que _**busquemos**_ sólo ingredientes frescos.

5. —¿Qué me dices que debo devolver?
   —Sugiero que tú _**devuelvas**_ el pescado al mercado. ¡No está muy fresco!

6. —¿No crees que con la comida no se debe jugar?
   —Sí, Tito. Es mejor que no _**juegues**_ con las zanahorias antes de servirlas.

7. —¿Cuándo debes servir el pan?
   —Mi maestra de cocina recomienda que primero _**sirva**_ el pan.

8. —¿A qué hora se debe encender la barbacoa?
   —Lucía y yo recomendamos que Juan _**encienda**_ la barbacoa ahora.

9. —¿De qué tamaño debo picar la cebolla?
   —Te sugerimos que la _**piques**_ pequeña.

10. —¿A qué hora vamos a salir a bailar después de la cena?
    —Yo les recomiendo a todos que ahora _**salgan**_ de la cocina. ¡Adiós!

Gramática en contexto / El subjuntivo   195

Copyright © Prentice-Hall, Inc.

Paso a paso 2
CAPÍTULO 13
Nombre
Fecha
Hoja para respuestas
Prueba cumulativa

A *(24 points)*
1. (el) aceite / (el) vinagre
2. duraznos / piñas
3. sandía / melón

B *(18 points)*
1. agrios
2. saladas
3. dulce
4. sosas
5. cocido
6. enlatadas

C *(30 points)*
1. comamos
2. beban
3. compren
4. pidas
5. sea
6. tenga
7. busques
8. practiquemos
9. haga
10. sirva

D *(28 points)*
1. el gazpacho / f
2. la paella / c
3. la empanada / a
4. la ensalada de frutas / d
5. la tortilla española / b
6. la tarta (de fresa) / e
7. el perro caliente / g

198

Copyright © Prentice-Hall, Inc.

T120

Paso a paso 2

Nombre _____

CAPÍTULO 13

Fecha _____

I. Listening Comprehension (20 points)

DIÁLOGO 1

1. El gazpacho de este restaurante es de lata. — Sí **No**
2. Un ingrediente del gazpacho es el espárrago. — Sí **No**
3. La tortilla se prepara de una masa de harina. — Sí **No**

DIÁLOGO 2

4. La calabaza se prepara al horno. — **Sí** No
5. El cerdo está frito. — Sí No
6. Gabriela no puede decir cuáles son todos los ingredientes de la salsa. — **Sí** No
7. Gabriela recomienda que la señora pida una ensalada de frutas. — Sí **No**

DIÁLOGO 3

8. El señor no puede comer camarones porque le hacen daño. — Sí **No**
9. El señor pide un plato frito. — Sí **No**
10. Este restaurante sirve mariscos. — **Sí** No

II. Reading Comprehension

A. (10 points)

1. ¿Qué debes comer para mantenerte sano?
   a. muchas comidas enlatadas
   b. una variedad de alimentos
   c. bastante carne, aves y pescado

2. ¿Qué recomienda SANO Y CON SABOR?
   a. Recomienda que te sirvas diferentes alimentos, pero siempre con moderación.
   b. Sugiere que nunca pruebes comidas con aceite.
   c. Quiere que te mantengas sano comiendo comidas más sosas.

3. ¿Cuándo sugiere SANO Y CON SABOR que bebas la batida?
   a. para la cena
   b. para una merienda
   c. para el almuerzo

4. ¿Qué no contiene la receta del mes de SANO Y CON SABOR?
   a. ingredientes frescos
   b. calorías
   c. ingredientes picantes

Paso a paso 2

Nombre _____

CAPÍTULO 13

Fecha _____

B. (10 points)

1. Según los expertos en nutrición, debes comer en abundancia los alimentos que ellos recomiendan. — Sí **No**
2. Los alimentos con mucho aceite no son malos. — Sí **No**
3. La receta del mes contiene un ingrediente agrio. — **Sí** No
4. Se prepara la fruta para la receta del mes en el horno. — Sí **No**
5. Un ingrediente necesario en la receta del mes es la fruta picada. — Sí **No**
6. Este batido tiene mucha grasa. — Sí **No**

III. Writing Proficiency (20 points)

[See page T7 for suggestions for evaluating student writing.]

_____

_____

_____

IV. Cultural Knowledge (20 points)

Answers will vary. In the homes of those Latin American families who still live in a traditional manner, it is common to find a large kitchen. Family members gather there to chat and visit with one another and with their mother or grandmother while lavish meals are being prepared.

V. Speaking Proficiency (20 points)

[See pages T39–T46 for suggestions on how to administer this portion of the test.]

Nombre _____

CAPÍTULO 14

Fecha _____

A You and your friends are planning to go on a hiking trip over the weekend. Complete your conversation by writing the word or the words that describe each picture. (60 points)

1. —Alfredo, ¿tienes _____una tienda de acampar_____ ?

2. —Sí, pero tendré que pedirte _____un saco de dormir_____.
   ¿Tienes uno?

3. —Creo que sí. Vicente, ¿es necesario que llevemos
   _____una olla_____ ?

4. —Pues, claro, y _____un abrelatas_____
   también si quieren comer.

5. —¿Vamos a _____dar una caminata_____ por el bosque?

6. —Sí, y también vamos a explorar _____el valle_____
   al otro lado del bosque.

B Mariana and Virginia are on a nature hike to help them complete a paper they must write for their biology class. Choose a word or expression from the list to complete their conversation. Use each word or expression only once. (40 points)

que la recojamos	a la sombra	huellas	secar
que la pongamos	piedra	secas	recoger

1. —Virginia, ¿viste esa _____piedra_____ allí? ¡Me parece que está caminando!
   —¡Es una tortuga! ¿Quieres _____que la recojamos_____ para llevarla a nuestra clase de biología?

2. —No, Mariana, por favor. Ponla debajo de esas hojas _____secas_____.
   No debemos molestarla. Está en su ambiente natural.
   —Me encantan las flores que encontré. Las voy a _____secar_____ en casa
   para preservarlas.

3. —Virginia, hace mucho calor. ¿Quieres comer el almuerzo aquí _____a la sombra_____ ?

Nombre _____

CAPÍTULO 14

Fecha _____

A You and your friends have gone camping for the weekend. Match what each of you says to the appropriate picture, then write the letter of that picture in the space provided. (40 points)

a

b

_b_ 1. ¿Qué hago? No encontré la olla para cocinar los frijoles.

a

b

_b_ 2. Ya debemos poner la tienda de acampar si queremos dormir esta noche.

a

b

_a_ 3. Mañana quisiera explorar el valle que está al otro lado del bosque.

a

b

_a_ 4. Vamos a poner la comida cerca de aquella piedra.

B Ignacio and Francisco are spending the night in the mountains. Underline the word or words that complete their conversation. (60 points)

1. —¿Encontraste (los fósforos / las mariposas) para encender el fuego?
   —Sí, y encontré suficiente (sombra / leña) también.

2. —¡Ay, estas (abrelatas / hojas) no sirven para el fuego!
   —Es verdad. Están muy (mojadas / secas).

3. —Ignacio, ¿me puedes ayudar con la mochila? Está muy (pesada / ligera).
   —¡Claro! Francisco, ¿viste (las huellas / los senderos) de algún animal cerca de nuestra comida? ¡Tengo miedo!

Prueba 14-3

Paso a paso 2 Nombre

CAPÍTULO 14 Fecha

A You and your friends can hardly wait until summer vacation. Select the picture that corresponds to each statement in your conversation, then write the letter of that picture in the space provided. (60 points)

a

b

c

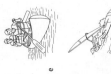
d

e

f

g

_f_ 1. —¿Qué te gustaría hacer este verano, montar a caballo o hacer surf de vela?

_b_ 2. —Creo que me gustaría hacer esquí acuático. Es más divertido.

_a_ 3. —Yo quiero ir a las montañas. Me encantan las ardillas. Son muy graciosas.

_g_ 4. —Mi padre es científico e iremos al campo para estudiar la vida de los búhos.

_d_ 5. —¿Te gustaría ir al desierto o navegar en balsa?

_c_ 6. —Pues, no me interesa mucho el desierto porque las serpientes me dan miedo.

B Santi is only four years old and has never taken a trip with his family before. Because he's curious about the various vacation spots his family is considering, he asks them some questions. Underline the appropriate word or expression in order to complete their conversation. (40 points)

1. —Y si vamos al bosque, ¿qué (animales salvajes / animales domésticos) puedo ver?

2. —Verás (elefantes / ranas) y otros animales que a ti te gustan.

3. —¿Por qué es necesario que pongamos (la espina / la tabla) en el coche?

4. —Porque tu hermano quiere (navegar en canoa / hacer surf) si vamos al mar.

205 *Vocabulario para conversar*

Prueba 14-4

Paso a paso 2 Nombre

CAPÍTULO 14 Fecha

A You are looking through some travel brochures with a friend because you can't decide what to do during your summer vacation. Complete your conversation by filling in the expression that corresponds to each picture. (50 points)

1. —¿Te gustaría ___*hacer surf de vela*___ en el mar Caribe?

2. —Sí, y también ___*hacer moto acuática*___ en algún lago del este de los Estados Unidos.

3. —Pues a mí me encantaría ir a Francia o a España para ___*escalar montañas*___.

4. —Yo quisiera ___*navegar en canoa*___ por la región del Amazonas.

5. —¡Ésta será mi vacación ideal! Voy a ___*hacer esquí acuático*___ todo el verano en California.

B Cristina works during the summer as a guide in a wildlife sanctuary. Today she is speaking with a group of young children who are visiting the sanctuary. Complete their conversation by underlining the correct word or expression. (50 points)

1. —¿Por qué es necesario que protejamos los bosques?
—Porque allí viven (plantas silvestres / animales salvajes) como los coyotes y los lobos.

2. —¿Es necesario que protejamos los desiertos también?
—Por supuesto. El cacto que tiene (espinas / huellas) es una planta en peligro de extinción.

3. —¿Por qué es necesario que protejamos (los venados / las serpientes) si todas son (venenosas / ligeras)?
—No, no todas. Algunas nos protegen de los insectos que les hacen daño a las plantas que comemos.

4. —La otra mañana vi un pájaro de ojos muy grandes. ¿Cómo se llama?
—Viste un (búho / ardilla). También están en peligro de extinción.

206 *Vocabulario para conversar*

A Marité and Laura have decided to learn how to sail this summer. Complete the conversation they have with Julián, their coach, by writing the correct subjunctive form of the verb or verbs in parentheses. *(40 points)*

1. —Primero, les recomiendo que _____**sean**_____ muy pacientes porque no es fácil aprender este deporte. También les recomiendo que _____**vayan**_____ a la playa al amanecer. El agua está tranquila a esa hora. (ser / ir)
—Julián, ¿recomiendas que Marité y yo _____**vayamos**_____ solas o siempre con un adulto? (ir)

2. —Por ahora les recomiendo que las dos _____**vayan**_____ conmigo, su entrenador. Quiero que _____**tengan**_____ más experiencia antes de salir con otras personas. Vamos a empezar. No quiero que ustedes _____**sean**_____ tímidas. (ir / tener / ser)

3. —Julián, ¿qué sugieres que yo _____**haga**_____ con la vela? (hacer)
—Laura, te recomiendo que _____**vayas**_____ en la dirección del viento, a la derecha. (ir)

4. —¡Ay, el viento está muy fuerte hoy! Tú nos dices que _____**seamos**_____ menos tímidas, pero es difícil mantener la vela. (ser)
—¡Cuidado, Laura! ¡No _____**sean**_____ tan atrevidas! ¡Hay otro bote de vela a tu izquierda! (ser)

B Ricardo and Teresa are talking about the places they want to go for their vacation. Underline the correct form of the verb to complete their conversation. *(60 points)*

1. —Teresa, ¿adónde me sugieres que (vaya / vayas) estas vacaciones?
—Pues, yo digo que tú y yo (vayan / <u>vayamos</u>) a escalar montañas.

2. —¡No (sea / <u>seas</u>) tan atrevida! Yo no sé escalar montañas.
—Por eso, no (sea / <u>seamos</u>) tan prudentes tampoco. ¡Será nuestra aventura!

3. —¿Por qué no les sugerimos a otros amigos que (vayamos / <u>vayan</u>) con nosotros?
—Bueno, y les decimos que (seas / <u>sean</u>) tan atrevidos como nosotros.

Marta and her girlfriends are preparing for a camping trip. Everyone is giving them advice before they go. Complete each statement by writing the letter of the correct verb in the space provided. *(100 points)*

1. Es necesario que ustedes __c__ la tienda cerca de un campamento público.
   a. ponen b. traen c. pongan d. hagan

2. Les recomiendo que no __a__ muy lejos del campamento.
   a. salgan b. tienen c. tengan d. ponen

3. Queremos que ustedes nos __d__ qué campamento escogieron.
   a. dicen b. hacen c. traigan d. digan

4. Marta, ya sé que te encantan los animales, pero sugiero que no __c__ ningún animal a casa, ni ardillas ni ranas, por favor.
   a. pongas b. traes c. traigas d. pones

5. Y por favor, les recomiendo que __b__ los fósforos en un lugar seco.
   a. traigan b. pongan c. ponen d. traen

6. Es necesario que __a__ un fuego por la noche, así los animales salvajes no les molestarán.
   a. hagan b. hacen c. traen d. traigan

7. Sugerimos que __b__ cuidado dónde ponen los sacos de dormir.
   a. se caigan b. tengan c. se caen d. tienen

8. También es muy importante que no __c__ y se rompan un hueso.
   a. traigan b. se caen c. se caigan d. ponen

9. Marta, no quiero que __d__ del campamento después del anochecer.
   a. traigas b. sales c. pones d. salgas

10. Y, muchachas, les recomendamos que __c__ en las mochilas sólo las cosas necesarias.
    a. tienen b. hacen c. pongan d. tengan

Nombre

CAPÍTULO 14

Fecha

Prueba 14-8

You are interviewing a park ranger for an article you will be writing for the school newspaper. Change the verbs in parentheses to the correct form of the subjunctive. *(100 points)*

1. —Ocurren muchos problemas con tanta gente en el parque, ¿verdad? ¿Qué nos recomienda usted que **hagamos** (hacer) para mantener el parque en buenas condiciones?

2. —Primero, los incendios son un gran problema. Es necesario que la gente **apague** (apagar) el fuego antes de salir del parque. También mucha gente cree que los animales salvajes son domésticos, como los perros o los gatos. Es mejor que los niños no **jueguen** (jugar) con las ardillas y es importante que la gente **cuelgue** (colgar) la comida en un árbol para no tener problemas con los osos o con los lobos.

3. —¿Qué es necesario que la gente **traiga** (traer) al parque antes de acampar?

4. —Siempre se recomienda que todos **tengan** (tener) mapas, fósforos y una cuerda en caso de emergencia. También es necesario que ellos **pongan** (poner) repelentes y antibióticos en sus mochilas. Hay serpientes venenosas aquí y el hospital está muy lejos.

5. —¿Y qué nos recomienda a todos antes de dar una caminata en las montañas? ¿Sugiere usted que nosotros **hagamos** (hacer) algo en particular?

6. —Por supuesto. Siempre es importante que la gente **siga** (seguir) los senderos para no perderse. No queremos que la gente **se caiga** (caerse) lejos del campamento porque es difícil encontrarla. ¡Si la gente cuida la naturaleza, puede divertirse al aire libre sin tener problemas!

Nombre

CAPÍTULO 14

Fecha

Prueba 14-7

You have a lot of experience camping outdoors so you have been asked by the fifth grade teacher of your old elementary school to give advice to his class. Complete the statements you make to the children by underlining the correct form of the verb in either the infinitive or the subjunctive. *(100 points)*

1. Es importante que todos (se protegen / <u>se protejan</u> / protegerse) de los animales salvajes.

2. También necesitan (<u>llevar</u> / lleven / llevan) repelentes. Hay muchos insectos en las montañas.

3. Es importante que (tienen / <u>tengan</u> / tener) sacos de dormir cómodos y una tienda de acampar.

4. Sugiero que (<u>pongan</u> / ponen / poner) en las mochilas cosas importantes, como mapas, linternas y fósforos.

5. Es mejor que ustedes (recoger / recogen / <u>recojan</u>) palitos y leña seca para hacer un fuego cuando lleguen al campamento y no al anochecer.

6. Al salir del parque, siempre deben (apaguen / apagan / <u>apagar</u>) el fuego. No queremos incendios en el bosque, por favor.

7. Siempre es importante que ustedes (poner / <u>pongan</u> / ponen) en la mochila una botella de agua fresca para beber.

8. Si no tienen agua fresca, es mejor que alguien (hierven / <u>hierva</u> / hervir) el agua del río antes de beberla.

9. No es necesario que yo (<u>vaya</u> / ir / voy) con ustedes, pero siempre es mejor que (tengan / tener / tienen) un adulto en el grupo.

T125

Left panel

Paso a paso 2 Nombre

Hoja para respuestas

CAPÍTULO 14 Fecha Prueba cumulativa

A (32 points)

1. *las mariposas / los lobos* _____

2. *escalar montañas / venado* _____

3. *tienda de acampar / piedras* _____

4. *las huellas / fósiles* _____

B (12 points)

1. *animales salvajes* _____

2. *plantas silvestres* _____

3. *árboles* _____

4. *al aire libre* _____

C (24 points)

1. *hacer surf de vela / vayan* _____

2. *hacer moto acuática / hagan* _____

3. *dar saltos (de trampolín) / seas* _____

D (32 points)

1. *lleves / te caigas* _____

2. *traigas / vayamos* _____

3. *seamos / ayudemos* _____

4. *pienses / te diviertas* _____

213

Right panel

Paso a paso 2 Nombre

Hoja para respuestas 1

CAPÍTULO 14 Fecha Examen de habilidades

I. Listening Comprehension (20 points)

a b c d

e f g h i

1. *e / a*   2. *f / i*   3. *h / d*   4. *c / g*

II. Reading Comprehension (20 points)

1. ¿Dónde están María y Esperanza?
   a. en el campo
   b. en el desierto
   c. en el bosque

2. ¿Qué peligros hay para algunos animales del parque?
   a. Los visitantes les dan comida.
   b. Hay gente que echa su basura al agua.
   c. Los animales domésticos están en peligro de extinción.

216

Paso a paso 2 Nombre

CAPÍTULOS 1-6 Fecha

I. Listening Comprehension (10 points each)

A. Friends with problems

a

b

c

d

e

f

1. _e_   2. _a_   3. _d_   4. _b_   5. _f_

B. Antonio and David

	Sí	No
1. Antonio se despierta muy temprano por la mañana.	(Sí)	No
2. La familia tiene un coche alemán.	Sí	(No)
3. Antonio estudia un idioma.	(Sí)	No
4. A Antonio le interesa mucho la música.	(Sí)	No
5. En una de sus clases Antonio tiene que cantar.	(Sí)	No
6. Antonio enseña a los niños a levantar pesas.	Sí	(No)
7. Antonio juega ajedrez con los niños.	Sí	(No)
8. Antonio cuida niños los fines de semana.	Sí	(No)
9. Antonio corre a todas sus clases.	Sí	(No)
10. Antonio es miembro de muchos clubes en la escuela.	Sí	(No)

C. Weekend shopping

DIÁLOGO 1

1. Carla compró
   - a. ropa deportiva. (a)
   - b. algo para un baile.
   - c. zapatos de tacón alto.

2. Carla
   - a. compró algo apretado.
   - b. compró algo de nilón.
   - c. compró algo flojo. (c)

3. Según Eugenia, ella
   - a. tiene zapatos que son de lana.
   - b. tiene zapatos de lona. (b)
   - c. tiene zapatos que le quedan grandes.

Paso a paso 2 Nombre

CAPÍTULO 14 Fecha

3. ¿Qué recomienda la administración a los visitantes?
   - a. que no hagan fuegos
   - b. que quiten a los animales y plantas de su ambiente natural
   - c. que les ayuden a proteger la naturaleza (c)

4. ¿Qué no deben recoger los visitantes del parque?
   - a. la leña seca
   - b. sus botellas y cartones
   - c. champiñones venenosos (c)

5. ¿Qué animal salvaje o planta silvestre no encontrarán los visitantes en este parque?
   - a. el cacto (a)
   - b. el venado
   - c. la ardilla

III. Writing Proficiency (20 points)

[See page T7 for suggestions for evaluating student writing.]

IV. Cultural Knowledge (20 points)

Answers will vary. Visitors to foreign countries should take precautions with what they

drink, because people get used to the water in their own country. Travelers should avoid

brushing their teeth with tap water; avoid drinking water from the tap unless they boil it

first; wash all fruit and vegetables in bottled or previously boiled water; and peel all fruit

before eating it.

V. Speaking Proficiency (20 points)

[See pages T39-T46 for suggestions on how to administer this portion of the test.]

Paso a paso 2   Nombre

Hoja para respuestas 2
Banco de ideas
Fecha

CAPÍTULOS 1-6

DIÁLOGO 2

4. Luis
  a. lleva ropa elegante todos los días.
  (b) compró un traje para ir a una fiesta.
  c. quiere ir con su novia al cine.

5. Pedro
  a. compró ropa con una tarjeta de crédito.
  b. no tiene bastante dinero para comprar un regalo.
  (c) pagó con dinero en efectivo.

D. Sports announcer
  a. el tenis   d. los bolos
  b. el béisbol   e. el golf
  c. el hockey   f. el esquí
  g. el fútbol americano
  h. patinar sobre hielo

1. _c_   2. _g_   3. _b_   4. _a_   5. _f_

E. Saruca and her grandmother
1. La abuelita de Saruca
  a. no jugaba con el oso de peluche.
  (b) tenía pocos juguetes.
  c. no tenía una muñeca.

2. En la familia de la abuelita
  a. sólo los padres se besaban y abrazaban.
  b. sólo las mujeres se besaban y abrazaban.
  (c) todos los familiares se besaban y abrazaban.

3. Según la abuelita, ella
  (a) mentía a veces.
  b. nunca mentía.
  c. nunca se portaba muy bien.

4. Un vecino de la abuelita
  a. era muy tímido y callado.
  (b) no se portaba bien.
  c. abrazó a la abuelita el Día de los Enamorados.

5. La familia de la abuelita
  (a) celebraba en el parque los días especiales.
  b. trabajaba todos los fines de semana.
  c. no tenía muchas reuniones.

II. Reading Comprehension (10 points each)
A. Alicia's day

1. _d_   3. _a_   5. _i_   7. _k_   9. _b_
2. _i_   4. _f_   6. _g_   8. _c_   10. _e_

228

Paso a paso 2   Nombre

Hoja para respuestas 3
Banco de ideas
Fecha

CAPÍTULOS 1-6

B. Campo Pinar
1. CAMPO PINAR es sólo para los estudiantes que quieren
  a. ser artistas famosos.
  (b) practicar un instrumento musical.
  c. ganar dinero.

2. CAMPO PINAR es un lugar
  a. sólo para las muchachas.
  b. sólo para los muchachos.
  (c) para todos los jóvenes.

3. En CAMPO PINAR se puede
  a. practicar las artes marciales.
  b. tomar materias escolares.
  (c) cantar.

4. Para participar en CAMPO PINAR,
  a. hay que tocar un instrumento musical muy bien.
  b. hay que participar en el anuario.
  (c) no es necesario jugar deportes.

5. CAMPO PINAR es para estudiantes a quienes les interesa
  (a) divertirse practicando instrumentos musicales.
  b. trabajar como voluntarios.
  c. ser miembro de un consejo estudiantil.

C. Shopping for bargains

a

c

e

b   d   f

1. _c_   2. _f_   3. _a_   4. _b_   5. _d_

229

T128

D. Jobs

1. Hay trabajo para jóvenes que saben patinar sobre hielo.   (Sí)   No
2. Pagan buen dinero a los que quieren repartir revistas.   Sí   (No)
3. Para trabajar en el gimnasio debes traer tus propios guantes, bates y pesas.   Sí   (No)
4. Puedes ganar dinero jugando juegos de mesa en el centro de la comunidad.   Sí   (No)
5. Hay dos lugares que ofrecen trabajo para personas que tocan un instrumento musical.   (Sí)   No
6. No necesitas tocar un instrumento musical para trabajar en la tienda de música.   Sí   (No)
7. Necesitas ser jugador de bolos para trabajar en el gimnasio.   Sí   (No)
8. Si puedes soportar a los niños que no se portan bien, hay trabajo para ti en una guardería infantil.   (Sí)   No
9. Si escribes bien en computadora hay trabajo para ti en el centro de la comunidad.   Sí   (No)
10. Puedes trabajar en la guardería infantil pero hay mucho peligro para los que ayudan a los niños.   Sí   (No)

E. Jorge, Soledad and Esperanza

1. Cuando era niño, Jorge
   a. (hablaba con todos.)
   b. obedecía siempre.
   c. se peleaba con todos.

2. A veces Jorge
   a. era bastante tímido.
   b. no molestaba a nadie.
   c. (llevaba sus juguetes al supermercado.)

3. Soledad era una niña a quien
   a. le gustaba ser maleducada.
   b. (le encantaba divertirse sola.)
   c. todos molestaban.

4. Soledad se divertía
   a. saltando con los otros niños.
   b. (buscando animales.)
   c. charlando con todos.

5. Esperanza era una niña que
   a. quería todo para ella.
   b. siempre obedecía a sus hermanos.
   c. (a veces no se portaba bien.)

III. Writing Proficiency *(10 points each)*

[See page T7 for suggestions on how to evaluate student writing.]

A. _____ : _____

B. _____ : _____

C. _____ : _____

D. _____ : _____

E. _____

Paso a paso 2   Nombre

CAPÍTULOS 1-6   Fecha

Hoja para respuestas 6
Banco de ideas

F. _____ :

_____

_____

_____

IV. Cultural Knowledge (10 points each)

A. Answers will vary. In the larger cities, students attend two different sessions because schools are so crowded. The morning sessions are for the younger students up to age eleven. The afternoon sessions are for the high school students. Some students study more subjects than do students in the United States. Some schools have very strict rules and don't permit the girls to wear make-up, high heels, or pants, except during the colder season. The boys are not permitted to wear caps or earrings. Students often participate in several activities, such as student council, sports, and the Theater Club. Some work for the school newspaper or write for the literary magazine. Sometimes their clubs have parties or sell candy or pastries to earn money for some project. These extracurricular activities are just like those of a school in the United States.

B. Answers will vary. Each Latin American country has its own monetary system and the currency each country uses will differ in value from day to day. A country's coins or bills can tell us a lot about its culture and history. The balboa of Panama was named after Vasco Núñez de Balboa, a Spanish explorer. The córdoba of Nicaragua was named for Francisco de Córdoba, who established the Nicaraguan cities of León and Granada.

C. Answers will vary. Diego Rivera was an important Mexican muralist. His murals are found in public buildings and museums throughout Mexico City. During visits to the United States, he painted murals such as the one in the Detroit Museum of Art. His murals reveal a great deal about Mexico's history before and after the Spanish conquest. In addition, his

---

Paso a paso 2   Nombre

CAPÍTULOS 1-6   Fecha

Hoja para respuestas 7
Banco de ideas

paintings tell us a lot about the cultural life of Mexico, past and present. The art of Frida Kahlo, Rivera's wife, is mostly autobiographical. While some show her dressed in the beautiful folkloric costumes of Mexico, the majority of her paintings reveal her personal suffering as a result of a terrible bus accident.

D. Answers will vary. José Martí was a poet and revolutionary. He was born in Cuba in 1853. As a young man, José Martí began to write in favor of the independence of Cuba from Spain. At age fifteen he was arrested and sentenced to six years at hard labor. He was freed after three years and exiled to Spain. Since he could not return to Cuba, he traveled to other countries in Latin America and to the United States. In 1895 he was able to return to Cuba. A month after his arrival he was killed by a gunshot when the Spaniards attacked during the battle of Dos Ríos. Seven years later Cuba won its independence from Spain.

E. Answers will vary. Catholicism is the dominant religion throughout Latin America. However, other religions are also practiced. These include the Protestant, Islamic, Judaic, Buddhist, and Greek Orthodox faiths. Many popular holidays and celebrations are religious in origin. Los carnavales, which are celebrated throughout Latin America, include parades with dancing, music, and costumes. In Bolivia and the northern part of Argentina, the carnaval is influenced by the culture of the Incas. In the Caribbean, one can see a mixture of both Christian and African influences. In the United States, we have adopted traditions from Spanish-speaking cultures. One example is that of the luminarias, paper bags filled with sand in which a lighted candle has been placed. The luminarias are used to light the sidewalk, swimming pool, or patio during a party.

V. Speaking Proficiency (10 points each)

[See pages T39–T46 for suggestions on how to administer this portion of the test.]

CAPÍTULO 7

Paso a paso 2

Nombre _____

Fecha _____

I. Listening Comprehension *(10 points each)*

A. Hotel guests

 a

 b

 c

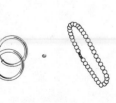 d

 e

 f

1. _e_   2. _f_   3. _a_   4. _b_   5. _c_

B. Apartamentos Preciosos

1. Rosa y Mauricio necesitan comprar casi todos los aparatos eléctricos si van a vivir en APARTAMENTOS PRECIOSOS. Sí (No)

2. Hay que tener ventilador en el verano en los APARTAMENTOS PRECIOSOS. Sí (No)

3. Hay cinco detectores de humo en estos apartamentos. (Sí) No

4. Rosa y Mauricio necesitan lavar la ropa sucia en otro lugar de vez en cuando. Sí (No)

5. Es posible preparar pan tostado en estos apartamentos sin tostador. (Sí) No

6. En APARTAMENTOS PRECIOSOS se puede preparar la comida rápidamente. (Sí) No

7. En APARTAMENTOS PRECIOSOS no hay protección contra los incendios. Sí (No)

8. No tienes que ser millonario para vivir en APARTAMENTOS PRECIOSOS. (Sí) No

9. Hay calentadores en todos los cuartos de estos apartamentos. Sí (No)

10. El anuncio comercial dice que hay un aparato eléctrico para la basura. Sí (No)

CAPÍTULO 7

Paso a paso 2

Nombre _____

Fecha _____

II. Reading Comprehension *(10 points each)*

A. Packing the suitcase

1. _e_   2. _a_   3. _c_   4. _f_   5. _b_

B. Advertisements

1. _d_   2. _e_   3. _a_   4. _f_   5. _b_

III. Writing Proficiency *(10 points each)*

[See page T7 for suggestions on how to evaluate student writing.]

A. _____ :

_____

_____

_____

_____

_____

B. _____

_____

_____

_____

_____

IV. Cultural Knowledge *(10 points each)*

A. *Answers will vary.*

• *Mexico: In the year 1500, the Aztecs dominated most of Mexico and ruled from Tenochtitlán, where the modern-day capital, Mexico City, is located. The Aztecs constructed great temples and avenues, cultivated corn, vegetables, and flowers in large aquatic gardens, and made jewelry from copper, gold, and silver.*

• *Central America: In the year 500 A.D., while the Roman Empire was losing influence, the Mayan Empire was growing. The Mayans knew a great deal about astronomy. Their calendar was more accurate than the European calendar of that era.*

• *Peru: The Inca civilization dominated the region of the Andes mountains in the 1500's.*

I. Listening Comprehension *(10 points each)*

A. Foreign guests

a. Claro. Sé que hay una buena floristería allí, en el cruce de la calle Bernal y la calle Morán.

b. Te recomiendo el ALMACÉN DE LUJOS. Es mejor que el almacén adonde fuimos antes porque tiene más ropa para damas y para caballeros.

c. No hay una buena frutería por aquí, pero las podrías comprar en el supermercado.

d. Claro. Podrías comprar unos en la verdulería que está cerca del monumento de Colón.

e. Pues, creo que hay servicios en el primer piso del almacén donde compramos los perfumes.

f. Creo que están comprando el periódico que sale por la tarde. Lo venden en ese quiosco.

1. _b_   2. _a_   3. _e_   4. _c_   5. _f_

B. Friends shopping

1. Yola tiene que encontrar algo para otra persona. Sí **No**

2. María va a acompañar a Yola a la sección de niños. Sí **No**

3. Los animales de peluche quedan al fondo del almacén. Sí **No**

4. Yola va al segundo piso en el ascensor. **Sí** No

5. Las dos amigas van a quitarse y ponerse ropa por una hora. Sí **No**

II. Reading Comprehension *(10 points each)*

A. Signs

a

b

c

d

e

f

1. _c_   2. _a_   3. _f_   4. _e_   5. _d_

They constructed many roads and bridges. Their buildings were so well constructed that even today it's not possible to insert a knife blade between the well-placed stones of the walls.

B. *Answers will vary.*

The civilizations of the Aztecs, Mayans, and Incas were very advanced during the era of their domination. Like the Romans and Greeks, they were advanced in agriculture, science, and art. Both the Romans and the Incas built structures, some of which are still used today. The large temples of the Aztecs and Mayans were built without the use of the wheel. The Mayans had astronomical observatories and developed the 365-day calendar, which was more accurate than the European calendar of that era. The copper, gold, and silver jewelry of the Aztecs was made without metal tools.

V. Speaking Proficiency *(10 points each)*

[See pages T39–T46 for suggestions on how to administer this portion of the test.]

Paso a paso 2

CAPÍTULO 8

Nombre _____
Fecha _____
Hoja para respuestas 2
Banco de ideas

B. Downtown

1. Elisa y Lalo
a. van a quedarse en la misma tienda por dos horas.
b. piensan encontrarse en el ALMACÉN OCHOA después.
c. van a hacer compras en diferentes lugares.

2. Lalo necesita
a. saber cómo llegar al almacén.
b. gastar su dinero en algo para sus amigos.
c. comprar algo en la tienda donde él y Elisa están hablando.

3. Lalo quiere
a. gastar mucho dinero.
b. comprar un regalo para sus padres.
c. ir a una fiesta de cumpleaños el domingo.

4. Elisa no encuentra
a. dónde está su coche.
b. nada interesante en la tienda.
c. la estación de bomberos.

5. Elisa necesita comprar
a. un aparato eléctrico.
b. un periódico.
c. pasta dentrífica.

III. Writing Proficiency (10 points each)
   [See page T7 for suggestions on how to evaluate student writing.]

A. _____

B. _____

Paso a paso 2

CAPÍTULO 8

Nombre _____
Fecha _____
Hoja para respuestas 3
Banco de ideas

IV. Cultural Knowledge (10 points each)

A. *Answers will vary. The bargaining process for a tourist usually consists of these steps:*

1. *The vendor greets the customer and asks what he or she is looking for.*

2. *The customer points to an item and asks its price.*

3. *The vendor states a price and describes the good qualities of the merchandise.*

4. *The customer responds that the price is too high and offers less.*

5. *The vendor replies with a lower price.*

6. *The customer either accepts or rejects the lower price.*

7. *If the customer rejects the price, further bargaining takes place.*

B. *Answers will vary. Because the mother and the vendor probably know each other, the two exchange some polite and friendly conversation at first. The vendor will then say something about the quality of the product and how much it costs. The mother will show she is interested and will offer less money. If the vendor accepts her offer, the transaction is completed.*

V. Speaking Proficiency (10 points each)
   [See pages T39–T46 for suggestions on how to administer this portion of the test.]

CAPÍTULOS 9-12

I. Listening Comprehension *(10 points each)*

A. Doctor's office

1. Alonso tiene que usar muletas porque
   a. se le rompió el brazo.
   b. le duelen los codos.
   c. tiene un problema con la pierna. *(c circled)*

2. Eva está en la oficina del doctor porque
   a. se quemó. *(a circled)*
   b. se rompió el tobillo.
   c. se rompió la muñeca.

3. Teresa tiene
   a. alergias. *(a circled)*
   b. picaduras de insecto.
   c. tos.

4. Manolo está visitando al doctor porque
   a. le van a hacer una operación.
   b. le van a examinar. *(b circled)*
   c. le van a recetar algo para la enfermedad que tiene.

5. Según Nicolás, él
   a. tiene problema con los frenillos.
   b. se lastimó el brazo. *(b circled)*
   c. se rompió la rodilla.

B. Television programs

a. un programa de concursos
b. una película de vaqueros
c. un programa sobre el ambiente
d. los dibujos animados
e. una película de detectives
f. las noticias
g. una entrevista con un astronauta
h. una película sobre extraterrestres

1. _h_   2. _b_   3. _d_   4. _g_   5. _f_

C. Career center

a. astronauta
b. pintora
c. veterinaria
d. músico
e. técnico
f. persona de negocios
g. obrero
h. doctor
i. cantante

1. _g_   2. _b_   3. _e_   4. _h_   5. _i_

CAPÍTULOS 9-12

D. Airplane

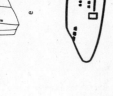

a　　b　　c　　d　　e　　f

1. _e_   2. _f_   3. _a_   4. _b_   5. _d_

E. Travel agent

1. Adrián está en la agencia de turismo porque quisiera
   a. hacer reservaciones en hoteles de lujo.
   b. ir a muchos lugares con poco dinero. *(b circled)*
   c. conseguir guías para los lugares que visitará.

2. Según la agencia de viajes, Adrián debe
   a. conseguir una reservación para un hotel antes de hacer su vuelo. *(a circled)*
   b. conseguir una reservación para un hotel después de hacer su vuelo.
   c. regatear el precio del hotel al llegar la primera noche.

3. Adrián podrá quedarse económicamente en
   a. una casa de cambio.
   b. una habitación doble.
   c. una pensión. *(c circled)*

4. Adrián prefiere
   a. viajar con la ayuda de guías.
   b. quedarse en un sólo lugar.
   c. viajar sin ser turista. *(c circled)*

5. Según Adrián, él quisiera
   a. disfrutar de todo. *(a circled)*
   b. tener sus horarios planeados.
   c. obedecer los horarios.

Paso a paso 2
Nombre
CAPÍTULOS 9-12
Fecha

Hoja para respuestas 3
Banco de ideas

II. Reading Comprehension (10 points each)

A. Advertisements and customers

1. _E_   2. _B_   3. _A_   4. _C_   5. _F_

B. Children's story

1. El joven tenía un animal que no se comportaba bien.   (Sí)   No
2. Todos los animales tuvieron éxito ayudando al muchacho.   Sí   (No)
3. El muchacho lloraba cuando vio al conejo llorar.   Sí   (No)
4. El conejo se protegió del lobo.   Sí   (No)
5. El muchacho estaba triste porque no era posible regresar a casa con los tres animales.   Sí   (No)
6. El burrito no obedecía al joven.   (Sí)   No
7. El lobo amenazó al burrito con comerlo.   (Sí)   No
8. Los animales pensaban que la abeja no podía hacer nada.   (Sí)   No
9. El burrito decidió regresar a casa porque una picadura le molestaba.   (Sí)   No
10. El lobo, el zorro y el conejo siguieron llorando cuando el muchacho salió corriendo con el burrito.   Sí   (No)

C. Sociology assignment

a

b

c

d

e

f

1. _f_   2. _a_   3. _c_   4. _e_   5. _d_

Paso a paso 2
Nombre
CAPÍTULOS 9-12
Fecha

Hoja para respuestas 4
Banco de ideas

III. Writing Proficiency (10 points each)

[See page T7 for suggestions on how to evaluate student writing.]

A. _____ :

B. _____ :

C.

D.

IV. Cultural Knowledge (10 points each)

A. *Answers will vary. In Mexican pharmacies it is possible to purchase an antibiotic without having a prescription. The person describes the problem he or she is having to the*

Paso a paso 2
Nombre
Hoja para respuestas 1
Banco de ideas

CAPÍTULO 13

Nombre _____
Fecha _____

I. Listening Comprehension (10 points)

A. Restaurant kitchen

a

b

c

d

e

f

1. _f_ 2. _e_ 3. _a_ 4. _b_ 5. _c_

B. Farewell dinner party

1. María Eugenia es de España. — Sí / No

2. Las tapas se comen después de la cena. — Sí / No

3. El gazpacho no tiene ningún ingrediente dulce. — Sí / No

4. La paella está hecha de carne y mariscos. — Sí / No

5. Van a servir pavo y tarta de calabaza porque son platos típicos de los Estados Unidos. — Sí / No

6. La tortilla española está hecha de maíz y papas. — Sí / No

7. Para hacer un relleno para la empanada, es necesario que se piquen los ingredientes. — Sí / No

8. La mamá estaba pensando en servir una ensalada de pepinos y tomates. — Sí / No

9. Habrá menos de veinte personas comiendo la cena. — Sí / No

10. De postre comerán fruta. — Sí / No

Paso a paso 2
Nombre
Hoja para respuestas 5
Banco de ideas

CAPÍTULOS 9-12

Nombre _____
Fecha _____

pharmacist, who will then sell them the antibiotic that they need to treat it. Also, if an emergency occurs late at night, it is always possible to find a pharmacy which is open. In Mexico, the pharmacies take turns staying open all night.

B. _Answers will vary. In Spanish-language soap operas, expressions such as: "You are the sunshine of this house" or "As long as this old body is still alive ..." are commonly used and are not considered exaggerations. One also notices that the affection between family and friends is expressed very openly. In both English-language and Spanish-language soap operas, the manner in which the actors speak is exaggerated because the dramatic situations in soap operas are exaggerated._

C. _Answers will vary. For students in the United States, the future is around the corner and controllable. For Latin Americans, the future is far off and not controllable. Latin American students tend to specialize in fields that are not necessarily closely related to future professions. In the United States, students usually study in specialized fields closely related to a future profession._

D. _Answers will vary. In addition to staying in a hotel, one can find lodging in a pensión or albergue. These generally offer a room and one meal. The 85 paradores provided by the Spanish government are especially popular with tourists because many of them are located in interesting historical buildings, such as old monasteries, convents, or castles dating from the 1500's. They are now easily accessible to travelers because of the construction of modern highways throughout Spain._

V. Speaking Proficiency (10 points each)

[See pages T39–T46 for suggestions on how to administer this portion of the test.]

CAPÍTULO 13

II. Reading Comprehension (10 points each)

A. Cooking class

1. Las dos recetas que los estudiantes van a preparar
   a. tienen verduras.
   (b.) no se sirven calientes.

2. La receta 2 se sirve
   (a.) antes de comer.
   b. con la comida.

3. La receta 2
   a. se prepara en el horno.
   (b.) tiene ingredientes que se venden ya preparados.

4. Esta receta es una ensalada.
   a. receta 2
   (b.) receta 1

5. La receta que incluye fruta es
   a. la receta 1.
   (b.) la receta 2.

B. Cuisines of other countries

1. Los mariscos se comen sólo en el norte de España. — Sí (No)

2. Es posible que la zarzuela tenga camarones. — (Sí) No

3. Se recomienda que pidas una comida ligera en las regiones del sur. — (Sí) No

4. La comida española es una mezcla de platos guisados, cocidos y fritos. — (Sí) No

5. El aceite que usan los españoles es de maíz. — Sí (No)

6. Hay más abundancia de frutas en las regiones del norte de España. — Sí (No)

7. Para probar la comida típica de España, es importante que pidas un plato picante. — Sí (No)

8. Se encontrarán más platos preparados a la parrilla en la región central de España. — (Sí) No

9. La gente del sur de España come más sopa que la gente de otra región. — Sí (No)

10. Gonzalo sugiere que la cocina española es más regional que nacional. — (Sí) No

---

CAPÍTULO 13

III. Writing Proficiency (10 points each)

[See page T7 for suggestions on how to evaluate student writing.]

A. _____

_____

_____

B. _____

_____

IV. Cultural Knowledge (10 points each)

A. *Answers will vary. Sometimes the grandmother lives with her son or daughter and their children. In this more traditional type of Latin American home, the grandmother plays an important role in the family. She might take charge of the house or take care of her grandchildren. In many traditional homes, the grandmother takes charge of cooking the main meal of the day. In this case, she would shop for groceries in the morning. She would then spend the rest of the time washing, cutting, and preparing the ingredients for a delicious soup or stew for the entire family.*

B. *Answers will vary. Some Latin American families live in the traditional way. It is common to find a large kitchen in the homes of these families. Because the preparation of the meals usually takes a long time, family members tend to gather there to chat and visit with one another.* _____

V. Speaking Proficiency (10 points each)

[See pages T39–T46 for suggestions on how to administer this portion of the test.]

Paso a paso 2
Nombre
CAPÍTULO 14
Fecha
Hoja para respuestas 2
Banco de ideas

II. Reading Comprehension *(10 points each)*

A. Science project

1. _f_   2. _d_   3. _a_   4. _b_   5. _e_

B. National parks

Folleto 1

1. Según este folleto, ningún animal del parque es peligroso. Sí (No)

2. Recomiendan a los visitantes que en la noche se ponga la comida en el coche. Sí (No)

Folleto 2

3. Hubo un incendio serio recientemente en este parque. Sí No

4. No quieren que los visitantes en el parque hagan deportes acuáticos. (Sí) (No)

5. Hay muchos animales salvajes en este parque. Sí (No)

III. Writing Proficiency *(10 points each)*

[See page T7 for suggestions on how to evaluate student writing.]

A. _____ : _____

_____

_____

_____

B. _____ : _____

_____

_____

Paso a paso 2
Nombre
CAPÍTULO 14
Fecha
Hoja para respuestas 1
Banco de ideas

I. Listening Comprehension *(10 points each)*

A. Camping

a   b   c   d   e   f

1. _d_   2. _a_   3. _f_   4. _c_   5. _e_

B. Camp counselors

1. Los jóvenes van a estudiar el bosque. (Sí) No

2. Es por la mañana. Sí (No)

3. Todos están cerca de una colina. Sí (No)

4. Marco y Blanca recomiendan que no hagan el fuego. Sí (No)

5. Es necesario proteger los fósforos. Sí No

6. Los jóvenes van a estudiar la naturaleza al aire libre. (Sí) No

7. No hay piedras cerca del campamento. (Sí) (No)

8. La exploración va a empezar mañana. Sí (No)

9. Tienen que dormir al aire libre porque no trajeron tiendas de acampar. (Sí) No

10. Es necesario recoger la leña al amanecer. Sí (No)

T138

Paso a paso 2

Nombre

CAPÍTULO 14

Fecha

Hoja para respuestas 3
Banco de ideas

IV. Cultural Knowledge *(10 points each)*

A. *Answers will vary. Tourists in any country should take precautions before drinking the*

water. All fresh water contains germs. People are generally not harmed by the water in

their own country because they're used to drinking it.

B. *Answers will vary. Because all water contains germs, people not used to the water in*

another country might have problems as a result. Before eating vegetables or fruit in

another country, it's wise to take some precautions. The vegetables can be washed in water

that was boiled previously. Fruit should be peeled before eating. Another precaution would

be to consult a doctor before traveling in order to get a prescription for antibiotics.

V. Speaking Proficiency *(10 points each)*

[See pages T39–T46 for suggestions on how to administer this portion of the test.]

Tests
Pupil Answer Sheets

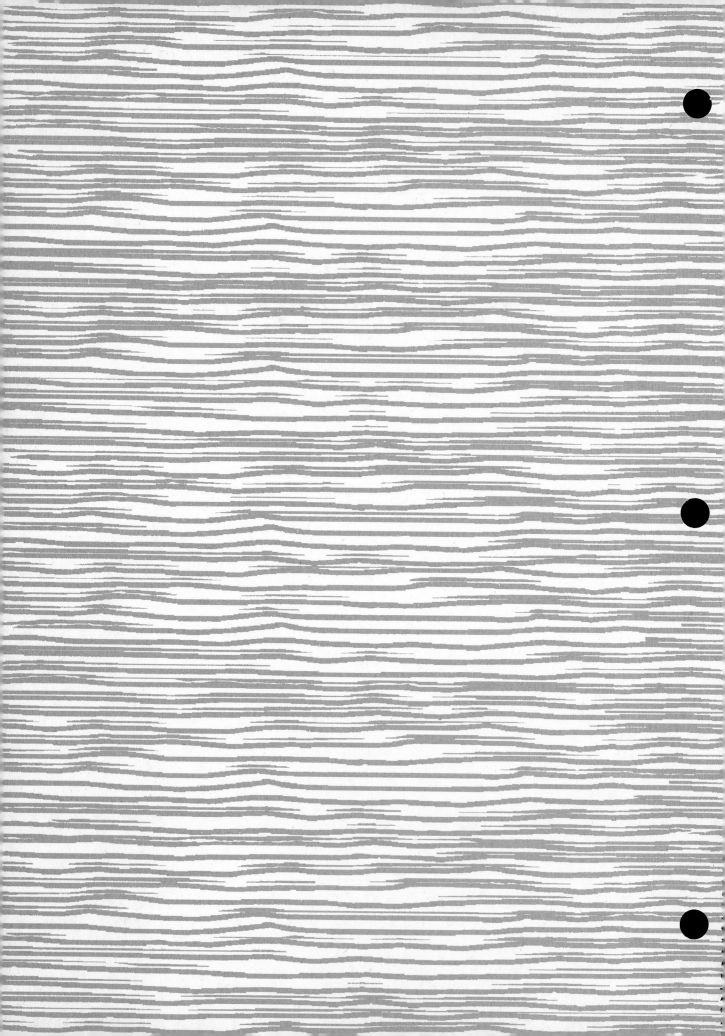

¡BIENVENIDOS, QUERIDOS LECTORES!

Welcome, readers, to another edition of *Pasodoble: Una revista escolar para los jóvenes.* In this issue we would like to find out more about you. Some of our readers from other countries would also like to know more about you.

- ### DATOS PERSONALES *(12 puntos)*

    Who are you? Give us some personal information. Fill in the form on your answer sheet.

- ### ¿QUÉ TE GUSTA HACER? *(6 puntos)*

    What do you enjoy doing after school or on the weekends? How often do you get to do each activity? In the table on your answer sheet, list six activities that you enjoy and indicate how often you do each one.

- ### ¡PARA DIVERTIRTE!

    What do you know about the geography of Spanish-speaking countries? Complete the names of the following cities or countries by adding the missing letters.

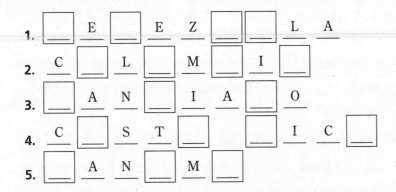

- ### AMIGOS POR CORRESPONDENCIA *(7 puntos)*

    Letters addressed to our "Pen Pal" page continue to arrive from all parts of the Spanish-speaking world! Read the following excerpts from letters we received this month, then circle *Sí* if the statement is correct or *No* if it is not correct.

    1. Me interesan mucho los problemas del medio ambiente. Mis amigos y yo formamos parte de una organización que estudia los animales de los Andes bolivianos, en particular el lobo y el oso. La Paz, la capital, es la ciudad más alta de la Tierra. En julio la temperatura generalmente es de nueve grados.

    Jaime, Calle del Rey 24

PASODOBLE

2. ¿Te gustan los lugares de clima tropical? Donde vivo es ideal para nadar o pasear por la playa a medianoche. Me gustaría mucho pasear contigo por el Viejo San Juan, la sección más antigua de nuestra capital. También puedes explorar El Yunque, nuestra selva tropical.

Lucía, Paseo San Juan 5

3. Si quieres practicar tu español, te invito a mi país. ¿Te gustaría visitar los museos de arte de Madrid o pasear en bote por el lago del Parque del Retiro? Mis amigos y yo siempre nos reunimos en algún café después de las clases. Es mejor visitarnos en junio o en julio porque hace menos calor que en agosto. Escríbeme si quieres tener unas vacaciones divertidas.

Felipe, Avenida Don Carlos V 3578

4. ¿Te gustaría saber más de la arquitectura colonial y las civilizaciones precolombinas? Nuestra capital mexicana es fascinante. No hace frío, pero llueve en junio y julio. Si nos visitas, mis amigos y yo te llevamos al Museo Nacional de Antropología y a las ruinas de Tenochtitlán.

Violeta, Plaza de las Flores 92

• CRUCIGRAMA SOBRE LA TELEVISIÓN *(20 puntos)*

What television programs do our readers enjoy? According to you, here are some of those you like best. Read each clue, then write in the name of the film or program that matches it.

• ESTUDIANTES DE INTERCAMBIO *(10 puntos)*

Many of you have expressed an interest in our column featuring interviews with exchange students. This month we interviewed Susana, a Mexican student who is spending a year in the United States. Read the interview, and then see how well you understand it by selecting the answer which best completes each statement.

—Gracias por la entrevista, Susana. Me gustaría preguntarte por qué estás aquí.

—Estoy aquí porque quisiera aprender sobre la vida artística. Me gustaría hacer películas o videos en mi país algún día. Por eso me encanta ir al cine o al teatro.

—¿Qué piensas de nuestros actores y actrices?

—Algunos son muy buenos, como Ricky Martin, que antes cantaba con el grupo Menudo. Todavía da conciertos, pero también es actor de telenovelas.

—¿Es joven o mayor?

—Nació en 1971 y a los doce años entró a Menudo. Salió del grupo cinco años más tarde y en 1990 decidió ser actor en México. Ahora es muy famoso.

—¿Es mexicano?

—No. Es puertorriqueño.

—¿Por qué te interesa este joven?

—Porque creo que es importante traer a la televisión y al cine de Hollywood la cultura hispana.

- **CONCURSO PARA LA BUENA SALUD** *(9 puntos)*

  Enter our *Pasodoble* EAT WELL CONTEST this month. Write a list of the healthy foods and beverages that you eat and drink for the three main meals of the day. When you mail your list to us, we will enter your name in our next drawing. First prize includes four free dinners for you and your family at *any* restaurants of your choice.

- **PARA MEJORAR TU VOCABULARIO** *(8 puntos)*

  In this month's "Improve Your Spanish Vocabulary" section, we have published a poem submitted by one of our readers. Replace each underlined word with an antonym from the list. (An antonym is a word that has the opposite meaning.)

inteligente	bonito	hablar	tacaño(a)
antipático(a)	aburrido(a)	atrevido(a)	calor

  ### CÓMO SOY YO

  Me gusta trabajar y ayudar,
  pero nunca me gusta <u>callar</u>.
  Soy joven, <u>generosa</u> y genial;
  no me interesa la gente trivial.

  Tengo oído para todo amigo,
  y te protejo del <u>frío</u> con un abrigo.
  Me dan miedo los amigos <u>ignorantes</u>;
  prefiero a los seres <u>interesantes</u>.

  Quisiera vivir una vida <u>prudente</u>
  y correr de la gente impaciente.
  Si necesitas mi ayuda en algo,
  sin pensarlo un favor te hago.

  No es que me crea una gran cosa,
  ni entre todos la más generosa.
  Es que me gustaría ver en la Tierra,
  más gente <u>cariñosa</u> y menos guerras* <u>feas</u>.

  *guerras *(wars)*

- **TALENTOS PARA ESCRIBIR** *(8 puntos)*

  Several of you responded to our contest for those interested in a career writing for television. Read these excerpts from scripts *Pasodoble* received. First, identify the kind of program you think it is, then the kind of business or product described in the commercial that follows.

  1. Pero, Nicolás, tú y yo no podemos ser novios. Nunca va a ser posible. Tú eres de una familia con mucho dinero y yo no. Tú eres de la ciudad y yo soy del campo.

  Y ahora, para el almuerzo, la cena o una merienda, ¡Pizzería Panetti! ¿Has probado la pizza mexicana con salsa picante? ¡Sabrosa, sabrosísima! Pizzería Panetti, teléfono: 555-39-52.

2. La gente es demasiado perezosa con la basura. Debemos reciclar las botellas, las latas y el cartón. ¿Cuál es la peor amenaza para las personas y los animales? ¡La contaminación!

Ustedes también pueden proteger el medio ambiente. Compren nuestro coche, el coche que no necesita gasolina. COCHE PILA es un coche eléctrico que reduce la contaminación del aire. No cuesta mucho y protege el aire que todos necesitamos. Visita nuestra agencia en la calle Granero 57.

3. —¡Ay, Berto, esta casa me da miedo!

—Sí, no veo nada. ¡Ay, Mónica! ¿Qué es eso?

—No sé, pero creo que veo unas piernas allí, al otro lado del sofá.

—¡Mónica, es el hombre que vimos en el banco! Tenemos que llamar a la policía.

MERCADO HERMANOS GUTIÉRREZ para los guisantes, cebollas y judías verdes más frescos de la ciudad. Escogemos lo mejor del campo y en unas horas está en su casa.

4. —Y ahora, señor Jiménez, ¿qué categoría prefiere usted?

—Creo que voy a escoger la categoría de animales.

—Señor Jiménez, ¿qué animal vemos en la cultura de los mayas? ¿El oso, la serpiente o el jaguar?

—¡El jaguar!

—¡Correcto, señor Jiménez!

Señora, usted necesita descansar. Por eso, traiga a su familia a CASA PEPITA para una cena saludable, deliciosa y barata. Servimos rica comida mexicana. Señora, diga adiós a los platos sucios. CASA PEPITA, número 28 del centro comercial.

• PARA DIVERTIRTE: UN DIBUJO PERSONAL

Pasodoble would like to know if you have any artistic talent. On a separate sheet of paper, draw a picture of yourself. Then write some words or expressions next to your drawing to give us more information about your personality.

• PARA HABLAR *(20 puntos)*

Finally, before we end this edition of *Pasodoble* we would like to hear from you personally. We would like you to tell us all about a best friend and why you admire this person. Give us both a physical description of your friend as well as a description of his or her personality.

Paso a paso 2

PASODOBLE

Nombre

Fecha

Hoja para respuestas 1
Prueba Pasodoble

• **DATOS PERSONALES** *(12 puntos)*

Nombre		Lugar de nacimiento	
Edad		Sexo	
Domicilio		Teléfono	
3 clases académicas que estudias este año		3 clases no académicas que tienes este año	

• **¿QUÉ TE GUSTA HACER?** *(6 puntos)*

	Actividades	
Nunca	A veces	A menudo

• **¡PARA DIVERTIRTE!**

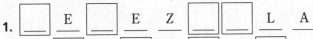

1. ___ E ___ E Z ___ ___ L A
2. C ___ L ___ M ___ I ___
3. ___ A N ___ I A ___ O
4. C ___ S T ___ ___ I C ___
5. ___ A N ___ M ___

PASODOBLE

- **AMIGOS POR CORRESPONDENCIA** *(7 puntos)*

    1. Si quieres visitar España, debes tener correspondencia con Felipe.　　Sí　　No

    2. Hay una selva tropical donde vive Jaime.　　Sí　　No

    3. Lucía lo pasa muy bien viviendo en su ciudad, Santo Domingo.　　Sí　　No

    4. En la capital de Bolivia hace mucho frío en junio y julio.　　Sí　　No

    5. Si te encanta pasear por la noche, es posible hacerlo con tu amiga que vive en Puerto Rico.　　Sí　　No

    6. En la capital de México hay mucha historia.　　Sí　　No

    7. Para aprender más del medio ambiente y los animales, debes escribirle al joven de Bolivia.　　Sí　　No

- **CRUCIGRAMA SOBRE LA TELEVISIÓN** *(20 puntos)*

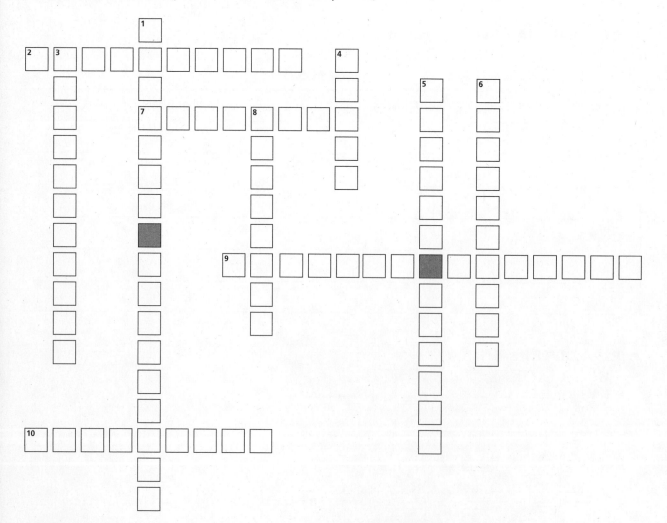

PASODOBLE

Fecha _____

HORIZONTALES

2. un programa sobre problemas románticos

7. un programa de los eventos del día o de la semana

9. una película con seres de otros planetas

10. un programa de música

VERTICALES

1. quieren vender un producto

3. un programa que invita a personas famosas para hablar con ellas

4. una película de caballos y vaqueros

5. un programa de hechos de la vida real

6. un programa sobre criminales y policías

8. un programa con actores cómicos

• ESTUDIANTES DE INTERCAMBIO *(10 puntos)*

1. A Susana le gustaría
  a. ser una actriz como Ricky Martin.
  b. cantar en las películas.
  c. ser directora cinematográfica.

2. Según Susana, a ella no le gusta(n)
  a. las telenovelas.
  b. la ignorancia entre culturas.
  c. mucho los actores de los Estados Unidos.

3. Susana dice que Ricky Martin
  a. canta ahora con el grupo Menudo.
  b. ya no se dedica a la música.

  c. salió de Menudo a los 17 años.

4. Ricky Martin es
  a. de Puerto Rico.
  b. mexicano.
  c. de la República Dominicana.

5. Según Susana,
  a. los artistas no son interesantes.
  b. no hay diferencias entre los artistas.
  c. los artistas son importantes.

• CONCURSO PARA LA BUENA SALUD *(9 puntos)*

Meal _____

1. _____

2. _____

Meal _____

3. _____

4. _____

Meal _____

5. _____

6. _____

PASODOBLE

• PARA MEJORAR TU VOCABULARIO *(8 puntos)*

1. callar _____

2. generosa _____

3. frío _____

4. ignorantes _____

5. interesantes _____

6. prudente _____

7. cariñosa _____

8. feas _____

• TALENTOS PARA ESCRIBIR *(8 puntos)*

Programa de televisión

a. un programa educativo

b. un programa musical

c. un programa de detectives

d. un programa para ganar dinero

e. un programa de entrevistas

f. una película de ciencia ficción

g. una telenovela

h. los dibujos animados

1. ___   **2.** ___   **3.** ___   **4.** ___

Anuncio

a. para ser más atractiva

b. venden verduras

c. estadio

d. farmacia

e. restaurante

f. comida rápida

g. para conservar la energía

h. venden muebles

1. ___   **2.** ___   **3.** ___   **4.** ___

• PARA DIVERTIRTE: UN DIBUJO PERSONAL

• PARA HABLAR *(20 puntos)*

A It's the beginning of a new school year! You and your friends are talking about your new classes. Underline the words that correspond to each picture. *(40 points)*

1. —¿Cuál es la tarea de (historia / álgebra)?

   —Tenemos que hacer el ejercicio de la (problema / página) 10.

2. —¿Cuándo tienes la clase de (alemán / armario)?

   —Después de la clase de (biología / matemáticas).

3. —¿Te gusta la clase de (educación física / química)?

   —Sí, pero la clase de (arte / literatura) es la más interesante.

4. —¿Hay una (bandera / bolsa) en la clase de ciencias?

   —No, pero hay un (alemán / armario) para mis libros.

B Marisa wants to know about Alberto's first day at school. Select the best response to Marisa's questions, then write the letter in the blank space. *(60 points)*

a. Sí. Son las diez y media.

b. La educación física es la menos interesante.

c. Por suerte, no tengo mucha esta noche.

d. Para mí, la química.

e. Sí, el alemán.

f. No. Voy a sacar una buena nota.

_____ **1.** ¿Qué materia es la más interesante para ti?

_____ **2.** ¿Tienes mucha tarea en la clase de inglés?

_____ **3.** ¿Hay un reloj aquí?

_____ **4.** ¿Es difícil tu clase de español?

_____ **5.** ¿Estudias otro idioma?

_____ **6.** ¿Qué materia es la menos interesante?

CAPÍTULO 1   Fecha _____

A You are in the counselor's office because you want to add a class to your schedule. Your counselor has given you a copy of the course catalog to help you make the change. Write the names of the classes pictured in the catalog. *(50 points)*

1. La clase de _____ empieza a las nueve y media.

2. La clase de _____ empieza a las nueve y media.

3. La clase de _____ empieza a las nueve y media.

4. La clase de _____ empieza a las nueve y media.

5. La clase de _____ empieza a las nueve y media.

B Frank has written to Gavino, his pen pal in El Salvador, to tell him about his classes this year. Choose the words or expressions that best complete Frank's letter to Gavino and insert the corresponding letters in the spaces provided. *(50 points)*

a. alguna	**d.** la más	**g.** idioma	**i.** por suerte
b. el más	**e.** el menos	**h.** repasar	**j.** armario
c. la menos	**f.** próximo		

Hola, Gavino:

   ¡Me encantan mis clases este año! Me gusta mucho el español. Para mí, esta clase es ___ interesante de todas. Creo que es un ___ más fácil que el alemán. ___ , la tarea es bastante fácil. Y tengo un amigo en El Salvador que me puede ayudar, ¿no? Este año no tengo clase de matemáticas, pero el ___ año voy a tomar la clase de geometría. ¿Tienes tú ___ clase de matemáticas este año? ¡Escríbeme, Gavino! Quiero saber qué clases tienes este año.

                                        Tu amigo, Frank

A You are working on a project for your geography class but you can't find the materials you need. Write the letter of the picture which best corresponds to each statement. *(50 points)*

a

b

c

d

e

f

___ **1.** No tengo un mapa. ¿Dónde hay uno?

___ **2.** ¿Dónde están los sujetapapeles? Necesito uno para mis hojas de papel.

___ **3.** ¿Hay un sacapuntas aquí?

___ **4.** No veo una grapadora. ¿Tienes una, Samuel?

___ **5.** Necesito un proyector. ¿Hay uno debajo del asiento?

B Aurora wants to ask you some questions because she's a new student in your school. Underline the word or expression that best completes Aurora's questions. *(50 points)*

1. ¿(Conozco / Conoces) al profesor de química? ¿Da tarea fácil o difícil?

2. ¿En la clase de geometría se permite (hacer fila / hacer una pregunta) sobre un

problema difícil?

3. ¿Se prohibe comer en (el escenario / la cafetería)?

4. ¿Tienes (la consejera / la respuesta) para el problema de la tarea de álgebra?

5. ¿Tengo que (hacer fila / explicar) para comprar el almuerzo en la cafetería?

A Your teacher has asked you to help her get the classroom ready for the new school year. Write down the names of the objects that the teacher wants you to place around the room or the location where they will be placed, depending upon the picture. *(50 points)*

_____ **1.** Pon  sobre la mesa.

_____ **2.** Vamos a poner sobre el escritorio.

_____ **3.** La bandera va aquí, en  .

_____ **4.** Separa grandes de los pequeños.

_____ **5.** Trae  y ponlo aquí.

B Rebeca and Anabel are talking in the hallway about their first day at school. On the line provided, write the letter which best corresponds to Anabel's responses to Rebeca's questions. *(50 points)*

Rebeca

____ **1.** ¿Conoces al profesor de francés?

____ **2.** ¿Cómo es la cafetería este año?

____ **3.** ¿Dónde están los consejeros?

____ **4.** ¿Cómo es la profesora de alemán?

____ **5.** ¿Se puede comer en el auditorio?

Anabel

a. No, no se permite. Solamente detrás del escenario.

b. En la oficina que está al lado de la del director.

c. Es muy simpática, pero en su clase no se permite hablar inglés.

d. Tienes que hacer fila para el bufet de ensaladas.

e. No, no lo conozco todavía.

You and your friends want to get together after school today, but none of you knows when the others will finish their classes. Write the correct forms of the verb *salir* in the present tense to complete your conversation. *(100 points)*

1. —Celina, ¿a qué hora _____ tú de la clase de química?

   —Siempre _____ a las tres y cuarto.

2. —¿Cuándo _____ Marcos y Diana?

   —Diana _____ a las tres y cuarto también.

3. —¿Y Marcos? ¿A qué hora _____ él?

   —Creo que _____ a las dos.

4. —Rubén, ¿a qué hora _____ tú y tus amigos?

   —Pues, _____ a las dos y media, pero tenemos que practicar tenis después de las clases.

5. —Yo _____ a las dos y media también. ¿Quieren ir con nosotros más tarde al cine?

   —Lo siento, pero no vamos a poder ir. Joaquín, Agustín y yo _____ muy tarde de practicar tenis.

A While looking through the school yearbook, Mauro and Benita are describing some friends' personality traits. Complete each statement with the expression *tan...como* plus the adjective in parentheses. Be sure that the adjective agrees with the subject. *(60 points)*

1. Efraín no es _____ Blas. (alto)

2. Juana y Ángela no son _____ Clarisa. (serio)

3. Bruno y Conrado son _____ tú. (gracioso)

4. Eloy es tacaño, pero no es _____ Diana. (tacaño)

5. Nosotros no somos _____ Alonso y Arsenio. (perezoso)

6. Benita, tú eres _____ yo. (simpático)

B You and your friends are comparing the students in your literature class. Some of your friends agree with you while others do not. Select one of the expressions from the list to complete your conversation. *(40 points)*

menos deportista que   más callada que   menor que

menos deportistas que   más calladas que   mayor que

1. —Diego habla mucho. Coral nunca habla.

   —Tienes razón. Coral es _____ Diego.

2. —Pablo y Joaquín practican deportes a menudo. Daniel nunca practica.

   —No, no tienes razón. A Joaquín no le gustan los deportes. Él es

   _____ Daniel.

3. —Berta y Andrea nunca hablan. Adrián siempre habla.

   —Sí, tienes razón. Ellas son _____ Adrián.

4. —Omar tiene quince años. Natán tiene dieciséis.

   —Tienes razón. Natán es _____ Omar.

Rafael and his brother David are looking at some photographs they took while on vacation during the summer. Complete their responses by using one of the superlative forms from the list along with the underlined word or words in each question. *(100 points)*

las...mayores...	el peor...	la peor...	el...más...
el...menor...	las...más...	los...más...	la...más...

1. —¿Es un <u>parque</u> <u>grande</u>?

   —Sí, Central Park es _____ de la ciudad de Nueva York.

2. —¿Son esos <u>monumentos</u> <u>bonitos</u>?

   —Sí, son _____ de la ciudad de Pittsburgh.

3. —¿Es un <u>actor</u> <u>guapo</u>?

   —Sí, es _____ de Hollywood.

4. —¿Son esas <u>montañas</u> muy <u>altas</u>?

   —Sí, son _____ de Montana.

5. —¿Es un <u>parque de diversiones</u> <u>malo</u>?

   —Sí, es _____ de California.

6. —¿Tiene siete años <u>tu</u> <u>hermano</u>?

   —Sí, es _____ de la familia.

7. —¿Cuántos años tienen <u>las gemelas</u>? ¿Dieciocho?

   —Sí, son _____ de la familia.

8. —¿Son todas <u>ciudades</u> <u>viejas</u>?

   —Sí, son _____ del país.

9. —¿Están <u>contaminadas</u> estas <u>plantas</u>?

   —Sí, son _____ del medio ambiente.

10. —¿Es esa <u>casa</u> <u>cómoda</u>?

   —Sí, es _____ de todas las casas.

You are talking to some friends during the morning break between classes. Complete your conversation by using a correct form of the direct object pronoun in place of the underlined noun. *(100 points)*

1. —¿Tomaste la <u>prueba</u> esta mañana en la clase de ciencias?

   —Sí, _____ tomé y creo que saqué una buena nota.

2. —¿Son nuevos tus <u>zapatos</u>?

   —Sí, _____ compré en el almacén Sánchez.

3. —¿Y cuándo compraste esos <u>pantalones</u>?

   —Mi madre me _____ compró para mi cumpleaños.

4. —¿Comiste <u>pasteles</u> en la cafetería esta mañana?

   —Sí, _____ comí. Me gusta mucho el desayuno que sirven en la cafetería.

5. —¿Tienes tu <u>calculadora y regla</u> para la clase de geometría?

   —No, no _____ tengo ahora.

6. —¿Tienes mis <u>libros y mi mochila</u>?

   —Sí, _____ tomé en la clase de inglés. Lo siento.

7. —¿Quién tiene mi <u>sacapuntas</u>? No está en mi mochila.

   —Pues, no sé. Yo no _____ tengo.

8. —¿Vas a hacer la <u>tarea</u> de geografía conmigo esta noche?

   —Sí, _____ voy a hacer contigo, pero tú tienes que explicarme la de ciencias.

9. —¿Ves a esas dos <u>rubias</u> guapas que salen de la clase de arte?

   —Sí, _____ veo. Son hermanas de Jacinto. Son gemelas.

10. —Son las diez y media. ¿Viste el <u>reloj</u>?

   —¡No, no _____ vi! Ya tengo que ir a clase. ¡Hasta luego!

Elisa and some friends are in the school cafeteria talking about their first day at school. Complete their conversation by using the corresponding form of the verb in parentheses in the present tense. *(100 points)*

1. —¿Quién es el profesor de francés? Es muy guapo, ¿no?

   —Pues, no lo _____ . (conocer)

2. —¿Qué tienes en la mochila, Elisa? ¡Es tan grande como un elefante!

   —Pues, _____ las cosas que necesito para mis clases. (traer)

3. —¿Y qué _____ tú en el bolso? ¡Es más grande que mi mochila! (tener)

   —Libros, cuadernos, el almuerzo. Muchas cosas.

4. —¿Cómo es la clase de literatura?

   —Me encanta, pero nosotros _____ hacer mucha tarea. (tener que)

5. —¿Qué _____ traer ustedes para la clase de química? (tener que)

   —Una calculadora y un cuaderno.

6. —¿Crees que este año escolar va a ser muy difícil?

   —Creo que no. Nosotros _____ profesores buenos. (tener)

7. —¿Conocen ustedes a ese joven simpático?

   —Nosotras no, pero por suerte Bárbara sí lo _____ . (conocer)

8. —La clase de arte va a dar una fiesta. ¿Quieren ir con nosotros?

   —Sí, y ¿qué _____ nosotras? (traer)

9. —Ustedes pueden _____ unos sandwiches o unos refrescos. (traer)

   —Bueno. ¿Adónde vamos?

10. —No sé. ¿ _____ tú un buen parque con piscina? (conocer)

   —Sí, hay uno cerca de mi casa.

Gramática en contexto / Repaso: Los verbos tener, traer y conocer   **17**

CAPÍTULO 1

Prueba cumulativa

A You and your friends work as teaching assistants in different classes. Complete the following list of responsibilities by writing the name of the class and the item pictured. *(30 points)*

1. En la clase de _____ vamos a poner _____ al lado de la ventana.

2. En la clase de _____ preparamos _____ .

3. En la clase de _____ vamos a poner _____ sobre la mesa.

B Several conversations are going on in the school cafeteria. Complete each statement with a word or expression from the list. *(12 points)*

el consejero	hacer fila	próximo	asiento
sacapuntas	por suerte	materias	el reloj

1. No quiero sacar mala nota en mis clases. Necesito hablar con _____ .

2. No quiero llegar tarde a mi clase. ¿Qué hora es? No veo _____ .

3. El profesor está enfermo hoy y _____ no hay tarea esta noche.

4. No veo mi mochila. Creo que está debajo del _____ en la clase de inglés.

C Susana thinks that Ester exaggerates when she describes her family. Finish Ester's statements by writing *tan...como* with the adjective in parentheses. Be sure to make the adjective agree with the subject. In addition, place the adjective correctly in the statement. *(10 points)*

1. Mi hermano Rogelio es _____ tu hermano. (alto)

2. Mis padres son _____ tus padres. (inteligente)

D Your friend is asking your opinion about various things at school. Complete the conversation by using one of the expressions from the list and, where necessary, the adjective shown in parentheses. Make sure the adjective agrees with the subject. *(12 points)*

el menos	el mejor	el peor	los más	la más
la menos	la mejor	la peor	las más	el más

CAPÍTULO 1

1. —¿Te gusta la personalidad de tu profesor de español?

—¡Claro que sí! Es _____ de la escuela. (simpático)

2. —¿Cómo es la clase de matemáticas?

—¡Genial! Es _____ clase que tengo.

3. —¿Y las muchachas de la clase de español?

—¡Fantásticas! Son _____ de toda la escuela. (guapo)

4. —¿Cómo es el bufet de ensaladas?

—¡Horrible! Es _____ bufet de todas las escuelas de nuestra ciudad.

E Sara, a new student, is asking you questions about the school. Answer her with an expression that means the opposite of the one in her question. *(12 points)*

1. —¿Se permite hablar en inglés en la clase de español?

—¡No! _____ hablar en inglés.

2. —¿Puedes hacer una pregunta en la clase de arte?

—Sí, y a la profesora le gusta _____ las preguntas de los estudiantes.

3. —¿Hay muchos problemas en el laboratorio de química?

—Sí, pero el libro los explica y te da todas _____ .

F Paco is talking about the things his family does on a typical weekend. Complete his statements with the correct form of the verb *salir* in the present tense. *(12 points)*

1. —A las ocho, mis padres _____ de la casa para jugar tenis.

2. —Más tarde mi hermano y yo _____ de la escuela para practicar básquetbol.

3. —A las doce y media yo _____ del gimnasio y voy a la piscina para nadar.

G Chela's mother is very inquisitive today. Complete the answers using the correct form of the same verb used in her question. In addition, substitute the underlined noun with the appropriate direct object pronoun. *(12 points)*

1. —Chela, ¿conoces a la prima de Emilia?

—Sí, mamá, _____ .

2. —Chela, ¿tiene tu hermano el reloj de la cocina?

—Sí, mamá, _____ .

3. —Chela, ¿traes a tus hermanas de la escuela mañana?

—Sí, mamá, _____ después de mis clases.

CAPÍTULO 1

Fecha _____

A *(30 points)*

1. _____

2. _____

3. _____

B *(12 points)*

1. _____   3. _____

2. _____   4. _____

C *(10 points)*

1. _____

2. _____

D *(12 points)*

1. _____   3. _____

2. _____   4. _____

E *(12 points)*

1. _____

2. _____

3. _____

F *(12 points)*

1. _____   3. _____

2. _____

G *(12 points)*

1. _____

2. _____

3. _____

CAPÍTULO 1

I. Listening Comprehension *(20 points)*

A. Some students are talking in the hallway at school. For each statement, write the letter of the picture which best matches what you hear.

B. Esteban is talking to Elena, an exchange student from Peru. Listen to their conversation, then circle *Sí* if you agree with the statement or *No* if you don't agree.

II. Reading Comprehension *(20 points)*

Your pen pal Micaela, who lives in Mexico, has just written to you. Read what she has written and then select the best answer to complete each statement.

Querido(a) _____ :

En tu carta me preguntas sobre mi semana en la escuela. Pues, te digo que mi horario no es tan difícil como los de otros estudiantes. Los lunes y miércoles tengo estas materias: álgebra, historia y biología. Los martes y jueves estudio inglés y química, y los viernes por la mañana tengo clase de literatura. Por la tarde trabajo en la oficina del director. Es el trabajo más fácil de la escuela. Cuando los profesores necesitan algo para su sala de clases, yo les ayudo. Les doy sujetapapeles, grapadoras, sacapuntas, mapas o un proyector. También tengo que contestar el teléfono, pero a veces no sé la respuesta cuando me hacen una pregunta difícil sobre un informe del director o sobre alguna materia que no conozco. Por suerte la consejera trabaja al lado de mi oficina y me explica lo que debo hacer.

Cariñosamente,
tu amiga Micaela

1. El horario de Micaela es
   a. más difícil que el horario de otros estudiantes.
   b. menos difícil que el horario de otros estudiantes.
   c. tan fácil como el horario de otros estudiantes.

2. En una semana Micaela tiene
   a. cuatro materias.   **b.** seis materias.   **c.** cinco materias.

3. En la oficina del director
   a. no se permite contestar el teléfono.
   b. se prohibe darles grapadoras a los profesores.
   c. se permite contestar una pregunta sobre alguna materia.

4. Micaela
   a. tiene que hacer fila en la cafetería.
   b. puede hablar con la consejera cuando tiene una pregunta.
   c. trabaja dos horas en la oficina de lunes a viernes.

5. Micaela no tiene clases de
   a. idioma.   **b.** ciencias.   **c.** computadora.

III. Writing Proficiency *(20 points)*

A. Write a letter to a pen pal in which you describe your school and your schedule. Include the following:

- a description of your school
- the classes you are taking
- some things you have to do in each class
- some materials you need to have and why
- how you compare your school with others

Remember to reread your letter before you hand in the test. Are the words spelled correctly? Check the endings of your verbs. Did you use the correct form of the verbs? Did you use a variety of vocabulary and expressions in your description of your school and classes? Make changes if necessary.

IV. Cultural Knowledge *(20 points)*

Answer in English based on what you learned in the *Perspectiva cultural*.

Can you compare your school with a school in Mexico? How does the school day for a Mexican student differ from your day?

V. Speaking Proficiency *(20 points)*

Your teacher may ask you to speak on one of these topics.

A. It's the first day of school. I have just moved from another city and would like to know more about your school. Tell me about:

- the classes and staff
- some things you can or cannot do in your school
- some things I should do to get good grades

B. You work in the counselor's office. I need some help with my schedule because I am a new student in your school. Describe the different subjects offered. Tell me what I should know about each class. Ask me some questions.

CAPÍTULO 1

Fecha _____

I. Listening Comprehension *(20 points)*

A. *(10 points)*

a

d

b

e

c

f

1. ____

2. ____

3. ____

4. ____

5. ____

B. *(10 points)*

1. Esteban es un estudiante nuevo en la escuela.   Sí   No

2. Elena piensa que la escuela de Esteban es difícil.   Sí   No

3. Elena no quiere preguntar mucho porque no habla bien el inglés.   Sí   No

4. Esteban habla alemán muy bien.   Sí   No

5. Elena no tiene problema en la clase de alemán.   Sí   No

Paso a paso 2

Nombre

CAPÍTULO 1

Fecha

Hoja para respuestas 2
Examen de habilidades

II. Reading Comprehension *(20 points)*

1. ___

2. ___

3. ___

4. ___

5. ___

III. Writing Proficiency *(20 points)*

Hola, _____ :

_____

_____

_____

_____

Saludos,

_____

IV. Cultural Knowledge *(20 points)*

_____

_____

_____

_____

_____

_____

_____

V. Speaking Proficiency *(20 points)*

A You have been invited by good friends to spend the weekend at their family cabin. Since you have never spent the weekend with these friends before, you have some questions. Complete your conversation by underlining the words or expressions that match each picture. *(40 points)*

1. —¿A qué hora (me despierto / te despiertas) tú los fines de semana?

   —A las 10:00 en punto porque pongo el (despertador / despertarse).

2. —¿Cuánto tiempo tiene uno para (ducharse / bañarse)?

   —Pues, diez minutos, y cinco para (secarse / cepillarse los dientes).

3. —¿Dónde puede uno (vestirse / levantarse)?

   —En el baño. Allí también hay un espejo para (acostarse / peinarse).

4. —¿Es necesario (peinarse / acostarse) temprano?

   —No, y tampoco es necesario (lavarse / levantarse) temprano.

B You are talking with a friend before you go to your first period class, which begins at 7:30 in the morning. Choose the correct answer to complete your conversation, then write the appropriate letter in the blank space. *(60 points)*

a. según   **d.** por lo menos   **g.** mismo

b. me despierto   **e.** de mal humor   **h.** sin

c. antes de   **f.** hay que   **i.** sueles

1. —¿ ___ despertarte temprano?

2. —Pues no, y lo hago ___ .

3. —¡No me digas! Yo siempre ___ de buen humor porque me gusta mucho la mañana.

4. —¿Desayunas siempre lo ___ ?

5. —A veces bebo un vaso de jugo y como pan tostado ___ mantequilla.

6. —Pues yo necesito ___ tres tazas de café.

A Berta has noticed that her friend Sara is not her usual self today. Complete their conversation by underlining the expression that best completes each statement or question. *(40 points)*

1. —¿Qué te pasa, Sara, no te sientes bien? Siempre estás (de mal humor / de buen humor),

   pero hoy no.

2. —Es verdad. Es que hoy (hay que / según) estar en la clase de biología a las 7:30.

3. —¿Tienes que estar en la escuela a (la cara / la misma) hora siempre?

4. —No, sólo los viernes debo estar (antes de / después de) llegar el profesor. No le gusta

   empezar la clase tarde.

B The school nurse has come to talk to the students in a third grade class about their daily routine. Write the word or expression that corresponds to each picture. *(60 points)*

1. ¿Cuándo es necesario _____ , clase?

2. ¿A qué hora deben _____ de lunes a viernes?

3. ¿Cuándo es necesario _____ , clase?

4. ¿Tienen ustedes tiempo para _____ por la mañana?

5. ¿Cuándo deben ustedes _____ , clase?

6. ¿Por qué es necesario _____ , clase?

CAPÍTULO 2   Fecha _____   Prueba **2-3**

A Some new students are getting acquainted by asking questions about the extracurricular activities in which they participate at school. Match the pictures with the conversations, then write the letter that corresponds to the picture in the space provided. *(60 points)*

a

b

_____ **1.** —¿Eres miembro del coro?

a

b

_____ **2.** —No, del coro, pero sí del periódico.

a

b

_____ **3.** —¿Practicas artes marciales después de la escuela?

a

b

_____ **4.** —Sí, y también practico la flauta.

a

b

_____ **5.** —¿Tocas el tambor en la orquesta?

a

b

_____ **6.** —No, pero sí toco el contrabajo.

B You are talking to an employment agency because you're interested in a part-time job after school. Underline the word or expression which best completes each statement. *(40 points)*

1. Necesito (repartir / ganar) dinero para comprar un saxofón y una trompeta.

2. Quiero (trabajar en el consejo estudiantil / ser tutor) porque pagan bien.

3. No quiero (trabajar como voluntario / cuidar niños) porque no pagan nada.

4. También soy miembro del club (literario / de teatro) porque escribo muy bien.

CAPÍTULO 2

Fecha _____

Prueba **2-4**

A The yearbook staff in your school has asked the graduating seniors to submit pictures of themselves for a special senior page. Complete the captions for those pictures by writing the corresponding word or expression. *(60 points)*

1. Samuel toca muy bien _____ en la banda.

2. Clarita puede _____ muy bien.

3. Maritza es la mejor poeta de _____ .

4. Me encanta cómo toca Luz _____ .

5. Santiago toca _____ en las fiestas de la escuela.

6. Luisa toca _____ para una banda.

B Patricio is introducing Victoria, a new student from Cuba, to some of his friends. Victoria has expressed an interest in getting involved with school activities, so Patricio and the others are describing some of the activities to her. Circle the letter of the appropriate word or expression to complete their conversation. *(40 points)*

1. —¿Qué actividades extracurriculares son las más populares?

   —Creo que _____ y los deportes son las más populares.
   a. cuidar niños   **b.** el consejo estudiantil

2. —¿Puedo trabajar como tutora de español?

   —¡Claro! Así puedes _____ dinero también.
   a. ganar   **b.** repartir

3. —¿Qué hacen los estudiantes después de las clases?

   —Algunos prefieren _____ las actividades de los clubs de la escuela.
   a. participar en   **b.** cuidar niños en

4. —¿Puedo practicar deportes después de la escuela?

   —¡Pues sí! Hay muchos _____ en nuestra escuela.
   a. equipos   **b.** coros

CAPÍTULO 2   Fecha _____

Julio is changing channels trying to find a more interesting program to watch, but he keeps running into commercials. Complete each of the following commercials by changing the reflexive verb in parentheses to the correct form in the present tense. Don't forget to place the pronoun correctly. *(100 points)*

1. ¿Siempre _____ tarde? ¡Debes comprar el despertador *Puntual!* (levantarse)

2. ¿Con qué _____ ustedes el pelo? Con el champú *Clarita*, ¿verdad? (lavarse)

3. Para usted, señora, porque usted _____ con el mejor jabón, *Suave*. (bañarse)

4. Nosotros _____ los dientes con la pasta dentrífica *Fresquita*, y ¡ustedes también! (cepillarse)

5. Elena y Pilar _____ el pelo después de bañarse con el jabón *Limpio y fresco*. (secarse)

6. Yo siempre _____ escuchando música de la mejor estación, Radio Ritmosuave. (acostarse)

7. Las personas inteligentes siempre _____ con el jabón *Ideal*. (ducharse)

8. ¿ _____ tus hijos o prefieren salir de casa sin peinarse? Tenemos el producto perfecto, *Sólo para jóvenes*, con perfume o sin perfume. (peinarse)

9. Yo siempre _____ de buen humor porque yo desayuno con el cereal *Vitapro*. (despertarse)

10. Amigo, ¿ _____ en casa solo porque nadie te llama por teléfono? Habla con *Querida Chabela* en seguida; ella te puede ayudar con todos tus problemas. (quedarse)

CAPÍTULO 2

A You are trying to concentrate on studying for a test, but you can't do so because of the conversations going on around you. Complete each conversation by using the verb in parentheses in the present tense. *(80 points)*

1. (poder)

—Manolo, ¿no _____ ir con nosotros a ver el equipo de béisbol?

—No, no _____ ir. Claudia y yo tampoco _____ ir con ustedes

al zoológico el sábado. Trabajamos como voluntarios ese día.

2. (pensar)

—¿Qué _____ ustedes de la banda este año?

—Gregorio _____ que son muy buenos, pero yo _____ que no

son tan buenos como la orquesta.

3. (pedir)

—Ustedes siempre _____ lo mismo, hamburguesa o sandwich de jamón.

—Sí, es verdad. Nosotras los _____ porque nos encanta comerlos.

4. (despertarse)

—¿A qué hora _____ tus padres los sábados?

—Mi papá siempre _____ a las 8:00 en punto y mi mamá a las 7:30.

B Emilio is taking an early-morning flight to visit his cousin in New York. His mother doesn't want him to miss the plane so she's asking Emilio some questions. Use the verb in parentheses to complete their conversation. *(20 points)*

1. —Emilio, ¿a qué hora _____ esta noche? (acostarse)

2. —_____ temprano, mamá. Ya sé que debo salir temprano. (acostarse)

3. —¿Cuándo _____ Emilio, antes o después del desayuno? (vestirse)

4. —_____ antes, mamá. (vestirse)

5. —¿A qué hora _____ salir tú y papá? (pensar)

—Temprano, mamá. Debemos salir a las 5:30.

Nombre _____

CAPÍTULO 2   Fecha _____   Prueba **2-7**

Alba is telling a friend what she does during the day. Look at the picture to see what action is missing from each statement. Decide whether the pictured action occurred before or after the action mentioned in the statement. Then, complete each statement by using either *antes de* or *después de* along with the correct form of the verb represented in the picture. *(100 points)*

1. Me despierto _____ .

2. _____ , me visto.

3. Me gusta ver la tele _____ .

4. Me lavo la cara _____ .

5. _____ , me ducho.

6. Como la cena _____ .

7. Me acuesto _____ .

8. Me lavo el pelo _____ .

9. Descanso _____ .

10. _____ , saco la basura.

Gramática en contexto / Antes de y después de + *infinitivo*   **31**

CAPÍTULO 2

Prueba cumulativa

A Each year your school sponsors a Club Day to provide more information for students who are deciding which club to join. Complete the statements the different club members make by writing the word or expression that corresponds to each picture. *(30 points)*

1. Si eres miembro de _____ puedes tocar _____ .

2. También puedes tocar _____ o _____ .

3. En el club literario hacemos _____ y también _____ .

B You're a member of the Friendship Club and today you are telling some new students about the extracurricular activities available to them after school. Choose the correct word or expression from the list and write it in the blank space to complete the conversation. *(18 points)*

trabajar como voluntarios	cuidar niños	participar	repartir	suelen
consejo estudiantil	el periódico	el equipo	ganar	según

—Algunos estudiantes prefieren __1__ en la ciudad. No pagan dinero, pero a los estudiantes les gusta ayudar.

—Si quieres __2__ dinero, puedes __3__ de tres a cinco años para una familia.

—Una actividad popular es ser miembro del __4__ . Es un club importante en la escuela.

—Mi amiga no es miembro de ningún club. Ella prefiere __5__ __6__ todas las mañanas a las 5:30. ¡Pagan bien!

C Mateo wants to do the right things when he stays with his pen pal Nidia in Costa Rica this summer. Complete his telephone conversation with Nico by writing the correct form of the verb that corresponds to each picture. *(24 points)*

MATEO ¿A qué hora __1__ ustedes por la mañana?

NIDIA __2__ a las 7:30.

MATEO ¿ __3__ tú temprano o tarde?

NIDIA __4__ temprano.

MATEO ¿A qué hora __5__ tú por la noche?

NIDIA Generalmente mi hermano y yo __6__ a las 10:00 ó 10:30.

CAPÍTULO 2

D You are writing an article for your school newspaper about the life of an astronaut aboard a spaceship. You have decided to prepare some questions before you conduct the interview. Complete each question by writing the correct form of the expression that corresponds to each picture. *(20 points)*

1. ¿Es difícil _____ en el espacio?

2. ¿ _____ ustedes a menudo?

3. ¿Cómo puede uno _____ ?

4. ¿ Pueden ustedes _____ en el espacio?

E Saruca and Miguel are talking about the order in which they prefer to do certain activities. Write down when each person prefers to do the action in parentheses by using *antes de* or *después de*. Make sure your selection of *antes de* or *después de* is a logical one. *(8 points)*

SARUCA   Prefiero lavarme las manos __1__ . (comer)

MIGUEL   Yo siempre hago mi cama por la mañana __2__ . (levantarse)

SARUCA   Tengo que bañarme __3__ . (vestirse)

MIGUEL   Me gusta leer por la noche __4__ . (dormir)

Nombre _____

Capítulo 2

Fecha _____

A *(30 points)*

1. _____
2. _____
3. _____

B *(18 points)*

1. _____   4. _____
2. _____   5. _____
3. _____   6. _____

C *(24 points)*

1. _____   4. _____
2. _____   5. _____
3. _____   6. _____

D *(20 points)*

1. _____   3. _____
2. _____   4. _____

E *(8 points)*

1. _____   3. _____
2. _____   4. _____

CAPÍTULO 2

I. Listening Comprehension *(20 points)*

Ana Luisa is talking to her cousin on the telephone. Listen as Ana Luisa describes what a typical morning is like for her. Match the pictures with what you hear, then number each picture in the order in which you hear it described.

II. Reading Comprehension *(20 points)*

Federico and Patricia are very involved in extracurricular activities this year at school. Read their conversation, then circle *Sí* if the statement is true or *No* if it's false.

PATRICIA	¿Eres miembro del anuario este año?
FEDERICO	Sí, porque me gusta mucho escribir. También participo en la revista literaria. ¿Y tú, Patricia?
PATRICIA	Participo en la orquesta con mis amigas Marisol y Pilar. Marisol toca el violín este año y Pilar el piano. Yo toco la flauta. ¿Qué haces por la tarde?
FEDERICO	Después de la escuela trabajo como voluntario en el centro. No gano dinero, pero me gusta trabajar como tutor de español. ¿Y tú, Patricia?
PATRICIA	Después de practicar con la orquesta de las 3:00 hasta las 4:30, voy al gimnasio para practicar las artes marciales. ¡Me encanta ese deporte! Creo que a ti te encantaría también.
FEDERICO	Pues, no sé. Yo prefiero practicar con el equipo de béisbol. Es más fácil para mí.

III. Writing Proficiency *(20 points)*

Write a letter to a friend in which you name the extracurricular activities offered at your school. In addition, name some activities one could do after school. Include the following:

- descriptions of each club
- the activities that involve some skill
- when and where the activities take place
- why you like or don't like certain activities

Remember to reread your letter before you hand in the test. Are the words spelled correctly? Check the endings of your verbs. Did you use the correct form of the verbs? Did you use a variety of vocabulary and expressions in your description of the activities? Make changes if necessary.

CAPÍTULO 2

IV. Cultural Knowledge *(20 points)*

Answer in English based on what you learned in the *Perspectiva cultural*.

Can you describe what teenagers in Central America might do after school? Which of these activities are similar to what you and your friends do? Are any of them different?

V. Speaking Proficiency *(20 points)*

Your teacher may ask you to speak on one of the following topics.

A. Imagine that I am an exchange student in your school and that I want to know all about the things you do before and after school. Tell me about:

- your morning routine before you get to school
- the school clubs or activities in which you participate
- some things you do after school
- your evening routine

B. You want me to move to your city and attend your school. Tell me about the activities your school offers. Tell me about any after-school activities I could do. Ask me some questions.

CAPÍTULO 2

I. Listening Comprehension *(20 points)*

 ___

 ___

 ___

 ___

 ___

 ___

 ___

 ___

II. Reading Comprehension *(20 points)*

1. Patricia escribe para el anuario este año.   Sí   No

2. Federico escribe para la revista literaria.   Sí   No

3. Pilar toca la flauta.   Sí   No

4. Federico gana mucho dinero en su trabajo como tutor.   Sí   No

5. Patricia toca la flauta.   Sí   No

6. Marisol es miembro de la orquesta con Patricia.   Sí   No

7. Patricia cuida niños después de la escuela.   Sí   No

8. Patricia practica las artes marciales de las 3:00 a las 4:30.   Sí   No

9. Federico practica las artes marciales después de las 4:30.   Sí   No

10. Federico piensa que el béisbol es más fácil que las artes marciales.   Sí   No

CAPÍTULO 2

III. Writing Proficiency *(20 points)*

Hola, _____ :

_____

_____

_____

_____

_____

_____

Saludos,

_____

IV. Cultural Knowledge *(20 points)*

V. Speaking Proficiency *(20 points)*

A Tina and Paquita have decided to buy some clothes with the money they have earned baby-sitting. Match the pictures with their conversation, then write the number of the corresponding sentence in the space to the left of the picture. *(60 points)*

1. —¿Qué va bien con este chaleco?

2. —Yo creo que los botines, porque son del mismo color, ¿no?

3. —¿Por qué no le compras esa gorra a tu hermano?

4. —Prefiero comprarle algo sencillo como este cinturón.

5. —¿Te gusta el suéter de cuello alto?

6. —Sí, pero me gusta más aquel chaquetón de cuero.

B Pablito's mother wants to buy him some school clothes but he doesn't like the items she chooses. Underline the word or expression which best completes each statement. Use the pictures to help you pick the correct answer. *(40 points)*

1. —Pablito, ¿te gusta esta camisa (a cuadros / a rayas)?

2. —No, mamá. Prefiero la camisa (a cuadros / a rayas).

3. —Pablito, ¿quieres estos pantalones de (algodón / moda)?

4. —No, y tampoco me gustan esos pantalones (sencillos / floreados).

A Rebeca's part-time job in a clothing store involves placing the merchandise where it will look more attractive to the customers. Complete the instructions that Rebeca's manager gives her by writing down the names of the items that correspond to the pictures. *(64 points)*

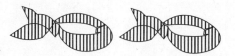 

1. Rebeca, pon _____ al lado de _____ .

2. Rebeca, pon _____ al lado de _____ .

3. Tráeme _____ y _____ .

 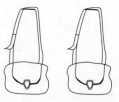

4. Ahora, pon _____ al lado de _____ .

B Antonia is looking through a new catalog to see if she can find something she would like to order. Underline the word or expression that best completes Antonia's statements. *(36 points)*

1. Me encanta esta blusa (floreada / las telas).

2. Necesito unos pantalones (liso / a rayas) como éstos.

3. Estos zapatos (probarse / a cuadros) son muy baratos.

4. Debo comprar esta chaqueta de (sintético / lana).

A Marco is trying on a tuxedo for the senior prom. He especially likes the one he has on now, but he will take it only if the salesperson agrees to make some alterations. Fill in the letter of the picture that best matches each statement in the conversation. *(60 points)*

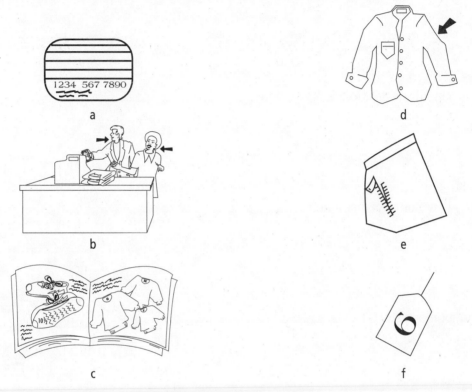

a

d

b

e

c

f

_____ **1.** —Creo que la manga izquierda no me queda bien.

_____ **2.** —¿Qué talla usa usted de pantalones? ¿Cómo le quedan éstos?

_____ **3.** —Me quedan bien, pero necesitan otra cremallera.

_____ **4.** —Este traje es muy elegante, pero si prefiere tenemos otros en el catálogo.

_____ **5.** —No, quiero comprar éste. ¿Se permite pagar con tarjeta de crédito?

_____ **6.** —Claro que sí, la cajera le puede ayudar.

B Marta has just purchased a dress for a special party. Because she's disappointed with her purchase, she has called her best friend to get her advice. Underline the word or expression which best completes her conversaton. *(40 points)*

1. —Marta, ¿(encontraste / colgaste) un vestido para la fiesta?

2. —Sí, pero me queda muy (en efectivo / flojo).

3. —¿Por qué no vamos al almacén para (colgar / encontrar) otro?

4. —Tengo una idea genial. Hay (una liquidación / un tamaño) en el centro comercial.

Allí puedo comprarme otro.

A Nacho's family has decided to have a rummage sale this weekend, so everyone is gathering articles of clothing to sell. Complete their conversation by writing in the blank space the word or expression that corresponds to each picture. *(40 points)*

1. —Vamos a vender esta camisa. Ya no tiene _____ .

2. —Y estos pantalones ya no tienen _____ .

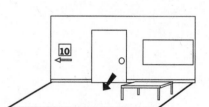

3. —Bueno, ponlos en el _____ .

4. —¡Uf! Hay que vender el _____ . Ya no me gusta.

B You and a friend have decided to spend Saturday morning shopping for some clothes. In the blank space, write the word or expression that best completes your conversation. *(60 points)*

tarjetas de crédito   apretados   en efectivo   liquidación

número y medio   flojo   vendedora   tamaño

1. —¡Qué gangas! No lo sabía, pero esta tienda tiene una _____ .

2. —Me gusta este chaquetón porque no es ni grande ni pequeño. Es de

_____ mediano.

3. —Estos zapatos me quedan muy _____ .

4. —¿Qué número son? Creo que necesitas un _____ .

5. —¿Cómo vas a pagar, con cheque o _____ ?

6. —Tengo que preguntarle a la _____ si aceptan

_____ .

Rocío and her brother Víctor have just returned from a day of shopping. Their mother is curious when she sees several shopping bags full of merchandise. Complete their conversation by writing the correct preterite form of the verb in parentheses in the blank space. *(100 points)*

1. —Rocío, ¿qué _____ hoy? (comprar)

—Pues, yo _____ ropa práctica para la escuela. (encontrar)

2. —¿Qué _____ Víctor? (comprar)

—Víctor _____ mucha ropa deportiva barata. (escoger)

3. —¿_____ toda la ropa de la tienda? (comprar)

—No, mamá. Nosotros _____ una liquidación genial. (encontrar)

4. —¿Y quién _____ mi tarjeta de crédito? (usar)

—Pues, nadie. Yo _____ unos cheques. (escribir)

5. —¿Y cómo _____ Víctor? (pagar)

—Pues, él _____ dinero del banco y _____ en efectivo.

(sacar / pagar)

6. —Y, ¿cuándo _____ ustedes? (comer)

—_____ unos sandwiches de jamón y queso a las doce y media. (comer)

7. —¿A qué hora _____ ustedes de la casa hoy? (salir)

—_____ temprano. (salir)

8. —¿Y a qué hora _____ al centro comercial? (llegar)

—Pues, _____ allí a las nueve y media. (llegar)

9. —¿Y ustedes se _____ la ropa antes de comprarla? (probar)

—¡Claro, mamá! Yo me _____ toda la ropa que _____ .

(probar / comprar)

CAPÍTULO 3   Fecha _____   Prueba **3-6**

You and some friends are talking in the school cafeteria about different activities. Complete the conversations by writing the correct preterite form of the verb in parentheses in the blank space. *(100 points)*

1. —Lucho, ¡qué bonito chaquetón! ¿Cuánto _____ ? (pagar)

2. —No _____ mucho, gracias a una liquidación en mi tienda favorita. (pagar)

3. —Margarita, ¿cuándo _____ a tu primera clase esta mañana? (llegar)

4. —Pues, _____ tarde. (llegar)

5. —Yo te _____ por todas partes. (buscar)

6. —_____ un libro al profesor de ciencias. (devolver)

7. —Julio, ¿ _____ el contrabajo o el saxofón en el concierto de ayer? (tocar)

8. —_____ los dos. (tocar)

9. —Diana, ¿cómo te sientes? ¿Te _____ jugando con el equipo de vóleibol?

   (lastimar)

10. —Sí, por eso _____ mal, pero ya me siento bien. ¡Somos el número uno

    en vóleibol! (jugar)

Consuelo and Rosa are shopping in a department store. They're having trouble deciding what to buy because they see so many things they like. Select the appropriate demonstrative adjective from the list, then write it in the blank space. Be sure to think about the location of each item the girls are talking about. *(100 points)*

aquellas	aquella	esta	esos	estas	esas
aquellos	aquel	ese	esa	este	estos

CONSUELO Rosa, me encanta _____ pañuelo.

ROSA Sí, pero yo prefiero _____ pañuelos que están al lado de la cajera.

CONSUELO ¿Te gusta cómo me queda _____ chaleco?

ROSA ¿_____ chaleco que llevas? Te queda muy bien, Consuelo.

CONSUELO Rosa, me gustaría probarme _____ mocasines que tienes en la mano.

ROSA _____ mocasines no me quedan muy bien. Aquí los tienes.

CONSUELO Rosa, ¿viste _____ corbatas allí al lado del vendedor? ¡Están muy de moda!

ROSA Me gusta mucho _____ falda que tengo en la mano, pero no me gusta la cremallera.

CONSUELO Yo vi otras como _____ falda, pero sin cremallera.

ROSA Consuelo, creo que voy a comprar _____ blusas que están sobre la mesa redonda. ¡Me encantan las blusas de algodón!

Gramática en contexto / Adjetivos demostrativos   **45**

CAPÍTULO 3   Fecha

Eduardo and Raúl are looking for some videos to rent but they can't make up their mind about which ones to choose. Complete their conversation by choosing the appropriate demonstrative pronoun from the list and writing it on the line. Be sure to think about the relative position of the different videos or films the boys refer to in their statements. *(100 points)*

| aquéllas | aquélla | ésta | ése | ésos | ésas |
| aquéllos | aquél | ésa | éste | éstas | éstos |

EDUARDO   Raúl, ¿te gustan los videos de ciencia ficción como _____ que están

aquí?

RAÚL   No, prefiero _____ que tiene la cajera. Son videos de unas películas

de terror.

EDUARDO   ¿Y _____ que tienes en la mano? ¿De qué son?

RAÚL   Son videos de comedias, pero prefiero ver _____ que tú tienes.

Me encantan los videos de dibujos animados.

EDUARDO   Raúl, ¿qué piensas de _____ , allí al lado de la puerta? Creo que son

películas de aventuras.

RAÚL   Sí, pero no son tan divertidas como _____ que tengo yo. Son películas

románticas de hace muchos años.

EDUARDO   Me gustaría llevar _____ otras que tienes. ¿Son unas películas del

oeste?

RAÚL   Ya las vimos la semana pasada. El video que tiene la cajera allí es uno que no

vimos. Quisiera ver _____ .

EDUARDO   Perdón, señorita, ¿podemos llevar ese video que tiene? Sí, _____

que tiene en la mano.

SEÑORITA   ¿ _____ , el video en blanco y negro? Pues sí. Aquí lo tienen.

A Dolores and Eva are talking about their friends while watching a basketball game. Complete their conversation by using *tan...como* plus the adjective in parentheses. Be sure the adjective agrees with the subject. *(50 points)*

1. —Verónica es _____ María Eugenia. (bajo)

2. —Sí, pero María Eugenia no es _____ Verónica. (gracioso)

3. —Virginia es _____ Samuel. (serio)

4. —Sí, y ellos no son _____ Reina en el equipo de básquetbol. (bueno)

5. —Es verdad, pero nadie es _____ tú. (deportista)

B You have gone to the shopping mall with some friends. Complete your conversation by using the correct form of *tanto...como*. In addition, include the word or expression that corresponds to each picture. Be sure to make *tanto* agree with the noun each time. *(50 points)*

1. Ramón compró _____ Eugenia.

2. Lucho comió _____ Carmen.

3. La chaqueta de Laura tiene _____ la de Carmen.

4. Felipe tiene _____ Miguel.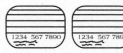

5. Emilia compró _____ Marisol.

CAPÍTULO 3

A Clarisa keeps an account of the merchandise she has sold during the day in the ladies department where she works. Write the name or description of the article that corresponds to each picture.
(32 points)

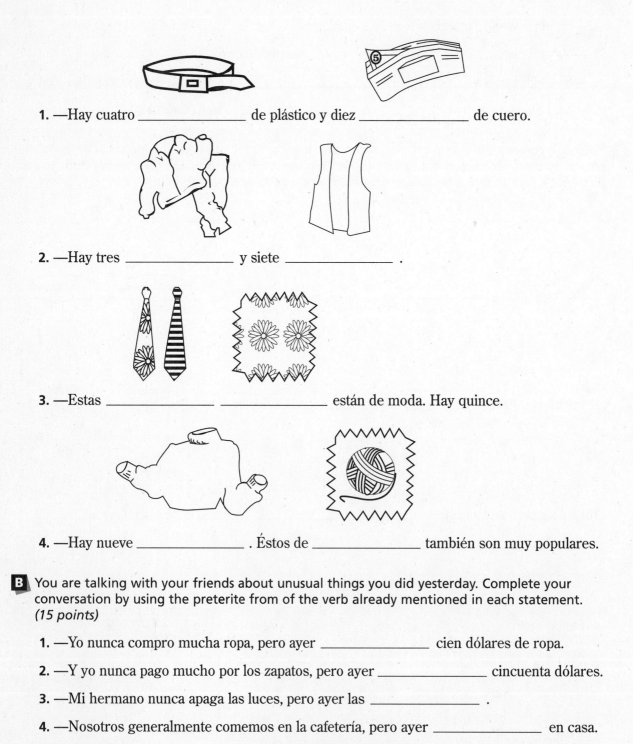

1. —Hay cuatro _____ de plástico y diez _____ de cuero.

2. —Hay tres _____ y siete _____ .

3. —Estas _____ _____ están de moda. Hay quince.

4. —Hay nueve _____ . Éstos de _____ también son muy populares.

B You are talking with your friends about unusual things you did yesterday. Complete your conversation by using the preterite from of the verb already mentioned in each statement.
(15 points)

1. —Yo nunca compro mucha ropa, pero ayer _____ cien dólares de ropa.

2. —Y yo nunca pago mucho por los zapatos, pero ayer _____ cincuenta dólares.

3. —Mi hermano nunca apaga las luces, pero ayer las _____ .

4. —Nosotros generalmente comemos en la cafetería, pero ayer _____ en casa.

5. —Pepe, tú siempre sales temprano de la escuela, pero ayer _____ tarde.

CAPÍTULO 3

C Agustín works in a men's store on the weekends. Now he is waiting on a customer. Complete their conversation by choosing the correct word from the word bank and writing it in the blank space. *(20 points)*

tarjeta de crédito	talla	botones	mediano	mangas	tamaño
cremalleras	flojo	chaquetón	bolsillos	número	apretado

—Busco un __1__ y quisiera __2__ bastante largas.

—¿Y qué __3__ prefiere usted? ¿Pequeño, grande o __4__ ?

—Grande, por favor. También me gustaría uno con tres o cuatro __5__ .

Y no me gustan los __6__ . Prefiero las __7__ .

—¿Cómo le queda, señor? __8__ o __9__ ?

—Me queda muy bien. Lo compro. ¿Lo puedo pagar con __10__ ?

D You are baby-sitting three-year-old Inesita, who does not like anything you serve her today for lunch. Complete your conversation by using the correct form of *tanto...como* plus the word or expression in parentheses. *(15 points)*

1. —No quiero _____ mi hermano. (guisantes)

2. —Tampoco quiero beber _____ mi hermana. (leche)

3. —No quiero _____ tú. (pan)

4. —Tampoco quiero comer _____ mi hermano. (naranjas)

5. —Tampoco quiero _____ ustedes. (sopa)

E Julio's mother is about to do the family's laundry. Because she doesn't remember seeing some of the articles of clothing before, she asks Julio some questions. Complete their conversation by adding the appropriate demonstrative adjective or demonstrative pronoun. Write only one word per space. Don't forget to think about the relative position of the items mentioned in the conversation. Make sure the pronoun agrees with the noun it refers to in each answer. *(18 points)*

1. —Julio, ¿de quién es _____ camisa azul que está aquí en el suelo?

2. —¿_____ ? No sé, mamá. No es mi camisa.

3. —Y, ¿de quién son _____ pantalones oscuros que tienes en la mano?

4. —_____ son de Felipe.

5. —Julio, ¿de quién son _____ calcetines sucios que están en la sala?

6. —Creo que _____ son de papá.

CAPÍTULO 3

Fecha _____

A *(32 points)*

1. _____
2. _____
3. _____
4. _____

B *(15 points)*

1. _____
2. _____
3. _____

4. _____
5. _____

C *(20 points)*

1. _____
2. _____
3. _____
4. _____
5. _____

6. _____
7. _____
8. _____
9. _____
10. _____

D *(15 points)*

1. _____
2. _____
3. _____

4. _____
5. _____

E *(18 points)*

1. _____
2. _____
3. _____

4. _____
5. _____
6. _____

CAPÍTULO 3

I. Listening Comprehension *(20 points)*

A. You're at a party given by the International Club, but you know very few people there. A friend helps you identify some of the members by naming them and describing what they are wearing. Listen to the descriptions, then match each picture with a name. Write the number of the picture next to the person's name.

B. Olga and Elizabet are in a women's store trying on clothes. Listen to their conversation, then choose the best answer to each question.

II. Reading Comprehension *(20 points)*

Some friends have gone to shop at a discount store because they heard that they could find some real bargains. Read what the friends say about their purchases, then match their statements with the pictures.

1. Lo que no comprendo es que compré una camisa a cuadros pero cuando llegué a casa encontré una blusa de flores rosadas y verdes. ¡Ahora tengo que devolverla!

2. Primero escogí una de color claro. Después vi una que me gustó más. Creo que le voy a dar esta cartera a mi hermano por su cumpleaños.

3. Ya sé que me queda bastante flojo de las mangas, pero necesito algo sencillo para practicar deportes. No creo que un chandal a rayas está muy de moda, pero no me costó mucho.

4. Pues, no me lo probé en la tienda. La talla dice treinta y ocho, y ahora que me lo pongo veo que me queda apretado. No puedo usar este chaquetón. ¡Qué lástima!

5. ¿De qué material son? Creo que son de cuero. Pues no. Aquí dice que son sintéticos. ¡No me digas! Yo pagué mucho dinero por estos zapatos de tacón alto y ¡son de plástico!

III. Writing Proficiency *(20 points)*

Write a letter telling a friend about the various articles of clothing you have just purchased. Include the following:

- the name and a description of each article of clothing
- how the clothes fit you
- how you paid for them
- why you like or don't like your purchases

Remember to reread your letter before you hand in the test. Are the words spelled correctly? Check the endings of your verbs. Did you use the correct form of the verbs in the preterite tense? Did you use a variety of vocabulary and expressions in your description of the clothes? Make changes if necessary.

IV. Cultural Knowledge *(20 points)*

Answer in English based on what you learned in the *Perspectiva cultural*.

If you were to visit various Latin American countries, what would you need to know about the monetary system of each one before you could make any purchases? What can you find out about a country by the name of its coins or paper money? Give two examples from a Spanish-speaking country.

V. Speaking Proficiency *(20 points)*

Your teacher may ask you to speak on one of the following topics.

A. Imagine that I am a salesperson in a department store and you are the customer. You want to purchase some articles of clothing. Ask me some questions and tell me:

- what you are looking for

- your size

- your preferences for color, style, and specific details about each article

- how you plan to pay

B. You are a salesperson and are trying to get me to buy some articles of clothing. Try to convince me to make a purchase. Ask me some questions.

Paso a paso 2

Nombre _____

CAPÍTULO 3

Fecha _____

Hoja para respuestas 1
Examen de habilidades

I. Listening Comprehension *(20 points)*

A. *(10 points)*

1

3

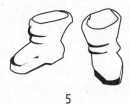

5

2

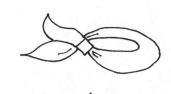

4

6

___ Alicia

___ Carmen

___ Santiago

___ Profesor Laredo

___ Luis

B. *(10 points)*

1. ¿Qué busca Olga?
  a. un chandal para la fiesta
  b. a una vendedora para ayudarla
  c. algo elegante para el sábado

2. ¿Cuál de los chalecos no le queda bien?
  a. el primero que se pone
  b. el chaleco floreado
  c. el chaleco de lana

3. ¿Qué chaleco escogió Olga?
  a. el chaleco a cuadros
  b. el chaleco a rayas
  c. el chaleco floreado

4. ¿Qué problema tiene Olga?
  a. No tiene dinero en efectivo.
  b. Necesita diez dólares más.
  c. Necesita treinta dólares más.

5. ¿Qué hizo Elizabet?
  a. Buscó chalecos grandes para Olga.
  b. Colgó la ropa para ayudar a su amiga.
  c. Guardó los treinta dólares en el banco.

Paso a paso 2

Nombre _____

CAPÍTULO 3

Fecha _____

Hoja para respuestas 2
Examen de habilidades

II. Reading Comprehension *(20 points)*

III. Writing Proficiency *(20 points)*

Hola, _____ :

_____

_____

_____

_____

_____

Saludos,

_____

IV. Cultural Knowledge *(20 points)*

_____

_____

_____

_____

_____

_____

V. Speaking Proficiency *(20 points)*

A Your friends are interested in a variety of sports. Write the letter corresponding to the picture which best completes each statement. *(60 points)*

a

c

e

b

d

f

1. ¿Me prestas tu bate y ___ de béisbol?

2. Tengo una ___ nueva. ¿Jugamos tenis mañana?

3. Necesitas un ___ si quieres montar en bicicleta.

4. Hoy nieva en las montañas y tengo unos ___ nuevos. ¿Quieres ir conmigo?

5. ¿Tienes un ___ ? Me gustaría jugar fútbol.

6. Vamos a patinar sobre hielo el sábado. ¿Tienes ___ ?

B Agustín and his friends spend most of their free time talking about sports. Write the letter corresponding to the word or expression which best completes each statement. *(40 points)*

a. la liga   **c.** meter un gol   **e.** tuve que

b. pedir prestado   **d.** los campeones   **f.** empatar

1. No fui a ninguna parte porque ___ ayudar en casa.

2. No tenemos bate. Hay que ___ uno al entrenador.

3. Mi equipo favorito no puede ___. ¡Sólo sabe perder!

4. Siempre lo mismo. ¡Dos a dos o tres a tres! Esos equipos sólo saben ___ .

A Rafael helps out in the gym locker room by distributing and collecting the equipment for different sports. Write the word or expression that corresponds to each picture on the blank space. *(60 points)*

1. Necesito _____ , por favor.

2. ¿Nos puedes dar _____ ?

3. Aquí tienes _____ . Ya no lo necesito. Gracias.

4. Carmela y yo necesitamos _____ , por favor.

5. ¿Tienes otro _____ , por favor? No me gusta éste.

6. ¿Cuántos _____ de hockey hay?

B Nicolás and Gregorio have rented a sports video. Complete the conversation the boys have while they watch their video. Underline the appropriate word or expression. *(40 points)*

1. —¡Los Jaguares son los mejores (jugadores / entrenadores) de la liga!

2. —Creo que van a ganar (la entrenadora / el campeonato) este año.

3. —¡Mira, Nicolás! Romero va a (pedir prestado / meter un gol).

4. —¡No lo puedo creer! ¡Mi equipo favorito va a (prestar / empatar)!

A You are discussing with your friends what you did this past weekend. Complete the conversation you had during lunch by selecting the letter that corresponds to the appropriate picture. *(60 points)*

a

c

e

g

b

d

f

h

___ **1.** —Andrés, ¿fuiste a la exposición de arte?

___ **2.** —No, pero fui a la fiesta de disfraces.

___ **3.** —¿Cómo estuvo el concierto de *Los Roqueros*?

___ **4.** —No fui. Luis y yo fuimos al campeonato de ajedrez. ¿Qué hiciste tú?

___ **5.** —No fui a ninguna parte. Manuel y yo jugamos a las damas en casa.

___ **6.** —Pues, Sofía y yo fuimos al desfile.

B You are talking with the new exchange student from Ecuador about your favorite pastimes. Choose the word or expression which best completes your conversation. *(40 points)*

1. —Me encantan (los picnics / los discos compactos) en el campo.

2. —¿Cómo prefieres (divertirte / aburrirte)? ¿Jugando (ajedrez / desfile) o damas?

3. —Pues, yo siempre (soporto / lo paso bien) en un partido de fútbol. ¡Me encanta el fútbol!

4. —A mí (saber / me aburren) los deportes.

A You want to know what your friends did this past weekend, so you call them on the phone to find out. Complete the statements by writing in the missing word or expression that corresponds to each picture. *(80 points)*

1. Fuimos a un concierto de _____ .

2. María fue a un concierto de _____ conmigo.

3. Mi novia y yo compramos entradas para _____ .

4. Raúl y yo hicimos _____ en español.

5. Yo escuché el _____ de mi grupo favorito.

B Berta and Gabriela are trying to decide what to do this Saturday. Circle the letter of the word or expression which best completes each sentence. *(20 points)*

1. —¿Te gustaría ir a un partido de hockey? Vas a _____ porque es un partido entre los dosmejores equipos.
   a. aburrirte   **b.** pasarlo bien

2. —Pues, no me gustó el _____ partido que vimos. ¿Quieres ir a un partido de tenis?
   a. bastante   **b.** último

3. —No, prefiero algo más _____ .
   a. alegre   **b.** aburrido

4. —Podemos ver una obra cómica de teatro. ¡Nunca _____ qué hacer los sábados!
   a. sabemos   **b.** soportamos

5. —¿Por qué no vamos al cine? Dice Juan que la película de aventuras _____ muy buena.
   a. estoy   **b.** estuvo

CAPÍTULO 4

Fecha _____

Rocío and Sara are looking through *Astromundo,* a magazine which features famous people.
Complete each sentence by writing the correct form of the verb *ser* in the preterite tense.
(100 points)

ROCÍO ¿Sabes que hace muchos años Julio Iglesias _____ jugador de fútbol?

Ahora es cantante.

SARA No lo sabía. ¿Cuántos años hace que _____ jugador de fútbol?

ROCÍO Pues, no sé exactamente.

SARA Mira la foto de este actor guapo. Aquí dice que _____ estudiante

de medicina.

ROCÍO Y éstos son los miembros del grupo de rock *Voces.* ¿No _____

ellos los que vimos en concierto?

SARA Sí, ellos mismos _____ . Rocío, tú _____ miembro del coro el

año pasado, ¿no?

ROCÍO Sí, yo _____ miembro del coro y de la banda también, ¿por qué me

lo preguntas?

SARA Bueno, como te gusta mucho la música, creo que en el futuro puedes llegar

a ser una cantante famosa y… no quiero que te olvides de nosotros, los que

_____ tus amigos.

ROCÍO ¡Qué tonta! ¡Claro que no! Tú _____ , eres y siempre vas a ser

mi mejor amiga.

SARA Sí, es verdad. Ese comentario _____ un poco tonto.

Gramática en contexto / El pretérito del verbo ser   **59**

Gloria and her friends are disappointed because they weren't able to accomplish many things this past week. Complete the conversations below with the correct preterite form of the verb in parentheses. *(100 points)*

1. —Me gusta ver los programas que hay en la tele los viernes, pero el viernes pasado no

   _____ ver nada. (poder)

   —Pues, mi novio Manolo y yo no _____ tiempo de ir a ninguna parte el fin

   de semana pasado. (tener)

   —¡Qué lástima! Yo tampoco _____ nada interesante. (hacer)

2. —Generalmente, Juan Carlos y yo levantamos pesas los lunes, pero el lunes pasado no

   _____ ir al gimnasio. (poder)

   —Y, ¿qué _____ ese lunes? (hacer)

   —Nada, porque _____ que estudiar. (tener)

3. —Gloria, tú siempre haces trajes cómicos para las fiestas de disfraces, pero no

   _____uno para la última fiesta. (hacer)

   —Sí, es verdad. Es que nadie _____ mucho tiempo esta semana. (tener)

4. —Casi todos los domingos veo el partido de fútbol con mis amigos, pero el domingo pasado

   ellos no _____ ir. (poder)

   —¿Qué _____tú? (hacer)

   —Pues, vi el partido en la televisión.

You work part-time at the community center coaching young children in different sports. Some of the children have had little experience playing. Complete your conversations by adding the correct form of the verb *saber* in the present tense. *(100 points)*

1. —Carlos, ¿no _____ que debes usar el guante para jugar béisbol?

   —Pues, lo único que yo _____ es que hay que jugar con un bate.

2. —Reina, ¿puedes ayudar a Timo? Él no _____ levantar pesas.

   —Sí, y también puedo ayudar a Soledad y a Virginia porque ellas no _____

   tampoco.

3. —Juancho, ¿ustedes _____ jugar hockey?

   —Creo que _____ . Hay que meter un gol con el disco de hockey, ¿verdad?

4. —Pedro, tú y tus amigos no _____ divertirse. Son demasiado serios.

   —Pues, _____ divertirnos cuando estamos ganando. ¡Hoy estamos perdiendo!

5. —¿Me pueden ayudar con estos patines? Creo que no _____ patinar muy bien.

   —Pues, si tú no _____ patinar, no debes hacerlo solo.

CAPÍTULO 4   Fecha _____

Felipe is living with a family in Mexico for the school year. While watching a sports program on television, he asks the family some questions. Use the appropriate form of either the verb *saber* or *conocer* in the present tense to complete the sentences. *(100 points)*

1. —Mario, ¿ _____ jugar bien fútbol?

   —Bueno, _____ jugar, pero no muy bien.

2. —¿ _____ ustedes al jugador con el balón?

   —Mi papá lo _____ , pero yo no lo _____ .

3. —Mis hermanos y yo _____ jugar fútbol americano, pero no muy bien.

   —Yo no _____ jugar fútbol americano, pero mi primo sí _____.

4. —Señor Díaz, ¿ _____ usted al entrenador?

   —No, yo no lo _____ .

5. —Yo no _____ cuántos goles metieron los jugadores. ¿Lo _____ ustedes?

   —Lo único que _____ es que nuestro equipo está perdiendo.

6. —Muchos estudiantes de mi escuela _____ jugar básquetbol muy bien, pero yo no _____ .

7. —Yo no _____ a ningún deportista famoso en los Estados Unidos.

   —Bueno, si tú no _____ a nadie, yo tampoco.

   —Mi amigo Tomi _____ a un campeón de tenis que vive cerca de su casa.

8. —Vamos al partido el sábado. ¿Quieres ir, Felipe? Mi familia _____ a alguien que nos puede comprar unas entradas muy baratas.

   —Sí, quiero ir. ¿Estás seguro de que ustedes _____ a alguien que puede comprarnos entradas baratas?

Several of Marta's friends don't seem to be too happy that it's Monday morning. Answer Marta's questions by choosing the correct reflexive verb from the list. Then write the appropriate form of the verb in the preterite tense. *(100 points)*

lastimarse	aburrirse	peinarse	secarse	vestirse	ducharse
levantarse	cepillarse	divertirse	sentirse	acostarse	probarse

1. —¿Qué tiene Josefina? Está muy cansada.

   —_____ muy temprano. Tiene un examen esta mañana en la clase de historia.

2. —Humberto y su hermano no están muy alegres. ¿Qué les pasa?

   —Ellos _____ con la ropa de su hermano mayor. ¡Y ya sabes que ese hermano

   lleva talla grande y ellos llevan talla pequeña!

3. —¿Por qué está Jesús de mal humor?

   —Esta mañana _____ los dientes con el champú y no con la pasta dentrífica.

4. —¿Por qué ustedes no se sienten bien?

   —Fuimos a las montañas para esquiar y _____ la pierna y el brazo.

5. —Toño, no tienes una cara muy alegre. ¿Qué te pasa?

   —¡Pues, claro! Esta mañana _____ con agua fría porque el entrenador dice que

   es bueno para la salud.

6. —Ricardo, ¿no fuiste a la fiesta el sábado?

   —Sí, yo fui, pero ¡qué desastre! No _____ en toda la noche.

7. —Ana y Clara, ¿no lo pasaron bien con sus primos este fin de semana?

   —¡No! _____ mucho porque ellos hablaron de cosas tontas todo el fin

   de semana.

8. —Elizabet, ¿no te sientes bien?

   —¡No! Tuve que salir de mi casa muy temprano esta mañana y no _____ el pelo.

9. —Luis Miguel, tienes mucho sueño, ¿verdad? ¿No _____ temprano anoche?

10. —No. Anoche comí un postre muy sabroso que preparó mi hermana y no _____

    bien después.

Capítulo 4

A The coach has asked you to help organize the equipment in the gym. Write the name of the piece of equipment or the sport to complete the conversations. *(20 points)*

1. ¿Tienes _____ para el juego de hoy?

2. ¿Quiénes son los estudiantes que van a _____ ?

3. ¿Dónde están _____ para el juego del sábado?

4. Aquí están _____ para los estudiantes

que van a _____ .

B You are watching an exciting soccer game on television with some friends. Select a word or expression from the list to complete each sentence. Don't use any of the words or expressions more than once. *(12 points)*

meter un gol	entrenador	empatar	perder
campeón	jugadores	la liga	ganar

1. —Los Tigres son muy buenos. Creo que ellos van a _____ hoy.

2. —¡De ninguna manera! Los Tigres van a _____ . ¡Es el peor equipo

de _____ !

3. —¡Mira! Juancho va a _____ para los Leones. Ahora van a _____

uno a uno.

4. —¡Qué bueno es Juancho! Para mí, él es el _____ del año.

C Inés is talking on the telephone to Lola, who will spend a month with Inés and her family during the summer. Complete their telephone conversation by writing the missing word or expression that corresponds to each picture. *(16 points)*

1. —Lola, ¿te gusta jugar a las _____ ?

2. —Sí, y también me encanta hacer los _____ .

CAPÍTULO 4

3. —¿Te gustaría ir al parque con mi familia para _____ ?

4. —Claro. También me gustaría ver _____ .

D Maite and Antonio can't decide which art exhibit to attend. Select the word or expression missing from their statements. *(12 points)*

tener tiempo de	te aburres	estuvo	sabes	alegre
me aburro	exposición	última	soportar	último

1. —Antonio, ¿quieres ver la _____ de arte de Rodolfo este fin de semana?

2. —¡Rodolfo! Tú ya _____ que no me gusta mucho el arte moderno de Rodolfo

y no puedo _____ sus cuadros de horror y desastre.

3. —Pues, podemos ir al museo de arte mexicano. La _____ vez fuimos a ver los

cuadros de Diego Rivera. _____ muy bien, ¿verdad?

4. —Sí, nunca _____ de ver el arte latinoamericano.

E You are talking with your friends about the things you did over the weekend while you eat lunch. Choose the appropriate infinitive from the list, then write the correct form of the verb in the preterite tense to complete each sentence. *(40 points)*

divertirse	hacer	levantarse	poder
ser	tener	vestirse	aburrirse

1. —¿Qué _____ ustedes este fin de semana?

2. —Nos _____ temprano porque _____ que ir al parque a jugar fútbol.

¿Y tú qué _____ ?

3. —Yo me _____ muy elegante para ir con mi novia a una fiesta de cumpleaños.

4. —¿De quién _____ el cumpleaños?

5. —Bueno, _____ tres cumpleaños juntos en una sola fiesta.

6. —¿Y se _____ mucho?

7. —Sí, la fiesta _____ tan divertida que no _____ aburrirnos

ni un momento.

Nombre _____

Fecha _____

A *(20 points)*

1. _____   3. _____

2. _____   4. _____

B *(12 points)*

1. _____   3. _____

2. _____   4. _____

C *(16 points)*

1. _____   3. _____

2. _____   4. _____

D *(12 points)*

1. _____   3. _____

2. _____   4. _____

E *(40 points)*

1. _____   5. _____

2. _____   6. _____

3. _____   7. _____

4. _____

CAPÍTULO 4

I. Listening Comprehension (20 points)

A. You're listening to the radio sports announcer as he reports some of the highlights of games or sporting events that took place this week. Listen to the announcer's comments, then select the picture which best matches what you hear.

B. Some friends want to get together because they're bored. Listen to the two telephone conversations, then circle *Sí* if the statement is correct or *No* if it is not correct.

II. Reading Comprehension (20 points)

Read what a monthly teen magazine has to say about some famous people, then circle *Sí* if the statement is correct or *No* if it is not correct.

2
Hace unas semanas hicieron el video musical de "Locamente fascinados" y todavía su público se divierte con estos jóvenes que van por todo el país pasándolo bien. Nadie se aburre con el desfile de disfraces que siempre llevan. La última vez que estuvo aquí el grupo *Sonsonante*, nadie pudo encontrar entrada por ninguna parte.

1
De niño tuvo que pedir prestados los zapatos y el guante para jugar. Después de los estudios de secundaria, un entrenador importante lo vio jugar. Ahora todos lo conocen como el campeón del bate, pues Adrián nunca pierde un partido.

3
¡Ahora todo está bien! Pero hace un mes todos nos sentimos muy mal cuando vimos a Marité sin la energía que generalmente tiene. Estuvo en el hospital unas semanas después de lastimarse patinando sobre hielo. Pero ya nuestra Marité se siente mucho mejor, y por suerte, en febrero va a estar con nosotros ganando como siempre.

4
Ya conocen a este jugador, que siempre está metiendo goles o ganando algún campeonato, porque es un gran talento como deportista. Arnoldo Rufín suele estar muy ocupado con la liga, pero también tiene tiempo de traernos su fascinante colección de juegos de mesa de todas partes del mundo. Si van a esta exposición van a ver antiguos juegos de ajedrez, de damas y algunos rompecabezas de hace muchos años. Va a ser un evento bastante interesante.

CAPÍTULO 4

III. Writing Proficiency *(20 points)*

Write a note to a friend who is planning to spend a few weeks with you. Persuade your friend to accompany you to some special events you hope the two of you can attend. Include the following in your note:

- a description of the events

- when and where they will take place

- why you think your friend should go to these events

Remember to reread your note before you hand in the test. Are the words spelled correctly? Check the endings of your verbs. Did you use the correct form of the verbs in the preterite tense? Did you use a variety of vocabulary and expressions in your description of the different events? Make changes if necessary.

IV. Cultural Knowledge *(20 points)*

Answer in English based on what you learned in the *Perspectiva cultural.*

Can you name two important Mexican artists and say what their art tells us about Mexican culture? What do these artists reveal about their personal life through their paintings?

V. Speaking Proficiency *(20 points)*

Your teacher may ask you to speak on one of the following topics.

A. You and I are friends. Convince me to go to a particular event with you. In your conversation with me:

- describe the event

- tell me some things I might expect to see there

- say why we should go

- tell me why you prefer going to this event rather than to another one

B. You recently participated in a particular activity. Tell me all about it and why you liked or disliked what happened during this activity. Ask me some questions.

I. Listening Comprehension *(20 points)*

A. *(10 points)*

a

c

e

b

d

f

1. ____ **2.** ____ **3.** ____ **4.** ____ **5.** ____

B. *(10 points)*

DIÁLOGO 1

1. Alex prefiere ir a un concierto de música clásica. Sí No

2. Cristina quiere escuchar unos discos compactos. Sí No

3. Hay un picnic esta tarde en el parque. Sí No

4. Alex no lo pasó bien la última vez que fue a un concierto de música clásica. Sí No

5. A Cristina le gustaría ver el desfile. Sí No

DIÁLOGO 2

1. Guille no sabe nada de hockey. Sí No

2. A Guille le gustan los deportes. Sí No

3. Patricio piensa que el hockey es una diversión interesante. Sí No

4. Guille prefiere pensar cuando juega ajedrez. Sí No

5. Guille le va a pagar el almuerzo a Patricio. Sí No

II. Reading Comprehension *(20 points)*

1. Marité tuvo un accidente jugando al tenis. Sí No

2. *Sonsonante* son deportistas que visten con disfraces. Sí No

3. Adrián no tuvo mucho dinero de joven. Sí No

4. Arnoldo Rufín es un campeón de ajedrez. Sí No

5. Marité se divierte patinando. Sí No

6. Arnoldo Rufín es un deportista famoso, pero tiene otros intereses.	Sí	No
7. *Sonsonante* es una banda que toca música.	Sí	No
8. Adrián es un jugador de básquetbol.	Sí	No
9. Marité se lastimó la pierna metiendo un gol.	Sí	No
10. Adrián es el campeón de la liga de béisbol.	Sí	No

III. Writing Proficiency *(20 points)*

_____

_____

_____

_____

_____

IV. Cultural Knowledge *(20 points)*

_____

_____

_____

_____

_____

_____

_____

V. Speaking Proficiency *(20 points)*

A Celina has gone to a toy store to buy some gifts for her younger brother and sister. Look at the choices she is considering, then select the word which matches each picture. *(60 points)*

a. los animales de peluche   **d.** la muñeca   **g.** los pájaros

b. el triciclo   **e.** los bloques   **h.** los camiones

c. el tren de juguete   **f.** los peces   **i.** el muñeco

1. ____

4. ____

2. ____

5. ____

3. ____

6. ____

B Fabián wants to know more about what things were like when his grandparents were children. Complete his conversation with them by underlining the correct word or expression. *(40 points)*

1. —Abuelito, ¿con qué (jugabas / tenías) de pequeño?

—(Jugaba / Tenía) muchos animales de peluche y de verdad.

2. —Abuelita, ¿cómo (eras / ibas) de pequeña?

—Pues, (era / me gustaba) ser muy obediente y bien educada.

A You are talking with your friends about your childhood. Choose the correct expression from the list to complete each conversation. *(40 points)*

a. eras	**d.** tenías	**g.** era
b. tenía	**e.** te gustaban	**h.** me gustaban
c. jugabas	**f.** ibas	**i.** jugaba

1. —Eres obediente ahora, pero de pequeño ¿ ___ obediente?

   —Sí, de pequeño ___ obediente también.

2. —No juego con trenes ahora y de pequeño tampoco ___ mucho con ellos.

   —Tú no ___ con los trenes de pequeño, pero yo sí.

3. —Me gustan mucho los peces, pero de pequeño no ___ mucho. ¿Y a ti?

   —¿A ti no ___ los peces? Pues, ¡a mí sí!

4. —Tienes una colección de dinosaurios muy buena. ¿También la ___

   de pequeño?

   —No, de pequeño ___ una colección de robots.

B You help to organize the activities for young children at a day-care center. Each child wants to play a different game today. Write the word or expression that corresponds to each picture. *(60 points)*

1. Yo quiero _____ .

2. Nosotros queremos _____ .

3. ¡Yo no! Prefiero jugar con _____ .

4. Maribel y yo queremos jugar con _____ .

5. Pepe y yo queremos jugar con _____ .

6. Y yo quisiera jugar con _____ .

A Lucero wants to know what her older sister was like as a young child. Place the letter of the picture that corresponds to each of her responses on the line provided. *(40 points)*

a

b

c

d

e

f

_____ **1.** —¿Qué te gustaba de pequeña?

—Me gustaba mucho el columpio.

_____ **2.** —¿Dónde jugabas de pequeña?

—Jugaba mucho en el tobogán.

_____ **3.** —¿Te gustaba jugar en casa?

—No, pero me gustaba mucho jugar en el patio de recreo.

_____ **4.** —¿Qué no te gustaba de pequeña?

—No me gustaba mucho el sube y baja.

B You and your classmates are revealing what you were really like as young children. Underline the word or words which best complete each statement. *(60 points)*

1. Soy muy obediente ahora, pero de pequeño siempre (obedecía / me portaba) mal.

2. Tengo muchos amigos ahora, pero cuando era niña yo siempre (me peleaba / prefería)

con los otros.

3. Soy muy sociable ahora, pero de pequeña yo era muy (consentida / tímida).

4. Ahora siempre digo la verdad, pero de pequeño (lloraba / mentía) a veces.

5. Me gustan mucho las películas tristes, pero de pequeña yo siempre (molestaba / lloraba).

6. Ahora mi hermana y yo somos buenos amigos, pero de pequeño yo la (obedecía / molestaba)

mucho.

Vocabulario para conversar   **73**

A A friend is asking you some questions about your childhood. For each question in the conversation below, first write the letter of the word which corresponds to the picture. Then, underline the word or words in parentheses which complete the answer. *(50 points)*

a. el tobogán   **c.** el carrusel   **e.** el patio de recreo

b. el columpio   **d.** el cajón de arena   **f.** el sube y baja

1. —¿Cómo eras de pequeño en ___ ?

—Era un niño muy (travieso / vecino) y consentido.

2. —¿Por qué no te gustaba jugar en ___ ?

—Me daba miedo y por eso (lloraba / mentía).

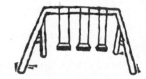

3. —¿Jugabas mucho en ___ ?

—Sí, y (molestaba / me portaba) bien con todos los niños.

4. —¿Te gustaba jugar en ___ ?

—No, porque siempre (me peleaba / obedecía) con los otros niños.

5. —¿Te gustaba mucho ___ ?

—No, porque yo (decía / prefería) montar en triciclo.

B Carmela wants to know how she behaved as a child. Complete the conversation she has with her grandmother by changing the underlined verb in each statement to the correct form to express Carmela's past behavior. *(50 points)*

1. —Ahora <u>te portas</u> muy bien, pero antes _____ muy mal.

2. —Siempre <u>obedeces</u> a tus padres ahora, pero antes no les _____ mucho.

3. —Ahora no te gusta <u>mentir,</u> pero de pequeña _____ a veces.

4. —Ahora no <u>molestas</u> a nadie, pero a los tres años _____ a todos.

5. —Siempre <u>prefieres</u> caminar sola, pero antes _____ caminar conmigo.

A You and your family are looking at some old photographs of what you and your siblings did as young children. Write the verb or expression which corresponds to each picture using the imperfect tense. *(50 points)*

1. Yo _____ a menudo.

2. Mis hermanos y yo siempre _____ .

3. Nosotros _____ música a todas horas.

4. Graciela, tú siempre _____ con tus primos.

5. Gil y Eva siempre _____ de la biblioteca.

B Some friends are asking one another questions about the things they liked to do when they were younger. Change each of the underlined verbs from the present to the imperfect tense. *(50 points)*

1. —Marisol, <u>patinas</u> a menudo ahora, ¿y de pequeña también te gustaba?

—No, yo nunca _____ cuando era niña.

2. —Fernando y Beto, ustedes <u>caminan</u> todos los días. ¿Caminaban también de pequeños?

—No, cuando éramos pequeños no _____ mucho.

3. —José, tu hermano <u>juega</u> al béisbol muy bien. ¿Siempre jugó tan bien?

—Pues, de pequeño _____ bastante bien, pero no tan bien como ahora.

4. —Marcial y Catalina <u>cantan</u> muy bien, ¿y de pequeños también?

—Sí, _____ muy bien en todos los conciertos de la escuela.

5. —Yo nunca <u>me peleo</u> con mis amigos.

—No te peleas ahora, pero antes _____ con tu hermanito, ¿verdad?

You have gone back to visit the town where you lived as a child. Everything has changed over the years. You are trying to remember what the town used to be like when you lived there. Change the underlined verb in each statement to the imperfect tense. *(100 points)*

1. Una familia grande <u>vive</u> en la casa donde nosotros _____ antes.

2. <u>Hay</u> un supermercado aquí, pero antes _____ una escuela.

3. Ahora <u>comen</u> platos típicos de México en ese restaurante, pero antes yo _____

   hamburguesas y papas fritas allí.

4. <u>Hacen</u> televisores en la fábrica al otro lado de esa calle, pero antes _____

   ropa.

5. No <u>vemos</u> ningún animal en el lago ahora, pero antes nosotros _____

   muchos pájaros y peces, ¿verdad, Pablo?

6. Nadie me <u>escribe</u> de ese pueblo, pero antes todos me _____ muchas

   cartas.

7. En aquel restaurante todos <u>piden</u> café o té, pero antes nosotros _____

   refrescos o helados.

8. Tú no <u>conoces</u> a nadie en esta calle, pero antes los _____ a todos.

9. Todos esos niños <u>se aburren</u> en el parque que está enfrente del museo, pero antes mis

   amigos y yo nunca _____ allí.

10. Ahora nadie <u>sabe</u> mucho sobre la historia de este pueblo, pero antes todos _____

    mucho más.

A Elisa is surprised to find out that her friends have changed their plans for the weekend. Answer her questions by writing the correct form of the verb *ir* in the imperfect tense. *(50 points)*

1. —Joaquín, ¿no vas al cine?

   —No, _____ a ir con Juanita pero ella fue a la playa.

2. —Leticia y Andrea, ¿no van ustedes al baile?

   —No, _____ a ir pero no tuvimos tiempo.

3. —Diego, ¿no voy contigo a las montañas este fin de semana?

   —_____ a ir conmigo, pero ahora mi familia no puede.

4. —Irma, ¿no van Ofelia y Paloma al centro de reciclaje esta tarde?

   —_____ a ir, pero ahora no se sienten bien.

5. —Ernesto, ¿no va Magda contigo al concierto?

   —_____ a ir conmigo, pero fue con su primo.

B Your psychology teacher is conducting a survey. She wants to know how you and your classmates behaved as young children. Complete the statements with the correct form of the verb *ser* in the imperfect tense. *(50 points)*

1. Cuando yo _____ pequeño, (yo) _____ muy desobediente.

2. Mi hermano _____ mucho más travieso que yo.

3. Mis amigos y yo siempre _____ los más graciosos de la escuela primaria.

4. Mis hermanas gemelas _____ muy consentidas.

5. ¿Cómo _____ tú, Faustino, tímido o sociable?

CAPÍTULO 5

Prueba cumulativa

A Ana is teaching Tina, her younger sister, some new words. Look at what Tina sees in the illustrated dictionary, then write the name of the toy or game associated with each picture. *(24 points)*

1. Mira cuántos _____ hay aquí. Ésta es _____ .

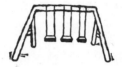

2. ¿Qué se ve en esta foto? Es _____ . ¿Y recuerdas _____ que vimos el año pasado?

3. Tina, aquí tienes _____ y _____ .

B You are feeling very nostalgic today as you look over some old photographs of your childhood with a friend. First, choose the correct verb to complete each statement and write it in the imperfect tense. Then, write the word that corresponds to each picture. *(24 points)*

molestar   preferir   llorar   jugar   ser   ir

—De pequeño yo __1__ jugar siempre en _____ __2__ .

—También __3__ mucho en _____ __4__ con mis amigos.

—Siempre __5__ al _____ __6__ para jugar con mi amigo Paulito.

CAPÍTULO 5

C Raquel and Rosi are comparing what they were like as children. Complete their conversation by changing the underlined verb to the correct form of the imperfect tense. *(16 points)*

RAQUEL   Yo nunca <u>miento</u> ahora y tampoco __1__ de pequeña. ¿Y tú?

ROSI   Mi hermano menor nunca <u>dice</u> la verdad pero yo siempre les __2__

la verdad a mis padres. <u>Les obedezco</u> ahora y les __3__ de niña también.

RAQUEL   ¿Cuándo aprendiste a <u>montar</u> el triciclo?

ROSI   Aprendí a los cuatro años y a menudo __4__ el triciclo enfrente de

nuestra casa.

D During a special school ceremony you and your classmates open the time capsule which was buried in the school yard eighty years ago. Among the items you discover in the time capsule is a written note. Change the verbs in the note to the imperfect tense. *(36 points)*

"Esta cápsula <u>es</u> __1__ de los estudiantes de la escuela primaria Jefferson. Todos los

estudiantes en la clase <u>tienen</u> __2__ más o menos seis años. Algunos de ellos <u>van</u> __3__ a la

escuela a pie. Otros <u>montan</u> __4__ a caballo porque <u>viven</u> __5__ en el campo. Todos los

esudiantes <u>son</u> __6__ bien educados y obedientes. Por la mañana <u>estudian</u> __7__ matemáticas,

ciencias y arte. Por la tarde los estudiantes <u>aprenden</u> __8__ a escribir. También <u>hay</u> __9__ clase

de música y tiempo para jugar después de las clases..."

Nombre _____

CAPÍTULO 5

Fecha _____

A *(24 points)*

1. _____
2. _____
3. _____

B *(24 points)*

1. _____   4. _____
2. _____   5. _____
3. _____   6. _____

C *(16 points)*

1. _____   3. _____
2. _____   4. _____

D *(36 points)*

1. _____   6. _____
2. _____   7. _____
3. _____   8. _____
4. _____   9. _____
5. _____

CAPÍTULO 5

I. Listening Comprehension *(20 points)*

Some friends are on a camping trip reminiscing about their childhood. They are describing what they were like as children. Listen to what each one says, then select the best answer to complete each statement.

II. Reading Comprehension *(20 points)*

Read the following short story, then respond to the statements by circling *Sí* if the statement is true or *No* if it is false.

Era la medianoche y toda la familia dormía. En el patio los insectos cantaban. La luz de una lámpara en la calle iluminaba el cuarto de Melisa. Sobre el piso había muchos juguetes. En ese momento Melisa levantó la cabeza y vio algo que no podía creer. Enfrente del sillón azul todos los animales de peluche bailaban y se movían alegremente. Los muñecos bailaban con las muñecas y el tigre con el lobo. La tortuga cantaba con los peces y los pájaros saltaban con el caballo. Sólo uno de ellos no participaba en el baile: era el osito de peluche, que lloraba sin molestar a nadie. Melisa vio su cara triste. No sabía qué tenía el osito. Tímidamente, Melisa le extendió la mano, pero él no respondió. En seguida la música terminó. La niña buscó al osito, pero no lo vio. El cuarto estaba como antes y todos los animales de peluche estaban encima del sillón azul otra vez. Todos menos el osito. Cuando Melisa se despertó por la mañana, vio por la ventana dos animales de peluche en el patio. Allí estaba el osito con una osita de peluche al lado del triciclo. El osito ya no lloraba.

III. Writing Proficiency *(20 points)*

You have been invited to attend a reunion of your sixth grade class from elementary school. In the invitation you were asked to bring a written description of your childhood memories. Include the following in your description:

- what you were like as a child
- what your best friends were like
- what games or toys you played with
- what you learned to do at an early age

Remember to reread your description before you hand in the test. Are the words spelled correctly? Check the endings of your verbs. Did you use the correct form of the verbs in the imperfect tense? Did you use a variety of vocabulary and expressions in your description of your childhood? Make changes if necessary.

CAPÍTULO 5

IV. Cultural Knowledge *(20 points)*

Answer in English based on what you learned in the *Perspectiva cultural.*

What could you tell a friend who has never read about José Martí?

V. Speaking Proficiency *(20 points)*

Your teacher may ask you to speak on one of the following topics.

A. You and I have been friends since our first year in high school. Tell me about your childhood. I would like to know:

- what you were like as a child
- how you behaved
- what your friends were like
- how you spent your time

Ask me some questions about my childhood.

B. Describe your childhood to me. Tell me about the toys you liked to play with and about your favorite games. Tell me about some of your childhood friends and any problems you might have had while playing with them.

Ask me some questions about my childhood.

CAPÍTULO 5

Fecha _____

I. Listening Comprehension *(20 points)*

PRIMERA DESCRIPCIÓN

1. Antonio siempre
 a. se divertía mucho con su hermano.
 b. buscaba sus camiones porque creía que su hermano los perdía.

2. La hermana de Antonio
 a. era muy callada.
 b. era muy traviesa.

3. ¿Dónde ponía el muchacho los camiones de Antonio?
 a. por toda la casa
 b. en el cuarto de su hermana

4. Antonio no soportaba
 a. a su hermana.
 b. a su hermano.

SEGUNDA DESCRIPCIÓN

5. La persona que habla
 a. era una niña obediente.
 b. era un niño travieso.

6. A esta persona le gustaba
 a. pelearse con los amigos para montar en triciclo.
 b. prestarles sus juguetes a los amigos.

7. Esta persona quería
 a. subirse en el tobogán.
 b. montar en el triciclo de su amigo.

TERCERA DESCRIPCIÓN

8. La persona que habla
 a. prefería bañarse con los peces.
 b. creía que todo era un juguete.

9. ¿Cuántos años tenía esta persona cuando aprendió a caminar?
 a. más o menos un año
 b. menos de un año

10. ¿Dónde ponía los muñecos de sus hermanos?
 a. en el agua fría
 b. en el refrigerador

II. Reading Comprehension *(20 points)*

1. Melisa estaba en su cama.	Sí	No
2. La niña bailaba con los animales de peluche.	Sí	No
3. Los juguetes estaban sobre la cama.	Sí	No
4. Había música en el cuarto de Melisa.	Sí	No
5. Algunos animales de peluche cantaban y bailaban.	Sí	No
6. Todos los animales bailaban menos el tigre y el lobo.	Sí	No
7. El osito molestaba a los otros animales.	Sí	No
8. El osito no estaba alegre cuando Melisa lo vio.	Sí	No
9. Melisa escuchaba música a todas horas.	Sí	No
10. Por la mañana todos los animales estaban encima del sillón.	Sí	No

Paso a paso 2

Nombre

CAPÍTULO 5

Fecha

Hoja para respuestas 2
Examen de habilidades

III. Writing Proficiency *(20 points)*

_____

_____

_____

_____

IV. Cultural Knowledge *(20 points)*

_____

_____

_____

_____

_____

_____

_____

_____

V. Speaking Proficiency *(20 points)*

CAPÍTULO 6 Fecha _____ Prueba **6-1**

A You are talking to Sebastián, a student from Uruguay, about how he and his family celebrate different occasions and what they do in various situations. Match each statement with the appropriate picture. *(60 points)*

1. —Generalmente, ¿cómo saludas a tus primos en Uruguay?

   —Nos abrazamos.

2. —¿Qué dicen tus amigos de la escuela cuando se saludan?

   —Siempre dicen "¡Hola!".

3. —¿Cómo saludas al director de la escuela?

   —Nos damos la mano.

4. —Cuando eras pequeño, ¿qué hacía tu familia cuando alguien cumplía años?

   —Comprábamos un pastel y yo siempre apagaba las velas.

5. —¿Tienes una familia grande?

   —Sí, y en julio vamos a tener una reunión. ¡Se casa una prima mía!

6. —¿Sueles ir a muchas fiestas?

   —Sí, me encantan. En junio vamos a la graduación de mi hermano.

B While at a family reunion, Jorge is pointing out his relatives to his girlfriend. Determine what relationship each person has with Jorge, then match the descriptions with the statements below. *(40 points)*

    a. Es mi sobrina.   **c.** Es mi bisabuela.   **e.** Es mi sobrino.

    b. Es mi cuñada.   **d.** Yo soy su sobrino.   **f.** Es mi cuñado.

____ 1. Allí está el esposo de mi hermana.

____ 2. La muchacha rubia es la hija de mi hermano.

____ 3. La señora mayor en el sofá es la madre de mi abuela.

____ 4. Allí está mi tía Bela.

Nombre _____

CAPÍTULO 6

Fecha _____

Prueba **6-2**

A Rosalinda is thinking about the past and how her entire family used to get together for celebrations. Write the word or expression associated with each picture. *(40 points)*

1. Cuando yo era pequeña todos los familiares iban a una

   reunión después de _____ .

2. También íbamos a casa de abuelita para celebrar

   las _____ .

3. Los abuelos solían _____

   a sus nietos.

4. Nadie en la reunión podía _____

   antes de las dos de la mañana.

B Ramón is showing his girlfriend, Maruja, some photographs from the family album. Select the word or expression from the list that corresponds to what Ramón tells Maruja, then write it in the blank space. *(60 points)*

la bisabuela	la sobrina	el esposo	soltero	muerta
el bisabuelo	la cuñada	la soltera	la nieta	casada
el sobrino	el cuñado	la esposa	muerto	el nieto

1. Aquí está el padre de mi abuelo. Es mi _____ Humberto.

2. Se casó con Manolo hace tres años. Se llama Berta y es _____ de Manolo.

3. Él era mi tío Víctor, pero ya no vive. Está _____ .

4. Úrsula nunca se casó. Es la única persona _____ de la familia.

5. Es mi abuela Marta. Yo soy _____ favorito.

6. Ella está casada con mi hermano Gil. Es Sonia, mi _____ .

A Ana María loves to do things for her friends and family when they celebrate different occasions during the year. To make sure she doesn't miss a date, she has taken out her calendar to check off which ones she needs to remember. Match each statement with a celebration pictured on Ana María's calendar. *(60 points)*

a

c

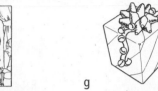
e

g

b

d

f

h

____ **1.** A ver, ¿cuándo es el Día de Acción de Gracias este año? Me gustaría preparar un pavo para mis bisabuelos.

____ **2.** Y para el Día de la Raza debo comprar una piñata para mis amigas mexicanas Flora y Carmen.

____ **3.** El Día del Padre es el tercer domingo de junio. Tengo mucho tiempo todavía.

____ **4.** Quisiera preparar un plato típico para la cena de Nochebuena.

____ **5.** El segundo domingo de mayo es el Día de la Madre. Creo que a mi mamá le gustaría ver un concierto en el parque.

____ **6.** Para el Día de los Enamorados creo que voy a prepararle a Marcos una cena romántica.

B Gerardo wants to know how his great-grandfather celebrated Independence Day in Mexico. Complete his great-grandfather's description with a word or expression from the list. *(40 points)*

a. charlando   **c.** baile   **e.** fuegos artificiales

b. se encontraban   **d.** bailaba   **f.** felicitar

Nos gustaba mucho celebrar el 16 de septiembre con un gran ___ porque es un día muy importante. Primero, todos ___ en la plaza, donde la gente ___ con la música de los mariachis. Nos pasábamos la noche bailando y ___ . A las nueve lanzaban ___ de muchos colores para celebrar ese día histórico. Despúes, íbamos a nuestra casa para cenar y continuar la celebración.

CAPÍTULO 6 Fecha

A You are telling the exchange student who has just come to spend the year with you all about the holidays that the two of you will celebrate with family and friends. Complete your conversation by writing the word associated with each picture. *(50 points)*

1. Nosotros siempre celebramos la Navidad con mucha comida

   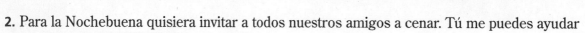

   y _____ .

2. Para la Nochebuena quisiera invitar a todos nuestros amigos a cenar. Tú me puedes ayudar

   con _____ .

3. Te va a gustar mucho cómo celebramos el _____ .

   Damos una fiesta fenomenal.

4. Siempre celebramos nuestro _____ en el parque.

   Allí lanzan  _____ muy bonitos e impresionantes.

   ¡Vas a ver cómo nos vamos a divertir este año!

B Several of your relatives are at a family gathering and they are all talking at once. Complete their conversations by underlining the best answer. *(50 points)*

1. —¿Se ven a menudo tú y mi cuñado?

   —No, no (se ven / nos vemos) mucho porque él vive muy lejos de aquí.

2. —¿Cómo celebran ustedes el Día de la Raza?

   —(Nos encontramos / Nos escribimos) en la plaza de la ciudad.

3. —¿Celebran ustedes el cumpleaños de su hijo todos los años?

   —¡Pues, claro! Lo celebramos (a los cinco años / desde que) nació en 1990.

4. —Yo no sé por qué no estuve el año pasado. ¿Qué hicieron ustedes para celebrar

   el cumpleaños de la bisabuela?

   —Después de una cena deliciosa, la (felicitamos / charlamos) y todos la besamos.

5. —¿(A qué edad / Después que) conociste a nuestro primo Alberto?

   —Pues, lo conocí a los dieciocho años.

A You want to take your family to a restaurant that just opened downtown. Because you have never eaten there, you ask your friends who are already familiar with the restaurant a few questions about it. Complete your conversation with them by writing the preterite form of the verb in parentheses. *(50 points)*

1. —¿Qué _____ ustedes de comer? (pedir)

—Primero _____ una ensalada de pavo. (pedir)

2. —¿Y qué _____ tú, Eduardo? (pedir)

—Pues, _____ la sopa de verduras y me gustó mucho. (pedir)

3. —¿Qué _____ usted después, Patricia? (pedir)

—El pescado y las papas al horno. Luis también _____ el pescado y le encantó. (pedir)

4. —¿Qué les _____ de postre? (servir)

—El camarero nos _____ un flan muy sabroso. (servir)

5. —¿Cómo _____ ustedes? ¿Con ropa elegante o deportiva? (vestirse)

—_____ con camisas y jeans. No es un restaurante elegante, pero sí es

un restaurante muy bueno. Te lo recomendamos. (vestirse)

B

Some friends are talking about the Mexican restaurant they went to last weekend. Change the form of the verbs from the present to the preterite tense. *(50 points)*

LUZ   Generalmente pido salsa picante, pero el sábado _____ guacamole.

GIL   Jesús y yo generalmente pedimos los tacos, pero _____ las enchiladas

y nos gustaron mucho.

EVA   A veces sirven platos pequeños, pero el sábado nos _____ platos

grandes.

ED   Es la verdad. El camarero generalmente me sirve sólo arroz con los burritos,

pero el sábado me _____ frijoles también.

LUZ   Generalmente Eduardo se viste con ropa deportiva, pero el sábado

_____ con una camisa típica mexicana. ¡Me encanta la camisa

de Eduardo!

A As you wait for your friends to arrive at the restaurant, you overhear the people at the next table discussing the gifts they gave their relatives for their birthdays. Complete their conversation by using the correct form of the verb *dar* in the preterite tense. *(60 points)*

1. —¿Qué le _____ a tu cuñado, Emilio?

   —Le _____ una corbata azul oscuro.

2. —¿Qué les _____ ustedes a los bisabuelos?

   —Les _____ un reloj para la sala que les gustó mucho.

3. —Y a ti, Gilberto, ¿qué te _____ tu sobrina?

   —Me _____ una cartera, pero no me gusta mucho.

B Your friends are asking one another for advice on gifts to give for the approaching holidays. Complete what they say by changing the verb *dar* from the present to the preterite tense. *(40 points)*

1. Ana, ¿qué debo darle a mi novia por su cumpleaños? Siempre le doy flores y el año pasado

   le _____ chocolates.

2. Mario, ¿nos puedes ayudar? Generalmente les damos a mis sobrinos algo para la escuela.

   El año pasado les _____ un suéter. ¿Qué podemos regalarles este año?

3. ¿A qué edad debe mi tío regalarle a su hija una bicicleta? Le da muchos juguetes y el año

   pasado él le _____ un triciclo. ¿Qué piensas?

4. Esperanza, ¿qué le vas a dar a tu novio este año? Recuerdo que el año pasado le

   _____ unas entradas para un concierto. ¿Por qué no le compras unos videos?

Nombre _____

CAPÍTULO 6   Fecha _____

A Cristina is telling a friend about some of her childhood memories. Change the verbs in parentheses in her description to the imperfect tense. *(50 points)*

Cuando mi hermano y yo (**1.** ser) muy jóvenes, nuestros parientes nos (**2.** visitar) a menudo. Yo siempre (**3.** jugar) a las damas con mi prima, y mi hermano siempre (**4.** montar) el triciclo con mi primo Lucho. Mis padres (**5.** preparar) la cena y a veces nosotros (**6.** comer) en el patio porque (**7.** hacer) mucho calor en la casa. Nosotros nunca (**8.** aburrirse) porque (**9.** tener) muchos juguetes y mucha imaginación. Por la noche todos (**10.** ir) a la casa del vecino para charlar o jugar con sus hijos pequeños.

1. _____   **6.** _____

2. _____   **7.** _____

3. _____   **8.** _____

4. _____   **9.** _____

5. _____   **10.** _____

B Esteban has just moved to a new city, but he misses the things he used to do in his old school. Complete the description he gives to a friend by changing the verbs to either the preterite or the imperfect tense. *(50 points)*

Me gusta mi escuela nueva, pero en mi escuela de Washington mis amigos y yo siempre (**1.** patinar) sobre hielo. Aquí no es posible porque nunca hay nieve. Allí, después de las clases todas las tardes, nosotros (**2.** ir) al lago. Yo (**3.** ser) miembro del equipo de hockey y nosotros nunca (**4.** perder) los partidos. Recuerdo que una vez yo (**5.** querer) meter un gol cuando un jugador me (**6.** lastimar) la pierna. El entrenador no (**7.** estar) muy alegre. Yo lo (**8.** pasar) muy mal hasta que mis compañeros (**9.** ganar) el partido. Después, el entrenador nos (**10.** llevar) a todos a un restaurante para celebrar la victoria.

1. _____   **6.** _____

2. _____   **7.** _____

3. _____   **8.** _____

4. _____   **9.** _____

5. _____   **10.** _____

Betina is bragging about her family because they do a lot of things together. Complete Betina's statements by changing the verb in parentheses to the present tense whenever it is appropriate. Don't forget to place the reflexive pronoun where it belongs. *(100 points)*

1. Mis parientes y yo _____ por teléfono todas las semanas.

(hablarse)

2. Mis cuñados Raúl y Roberto siempre _____ cuando se saludan.

(abrazarse)

3. ¿Tus parientes siempre _____ en las reuniones? ¡Los nuestros sí!

(besarse)

4. ¿Tus sobrinos _____ cuando hacen la tarea? ¡Los míos siempre!

(ayudarse)

5. Nuestros tíos _____ a menudo. Me encanta leer sus cartas.

(escribirse)

6. ¿Tus primos _____ a veces? ¡Los míos casi nunca!

(pelearse)

7. ¿Suelen ustedes _____ los fines de semana?

(verse)

8. Mi bisabuela y sus nietos _____ todos los sábados.

(encontrarse)

9. Mi prima Carmen y yo _____ una vez al mes.

(visitarse)

10. A ti y a tu novia, ¿les gustaría _____ algún día?

(casarse)

CAPÍTULO 6

A You are discussing with a friend the holidays that you both like to celebrate. Complete your conversation by writing which holiday is associated with each picture. *(12 points)*

1. —Mi familia y yo celebramos _____ con un picnic en el parque.

2. —A mí no me gusta _____ porque terminan las vacaciones de invierno.

3. —Nosotros celebramos _____ con muchos regalos y un sabroso almuerzo.

B Timoteo's friends are late in picking him up to take him to the movies, so he has decided to call and ask them why. Each friend that he calls has an excuse. What Timoteo doesn't know is that they have planned a surprise party for his birthday. Write down the word or expression that corresponds to each picture and the appropriate reflexive verb. *(16 points)*

1. —Ramón, ya es la hora de ir al cine. ¿No vas?

—¡Ay! Lo siento, Timoteo. Tengo que ir a la _____ de mi primo. Mi primo

va a _____ en una hora.

2. —Marisol, ¿no quieres ir al cine?

—Pues, no recordaba que tengo que ir a la _____ de mi hermano mayor.

Él va a _____ esta tarde de la universidad y toda la familia va a ir.

C Margarita is speaking to her sister while writing some invitations. She plans to send the invitations to her relatives to invite them to a family gathering. Write the word for each relative that Margarita describes in her statements. *(12 points)*

1. Quiero invitar a la madre de nuestra abuela. Ya sé que nuestra _____ vive

en Puerto Rico, pero creo que le gustaría saber que pensamos en ella.

2. Debemos invitar a todos nuestros primos. A nuestros abuelos les gustaría ver a todos

sus _____ .

3. Voy a invitar a Marcelino y a su esposa… ¡Qué tonta soy! Él no tiene esposa todavía porque

es _____ .

CAPÍTULO 6

D Miguel's family has gathered at a restaurant to celebrate the wedding anniversary of an aunt and uncle. Because there are so many people to serve, the waiter gets confused and brings the wrong dishes to the table. Complete the conversation by writing the correct form of the verbs *pedir* or *servir* in the preterite tense. *(16 points)*

1. —¿Dónde está el camarero? Yo _____ sopa, pero él me _____

   una ensalada.

2. —¿Qué _____ ustedes? ¿La ensalada? ¡Lo siento! Yo ya les _____

   la sopa.

E Rosalía and Saruca are curious about the gifts everyone brought to the party. Complete their conversation by writing the correct form of the verb *dar* in the preterite tense. *(16 points)*

1. —¿Qué le _____ tú a Manolo?

   —Le _____ una bufanda de invierno.

2. —¿Qué le _____ Miguel a Isabel?

   —No sé, pero creo que ellos te _____ un disco compacto a ti.

F Claudio is going to live with a family in Costa Rica for a month. He's aware that people greet one another differently in other cultures, so he has asked his friend Emilio to give him advice on what to say and do. Complete their conversation by selecting the correct word or words from the word bank. *(12 points)*

decirle "¡Hola!"   abrazarse   darse la mano   besarse

1. —¿Cómo debo saludar a toda la familia el primer día? ¿Es correcto _____

   a toda la familia el primer día?

2. —A los padres no. Las personas que no se conocen deben _____ y decirse

   "Buenos días" o "Buenas tardes."

3. —¿Suelen _____ las personas que no se conocen el primer día?

4. —Generalmente no. Después de conocerse sí es correcto. Los amigos y los familiares

   también suelen _____ .

G While gathered at the dinner table, a family is having a conversation about past events in their lives. Complete their conversation by changing the verb in parentheses to either the preterite or imperfect tense. *(16 points)*

Miguel, ¿recuerdas cuando nosotros (**1.** ir) a casa de tus tíos Pilar y Felipe para celebrar

los días de fiesta? A menudo tú (**2.** bailar) y (**3.** cantar) para todos. Sólo (**4.** tener) tres años.

No sé a qué edad (**5.** aprender) a bailar, pero desde que tú (**6.** nacer) siempre (**7.** ser) un niño

alegre. Y, ¿recuerdan ustedes cuando Marta (**8.** cumplir) cuatro años? Nosotros…

CAPÍTULO 6

Fecha _____

A *(12 points)*

1. _____   3. _____

2. _____

B *(16 points)*

1. _____

2. _____

C *(12 points)*

1. _____   3. _____

2. _____

D *(16 points)*

1. _____

2. _____

E *(16 points)*

1. _____

2. _____

F *(12 points)*

1. _____   3. _____

2. _____   4. _____

G *(16 points)*

1. _____   5. _____

2. _____   6. _____

3. _____   7. _____

4. _____   8. _____

CAPÍTULO 6

Examen de habilidades

I. Listening Comprehension *(20 points)*

A. Reina and her friends are describing to Martín, an exchange student from Ecuador, some special occasions they celebrate with their families. Listen to what they say, then match the pictures with what you hear.

B. Maricruz has telephoned her parents in Venezuela after celebrating a holiday for the first time in the United States. Listen to her conversation, then circle *Sí* if the statement is correct or *No* if it is not correct.

II. Reading Comprehension *(20 points)*

Francisco has written a postcard to a friend because he wants to describe a celebration he attended in New Mexico. Read the postcard, then circle the best answer to each question.

Quiero describirte una celebración especial de Nuevo México. Una semana antes de la Navidad, Alejandro me invitó a participar en las Posadas, una tradición popular en algunos países donde se habla español. Primero, todos nos encontramos enfrente de la casa de unos amigos. Algunos llevaban disfraces de ángeles y velas encendidas. El primo de Alejandro, José Luis, tocaba la guitarra. Empezamos a caminar de casa en casa cantando una canción. En la canción nosotros pedimos "posada," que significa un lugar para dormir de noche. Pero en las casas donde pedimos posada, nos contestaban que no. Finalmente, llegamos a la casa de Alejandro y todos los familiares nos abrieron la puerta, nos abrazaron alegremente y allí empezó la fiesta.

Había una piñata con muchos regalitos y dulces. Lanzaron fuegos artificiales y todos charlaron hasta despedirse a la medianoche. Me divertí mucho en la fiesta de las Posadas.

III. Writing Proficiency *(20 points)*

You and your family will be hosts to an exchange student for one year. Write a letter in which you describe to your guest the various holidays and occasions you celebrate in the United States. Include the following in your description:

- the names of the different holidays and occasions
- when they are celebrated
- where each celebration takes place
- how you celebrate each one
- what typical food, music, or clothing are associated with them

Remember to reread your description before you hand in the test. Are the words spelled correctly? Check the endings of your verbs. Did you use the correct forms of the verbs in the imperfect or the preterite tense? Did you write about each idea? Did you use a variety of vocabulary and expressions in your description of the holidays and events? Make changes if necessary.

IV. Cultural Knowledge *(20 points)*

Answer in English based on what you learned in the *Perspectiva cultural.*

Can you explain why the celebration of *carnaval* varies from country to country in the Spanish-speaking world?

V. Speaking Proficiency *(20 points)*

Your teacher may ask you to speak on one of the following topics.

A. You and I are classmates. Tell me about a special holiday or occasion you recently celebrated. I would like to know:

- what was the occasion

- who attended the celebration

- a description of the people who were there

- what everyone did during the celebration

Ask me some questions about a celebration that I recently attended.

B. Describe one of your favorite holidays to me. Tell me how you celebrated it. Tell me about the people who were there with you. Tell me about the foods or activities associated with the celebration of this holiday.

Ask me some questions about my childhood.

I. Listening Comprehension *(20 points)*

A. *(12 points)*

a

c

e

b

d

f

1. ___

2. ___

3. ___

4. ___

B. *(8 points)*

1. Trini es de Estados Unidos.	Sí	No
2. Maricruz celebró el 24 de diciembre con su familia en Venezuela.	Sí	No
3. La familia de Trini le dio un regalo a Maricruz.	Sí	No
4. La familia de Trini envió invitaciones a todos.	Sí	No
5. Todos se despidieron por la tarde, antes de las doce.	Sí	No
6. La familia sirvió pescado de cena.	Sí	No
7. Sólo había familiares en la fiesta.	Sí	No
8. Maricruz y su familia se escriben a menudo.	Sí	No

II. Reading Comprehension *(20 points)*

1. Alejandro y José Luis
   a. son familiares.
   b. no se conocen.
   c. no se encuentran nunca.

2. Las Posadas es una celebración
   a. sólo para los niños.   **c.** para celebrar el fin de año.
   b. popular en algunos países hispanos.

3. Todos los que participan en la procesión
   a. piden comida de casa en casa.   **c.** se visten con disfraces.
   b. piden, simbólicamente, un lugar donde pasar la noche.

4. La procesión de las Posadas
   a. termina en la calle.   **c.** termina en una casa donde la gente se saluda alegremente.
   b. es una celebración solemne y triste.

5. El joven que escribe
   a. celebra el cumpleaños de su amigo Alejandro.   **c.** se vistió de ángel.
   b. se divirtió mucho en la fiesta.

III. Writing Proficiency *(20 points)*

Hola, _____ :

_____

_____

_____

_____

_____

Saludos,

_____

IV. Cultural Knowledge *(20 points)*

_____

_____

_____

_____

_____

V. Speaking Proficiency *(20 points)*

A Nicolás and Eugenia are taking a survey for their sociology class to find out in which countries the personal possessions of their classmates were produced. Underline the word or words which correspond to each picture. *(40 points)*

1. —En tu casa tienen (videocasetera / televisor), ¿verdad? ¿De dónde es?

   —Sí, tenemos uno. Es de Japón, pero mi (radio / tocacintas) es de Taiwán.

2. —¿Siempre llevas (reloj pulsera / collar)? ¿De dónde es?

   —A veces no. Es de Rusia, pero mis (aretes / collar) de plata son de México.

3. —Tu (llave / llavero) es muy bonito. ¿De dónde es?

   —Es de Colombia. Tengo (unas monedas / un peine) de oro de Colombia también.

   ¿Quieres verlas?

4. —Llevas (anteojos / lentes de contacto). ¿De dónde son?

   —Son de los Estados Unidos, pero mis (anteojos / lentes de contacto) son de Corea.

5. —¿De dónde es tu (anillo / cadena)?

   —Creo que es de Italia, pero mi (anillo / cadena) es de España.

B You are having a conversation with your friends about what you need in order to get into the football game tonight. Choose the correct word or expression from the list to complete your conversation. *(60 points)*

a. propia	**d.** misma	**g.** yo misma	**j.** mostrar
b. mismo	**e.** el mío	**h.** me parece que	
c. carnet de identidad	**f.** la mía	**i.** te parece que	

1. —Tere, recuerda que necesitas ___ alguna clase de identificación para

   el partido de fútbol esta noche. ¿Tienes tu ___?

   —¡No me digas! No tengo ___ todavía.

2. —Pues, me parece que tú y yo no podemos usar la ___ foto.

   —¿___ es buena idea ir a recogerlo ahora?

   —¡Pues, es muy buena idea! Si no tienes tu ___ identificación, no podemos ir esta noche.

A Guille is having trouble finding some of his personal possessions because he and his family recently moved from one house to another. Write the name of the item that corresponds to each picture. *(60 points)*

1. Siempre está encima de la cómoda, pero ahora no la encuentro. ¿Dónde

   está _____ de la puerta?

2. No puedo encontrar _____ que me regaló mi novia.

3. ¿Y dónde están _____ que quería darle a Pilar por

   su cumpleaños?

4. Tampoco encuentro _____ y lo necesito esta tarde.

5. Tengo que llevar _____ conmigo esta tarde. ¿Por qué

   no está aquí?

6. Quiero escuchar un casete, pero ¡_____ no está por

   ninguna parte!

B Gloria is not pleased that her sister always wants to borrow her personal belongings. Choose the appropriate word or expression from the list to complete the conversation Gloria has with her sister and write it in the blank space. *(40 points)*

de vez en cuando	propias	la mía	misma	el tuyo
te parece que	propios	la tuya	cadena	un lujo

1. —Gloria, ¿me puedes prestar tu _____ de oro?

   —¿Por qué? ¡Tú tienes tus _____ joyas!

2. —Sí, Gloria, pero _____ es mucho más elegante

   y _____ no está de moda.

   —Está bien pedir prestadas las cosas de otra persona _____ ,

   pero ¡no siempre!

3. —¿No _____ dos hermanas pueden usar la _____ ropa?

   —¡Pues, no! Comprarse ropa es una necesidad, no es _____ .

You and your classmates are designing a modern house as part of an assignment for your computer graphics class. In your conversation you discuss what you should include in your house plan. Choose the picture that corresponds to each statement below. *(100 points)*

a   e   i

b   f   j

c   g   k

d   h   l

____ **1.** —¿Te parece que hay que tener un detector de humo en cada cuarto?

____ **2.** —Creo que sí, y también un calentador.

____ **3.** —¿Crees que es necesario tener el extinguidor de incendios cerca de estos aparatos eléctricos?

____ **4.** —Claro que sí. Debemos tener uno al lado del horno.

____ **5.** —¿Para qué sirve este ventilador?

____ **6.** —Sirve para bajar la temperatura. ¡No queremos tener incendios en nuestra casa!

____ **7.** —¿Te parece que debemos poner el estante aquí?

____ **8.** —Sí, me gusta la idea de ponerlo al lado del aire acondicionado.

____ **9.** —¿En tu casa tienen microondas?

____ **10.** —Pues sí. Tenemos todos los aparatos eléctricos, pero no tenemos calefacción central. Es una casa muy antigua.

A Sr. and Sra. Olivares are giving Maite, their baby sitter, some last-minute instructions before they leave for a dinner party. Select the word or expression which best completes their conversation. *(50 points)*

a. linterna	**d.** en caso de	**g.** suficiente	**j.** fregadero
b. se apagan	**e.** ahorrar	**h.** funcionan	**k.** bombillo
c. electricidad	**f.** reparar	**i.** encender	**l.** pilas

1. ___ emergencia siempre debes llamar al 911.

2. Si ___ las luces, hay una ___ y dos ___ sobre la mesa de la cocina.

3. Hay unos platos sucios en el ___ . ¿Los puedes lavar, por favor?

4. ¿Sabes cómo ___ todos los aparatos eléctricos?

5. Si tienes problemas con la estufa, el vecino la puede___ .

6. Si la niña llora por la noche, puedes ___ la luz de su cuarto. A veces le da miedo.

7. A ella le encanta el ___ de luz rosada de la lámpara al lado de su cama.

8. Hay ___ comida en el refrigerador para ti y la niña si tienen hambre.

B The contestants are hoping to win some prizes at a game show. Look at each picture, then write down what the announcer says the contestants could win. *(50 points)*

_____ **1.** ¡Aquí tienen la mejor ___ para su casa!

_____ **2.** ¡Les va a gustar mucho este ___ !

_____ **3.** ¡Todas las casas modernas necesitan este ___ !

_____ **4.** ¡Ustedes pueden ganar esta ___ !

_____ **5.** ¡Todos quisieran tener este ___ cuando hace calor!

A While Esperanza and her friends were playing basketball in the gym, their personal belongings got mixed up in the locker room. Complete what each girl says by writing another form of the possessive adjective which corresponds to the one underlined in each statement. *(60 points)*

1. —No veo la llave de <u>mi</u> bicicleta. ¡Ah! Aquí está la llave _____ .

2. —Pues, no creo que ésa es <u>tu</u> llave. La llave _____ está allí.

3. —¿Quién tiene los anteojos de <u>nosotros</u>? Los anteojos _____ estaban

   encima de la silla.

4. —Berta, ¿tienes el anillo de Marta? No veo <u>su</u> anillo y creo que el anillo

   _____ estaba al lado de las sudaderas.

5. —Pues, yo estoy buscando <u>sus</u> carnets de identidad, los de Raquel y Marisol. Los carnets

   de identidad _____ deben estar aquí.

6. —¡Éstos no son <u>mis</u> aretes! Los aretes _____ son verdes.

B Mateo's family exchanged gifts during a recent get together. Because the cards got separated from the gifts, everyone is trying to figure out who got what. Complete the statements by using the correct form of the possessive adjective. *(40 points)*

1. —¿Es éste el collar de Verónica?

   —Sí, es el collar _____ .

2. —¿Son éstas las linternas de ustedes?

   —Sí, son las linternas _____ .

3. —¿De quiénes son estos relojes pulsera de oro? ¿De los abuelos?

   —Sí, son los relojes pulsera _____ .

4. —¿Son éstos mis anillos de plata?

   —Sí, son los anillos _____ .

A friend is helping you and your family unpack after moving to a new home. Answer your friend's questions by writing down the correct form of the possessive pronoun. Do not write the noun as part of your answer. *(100 points)*

1. —Y, ¿estas chaquetas? ¿Son de tu papá?

   —Sí, son _____ .

2. —¿Son éstos los libros de tu hermano?

   —No, _____ están al lado de la puerta.

3. —¿Esta raqueta de tenis es de tu hermano?

   —Sí, es _____ .

4. —¿Dónde pongo este radio? ¿Es de tu hermana?

   —Sí, es _____ .

5. —¿Es ése el estante de tus padres?

   —No, _____ está aquí.

6. —Creo que sólo a una persona le puede gustar este suéter amarillo. Es tuyo, ¿verdad?

   —Sí, es _____ .

7. —¿De quiénes son estos aparatos eléctricos? ¿De ustedes?

   —No sé. _____ no son tan antiguos como ésos.

8. —Aquí hay un secador de pelo. Es de tus hermanos.

   —Sí, es _____ .

9. —¿Dónde pongo estas pilas? ¿Son de papá?

   —¿No recuerdas? Tú y yo las compramos ayer para nuestro tocacintas.

   Son _____ .

10. —Pero yo creía que _____ estaban en mi coche.

    —No. Están aquí.

Several conversations are going on during the morning break at school. Choose the missing verb form from the list to complete each conversation. You may use the same verb form as often as appropriate. *(100 points)*

estuvieron	estuve	eres	eran	era	fueron	ser
estuviste	estuvo	soy	fue	es	somos	son

1. —¿De dónde _____ el estudiante rubio? ¿De Colombia o de Venezuela?

   —No sé, pero creo que todos en esa familia _____ de Latinoamérica.

   Viven aquí ahora.

2. —Me gusta mucho tu cadena. ¿_____ de plata?

   —No, mis otras cadenas _____ de plata. Ésta es de oro.

3. —¿Cuándo _____ la reunión del consejo estudiantil? ¿El martes o el jueves?

   —Hay dos reuniones y _____ el lunes y el viernes.

4. —Dolores, ¿dónde _____ el sábado pasado? Te llamé varias veces.

   —_____ con mi familia en otra ciudad.

5. —¿Qué hora _____ cuando ustedes llegaron a la casa de Rafa?

   —_____ las once, más o menos.

6. —Quisiera ir al concierto. ¿Sabes algo del concierto? ¿_____ en el teatro

   o en el parque?

   —El año pasado _____ en el parque, a las dos en punto.

7. —¿Tienes un secador de pelo? Tengo uno, pero no _____ muy bueno.

   —Sí, tengo uno, pero _____ de mi hermana. Siempre me lo presta.

8. —¿_____ tuyo ese anillo?

   —Sí. _____ un regalo de mi abuela cuando cumplí catorce años.

9. —¿Sabes cuándo va a _____ el cumpleaños de Juan Carlos?

   —Creo que ya _____ la semana pasada. ¿No lo sabías?

10. —Creo que estas llaves _____ de Julio.

   —Esta llave sí _____ de Julio, pero la otra no.

CAPÍTULO 7

Prueba cumulativa

A Miguel Ángel and his family just moved to their new home. His parents are telling the movers where to place everything. In each statement, write the word or words that correspond to the pictures. *(32 points)*

1. —¿Pueden ustedes poner _____ al lado del

_____ , por favor?

2. —Me gustaría tener _____ cerca de

_____ . Gracias.

3. —_____ debe estar al lado del _____ ,

¿verdad?

4. —Y _____ debe estar encima del _____ .

Muy bien.

B On the first day of cooking class, the teacher wants the students to familiarize themselves with the kitchen and with all of the appliances they will be using. Complete her explanation by selecting a word or an expression from the list. *(20 points)*

detector de humo	electricidad	incendio	aparatos	funcionan	apagar
de vez en cuando	en caso de	funciona	encender	mostrar	lujo

Buenos días, clase. Aquí tienen todos los __1__ eléctricos que vamos a usar este año. Primero, les quisiera __2__ cómo __3__ todos. Después de usar los aparatos, siempre los tienen que __4__. ¡Es un __5__ usar demasiado la __6__ ! Ahora quisiera hablar de cómo usar la estufa en la clase. Aquí es donde la tienen que __7__. Si hay problemas alguna vez con un __8__, tenemos un __9__ sobre cada estufa. __10__ emergencia, siempre podemos llamar por teléfono al 911.

CAPÍTULO 7

C Ignacio and his friends have gone to an auction. Their favorite rock star is selling some of his personal possessions because he wants to donate the proceeds to charity. Write the name of each object being sold. *(24 points)*

1. —Señores, _____ de _____ de su artista favorito

   sólo cuesta cien dólares.

2. —¡Qué ganga! _____ y _____ de cuando él era

   estudiante de secundaria. ¡Sólo setenta dólares cada uno!

3. —¿Lo pueden creer? ¡Son su _____

   y sus _____! Trescientos dólares por todo.

D Rosi has telephoned her friend Verónica to tell her about a birthday party this weekend. Complete their conversation by selecting the appropriate form of the verbs *ser* or *estar* from the list. *(10 points)*

soy   está   son   estás   es   eres

—Hola, Verónica. ¿Cuándo __1__ la fiesta de cumpleaños de tu prima? ¿El sábado o el domingo?

—El domingo. ¿Recuerdas que ella __2__ de Santo Domingo? Su familia no __3__ aquí. Todavía viven en Santo Domingo.

—¿De qué __4__ el suéter y la blusa que le compraste?

—El suéter __5__ de lana y la blusa de algodón.

E Guillermina and her roommates are packing after spending a week at summer camp. Since some of their personal possessions got mixed up in the dormitory, the girls want to sort them out before they return home. Write the correct possessive pronoun missing from each statement. *(14 points)*

1. —Diana, ¿son éstas tus pulseras o son las _____ ?

   —Son las _____ . Las mías están aquí.

2. —Guille, ¿estos anillos son los _____ o los de Carmen?

   —Son míos. Los _____ están encima de la mesa.

3. —Creo que ésa es la maleta mía y de mi hermana. A ver . . . ¿es la _____
   o la de Luisa y María?

   —Es la de ellas, no es la _____ .

4. —Sí, es verdad. La _____ tiene una cremallera roja.

Paso a paso 2

Nombre _____

CAPÍTULO 7

Fecha _____

Hoja para respuestas
Prueba cumulativa

A *(32 points)*

1. _____
2. _____
3. _____
4. _____

B *(20 points)*

1. _____ 6. _____
2. _____ 7. _____
3. _____ 8. _____
4. _____ 9. _____
5. _____ 10. _____

C *(24 points)*

1. _____
2. _____
3. _____

D *(10 points)*

1. _____ 4. _____
2. _____ 5. _____
3. _____

E *(14 points)*

1. _____ 3. _____
2. _____ 4. _____

CAPÍTULO 7

Examen de habilidades

I. Listening Comprehension *(20 points)*

A. Some customers have returned their purchases because they are not satisfied. Listen to their comments, then circle *Sí* if the statement is correct or *No* if it is not correct.

B. Listen to this radio advertisement for an appliance repair shop, then select the answer which best completes each statement.

II. Reading Comprehension *(20 points)*

A young married couple wants to furnish a new home. Read the advertisement they found in the newspaper, then select the answer which best completes the statement.

CASAS DE HOY

"Nuestra casa es la suya." Nuestros asistentes pueden mostrarles una variedad de planes para su cocina, sala o baño. También les ayudamos a escoger los aparatos eléctricos que conservan más energía: lavadoras, lavaplatos, secadoras o microondas. ¿No saben si escoger calefacción central o calentadores individuales? Nosotros sabemos cuáles son los más económicos. Les podemos mostrar aparatos especiales que encienden o apagan los bombillos automáticamente. Tenemos aparatos que usan pilas y por eso conservan electricidad. Toda esta información es suya cuando decidan escoger su nueva casa. Con la ayuda de CASAS DE HOY, su casa va a dar la impresión de ser de lujo. Sólo ustedes van a saber que es la casa más económica de todas.

III. Writing Proficiency *(20 points)*

Imagine that you have just received some gifts from a family you know in Latin America. Write the family a thank-you note in which you:

- name the various gifts they gave you
- explain how you plan to use each of them
- state where you will use the gifts
- explain what you like about each of them

Remember to reread your thank-you note before you hand in the test. Are the words spelled correctly? Check the endings of your verbs. Did you use the correct forms of the verbs? Did you write about each idea? Did you use a variety of vocabulary and expressions in your description of the gifts? Make changes if necessary.

CAPÍTULO 7

IV. Cultural Knowledge *(20 points)*

Answer in English based on what you learned in the *Perspectiva cultural.*

If you could go back in time and change places with a young Aztec, Mayan, or Inca, would you want to do so? Why or why not?

V. Speaking Proficiency *(20 points)*

Your teacher may ask you to speak on one of these topics.

A. I am one of your friends. Tell me about some recent purchases you made. In your discussion:

- name the purchases you made

- describe them to me

- tell me if these purchases are necessities or luxuries

- defend your reason for making these purchases

Ask me some questions about my recent purchases.

B. Tell me what appliances you have in your home. Which ones do you consider necessary and which ones do you consider to be a luxury? Tell me which appliances belong to you.

Ask me some questions about my house.

I. Listening Comprehension *(20 points)*

A. *(10 points)*

1. El cliente quiere devolver su cadena de oro porque quiere una de plata. Sí No

2. La cadena que compró el cliente costó más que la cadena de su amiga. Sí No

3. El secador de pelo que compró esta persona es de lujo. Sí No

4. En la tienda repararon el secador de pelo y ahora sí funciona. Sí No

5. El aparato para el televisor no funciona porque no tiene pilas. Sí No

6. Lo único que funciona es el control remoto. Sí No

7. El regalo para la tía tenía sólo una pulsera y un collar. Sí No

8. La señora compró dos aretes de plástico. Sí No

9. El cliente piensa que los radios en esta tienda son mejores que los tocacintas. Sí No

10. El cliente quiere devolver el tocacintas porque no funciona. Sí No

B. *(10 points)*

1. "Servicios eléctricos Manolo" puede reparar
   a. toda clase de aparato eléctrico.
   b. de vez en cuando.
   c. sólo en su tienda.

2. Cuando nuestros aparatos eléctricos no funcionan
   a. debemos comprar otros.
   b. podemos devolverlos a la tienda de Manolo y comprar otros.
   c. Manolo los repara en seguida.

3. "Servicios eléctricos Manolo" dice que
   a. no puede reparar un microondas que no funciona.
   b. no puede reparar los aparatos en su casa.
   c. puede ir a su casa.

4. "Servicios eléctricos Manolo" dice que
   a. puede mostrarles cómo conservar energía en su casa.
   b. quiere comprar detectores de humo que no funcionan.
   c. Manolo mismo no puede ayudarles.

5. En caso de emergencia "Servicios eléctricos Manolo" dice que
   a. tienen servicio sólo de día.
   b. tienen servicio sólo de noche.
   c. tienen servicio las veinticuatro horas del día.

II. Reading Comprehension *(20 points)*

1. CASAS DE HOY
    a. vende aparatos eléctricos.
    b. ayuda a sus clientes a escoger aparatos eléctricos.

2. CASAS DE HOY sirve a sus clientes con
    a. información sobre cómo conservar energía en su casa.
    b. información sobre cómo reparar aparatos eléctricos.

3. CASAS DE HOY les muestra cómo
    a. funciona un tostador.
    b. dar la impresión de lujo en una casa económica.

4. CASAS DE HOY dice que para conservar energía uno puede
    a. ahorrar su dinero y tener menos diversión.
    b. comprar aparatos que usan pilas.

III. Writing Proficiency *(20 points)*

Hola, _____ :

_____

_____

_____

_____

_____

Saludos,

_____

IV. Cultural Knowledge *(20 points)*

_____

_____

_____

_____

_____

V. Speaking Proficiency *(20 points)*

A Roberto works part-time in an information booth for tourists in his city. Several tourists have questions to ask Roberto today. Underline the word or expression that corresponds to the picture. *(40 points)*

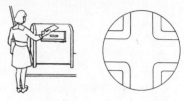

1. —¿Podrías indicarnos dónde hay (un bombero /

   un buzón), por favor?

   —Sí. Hay uno cerca del (quiosco / cruce),

   enfrente del banco.

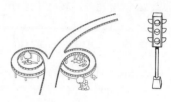

2. —Perdone, buscamos (la carretera / la carnicería)

   para seguir nuestro viaje.

   —Sí, señor. Doble a la derecha en (el semáforo /

   la señal de alto).

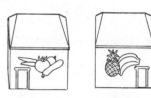

3. —Necesito encontrar (una floristería / una verdulería).

   ¿Hay una cerca?

   —Sí, señora. Queda al otro lado de (la panadería /

   la frutería).

4. —¿Sabes si hay (una heladería / una pescadería)

   cerca?

   —Sí. Está muy cerca. Queda al otro lado (del semáforo /

   de la señal de alto).

B Some tourists are talking while waiting for their tour bus. Choose the letter of the correct word or expression to complete what each one says. *(60 points)*

a. siga	**c.** cruzar	**e.** por	**g.** bombero
b. doble	**d.** teléfono público	**f.** quiosco	**h.** millas

1. No veo una librería ____ aquí. ¿Sabes dónde queda una?

2. Ayer conocimos a un ____ muy amable. Nos ayudó con un problema que tuvimos

   con el coche.

3. Cien kilómetros son sesenta y dos ____ , ¿no?

4. ¿Podrías indicarme dónde hay un ____ ? Necesito comprar un periódico.

5. ¿Busca una farmacia? ____ esta calle unas dos cuadras más. Está enfrente del correo.

6. Necesito llamar a mis padres. ¿Dónde hay un ____ ?

A On your way to the library, several people unfamiliar with your city stop to ask you where different places are located. Identify the picture which corresponds to what each person is looking for by writing the word in the space. *(60 points)*

1. Perdone, ¿sabe si hay _____

por aquí? Quisiera comprar unos pasteles.

2. Necesito unos tomates. ¿Podrías decirme

dónde queda _____ ?

3. ¡Tenemos un incendio en el coche! ¿Dónde queda

_____ ?

4. ¿Dónde hay _____ , por favor?

Queremos comprar unas flores.

5. ¿Sabes si _____ queda lejos

de aquí? Tenemos que comprar jamón y bistec.

6. Por favor, ¿hay _____ por aquí?

Tengo que llamar a mi esposo.

B You have decided to explore the city where you recently arrived as an exchange student. Even though you have a map, you still need to ask some directions. Select the word which best completes each question or statement. *(40 points)*

semáforo	metros	seguir	buzón
histórico	doblar	indicar	cruce

1. Perdone, señor. ¿Dónde hay un _____ para enviar estas cartas?

2. Señora, ¿sabe usted si hay un museo _____ cerca de aquí?

3. Señorita, ¿para llegar al centro debo _____ a la izquierda o a la derecha

en la calle Fernán?

4. ¿Me podría _____ usted dónde queda la tienda de regalos?

A A new department store has just opened up downtown. Since the customers are unfamiliar with where everything is located, several of them are asking questions. Write the letter of the picture that corresponds to each question on the line provided. *(40 points)*

a   b

____ **1.** Por favor, ¿dónde está la escalera?

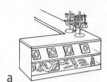

a   b

____ **2.** Perdone, ¿me podría indicar dónde queda el mostrador de joyas?

a   b

____ **3.** No puedo encontrar los servicios. ¿Están en este piso?

a   b

____ **4.** ¿Podría usted decirme dónde está la crema de afeitar?

B You and your friends are standing near the make-up counter of a department store where a customer and a sales clerk are having a conversation. Underline the words or expressions which best complete their conversation. *(60 points)*

—Señora, usted no tiene que (gastar / afeitarse) tanto dinero en maquillaje. Aquí tenemos muy buenos precios. Primero, debe (ponerse / quitarse) el maquillaje que tiene ahora. Le voy a mostrar un color más atractivo para usted.

—¿Se venden (uñas / desodorantes) aquí también?

—¡Claro que sí! Éste tiene un (perfume / labios) muy suave.

—¿Qué (lápiz de labios / venda) le gusta más a la señora?

—Me encanta el rosado. Ahora quiero ir a la sección de (ropa para damas / ropa para caballeros para comprarme un vestido nuevo.

A You promised your family that you would pick up some things for them at the drugstore. Look at the pictures, then write the name of each item that your family has asked you to buy. *(60 points)*

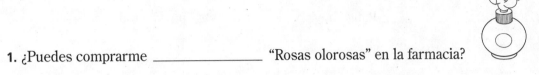

1. ¿Puedes comprarme _____ "Rosas olorosas" en la farmacia?

2. ¿Me podrías traer unas _____ , por favor?

3. Ya no tengo _____ . Necesito el color rojo.

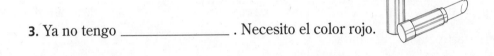

4. También necesitamos _____ .

5. Y creo que no tenemos _____ tampoco.

6. ¿Podrías traerme _____ rosado, por favor? Gracias.

B Because Manuel works in the men's accessories section located near the front door of the department store, customers are always stopping to ask him where things are located. Complete his answers to the customers by circling the letter of the correct answer. *(40 points)*

1. Sí, señora, los servicios están en el tercer piso. Debe subir en
   a. la caja.   **b.** el ascensor.

2. ¿Busca pantalones y camisas? Podría econtrarlos en
   a. la ropa para damas.   **b.** la ropa para caballeros.

3. ¿Le dan miedo los aparatos eléctricos? Pues, usted puede subir al segundo piso por
   a. la escalera.   **b.** la escalera mecánica.

4. ¿Pañuelos para hombres? Yo mismo le puedo ayudar. Tengo muchos en
   a. la salida.   **b.** el mostrador.

Sara and Celia are watching their favorite soap opera on television. As they watch today's episode, they make comments about the stars. Use the correct form of *ser* or *estar* in the present tense to complete their comments. *(100 points)*

1. —¿Dónde _____ Rafael hoy? No lo veo en este episodio todavía.

   —Sí, ¡qué lástima! Creo que él _____ el mejor actor de todos.

2. —¡Y qué guapo _____ ! Me encantan los ojos azules que tiene.

   —Allí está Fernanda. ¡Qué guapa _____ ella hoy! _____ una mujer

   muy bonita, ¿verdad?

3. —¡Escucha! Me parece que el novio de Fernanda _____ de mal humor. Los dos

   _____ muy serios ahora.

   —¡Mira! Otra persona _____ al fondo. Creo que _____ María del

   Carmen, la hermana mala de Fernanda.

4. —Celia, yo ya _____ cansada de esta telenovela. Vamos a ver otro programa.

   —No, Sara. Quiero ver qué _____ lo que va a pasar.

5. —Pues, lo mismo de siempre. ¿No _____ aburrida de mirar esta telenovela?

   —Bueno, _____ de acuerdo que _____ una telenovela un poco tonta,

   pero a veces _____ emocionante.

6. —Sí, pero hoy no _____ emocionante. Y el día _____ muy bonito

   y quiero salir a tomar el sol.

   —¡ _____ verdad! Hace sol y buen tiempo. Voy a apagar el televisor.

7. —Ahora sí _____ contenta, Celia. Vamos, que _____ perdiendo

   el tiempo hablando tonterías.

   —¿Vamos a la playa? No _____ muy lejos y podemos ir a pie.

CAPÍTULO 8   Fecha _____   Prueba **8-6**

Everyone in Carolina's family has gathered together for a wedding except Elisa, Carolina's cousin. Elisa has telephoned to give her best wishes. Complete the telephone conversation by writing the verb in parentheses in the present progressive tense to describe what each person is doing. Don't forget to use two verbs in your answer. *(100 points)*

1. —Carolina, ¿qué hacen los novios ahora?

—Los novios _____ . ¡Qué guapos están los dos!

(bailar)

2. —¿Y qué hace nuestro tío Efraín?

—Creo que _____ . No le gusta la música alta.

(dormir)

3. —¿Y nuestra tía Paquita?

—¡Qué graciosa! _____ el sombrero porque

quiere bailar. (quitarse)

4. —¿Te diviertes, Carolina?

—Pues, claro, yo _____ mucho. (divertirse)

5. —¿Y ya llegaron nuestros abuelos?

—Sí, _____ a toda la familia. (abrazar)

6. —¿Dónde está nuestra sobrinita?

— _____ su muñeca con un vestido de novia. (vestir)

7. —¿Cuándo van a abrir los regalos?

— _____ ahora. (abrir)

8. —¿Todos se sienten románticos en este momento, Carolina?

—Sí, ahora mismo nuestra tía Isabela _____ unas

velas en cada mesa. (encender)

9. —¿Qué hace Eugenia?

—Ella y yo _____ la comida para todos. Por eso

sólo puedo hablar un minuto más. (servir)

10. —¿Y tú, Elisa? ¿ _____ mucho? (estudiar)

—Sí, claro. Mañana tengo exámenes en la universidad y quiero graduarme.

Pero me gustaría estar allí con ustedes.

Trini and her friends are hiding in a dark room waiting for Vicente to arrive because they have planned a surprise party for him. Trini is so anxious that she reacts to every noise she hears. Complete her conversation with her friends by writing an affirmative word in the question, then a negative word in the answer. Do not use any word more than once. *(100 points)*

1. —¿Hay _____ en la puerta ahora? Creo que una persona habló.

   —No, Trini, no hay _____ en la puerta. ¡Cálmate!

2. —¿Qué hay enfrente de la casa? ¿Es un coche? ¿Una bicicleta? ¡Yo veo _____ !

   —No, Trini, no hay _____ enfrente de la casa, ni un coche ni una bicicleta.

3. —Beto dice que él vio un coche _____ .

   —No, Trini, tú no viste un coche, y Beto _____ .

4. —¡Uf! No puedo ver. Tengo sed. ¿Hay _____ bebida por aquí?

   —No, Mario. No hay _____ bebida. ¡Más tarde!

5. —Vicente es muy inteligente. Él _____ sabe lo que estamos haciendo.

   —No, no es verdad. Vicente _____ sabe qué estamos haciendo. ¡Esta fiesta va

   a ser una gran sorpresa!

It's David's first day in Mexico City. As he walks around the downtown area, he's trying to understand all of the signs posted in the windows of different buildings. Look at the pictures, then write down what each sign says. Use the verb in parentheses and the impersonal pronoun *se* in each answer. *(100 points)*

1. Aquí _____ muy baratos. (vender)

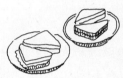

2. En nuestro restaurante _____ deliciosos. (servir)

3. _____ en el museo. (prohibir)

4. No _____ en el teatro. (permitir)

5. _____ antiguas a los coleccionistas. (mostrar)

CAPÍTULO 8

A Gregorio and his family have just moved to a new town which is still unfamiliar to them. Complete their comments by writing the word or words that correspond to each picture. *(24 points)*

1. ¿Dónde hay _____ y _____ ?

2. Necesitamos encontrar _____ y _____ .

3. Buscamos _____ y _____ .

B Luis and Benito are taking a bicycle tour through Spain. Today they plan to visit a museum located in the next town. Complete the conversation they have about the location of the museum by choosing the appropriate word from the list. *(24 points)*

kilómetros	ninguna	doblar	doble	alguien	indica

podrías	podría	siga	histórico	centro

1. —Ya viajamos unos treinta _____ esta mañana. Estoy bastante cansado.

2. —¡Yo también! Y todavía no encontramos el museo _____ que buscamos.

3. —¿Te parece que debemos preguntarle a _____ ?

4. —Me parece que sí porque este mapa no _____ nada.

5. —¡Señor! ¿Nos _____ decir dónde queda el Museo Ibérico?

6. —Claro. Primero _____ usted este camino hasta llegar al próximo pueblo.

En el _____ del pueblo está la plaza. El museo está al otro lado. _____

a la izquierda en la primera calle y allí está el museo.

—Muchas gracias, señor.

C Virginia is packing her suitcase for her trip to the mountains, where she will spend the week as a camp counselor. As she packs, Virginia is thinking about the things she will need and those she can do without on the trip. Complete her thoughts by writing the word or expression that corresponds to each picture. *(20 points)*

1. A ver, creo que debo llevar _____ y _____ .

2. También necesito _____ y _____ .

3. ¿Dónde están _____ , en caso de emergencia?

D You are telephoning some friends because you need help with your homework. However, none of your friends can help you because they are all busy doing something else. To complete your conversation with each friend, first select from the list either the affirmative or negative words that are missing. In addition, write the present progressive tense of the verb in parentheses where appropriate. Remember that you need two verbs for the progressive tense. *(24 points)*

ninguna	tampoco	algunas	ningún	nunca	algo
también	algunos	alguien	alguna	algún	ningunos

1. —Josefina, Mateo _____ tiene tiempo para ayudarme. ¿Puedes ayudarme

con la tarea, por favor?

—Ay, yo no tengo tiempo _____ . En este momento mi familia y yo

_____ para ir a una reunión en casa de mis tíos. (vestirse)

2. —Tere, _____ me puede ayudar hoy. Tú sí me puedes ayudar, ¿no?

—Me gustaría, pero _____ de mis primas van a cenar conmigo.

Yo _____ la comida ahora. (servir)

3. —Bueno. ¿Y conoces a _____ que me puede ayudar con la tarea de historia?

—Pues, creo que no porque todos _____ otras cosas. (hacer)

E Gerardo works part-time using his artistic talents by making signs such as "Spanish Spoken Here" or "Checks Cashed Here" for different stores. Complete each of Gerardo's signs by writing down the correct form of the verb in parentheses. *(8 points)*

1. " _____ frutas exóticas." (venderse)

2. " _____ aparatos eléctricos." (repararse)

3. " _____ regalos por correo." (enviarse)

4. " _____ limonada hecha en la casa." (servirse)

Nombre _____

CAPÍTULO 8

Fecha _____

A *(24 points)*

1. _____
2. _____
3. _____

B *(24 points)*

1. _____ 4. _____
2. _____ 5. _____
3. _____ 6. _____

C *(20 points)*

1. _____
2. _____
3. _____

D *(24 points)*

1. _____
2. _____
3. _____

E *(8 points)*

1. _____ 3. _____
2. _____ 4. _____

CAPÍTULO 8

I. Listening Comprehension (20 points)

A. While you are walking through a shopping mall, you overhear some conversations in which people are getting directions to a particular place. Listen to determine for which place each person has asked directions, then select the picture which matches that place.

B. Some customers are talking with a salesclerk. Listen to two different conversations, then circle *Sí* if the statement is correct or *No* if it is not correct.

II. Reading Comprehension (20 points)

Francisco has written a note telling a former teacher all about the new community in which he and his family are now living. Read Francisco's note, then select the answer which best completes each statement.

Estimado señor Soto:

Hace un mes que vivimos aquí y me gusta mucho. Todo queda muy cerca de nuestra casa. Por ejemplo, la carnicería, la verdulería y la panadería quedan a unas pocas cuadras de aquí. Hay toda clase de transporte público para ir a las tiendas que quedan en el centro. A unos metros de la casa se encuentra un almacén muy bueno. De vez en cuando tienen rebajas fantásticas. ¿Cuándo nos van a visitar usted y la señora Soto? Nuestra casa queda cerca de la carretera. A unos tres kilómetros al norte de la ciudad van a ver un semáforo donde la carretera se cruza con la calle Alvarado. Doble a la derecha en la calle Alvarado y después a la izquierda en la calle Salas. Siga la calle Salas unas tres cuadras y nuestra casa está enfrente de la farmacia.

Saludos,
Francisco

---

1. Cerca de la casa de Francisco hay
   a. una heladería y una floristería.
   b. un museo histórico.
   c. una panadería.

2. Para ir a la casa de Francisco
   a. hay que salir de la ciudad unos tres kilómetros.
   b. hay que doblar a la izquierda en la calle Alvarado.
   c. debes ir en dirección sur.

3. La casa de Francisco
   a. queda cerca de toda clase de transporte público.
   b. está en el centro de la ciudad.
   c. está lejos de todo.

4. Según Francisco
   a. la ropa siempre cuesta mucho en el almacén.
   b. nunca tienen rebajas en el almacén.
   c. de vez en cuando tienen rebajas en el almacén.

5. La casa de Francisco
   a. queda lejos de la carretera.
   b. está en la calle Salas.
   c. está en la calle Alvarado.

CAPÍTULO 8

III. Writing Proficiency *(20 points)*

In your part-time job for the Chamber of Commerce you have been asked to create a brochure describing interesting places to visit in your city. In your brochure, include information such as:

- the names of these places
- where they are located
- why someone would want to visit each one
- the directions for how to get there
- the schedule of hours and the price of entry

Remember to reread your brochure before you hand in the test. Are the words spelled correctly? Check the endings of your verbs. Did you use the correct forms of the verbs? Did you use a variety of vocabulary and expressions? Make changes if necessary.

IV. Cultural Knowledge *(20 points)*

Answer in English based on what you learned in the *Perspectiva cultural*.

Can you explain to a friend how to bargain for a purchase in an outdoor market in Guatemala? In your explanation list the steps in the bargaining process.

V. Speaking Proficiency *(20 points)*

Your teacher may ask you to speak on one of the following topics.

A. I am a stranger in your city and I don't know where anything is located. I would like to know:

- the names of different stores and what public services are available
- where they are located
- what they sell or the service they provide
- some places of interest I should visit
- how to get to them

Ask me some questions about places in my city.

B. You and I are in a department store. You are the customer and I am the sales clerk. In your conversation with me:

- tell me what things and places you're looking for
- ask me how to find each one

I. Listening Comprehension *(20 points)*

A. *(10 points)*

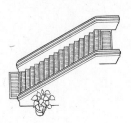

a

c

e

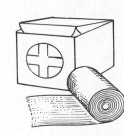

g

b

d

f

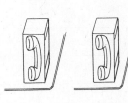

h

1. ____   4. ____

2. ____   5. ____

3. ____

B. *(10 points)*

DIÁLOGO 1

1. La señorita está en un almacén.   Sí   No

2. La señorita busca lápiz de labios.   Sí   No

3. La señorita quiere saber dónde se encuentra el esmalte de uñas.   Sí   No

4. Se venden muchas revistas en esta tienda.   Sí   No

5. El vendedor le explica a la señorita dónde queda un quiosco.   Sí   No

DIÁLOGO 2

1. La señora está en un almacén.   Sí   No

2. En esta tienda se puede subir al segundo piso en una escalera mecánica.   Sí   No

3. La ropa para caballeros está en el segundo piso.   Sí   No

4. La ropa para niños queda al fondo de la tienda.   Sí   No

5. La señora quiere ponerse el pañuelo viejo.   Sí   No

Paso a paso 2

Nombre _____

CAPÍTULO 8

Fecha _____

Hoja para respuestas 2
Examen de habilidades

II. Reading Comprehension *(20 points)*

1. ___

2. ___

3. ___

4. ___

5. ___

III. Writing Proficiency *(20 points)*

_____

_____

_____

_____

_____

_____

_____

_____

IV. Cultural Knowledge *(20 points)*

_____

_____

_____

_____

_____

_____

_____

_____

_____

V. Speaking Proficiency *(20 points)*

A You are sitting in the doctor's office with several other patients who are also waiting their turn to see the doctor. Match each statement with the corresponding picture. *(60 points)*

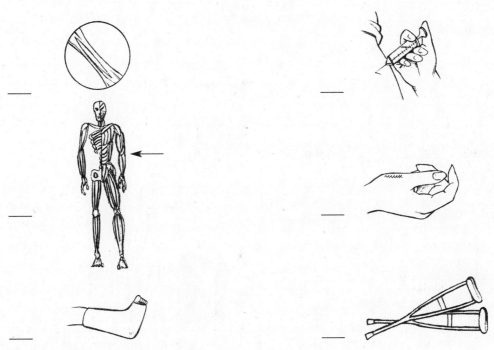

1. Llevo muletas porque me lastimé la pierna izquierda jugando al fútbol.

2. Creo que la enfermera me va a poner una inyección porque me duele mucho el oído.

3. Me rompí el hueso del brazo derecho.

4. Me parece que me van a poner un yeso.

5. Me corté en la mano. Por eso me hicieron diez puntadas.

6. Me duele mucho el codo.

B A group of students are asking one another why they have come to the nurse's office. Match the questions with the answers, then fill in the blank with the letter you have selected. *(40 points)*

____ **1.** ¿Te quemaste las manos?

____ **2.** ¿Te van a poner frenillos pronto?

____ **3.** ¿Qué te pasó en la clase de educación física?

____ **4.** ¿Hasta cuándo tienes que estar en esa silla de ruedas?

    a. Sí, poniendo el pavo en el horno.
    b. Me caí jugando béisbol.
    c. Pues, no voy a poder caminar por varios meses.
    d. Creo que sí. Voy al dentista el viernes.

A You work part-time as a receptionist in a doctor's office. Today you are talking to several patients who are complaining of a variety of problems. Complete what each patient says by writing the word or words that correspond to the picture. *(50 points)*

1. Me duele mucho _____ .

2. ¿Cuántas _____ me van a hacer?

3. Me lastimé un _____ del brazo.

4. Hace varios días que me duele _____ .

5. Ya no me duele mucho _____ .

¿Cuándo puedo jugar béisbol?

B You are thinking about going to medical school in the future. In the meantime, you work at the local hospital as a volunteer. Select a word or expression from the list to complete each of your conversations with the patients and place the corresponding letter in the space provided. *(50 points)*

a. silla de ruedas	**d.** te rompiste	**g.** me quemé	**j.** te caíste
b. rotos	**e.** operación	**h.** te quemaste	**k.** sangre
c. me rompí	**f.** una radiografía	**i.** me caí	

1. —¿Qué te pasó? ¿ ___ ?

   —Sí, y me lastimé la pierna. El doctor dice que me tiene que sacar ___ .

2. —Llevas muchas vendas en el brazo. Me parece que ___ , ¿verdad?

   —Sí, la semana pasada ___ con la estufa.

3. —¿Por qué estás en el hospital? ¿Te hicieron una ___ ?

   —No. Estoy aquí porque me están haciendo unos análisis de ___ .

4. —¿No puedes caminar? Necesitas una ___ .

   —Sí, tengo el brazo y la pierna ___ .

5. —¿Qué hueso ___ ?

   —___ el hueso que está entre el codo y la mano.

A Daniel is trying to convince some friends to accompany him on a camping trip, but they don't want to spend time outdoors. Select the picture which corresponds to what each of Daniel's friends tell him. *(40 points)*

a

d

b

e

c

f

____ **1.** Pues, no puedo. No me gustan mucho esas arañas grandes que hay en el campo.

____ **2.** Me gustaría ir, Daniel, pero soy alérgico al polen de las flores.

____ **3.** No quiero comer con tantas moscas encima de la comida. Siempre es así cuando vamos a las montañas.

____ **4.** Lo siento, Daniel, pero no me gustan las hormigas.

B You and a friend are packing for your trip to a camp where you will work as counselors. Underline the word or words which best complete the conversation the two of you are having. *(60 points)*

1. —Creo que debemos llevar el repelente para (recetarnos / protegernos) de los insectos.

—Yo llevo unas pastillas (antialérgicas / leves) por si las necesitamos.

2. —¿Debemos llevar estas (recetas / gotas) para los ojos?

—Sí, y también (la calamina / el polvo).

3. —¿Quieres tomar este jarabe para (la pastilla / la tos) que tienes?

—Sí, gracias. Todavía no (me siento / me protejo) muy bien del catarro.

A You're explaining to a kindergarten class some things they need to know about protecting themselves from insects and plants before you take them on a hike in the country. Complete your explanation by writing the word that corresponds to each picture. *(60 points)*

Hay muchos insectos en el campo que pueden picarles, por ejemplo: **1.** ,

2. y **3.** . Las **4.** pueden doler mucho.

Por eso necesitamos llevar **5.** para protegernos. También hay algunas

flores y plantas en el campo que nos hacen **6.** . Podemos tomar pastillas

para ese problema.

1. _____   4. _____

2. _____   5. _____

3. _____   6. _____

B Felicia has gone to see her doctor because she has an allergy. Select a word from the list to complete her conversation with the doctor. *(40 points)*

a. virus	**c.** tos	**e.** proteger	**g.** alergia	**i.** síntomas
b. gotas	**d.** insecticida	**f.** polvo	**h.** enfermedad	**j.** infección

FELICIA   Doctor, no me siento muy bien. Tengo una fuerte ____ a algo

pero no sé a qué.

DOCTOR   A ver. ¿Qué ____ tiene Ud.?

FELICIA   Tengo ____ y me duelen mucho los ojos. El jarabe que estoy

tomando no me la quita.

DOCTOR   A veces hay mucho ____ en la casa y ése puede ser el problema.

FELICIA   Creo que no, porque limpio la casa muy bien todos los días.

DOCTOR   ¿Tiene usted gatos?

FELICIA   Sólo ocho.

A Rosario is talking to her cousin Luisa about what their relatives did at the last family picnic. Complete each sentence by changing the verb in parentheses to the imperfect progressive tense. Remember that you must use two verbs to express the imperfect progressive tense. *(50 points)*

1. Nuestros primos _____ . (comer)

2. Susanita _____ . (llorar)

3. Tú _____ . (sacar fotos)

4. Nuestro abuelito _____ . (dormir)

5. El amigo de papá _____ . (cocinar)

B Tomás works part-time at a medical clinic. He has phoned his friend Miguel to tell him about the busy Saturday night everyone had at the clinic. Finish his statements by changing the verb in parentheses to the imperfect progressive tense. *(50 points)*

1. Cuando llegó la ambulancia, yo le _____ un

   yeso a un señor. (poner)

2. Cuando se apagaron las luces, la enfermera le

   _____ una radiografía a una niña. (sacar)

3. Cuando los doctores llegaron, nosotros _____

   las camas para unos jóvenes. (hacer)

4. Cuando llegó la policía después del accidente, tú me

   _____ por teléfono. (llamar)

5. Cuando se durmieron los pacientes, los enfermeros

   _____ a más pacientes nuevos. (recibir)

A A newspaper reporter is asking you questions because you were a witness to an accident. Complete your statements to the reporter by writing the first verb in parentheses in the preterite tense, then the second verb in the imperfect progressive. Remember to use two verbs for the imperfect progressive tense. *(50 points)*

1. Cuando yo _____ del almacén, un coche _____

   al semáforo. (salir / llegar)

2. El conductor del taxi no _____ la luz roja porque

   _____ por teléfono. (ver / hablar)

3. Cuando _____ el accidente, yo _____ para llamarle

   la atención al conductor del taxi. (ocurrir / correr)

4. Un policía _____ a la ambulancia y algunas personas

   _____ a las víctimas. (llamar / ayudar)

5. Cuando usted _____ la fotografía, los enfermeros ya les

   _____ en la ambulancia. (sacar / poner)

B You are trying to explain to your best friend why you arrived so late. Complete your statements by writing the first verb in parentheses in the imperfect progressive tense and the second verb in the preterite. *(50 points)*

1. Yo _____ cuando Juanita

   _____ por teléfono. (vestirse / llamar)

2. Ella _____ tonterías. Por eso yo le _____ que

   tenía que despedirme. (hablar / decir)

3. Después, yo _____ el pelo cuando

   mi mamá me _____ prestado el secador. (secarse / pedir)

4. Ya eran las cinco y yo _____ cuando

   mi papá _____ en la cocina. (maquillarse / quemarse)

5. A las cinco y media yo ya _____ de mi casa cuando

   _____ mi prima Carmen de visita. (salir / llegar)

A The doctor's waiting room is filled today with several patients who were in an accident. Complete what each patient says by first writing the action that corresponds to the picture in the imperfect progressive tense. Then change the verb *caerse* to the appropriate form of the preterite tense. *(50 points)*

1. Yo _____

   cuando _____ .

2. Mis hermanos _____

   cuando _____ .

3. ¿Tú _____

   cuando _____ ?

4. Mi hija _____

   cuando _____ .

5. Mi esposo y yo _____

   cuando _____ .

B You are discussing with your friends what you read in different newspapers about a famous celebrity who has just been in an accident. Each of you has a different version of what the celebrity was doing at the time of the accident. Use the correct form of the verb *leer* in the preterite tense in each of these statements. *(50 points)*

1. Yo _____ que estaba subiendo una pirámide cuando ocurrió el accidente.

2. Alicia _____ que estaba paseando en bote cuando ocurrió el accidente.

3. Pues, mis amigos _____ que estaba montando en bicicleta cuando ocurrió el accidente.

4. Manolo, ¿no _____ tú que estaba reparando las luces de su coche cuando ocurrió el accidente?

5. Isa y yo _____ que estaba apagando un incendio en la casa de un vecino cuando ocurrió el accidente.

A Adán has discovered that he is allergic to a particular perfume. As he enters the party tonight, he recognizes the faint smell of that perfume. Complete the conversations Adán has with each person by using the correct form of the verb *ponerse* in the preterite tense. Don't forget to use the appropriate form of the pronoun *se* along with the verb. *(70 points)*

1. —¿Qué _____ tú, Maribel?

   —_____ calamina porque tengo una picadura.

2. —¿Qué _____ ustedes, Vicente y Julio?

   —_____ repelente. Hay muchos mosquitos aquí.

3. —Mateo, ¿qué _____ tu novia Raquel?

   —No sé, pero yo _____ unas gotas para los ojos porque

   tengo alergia.

4. —¡Hola, Adán! ¿Te gusta el perfume que Diana y yo _____?

   Es Bellaflor, tu perfume favorito.

   —¡No me digas! Lo siento, pero ¡soy alérgico a ese perfume!

B Sara is asking her friend Adriana where she put some things that she needs. Complete her questions with the correct form of the verb *poner* in the preterite tense. *(30 points)*

1. ¿Sabes dónde _____ Manolo mi juego de ajedrez?

2. ¿En qué cuarto _____ tú y Nacho mi televisor pequeño?

3. Adriana, ¿dónde _____ mi tocacintas? Recuerdo que yo

   lo _____ encima del escritorio.

CAPÍTULO 9

A The students in the physical education class are practicing how to administer first aid. Complete what the instructor is telling them by writing the word that corresponds to each picture. *(24 points)*

1. Podemos poner al paciente en _____

mientras llega _____ .

2. Tenemos _____ para las personas

que tienen problemas en _____ .

3. Para las personas con alergia al _____

les podemos dar _____ .

B The emergency room is filled with patients this weekend. Complete the various conversations the doctors are having with the patients by filling in the appropriate word or words from the list. *(18 points)*

| radiografía | te cortaste | me quemé | se rompió | me corté | mariscos |
| antialérgicas | te quemaste | me caí | antibiótico | me rompí | roto |

1. —Voy a darle estas pastillas _____ .

—Sí, doctor. Ahora ya sé que no puedo comer _____ .

2. —¿Con qué _____ el dedo?

—_____ con un cuchillo.

3. —Debemos hacerle una _____ de este hueso.

—¿Está _____ , doctor?

C Mariana has phoned her aunt Aurelia to tell her about all the accidents in the family. Complete their conversation by first writing the word that corresponds to the picture, and then writing the verb *caerse* in the preterite tense. *(28 points)*

1. Al tío Ricardo le duele mucho _____

del brazo izquierdo. _____ de la bicicleta.

2. Tienen que sacarles _____

a nuestros gatos porque _____ de un árbol.

3. Y Vicente y yo tuvimos que ir a _____

porque _____ subiendo las ruinas en Guatemala.

4. ¡No me digas, Aurelia! ¿Tienes que llevar _____ ahora?

¿_____ en el supermercado? Ay, ¡lo siento mucho!

D Alfonso is rarely surprised when his family and friends try to organize a surprise birthday party for him, but this time they managed to plan everything without his knowledge. Complete the conversation below by using the imperfect progressive tense of the verb in parentheses. Then, fill in the preterite tense of either *poner* or *ponerse,* depending on which one is appropriate. Remember that the progressive tense always requires two verbs. *(30 points)*

1. —Mientras tú _____ , papá y yo _____ el pastel en el comedor. (dormir)

2. —Y mientras yo _____ , tu hermana _____ la comida sobre la mesa. (vestirse)

3. —Mientras tus amigos _____ , yo _____ tu regalo en la sala. (hablar)

4. —Y mientras Berta _____ las luces, tú _____ la ropa para salir. (apagar)

5. —Mientras nosotros _____ la comida, Lola e Isabel _____ las velas sobre el pastel. (preparar)

Paso a paso 2

Nombre _____

CAPÍTULO 9

Fecha _____

Hoja para respuestas
Prueba cumulativa

A *(24 points)*

1. _____
2. _____
3. _____

B *(18 points)*

1. _____
2. _____
3. _____

C *(28 points)*

1. _____
2. _____
3. _____
4. _____

D *(30 points)*

1. _____
2. _____
3. _____
4. _____
5. _____

Examen de habilidades

CAPÍTULO 9

Nombre

Fecha

A *(24 points)*

1. _____
2. _____
3. _____

B *(18 points)*

1. _____
2. _____
3. _____

C *(28 points)*

1. _____
2. _____
3. _____
4. _____

D *(30 points)*

1. _____
2. _____
3. _____
4. _____
5. _____

CAPÍTULO 9

I. Listening Comprehension *(20 points)*

A. Rogelio is telling a friend about an event that he recently attended. The event was sponsored by a local hospital in order to raise money. Listen to Rogelio's explanation of what happened, then circle *Sí* if the statement is correct or *No* if it is not correct.

B. Cristina works as a nurse's aid in a medical clinic on weekends. Listen to the telephone conversations she had today with some patients, then match each conversation with the corresponding picture.

II. Reading Comprehension *(20 points)*

While riding on the city bus, Mauricio reads some advertisements posted above the seats. Read each one of these advertisements, then select the best answer to complete each statement.

Nuestros pacientes son los expertos. Lean ustedes lo que dice uno de ellos después de visitar CENTRO MÉDICO:

"El año pasado, cuando mi hijo tuvo un accidente, fue necesario ir a tres lugares diferentes. Primero fuimos a un lugar para hacerle un análisis de sangre, luego a otro para la radiografía y a un tercer lugar para las puntadas y el yeso. Además de estar cerca de médicos y dentistas, CENTRO MÉDICO tiene todos los servicios en el mismo lugar y también su propia farmacia. Cuando pienso en mi familia, no quisiera pensar ni en accidentes ni en enfermedades. Pero, en caso de emergencia, me gusta saber que puedo encontrar todo lo que necesito sin tener que correr por todas partes de la ciudad."

Para más información llamen a los doctores de CENTRO MÉDICO al teléfono 16-85-36.

1. En CENTRO MÉDICO
   a. se puede sacar una radiografía.
   b. no hay calamina.

2. Se puede ir a CENTRO MÉDICO
   a. y alquilar aparatos médicos.
   b. si busca pastillas antialérgicas.

3. CENTRO MÉDICO
   a. puede recetarle algo para la tos.
   b. no le puede hacer puntadas.

4. Si alguien se rompe una pierna
   a. debe ir a CENTRO MÉDICO.
   b. CENTRO MÉDICO no le puede ayudar.

III. Writing Proficiency *(20 points)*

You work in a medical clinic. You have been asked to design a form for Spanish-speaking clients. In the form, include questions and check lists related to:

- allergic reactions

- previous operations

- broken bones

- any persistent symptoms

Now, imagining that you are a typical patient, answer the questions.

Remember to reread your questions and answers before you hand in the test. Are the words spelled correctly? Check the endings of your verbs. Did you use the correct question words? Are the verbs in the appropriate tense? Did you write about each idea? Did you use a variety of vocabulary and expressions in your form? Make changes if necessary.

IV. Cultural Knowledge *(20 points)*

Answer in English based on what you learned in the *Perspectiva cultural*.

Why might someone who lives on the U.S.-Mexican border choose to buy antibiotics in Mexico? Explain how they would locate a pharmacy late at night.

V. Speaking Proficiency *(20 points)*

Your teacher may ask you to speak on one of these topics.

A. You have come to see me because I am a doctor. Tell me about an accident you have had or a medical problem. I would like to know:

- what symptoms you have

- how long you have had each one

- what happened to cause the problem

- what you did to help yourself before you came to see me

Ask me some questions about your situation.

B. You are giving a brief talk in your health class. The purpose of your talk is to explain how to protect oneself against allergies and what a person should do in case of an allergic reaction.

Ask me some questions about the topic.

Paso a paso 2

Nombre

CAPÍTULO 9

Fecha

Hoja para respuestas 1
Examen de habilidades

I. Listening Comprehension *(20 points)*

A. *(10 points)*

1. Rogelio jugó en un partido de básquetbol.   Sí   No

2. Unos amigos de Rogelio están en el hospital porque tuvieron un accidente.   Sí   No

3. Los jugadores son jóvenes enfermos.   Sí   No

4. Rogelio fue a ver un partido en que los jugadores eran doctores.   Sí   No

5. El partido era para divertir a los jóvenes enfermos.   Sí   No

6. Los médicos estaban jugando en sillas de ruedas.   Sí   No

7. Rogelio tenía que ir a la sala de emergencia.   Sí   No

8. Unos jugadores tuvieron un accidente mientras jugaban en el partido.   Sí   No

9. Rogelio trabaja en un hospital los sábados y domingos.   Sí   No

10. Uno de los médicos no puede caminar muy bien ahora.   Sí   No

B. *(10 points)*

a

b

c

d

e

f

1. ____   4. ____

2. ____   5.

3. ____

CAPÍTULO 9

II. Reading Comprehension *(20 points)*

1. ___   3. ___

2. ___   4. ___

III. Writing Proficiency *(20 points)*

_____

_____

_____

_____

_____

_____

_____

_____

_____

IV. Cultural Knowledge *(20 points)*

_____

_____

_____

_____

_____

_____

V. Speaking Proficiency *(20 points)*

A The teacher in your film studies class is asking the students about the movies they have recently seen. Match each student's description with the corresponding picture. *(40 points)*

a

d

b

e

c

f

____ **1.** Vimos una película que se trata de unos ladrones que roba un banco.

____ **2.** Martín y yo fuimos a ver la película "Vaqueras." Nos gustó mucho.

____ **3.** Reina me invitó a ver una película en la que un detective mata a otro sin saber quién era.

____ **4.** Me encantan las películas de extraterrestres. El mes pasado vi tres.

B You are telling a friend about the play you saw recently because she is trying to decide whether or not to see it. Underline the appropriate word or expression to complete your conversation. *(60 points)*

1. —¿Qué tal es (la escena / el argumento) del drama?

—¡Excelente! El mismo director escribió (el guión / el papel) también.

2. —¿De qué (se trata / hace el papel)?

—De una mujer que (actúa / se enamora de) un policía que investiga un crimen en

su apartamento.

3. —¿Y qué tal (el personaje / la actuación)?

—MariCarmen de la Rosa es la (heroína / personaje) perfecta. Ella es muy buena actriz.

A The drama teacher has just chosen the cast for the school play. Look at the pictures of the different characters in their costumes that the director is showing to the cast members. Write down the word or words that correspond to each picture. *(60 points)*

1. Joaquín, para hacer el papel de _____

necesitas un abrigo largo.

2. Teodoro, tú eres _____

y vas a llevar una máscara.

3. Paulina, ¿tienes un vestido elegante

para _____ ?

4. René y Sam deben llevar pañuelos sobre la boca para

hacer el papel de _____ .

5. Violeta, creo que debes vestirte de blanco para el papel

de _____ .

6. ¿Quién sabe _____ ? Se necesita para

el papel de vaquero.

B For career day at school, Virgilio and Liliana are discussing some professions associated with the film industry. Choose words or expressions from the list to complete their conversation. Use each word or expression only once. *(40 points)*

los efectos especiales	la fotografía	guiones	actuar
el argumento	la escena	personaje	dirigir

1. —A mí me encantaría _____ películas porque me gustaría decirles

a los actores qué deben hacer.

2. —Pues, a mí no. Yo quisiera ser actriz. Yo prefiero _____ .

3. —También estaba pensando en hacer algo con _____ . Se puede hacer

mucho con la tecnología de las computadoras.

4. —Yo prefiero trabajar con ideas y palabras. Me gustaría mucho escribir _____ .

A You are talking with your friends about the television programs you each saw this past weekend. Select the picture that corresponds to each statement in your conversation, then write down the letter of your choice. *(30 points)*

a

b

___ **1.** Anoche en las noticias dijeron que hubo una inundación en Tennessee.

a

b

___ **2.** Me gustó el programa de concursos que vi. Un joven ganó un viaje a Puerto Vallarta.

a

b

___ **3.** Anoche, mientras miraba las noticias, vi que hubo un derrumbe cerca de nuestra casa.

B Ernesto and Justino agree about the soap opera they watched just once on television. Select the letter of the word or expression which best completes their conversation. *(70 points)*

a. tiene éxito	**d.** violencia	**g.** el hecho
b. destruyó	**e.** tonta	**h.** cambiar
c. fracaso	**f.** dañar	**i.** ocurrió

1. —Es una telenovela muy ___, ¿verdad?

2. —Sí. El galán es un ___ total. Nunca puede besar a la heroína.

3. —Además, hay bastante ___ también. ¿Viste cómo el ladrón mató a la novia de su hermano?

4. —Pues, me gustó la escena en que el personaje sin dinero ___ porque la joven más bonita se enamora de él.

5. —¿Qué ___ después?

6. —___ es que no vi más. Decidí ___ de canal.

A Your television production class is preparing the script for today's weather report. Write down the type of weather shown in each picture. *(60 points)*

1. Ayer en el Caribe hubo _____ .

2. Me parece que van a tener _____

en el este de los Estados Unidos.

3. El pronóstico para Texas es lluvia y ya tienen

_____ cerca de la capital.

4. No pueden ir a las montañas este fin de semana. Hay

_____ cerca de la carretera.

5. En California hubo _____ anoche,

pero no fue muy fuerte.

6. Hay peligro de _____ en Hawai esta tarde.

B You're telling a friend about a situation comedy you just saw on television. In the episode you are describing, Sergio and Osvaldo are ten-year-old twins with opposite personalities. Write down the word which best expresses the opposite idea of the one underlined in each statement. *(40 points)*

1. —Osvaldo siempre <u>tiene éxito</u> en todo, pero todo lo que hace su hermano Sergio siempre

es _____ .

2. —Sí, cuando Osvaldo <u>hizo</u> un pastel para su amiga, Sergio lo _____ .

3. —Es verdad. Osvaldo es <u>pacífico</u> y no es nunca _____ como Sergio.

4. —Sergio hace cosas _____ . Osvaldo siempre hace cosas <u>inteligentes</u>.

During a trial, the prosecuting attorney is asking questions of the policeman who found the murdered victim and of the doctor who performed the autopsy. Choose the letter of the appropriate verb in the correct tense, then write it in the space provided. *(100 points)*

1. —¿Qué hora ___ cuando usted ___ al restaurante?
   a. fue
   b. era
   c. llegó
   d. llegaba

2. —Creo que ___ las once y media cuando yo ___ .
   a. llegué
   b. llegaba
   c. fueron
   d. eran

3. —¿Qué tiempo ___ cuando usted ___ a la víctima?
   a. hizo
   b. hacía
   c. encontró
   d. encontraba

4. —___ mucho. Por eso yo no ___ ver el cuerpo hasta más tarde.
   a. nevó
   b. nevaba
   c. pude
   d. podía

5. —¿ ___ de noche o de día cuando alguien ___ a la víctima?

   —Pues, sólo soy policía. Me parece que un médico podría decirle más.
   a. fue
   b. era
   c. mató
   d. mataba

6. —A ver, doctor. ¿Cuándo ___ a la víctima? ¿ ___ tarde o temprano?
   a. mataste
   b. mataron
   c. eran
   d. era

7. —Pues, el cuerpo no ___ muy descompuesto porque ___ mucho frío.
   a. estaba
   b. estuvo
   c. hacía
   d. hubo

8. —Bueno, doctor. Lo que ___ saber es a qué hora ___ a la víctima.
   a. queríamos
   b. quieres
   c. mató
   d. mataron

9. —Bueno, yo digo que ___ como a las once de la mañana, así que ___ de día.
   a. fue
   b. fueron
   c. era
   d. eran

10. —Si el crimen ___ de día, el acusado ___ en su trabajo. ¡Es inocente!
   a. estaba
   b. está
   c. fui
   d. fue

A Laurita has just asked the baby sitter to read her the story of *Ricitos de oro y los tres osos.* Decide whether the missing verb should be in the preterite or imperfect tense. Pick the appropriate verb in the correct tense from the list, and don't use any verb more than once. Write your answer in the space provided. *(50 points)*

encontraba	caminaba	decidía	tenía	llamó	hubo
preparaba	preparó	estuvo	estaba	caminó	dijo
encontró	llamaba	decidió	vivían	había	decía

_____ una vez una familia de tres osos: el papá oso, la mamá osa y el bebé oso.

_____ en el bosque. Un día, la mamá osa _____ tres platos de avena.

La familia _____ dar un paseo porque la avena _____ muy caliente. Cerca

de allí, una niña _____ por el bosque cuando _____ la casa de los osos.

"¡Qué casa tan bonita!," _____ ella. La niña se _____ Ricitos de oro

porque _____ el pelo rubio como el color del oro.

B Your friends were unable to do some things this past weekend because they weren't feeling well. The following statements are some of their explanations. Underline the correct verb in each statement. *(50 points)*

1. No (fui / iba) al concierto con María porque (tenía / tuve) fiebre.

2. Mi hermano y yo no te (llamamos / llamábamos) porque (estábamos / estuvimos) enfermos.

3. No te (llamé/llamaba) para ir de compras porque (me caía / me caí) en el gimnasio jugando

básquetbol.

4. No (hice / hacía) la tarea anoche porque (me sentía / me sentí) mal.

5. No (tuve / tenía) mucha hambre. Por eso, no (comí / comía) nada en el restaurante.

Some witnesses are reporting to the police their version of what happened at the crime scene. Decide whether the verb should be in the preterite or the imperfect tense, then underline your choice. Remember that the imperfect tense is used to contrast a continuing action with an action that has a definite beginning and end. *(100 points)*

SEÑOR   El viernes (llovía / llovió) cuando mi esposa y yo (llegábamos / llegamos)

al banco. Creo que (eran / fueron) las dos y media cuando nosotros

(entrábamos / entramos) para protegernos de la lluvia.

POLICÍA   Mientras (estaban / estuvieron) en el banco, ¿(veían / vieron) al ladrón?

SEÑORA   Yo sí. (Era / Fue) un señor muy alto, de pelo rubio y (llevaba / llevó)

una sudadera muy vieja y sucia. Mi esposo no lo (veía / vio), pero yo sí.

POLICÍA   ¿Y qué (estaba haciendo / estuvo haciendo) el ladrón cuando usted lo

(veía / vio), señora?

SEÑORA   Pues, mientras el ladrón (iba / fue) hacia la caja, (sacaba / sacó) una pistola

del bolsillo. La cajera le (daba / dio) todo el dinero que (tenía / tuvo) en el

mostrador.

POLICÍA   ¿Qué (ocurría / ocurrió) después, señorita?

SEÑORITA   El ladrón (ponía / puso) el dinero en un saco y (corría / corrió) hacia la calle.

Pero como todavía (estaba lloviendo / estuvo lloviendo), el ladrón

(se caía / se cayó). ¡Había dinero por todas partes!

Octavio is a reporter trying to get the facts from some witnesses who saw something unusual occur in the park. Complete his interview with them by writing the correct form of the verb *decir* in the preterite tense. *(100 points)*

1. —¿Ustedes _____ que vieron unas luces en el cielo?

   —No, nosotros _____ que vimos unas luces detrás de los árboles.

2. —Y usted, señor, ¿también _____ que vio algo cerca de los árboles?

   —Es verdad. Yo le _____ a mi esposa que vi un robot cerca de un aparato

   que tenía luces verdes y azules.

3. —Pero, mi amor, tú me _____ que había dos o tres robots.

   —¿Y quién me _____ que eran extraterrestres?

   —Yo lo _____ . No pueden ser otra cosa.

4. —Perdón, señores, pero no se permite estar en el parque ahora. Estamos haciendo

   una película esta noche. ¿No les _____ nada en la entrada?

   —No, nadie nos _____ nada.

5. —Soy reportero y alguien me _____ por teléfono que debía investigar algo raro

   en el parque. Señor, ¿usted es el director de la película? ¿Me podría decir algo sobre los

   actores y el argumento de la película?

CAPÍTULO 10

Prueba cumulativa

A You and a friend are trying to decide which movie you want to see in your neighborhood theater. Look at the pictures, then write the corresponding word or expression. *(24 points)*

1. —¡María de Soto es la actriz y la _____ favorita de todos! En

   esta película ella es _____ que está en peligro porque tiene

   unos documentos secretos.

2. —Creo que me interesa más ver una película de _____

   o de _____ .

3. —En esta película del oeste tu _____ favorito hace

   el papel de _____ .

B Andrés is the movie critic for his school newspaper. Select the missing word or expression from the list to complete what he has written this week about a movie. *(24 points)*

efectos especiales	la actuación	fotografía	escenas
película de acción	argumento	basada	el guión

   Si quieren ver una __1__ en la cual no hay ningún momento aburrido, deben ver *Fugitivos*

de otro planeta. Esta película ganó el segundo lugar en el Festival de Cine por los __2__ tan

fantásticos. __3__ de Raimundo Scott y Lalo Rodrigo es impresionante. La película tiene

muchas __4__ emocionantes y un __5__ realista y complicado. El mismo director escribió

__6__ . Gracias a las cámaras y tecnología moderna, la __7__ es sensacional. La película

está __8__ en una novela de ciencia ficción de Virgilio Montenegro.

CAPÍTULO 10

Prueba cumulativa

C Ester is shopping with her family for a new television set. All of the sets in the store are on and tuned to different channels. Write the word or expression that corresponds to each picture Ester and her family see as they browse through the store. *(24 points)*

1. Mamá, ¿viste el pronóstico del tiempo? Parece que vamos a tener

_____ y posiblemente _____.

2. ¡Papá! En este programa están hablando de _____. En aquél están

explicando qué hacer en caso de _____.

3. ¡Ester! _____ está hablando de _____ de un volcán en Hawai.

D Horacio has decided to write a soap opera as part of an assignment for his television and radio broadcasting class. Complete his script by choosing the correct word or words from the list. Notice that the verb forms in the list are either in the preterite or imperfect tense. Think about which one is the most appropriate before you write your answer. *(28 points)*

te enamoraste	fracaso	guardabas	exagerada	estuve
se enamoró	destruyó	estaba	heroína	dije
estábamos	divertíamos	fue	dijiste	era

ELLA Sí, mientras yo __1__ aquí pensando en ti, tú __2__ de esa mujer tan fea.

ÉL ¡Qué __3__ eres, Marianela! Aurora __4__ de mí porque ella y yo siempre

nos __5__ cuando __6__ juntos.

ELLA Pero, ¿por qué me __7__ la otra noche que nuestra relación __8__ un amor perfecto?

ÉL __9__ tu imaginación la que te mintió. Yo nunca __10__ eso.

ELLA ¡Mi imaginación! Sólo sé que Aurora __11__ nuestro amor. ¡Qué __12__ !

ÉL Adiós, Marianela. Yo __13__ enamorado de ti antes, pero ahora Aurora es

mi __14__ favorita.

Nombre _____

CAPÍTULO 10

Fecha _____

A *(24 points)*

1. _____
2. _____
3. _____

B *(24 points)*

1. _____ 5. _____
2. _____ 6. _____
3. _____ 7. _____
4. _____ 8. _____

C *(24 points)*

1. _____
2. _____
3. _____

D *(28 points)*

1. _____ 8. _____
2. _____ 9. _____
3. _____ 10. _____
4. _____ 11. _____
5. _____ 12. _____
6. _____ 13. _____
7. _____ 14. _____

CAPÍTULO 10

I. Listening Comprehension *(20 points)*

A. Laura can hear several radio broadcasts as she walks through the park. Listen to each one, then select the picture that matches what Laura hears.

B. Rolando is listening to an interview on the radio in his car as he goes to school. Listen to the conversation, then circle *Sí* if the statement is correct or *No* if it is not correct.

II. Reading Comprehension *(20 points)*

Mariluz is reading a story to Rosita, a young child she takes care of on the weekends. Read part of the story Mariluz has chosen for Rosita, then select the answer which best completes each of the statements.

Había una vez una bella joven que estaba muy triste porque su padre se perdió en el bosque. La muchacha no sabía que su padre era víctima de un monstruo feo y cruel, y que no podía escaparse. La joven salió de su casa montada a caballo para ir a buscar a su padre. Viajó por mucho tiempo hasta que encontró al monstruo y a su padre, quien estaba muy enfermo. El monstruo le dijo a la joven que su padre podía irse, pero que ella tenía que quedarse y vivir con él. Pasaron los días y los meses, y con el tiempo la bella joven aprendió a querer al monstruo, pero todavía estaba triste. Quería ver a su padre.

1. La bella joven estaba triste porque
   a. el monstruo mató a su padre.
   b. su padre no estaba en casa.
   c. ella se perdió en el bosque.

2. El monstruo
   a. destruyó la casa del padre.
   b. estaba muy enfermo.
   c. escondió al padre en su casa grande.

3. El padre de la bella joven
   a. podía irse a su casa, pero la joven tenía que quedarse con el monstruo.
   b. tenía que quedarse con el monstruo y su hija en la casa grande.
   c. trató de matar al monstruo para salvar a su hija.

4. En la casa grande del monstruo
   a. la joven no quería al monstruo.
   b. la joven le dijo al monstruo que no quería quedarse con él.
   c. la joven aprendió que el monstruo no era tan cruel.

CAPÍTULO 10

III. Writing Proficiency *(20 points)*

You have been hired by a newspaper to be a film critic. In your weekly column, write a movie review about a particular film. Include information about the:

- acting
- directing
- plot
- special effects
- reaction you had to the film

Remember to reread your review before you hand in the test. Are the words spelled correctly? Check the endings of your verbs. Are the verbs in the appropriate tense? Did you write about each idea? Did you use a variety of vocabulary and expressions in your description of the film? Make changes if necessary.

IV. Cultural Knowledge *(20 points)*

Answer in English based on what you learned in the *Perspectiva cultural.*

What do both English and Spanish-language soap operas have in common? Can you describe some characteristics of soap operas produced in Latin America that would not be typical of those produced in this country?

V. Speaking Proficiency *(20 points)*

Your teacher may ask you to speak on one of the following topics.

A. Tell me about a movie you have recently seen. I would like to know:

- what kind of movie it was
- something about the actors
- what happened in the movie
- how a particular problem in the plot was resolved
- what your opinion of this film is

Ask me some questions about a film I saw recently.

B. You are a television announcer reporting the news of the day. In your report, include information about the news, the weather, and some programs that the viewers might want to watch after your broadcast.

Paso a paso 2

Nombre _____

CAPÍTULO 10

Fecha _____

Hoja para respuestas 1
Examen de habilidades

I. Listening Comprehension *(20 points)*

a

b

c

d

e

f

g

h

A. *(10 points)*

1. ____   4. ____

2. ____   5. ____

3. ____

B. *(10 points)*

1. Rolando está escuchando un programa de concursos.   Sí   No

2. El galán es un actor en una película de ciencia ficción.   Sí   No

3. El actor principal de esta película no está en el programa que escucha Rolando.   Sí   No

4. Unos extraterrestres hacen el papel de científicos.   Sí   No

5. El galán de esta película actúa frecuentemente en películas de ciencia ficción.   Sí   No

6. Según el galán, la actuación es muy buena.   Sí   No

7. Los extraterrestres están en la Tierra para protegerla de un virus.   Sí   No

8. El científico es un extraterrestre con un disfraz de ser humano.　　Sí　　No

9. Los extraterrestres están en la Tierra para destruirla.　　Sí　　No

10. El programa que Rolando está escuchando es una entrevista.　　Sí　　No

II. Reading Comprehension *(20 points)*

1. ____　　　　3. ____

2. ____　　　　4. ____

III. Writing Proficiency *(20 points)*

_____

_____

_____

_____

_____

_____

_____

_____

_____

IV. Cultural Knowledge *(20 points)*

_____

_____

_____

_____

_____

_____

_____

_____

V. Speaking Proficiency *(20 points)*

A You are talking with a friend about possible careers. Match your statements with the appropriate picture, then write the letter in the space provided. *(40 points)*

a   b

____ **1.** —¿Te gustaría ser deportista?

a   b

____ **2.** —No sé. Conozco a una señora que es juez y me parece una profesión fascinante.

a   b

____ **3.** —Yo quisiera ser abogado.

a   b

____ **4.** —Pues, yo creo que me gustaría ser obrera.

B Your sociology teacher has asked the students to discuss possible careers. Underline the word or words which best complete your conversation with one of your classmates. *(60 points)*

1. —¿Crees que (la profesión / la política) de enfermera podría ser interesante?

—Creo que sí. Pero hay que (ganarse la vida / dedicarse) a ella en serio.

2. —¿Te parece una (ventaja / negocios) estudiar en la universidad?

—Pues, si te interesa ser (veterinaria / novela), creo que es necesario.

3. —¿Cuál es (la educación / la desventaja) de ser cantante?

—(Quisiera / Conozco) ser cantante, pero hay que viajar mucho todo el año.

A You and some friends are discussing what you might do after graduating from high school. Complete the statements by writing the word or words that correspond to each picture. *(60 points)*

1. Ahora soy _____ los fines de semana

　y me aburre mucho. Por eso, prefiero estudiar en la

　universidad después de graduarme.

2. A mí me gustaría ser _____ .

3. Ya sé que voy a ser _____

　después de graduarme.

4. Pienso estudiar en una escuela técnica. Me gustaría

　mucho ser _____ .

5. Mi tía tiene mucho éxito porque es _____ .

　Creo que me gustaría hacer lo mismo que ella.

6. A mí me encanta la ciencia. Quiero estudiar para ser

　_____ .

B You are interviewing some professional people who are visiting your school on career day. Choose a word or expression from the list, then write it in the appropriate space to complete your interview. Use each word or expression only once. *(40 points)*

ganarme la vida	negocios	dedicarte	mecánicos	jueces
desventaja	educación	quisieras	ventaja	quisiera

1. —¿Los _____ tienen que estudiar muchos años?

　—¡Claro! Y si piensas _____ a esa profesión, primero debes estudiar

　para ser abogado.

2. —¿Qué _____ tiene estudiar en la universidad si quiero trabajar con

　computadoras?

　—Depende. Si tú _____ trabajar con computadoras, también puedes

　estudiar en una escuela técnica.

A Your science teacher has asked the class to discuss what the planet Earth might be like in the year 2050. Select the letter of the picture that corresponds to each statement and write it in the space provided. *(50 points)*

a

b

c

d

e

f

____ **1.** Pienso que vamos a usar menos latas y cartón.

____ **2.** Me da miedo pensar en la posibilidad de tener menos bosques.

____ **3.** En el año 2050 quisiera ver ríos sin contaminación.

____ **4.** Creo que vamos a viajar a la Luna a menudo.

____ **5.** Me gustaría ver teléfonos con video en las casas del futuro.

B Your computer graphics teacher has asked the students in his class to design a more economical house for the future. Before you begin your assignment, you discuss the topic with a classmate. Select the word or expression which best completes your conversation, then write it in the space. *(50 points)*

a. solar	**d.** será	**g.** gastar
b. gigante	**e.** echar	**h.** eficientes
c. habrá	**f.** por supuesto	**i.** sistema de seguridad

1. —¿Te parece que en nuestra casa del futuro debemos poner un ____ para proteger a la familia de los ladrones?

2. —Sí, y también debemos tener estufas y refrigeradores más ____ para conservar energía.

3. —Creo que en la casa del futuro ____ más aparatos automáticos y menos muebles.

4. —Debemos tener algo donde ____ las botellas para luego reciclarlas, ¿verdad?

5. —¿Crees que ____ difícil conservar energía en la casa del futuro?

—¡No! La casa del futuro puede ser más económica si desde ahora hacemos

cambios para proteger el medio ambiente.

A Your science class is watching a video in which a narrator is explaining some of the problems facing the environment. Write the word that corresponds to each picture on the line provided. *(60 points)*

1. Hay que proteger nuestro _____ , la Tierra.

2. Los árboles de nuestros _____ están en peligro de extinción.

3. Algunos peces del _____ también están en peligro.

4. Sabemos que el _____ es un problema y hay que reducirlo.

5. Hay gente que todavía echa _____ o botellas en los ríos

y en el campo sin pensar en la contaminación.

6. El mundo del futuro depende de la exploración del _____ ,

según algunos científicos.

B You're writing a brief talk about the environment for your sociology class. Complete your notes by selecting the correct word or expression from the list. Each word or expression should be used only once. *(40 points)*

echar	seres humanos	eficiente	habrá	reducir	solar
tendrán	por supuesto	contaminar	será	guerra	hay

Me parece que en todas las casas del futuro _____ calefacción

_____ , porque _____ mucho más importante que ahora

proteger el medio ambiente. Las personas _____ que reciclar de manera más

_____ el papel y el cartón. Nadie va a _____ basura en los ríos

o en el campo, porque en el futuro nadie va a _____ el planeta. Todos los

_____ van a vivir en paz.

Leonardo is fascinated by the exploration of space and he reads everything that he can about the subject. Complete what he is reading today about a proposed space station by circling the letter of the correct verb form. *(100 points)*

1. Algunos científicos creen que vivir en el espacio _____ posible en el año 2015.
   a. serás   **b.** será   **c.** serán   **d.** seré

2. Los astronautas _____ en estaciones espaciales por varios meses.
   a. vivirás   **b.** vivirán   **c.** viviremos   **d.** vivirá

3. Algunos viajes a otros planetas _____ más de un año.
   a. duraremos   **b.** duraré   **c.** durarán   **d.** durarás

4. Un astronauta que piensa en el futuro dice: "Nosotros _____ para reducir los problemas del medio ambiente en la Tierra."
   a. trabajarás   **b.** trabajarán   **c.** trabajará   **d.** trabajaremos

5. "Yo _____ en una cama especial," dice otro astronauta que piensa vivir en una estación espacial del futuro.
   a. dormirás   **b.** dormirá   **c.** dormiré   **d.** dormiremos

6. Vamos a tener estaciones espaciales en las que el astronauta no se _____ aburrido trabajando tanto tiempo en el mismo lugar.
   a. sentiré   **b.** sentirá   **c.** sentirán   **d.** sentirás

7. Todos _____ aparatos automáticos para reciclar la basura.
   a. usaremos   **b.** usarás   **c.** usaré   **d.** usará

8. No me gustaría pasar muchos años en el espacio, pero hay gente que _____ vivir en una estación espacial.
   a. preferirá   **b.** preferiremos   **c.** preferiré   **d.** preferirás

9. Nuestros nietos _____ mucho de la oportunidad de vivir en el espacio.
   a. aprenderás   **b.** aprenderá   **c.** aprenderán   **d.** aprenderé

10. ¿Dónde _____ tú en el año 2015? ¿En la Tierra, en la Luna o en una estación espacial?
    a. estarás   **b.** estarán   **c.** estaremos   **d.** estará

Some friends are thinking aloud about what they and others will be doing in the future. Complete their conversation by changing the verb in parentheses to the correct form of the future tense. *(100 points)*

1. —¿Qué _____ en el futuro, María? (ser)

   —No sé. Creo que _____ para ser abogada. (estudiar)

2. —Alonso, ¿dónde _____ ustedes en quince años? (vivir)

   —Creo que _____ una casa en las montañas, lejos del tráfico.

   (comprar)

3. —Gabriela, ¿crees que tu hermano _____ un banco algún día? (dirigir)

   —Creo que sí. Él y su esposa _____ a la comunidad haciendo varias

   actividades. (servir)

4. —Susana, ¿crees que _____ de un hombre muy rico y guapo

   en el futuro? (enamorarse)

   —Claro, y _____ escribiendo novelas románticas también. (divertirse)

5. —¿Qué _____ en cincuenta años? (ocurrir)

   —¡Quién sabe! Todo _____ mucho, creo yo. (cambiar)

An astronaut has come to visit Elena's elementary school. Complete the conversations that the children have with the astronaut by underlining the correct verb form. *(100 points)*

1. —¿Cuándo (podrás / podrán) ustedes viajar a otros planetas?

   —(Podrán / Podremos) ir otra vez en algunos años.

2. —¿Qué (haré / hará) usted en la nave espacial?

   —Pues, (haré / hará) muchos experimentos.

3. —¿(Habrán / Habrá) seres humanos en los otros planetas?

   —No se sabe ahora, pero algún día nosotros lo (sabrán / sabremos).

4. —¿Qué (tendrá / tendrán) que llevar usted en la nave especial?

   —Todos los astronautas (tendrán / tendrás) que llevar un traje espacial.

5. —¿Cuándo (podré / podrá) yo ir al espacio?

   —(Podrás / podrán) ir cuando te gradúes de la universidad. ¿Te interesa la ciencia?

Sarita is curious about the future, so she has asked her older brother several questions. Finish her brother's answers by changing the underlined verb to the future tense. *(100 points)*

1. No <u>tenemos</u> estaciones espaciales en la Luna ahora, pero en el futuro sí las

   _____ .

2. No <u>hay</u> teléfonos con video en las casas ahora, pero creo que los _____

   algún día.

3. No <u>sabemos</u> si hay seres humanos en otros planetas, pero _____

   más en el futuro.

4. No <u>puedes</u> ganarte la vida ahora, pero algún día _____ ser una

   bailarina famosa, si quieres.

5. Pues, papá <u>tiene</u> que trabajar ahora, pero en diez años no _____

   que trabajar.

6. Yo no <u>sé</u> mucho de robots ahora, pero pronto _____ porque estoy

   estudiando tecnología en la universidad, Sarita.

7. No <u>hacen</u> muchos viajes ahora porque están trabajando, pero nuestros padres

   _____ más viajes en el futuro.

8. No <u>tienes</u> una pantalla gigante ahora, Sarita, pero en el futuro _____

   una si quieres.

9. Sí, algunos animales <u>tienen</u> bastante comida en los bosques, pero no la

   _____ en el futuro si no los protegemos más.

10. No <u>hacemos</u> mucho ahora para proteger el medio ambiente, pero creo que

    _____ más en el futuro.

CAPÍTULO 11

A Along with some friends, you are looking at brochures in the career center of your school. Some of you start talking about possible careers. Look at the pictures, then write the word or expression that corresponds to each one. *(32 points)*

1. —A veces pienso en ser _____ para ayudar a los animales del _____ .

2. —Yo conozco a una vecina que es _____ y trabaja con _____ .

3. —Pues, a mí me interesa ser_____ porque quiero viajar a otros

_____ .

4. —¿Te gustaría ser _____ y escribir una _____ ?

B Maya is writing a composition about her dream house of the future. Change the verbs in parentheses to the appropriate form of the future tense. *(20 points)*

Mi esposo y yo __1__ (vivir) en una casa muy bonita. Nuestra casa no __2__ (usar) mucha energía y __3__ (ser) muy económica porque __4__ (tener) calefacción solar. ¡Todos __5__ (saber) que es la casa más eficiente de toda la comunidad! Mi esposo y yo no __6__ (hacer) muchos quehaceres porque en nuestra casa __7__ (haber) muchos aparatos automáticos. Por eso mi esposo y yo __8__ (poder) divertirnos viajando o sirviendo a la comunidad. ¿Y cómo __9__ (ser) tu casa del futuro? ¿ __10__ (estar) en la ciudad o en el campo?

CAPÍTULO 11

Prueba cumulativa

C Your city has organized a campaign to encourage people to dispose of litter in better ways. Look at the notices that have been placed around the city, then write the word or expression that corresponds to each picture. *(32 points)*

1. "La _____ inteligente sabe reciclar. No echa _____ a la basura."

2. "_____ también reciclan _____ y el papel en su trabajo."

3. "Después de un concierto, _____ ayudan a separar _____

   y _____ que su público echa por todas partes."

4. "Tenemos que reducir _____ de nuestra ciudad."

D Lencho is seeking advice from his older brother Justino about future careers. Complete their conversation by selecting the appropriate word or expression from the list. *(16 points)*

ganarte la vida	la universidad	la educación	desventaja	quisieras	quisiera
ganarse la vida	por supuesto	tecnología	dedicarme	la ventaja	el cambio

LENCHO No sé todavía a qué profesión ___1___ . ¿Me podrías ayudar, Justino?

JUSTINO Te gustan las computadoras, ¿verdad? ¿Por qué no escoges algo en ___2___ ?

LENCHO ¿Cuál es ___3___ de ser técnico de computadoras?

JUSTINO Pues, podrías ___4___ haciendo algo que te gusta.

LENCHO ¿Tengo que estudiar en ___5___ ?

JUSTINO Depende. No es una ___6___ estudiar en una escuela técnica y podrías terminar en menos tiempo. Y si ___7___ , podrías vivir aquí conmigo para ahorrar más dinero. ___8___ que no tendrás que pagar nada, sólo ayudar en casa de vez en cuando.

CAPÍTULO 11

Fecha _____

A *(32 points)*

1. _____

2. _____

3. _____

4. _____

B *(20 points)*

1. _____

2. _____

3. _____

4. _____

5. _____

6. _____

7. _____

8. _____

9. _____

10. _____

C *(32 points)*

1. _____

2. _____

3. _____

4. _____

D *(16 points)*

1. _____

2. _____

3. _____

4. _____

5. _____

6. _____

7. _____

8. _____

CAPÍTULO 11

I. Listening Comprehension *(20 points)*

Your school is sponsoring an annual career fair. As you walk by the various booths you hear people representing different career alternatives. Listen to what each one says, then match the description with a picture.

II. Reading Comprehension *(20 points)*

You're reading some advertisements posted inside a city bus. Read each one, then answer *Sí* if the statement is correct or *No* if it is incorrect.

ASTRO-ROBOTS

Estarás de moda con tu colección de astronautas del futuro. Cada uno trae un traje espacial para explorar los diferentes planetas. Viajan en naves espaciales que tienen teléfono con video y pantallas gigantes. Empieza hoy tu colección de *Astro-robots*. Se venden en todas las buenas tiendas de juguetes.

FUTURAMA

Tendrá calefacción solar para conservar la energía. Podrán comprarla completamente amueblada o sin muebles. Verán teléfonos con video en cada cuarto, desde donde podrán comunicarse con personas en otras salas o en otras partes de la ciudad, del país o del mundo. Habrá robots especiales que les ayudarán con los quehaceres. Poniendo un disco en la computadora podrán escoger qué aparatos encender y apagar automáticamente para preparar la comida. ¿Es un sueño o la imaginación fantástica de algún científico loco? ¡De ninguna manera! Visiten la exhibición FUTURAMA en el Centro de convenciones y verán que lo que piensan que es sueño ya es realidad para algunos.

III. Writing Proficiency *(20 points)*

You are attending an exhibit in your city in order to conduct an interview. The theme of the exhibit is "Our Planet Earth in the Year 2500." Your assignment is to talk to one of the engineers sponsoring the event in order to find out more about the display showing a typical community in the year 2500. In your interview, ask questions about:

- the kinds of houses we will live in
- the technology the typical home will have
- the places where people will live and why
- the problems facing the environment in 2500
- the solutions to these problems

CAPÍTULO 11

Then, imagine that you are the engineer in your interview. Answer the same questions you have asked.

Remember to reread your interview before you hand in the test. Are your questions in a logical order? Are the words spelled correctly? Check the endings of your verbs. Are any of your verbs in the future tense? Did you write about each idea? Do the questions and answers in your interview represent a variety of vocabulary and expressions? Make changes if necessary.

IV. Cultural Knowledge *(20 points)*

Answer in English based on what you learned in the *Perspectiva cultural.*

Is a person from the United States or a Latin American more likely to plan far in advance? Explain your answer.

V. Speaking Proficiency *(20 points)*

Your teacher may ask you to speak on one of the following topics.

A. You are seeking my advice on choosing a career for the future because I am the school career counselor. In your conversation with me, ask some questions about possible careers and tell me about:

- your personal job interests and abilities
- what you would like to do in the future
- why you are considering a particular career
- the contributions you can make to others with this career
- where you would like to practice this profession and why

Ask me some questions about the advantages or disadvantages of each career.

B. You are concerned about the environment in the year 2000. Tell me about some environmental problems. Tell me where these problems occur, why they occur, and what some possible solutions are.

Paso a paso 2

Nombre _____

CAPÍTULO 11

Fecha _____

Hoja para respuestas 1
Examen de habilidades

I. Listening Comprehension *(20 points)*

a

c

b

d

e

1. ___

2. ___

3. ___

4. ___

II. Reading Comprehension *(20 points)*

1. Si quieres comprar un juguete para un joven, debes comprar un *Astro-robot*. Sí No

2. La exhibición en el Centro de convenciones muestra una casa del futuro. Sí No

3. Hay una exhibición de aparatos técnicos en el *Anfiteatro municipal*. Sí No

4. Si te interesa la profesión de astronauta, tendrás que comprar un *Astro-robot*. Sí No

5. En la exhibición Futurama verán un coche con pantalla y computadora. Sí No

6. En el futuro se podrá cocinar automáticamente por computadora. Sí No

7. En Futurama verás robots que harán los quehaceres de la casa en el futuro. Sí No

8. Las naves espaciales del *Astro-robot* tienen calefacción solar. Sí No

9. Las pantallas de las naves de los *Astro-robots* son muy pequeñas. Sí No

10. Habrá una exhibición de pintores en el Centro de convenciones. Sí No

Paso a paso 2

Nombre

CAPÍTULO 11

Fecha

Hoja para respuestas 2
Examen de habilidades

III. Writing Proficiency *(20 points)*

IV. Cultural Knowledge *(20 points)*

V. Speaking Proficiency *(20 points)*

A Gabi and her mother are aboard an airplane on their way to Miami. Complete their conversation by selecting the letter of the appropriate picture and writing it in the blank space. *(60 points)*

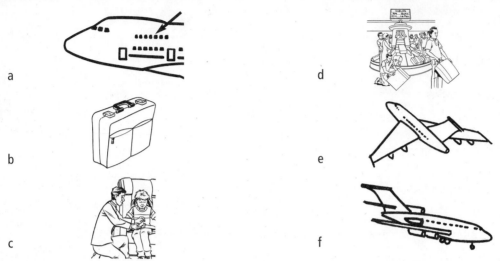

a

b

c

d

e

f

1. —Mamá, no me gusta sentarme cerca del pasillo. Prefiero la ____ para ver más.

—Está bien, Gabi. Yo prefiero el asiento del pasillo para hablar con el ____ .

2. —Mamá, ¿cuándo va a ____ el avión?

—En diez minutos. Y en cuatro horas vamos a ____ en Miami.

3. —¿Quién va a estar en la ____ para recibirnos?

—Tus tíos Rebeca y Simón. Nos van a ayudar con el ____ y llevarnos a su casa.

B You are at the airport terminal waiting for a friend to arrive. As you wait, you overhear various conversations. Complete each conversation by underlining the appropriate word or expression. *(40 points)*

1. —Magda, creo que puse (el vuelo / la escala / el boleto) en el bolsillo de los pantalones.

—¡No me digas, Eduardo! Ahora tenemos que (abrocharnos / hacer la maleta /

deshacer la maleta).

2. —Perdone, señor, ¿necesito (la aduana / la tarjeta de embarque / el retraso) antes

de abordar?

—Sí, señorita. Y también debe (facturar / registrar / conseguir) las maletas grandes.

3. —¿Cuándo sale el avión (con destino a / procedente de / mano a) Nueva York?

—Sale en tres minutos de (la línea aérea / la puerta / el cheque de viajero) número 4.

4. —¿Qué te dijo el aduanero en (la agencia de viajes / la terminal de equipaje /
las reservaciones)?

—Dijo que iba a (facturar / registrar / conseguir) todas nuestras maletas.

A Toño has never flown in an airplane before, so his older brother is telling him what to expect. Write the word or expression that best represents what you see in the picture. *(60 points)*

1. Aquí tienes el boleto para _____ .

2. Según el boleto, puedes sentarte cerca de _____ .

3. Debes abrocharte _____ antes de despegar el avión.

4. _____ puede ayudarte si tienes alguna pregunta.

5. No debes hablar demasiado con _____ .

6. Tienes que ir a _____ después de aterrizar.

B You have gone to a travel agency to make arrangements for a trip to Peru. Complete the conversation you have with the travel agent by writing the letter of the appropriate word or expression in the space provided. *(40 points)*

a. un cheque de viajero	**d.** retraso	**g.** una reservación
b. vuelos	**e.** escalas	**h.** un boleto de ida y vuelta
c. línea aérea	**f.** escala	

1. —Perdone, señora, ¿puedo hacer ___ para ir a Perú el dieciséis de abril?

2. —Sí, claro. Hay dos ___ para Lima ese día, uno por la mañana y otro por la tarde.

3. —¿Qué ___ sale por la mañana?

4. —Vuelaméxico, pero primero tiene que hacer una ___ en la Ciudad de México.

5. —¿Habrá mucho tiempo de ___ ?

   —No, sólo una hora.

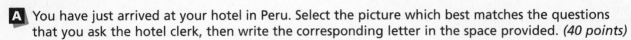
A You have just arrived at your hotel in Peru. Select the picture which best matches the questions that you ask the hotel clerk, then write the corresponding letter in the space provided. *(40 points)*

a   b

____ **1.** ¿Tienen ustedes una habitación individual?

a   b

____ **2.** ¿Dónde puedo encontrar una casa de cambio?

a   b

____ **3.** ¿Me recomienda un lugar para comprar artesanía?

a   b

____ **4.** ¿Dónde puedo encontrar un guía para el museo de artesanía?

B A tour guide is giving you some tips about the city you're visiting. Complete what she says by selecting the letter of the word or expression missing from her statements. *(60 points)*

a. el pueblo	**d.** regatear	**g.** no vayas
b. planear	**e.** la pensión	**h.** pintorescas
c. cambiar	**f.** disfrutar de	**i.** ten cuidado

1. Te recomiendo ____ en la calle Luz. Tiene camas muy cómodas.

2. ¡ ____ con los hoteles en la calle Álvaro! Son muy caros y no muy buenos.

3. No vayas al banco si quieres ____ tus cheques de viajero.

4. Debes ____ en el Mercado Poblano si no quieres pagar demasiado.

5. Para ____ tu viaje aquí, recomiendo que vayas a San Felipe. Tiene vistas muy ____ .

A Alicia has sent her cousin some photographs that she took while visiting a friend in Colombia. Complete the captions she wrote for each picture by writing the missing words in the spaces provided. *(60 points)*

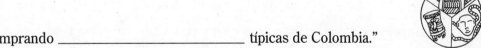

1. "Alicia, _____ típica en Colombia."

2. "Mi amiga Berta y yo enfrente de _____ ."

3. "Nuestra _____ , Rosalinda."

4. "Alicia en _____ llamando a mamá y a papá."

5. "Berta comprando fruta en _____ ."

6. "Alicia comprando _____ típicas de Colombia."

B You're standing in a hotel lobby and overhear a couple talking to the clerk. Complete their conversation by circling the correct letter. *(40 points)*

1. —Señor, ¿el precio de la habitación _____ el desayuno?
   a. cambia   **b.** incluye

2. —Sí, pero si ustedes quieren una con vista _____ , cuesta más, claro.
   a. la naturaleza   **b.** pintoresca

3. —¿Nos puede recomendar qué hacer para _____ nuestro viaje?
   a. disfrutar de   **b.** tener cuidado

4. —Sí, claro. Les recomiendo una visita a la región _____ , cerca de la capital.
   a. sin escala   **b.** indígena

A Since you're planning a visit to Mexico City next summer, you're asking a Mexican exchange student some questions about her country. Change the verb underlined in each question to the correct form of the affirmative *tú* command. *(70 points)*

1. —¿Qué debo <u>aprender</u> antes de ir de compras en el mercado?

　—_____ a regatear si no quieres pagar demasiado.

2. —¿Tengo que <u>pasar</u> por la aduana antes de salir del aeropuerto?

　—Sí, _____ por la aduana porque necesitan registrar tu equipaje.

3. —¿Necesito <u>cambiar</u> mis dólares en el aeropuerto?

　—Sí, _____ , pero no todos. Puedes cambiarlos en una casa de cambio porque

　te dan más pesos por tus dólares.

4. —¿Qué debo <u>escribir</u> en los cheques de viajero?

　—_____ tu nombre y apellido, pero nunca antes de cambiarlos. Alguien puede

　robarte los cheques.

5. —¿En qué hotel debo <u>quedarme</u>?

　—_____ en un hotel cerca de la Reforma. Es una sección de la ciudad

　muy pintoresca.

6. —¿Debo <u>subir</u> las pirámides de Teotihuacán?

　—¡Claro, _____ la pirámide del Sol! La vista es fantástica.

7. —¿Necesito <u>ahorrar</u> dinero para visitar otros lugares?

　—¡Por supuesto! _____ para hacer un viaje a Taxco o a Cuernavaca. No quedan

　lejos de la ciudad y son muy interesantes.

B You are talking with a travel agent who is giving you advice on what to do when you visit another country. Underline the correct form of the affirmative *tú* command to complete each of the agent's statements. *(30 points)*

1. (Hace / Haz) tu maleta el día antes del viaje.

2. En la aduana, (dice / di) al aduanero exactamente lo que pagaste por tus regalos.

3. A veces los aduaneros no son muy amables, pero (sé / es) tú amable con ellos.

4. En el hotel, (pon / pone) tu pasaporte en un lugar seguro o, mejor, llévalo siempre contigo.

5. En la ciudad, (tiene / ten) cuidado con tus cheques de viajero.

6. En caso de emergencia en el hotel, (sale / sal) por las escaleras y no por el ascensor.

Since Miguelito doesn't know how to behave aboard an airplane, his father tells him what things he should not do. Complete each of his father's statements by changing the underlined verb to the correct form of the negative *tú* command. *(100 points)*

1. Miguelito, no _____ el sandwich de la señora. <u>Come</u> el tuyo que está aquí.

2. Miguelito, no _____ el café del señor. <u>Bebe</u> tu leche.

3. Miguelito, no _____ la maleta de la señorita. <u>Abre</u> tu mochila.

4. Miguelito, no _____ ese libro ahora. <u>Léelo</u> después.

5. Miguelito, no le _____ mis fotos al piloto ahora. El piloto quiere <u>mostrarte</u>

a ti cómo funciona el avión. Ve con él y sé bueno.

6. Miguelito, no _____ mis llaves. Ya las <u>perdí</u> esta mañana.

7. Miguelito, no _____ al señor. Yo lo <u>despierto</u> en una hora.

8. Miguelito, no _____ esa revista ahora. <u>Devuélvela</u> más tarde.

9. Miguelito, no _____ la ventanilla. La señora quiere leer. Ella puede <u>cerrarla</u>

después.

10. Miguelito, no _____ refrescos al auxiliar de vuelo ahora. Yo los <u>pido</u> más tarde.

CAPÍTULO 12　Fecha

Gloria is going downtown to run some errands for her family. Before she leaves, she checks with everyone to make sure she understood their requests. Complete her conversation with each family member by changing the underlined verb to the correct form of the negative *tú* command.
(100 points)

1. —Enrique, ¿<u>voy</u> a la zapatería con estas botas?

   —No, no _____ a la zapatería. Las necesito para el concierto esta noche.

2. —Papá, ¿<u>hago</u> la reservación para el vuelo?

   —No, no la _____ . Voy en tren y ya tengo el boleto.

3. —Virgilio, ¿<u>devuelvo</u> tus libros a la biblioteca hoy?

   —No, no los _____ hasta el lunes. No los leí todavía.

4. —Anita, ¿le <u>digo</u> a la señora Sebastián que mañana vas a escoger el pastel?

   —No, Gloria, no le _____ nada. Todavía no sé cuál quiero pedir para la fiesta.

5. —Víctor, ¿<u>busco</u> tu helado favorito?

   —¡No, no lo _____ ! Mi traje para el baile me queda apretado. Tengo que comer

   menos esta semana.

6. —Tía Sofía, ¿le <u>traigo</u> unas medicinas de la farmacia?

   —No, no me _____ nada, gracias. Me siento mejor.

7. —Tío Humberto, ¿le <u>pago</u> al joven el dinero que usted le debe por traer el periódico?

   —No, gracias, Gloria. No le _____ nada. Yo ya lo pagué.

8. —Teresita, ¿te <u>saco</u> unas novelas de misterio de la biblioteca?

   —No, no las _____ porque ya fui a la biblioteca esta mañana.

9. —Abuelita, ¿debo <u>conseguir</u> los ingredientes para el postre que vas a prepararnos?

   —No, Gloria. No los _____ . Tu hermano ya fue esta mañana al mercado.

10. —Mamá, creo que ya no <u>es</u> necesario ir al centro porque nadie quiere nada.

    —Gloria, no _____ tan perezosa. Ve al supermercado y compra algunas cosas

    para la cena.

CAPÍTULO 12

A You are aboard an airplane waiting for take-off. As you wait, you read a brochure you have taken from the pocket of the seat in front of you. Complete what you read in the brochure by writing the word or words that correspond to each picture. *(30 points)*

1. Antes de _____ todos necesitan _____ el _____ .

2. _____ no deben caminar por _____ mientras _____

sirven refrescos y comida.

B Eva has consulted a travel agent because she wants to spend her winter vacation in Santiago, Chile. Read what Eva says to the travel agent, then select an appropriate response from the list. Write the letter of each response on the space provided in your answer sheet. *(25 points)*

Eva

1. Quisiera viajar a Chile entre el 20 de diciembre y el 2 de enero.

2. ¿Me podría conseguir un hotel en el centro de Santiago?

3. ¿Dónde puedo conseguir pesos chilenos por mis cheques de viajero?

4. ¿Hace escalas este vuelo?

5. ¿Dónde me van a registrar las maletas?

Travel agent

a. Ve a una casa de cambio.

b. Por supuesto, pero es más barato quedarse en una pensión.

c. Sí, de veinticuatro horas en Lima.

d. Claro. Recomiendo un boleto de ida y vuelta.

e. Tienes que abrirlas en la aduana.

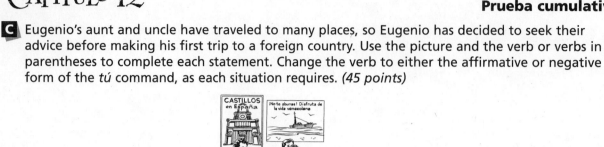

CAPÍTULO 12

Prueba cumulativa

C Eugenio's aunt and uncle have traveled to many places, so Eugenio has decided to seek their advice before making his first trip to a foreign country. Use the picture and the verb or verbs in parentheses to complete each statement. Change the verb to either the affirmative or negative form of the *tú* command, as each situation requires. *(45 points)*

1. Eugenio, _____ con un _____ primero. (hablar)

2. _____ varios días antes de salir, pero no la _____ enfrente de

personas que no conoces. (hacer / abrir)

3. Eugenio, no _____ demasiado en _____ . Tienes que regatear. (pagar)

4. No _____ mucho al _____ . Va a pensar que tienes algo que

esconder. (decir)

5. Eugenio, no _____ el número de teléfono de _____ . Pueden

ayudarte en caso de emergencia. (perder)

6. Y finalmente, Eugenio, no _____ tímido, no _____ tu pasaporte

a todos, no nos _____ muchos regalos, _____ el idioma y, por

supuesto, ¡ _____ mucho de tu viaje! (ser / mostrar / traer / hablar / disfrutar)

Paso a paso 2

Nombre _____

CAPÍTULO 12

Fecha _____

Hoja para respuestas
Prueba cumulativa

A *(30 points)*

1. _____

2. _____

B *(25 points)*

1. _____

2. _____

3. _____

4. _____

5. _____

(45 points)

C 1. _____

2. _____

3. _____

4. _____

5. _____

6. _____

CAPÍTULO 12

Examen de habilidades

I. Listening Comprehension *(20 points)*

A. Listen to some conversations which take place at the airport. Then, circle the letter which correctly completes each statement.

B. You are seated in the airport terminal waiting for a friend to arrive. As you wait, you hear different conversations as well as some announcements over the public address system. Listen to each one, then match the pictures with what you hear.

II. Reading Comprehension *(20 points)*

You have just checked into the youth hostel in Madrid where you plan to spend a week. Because you are curious about what services are available to the guests, you ask the desk clerk for some information. Read the brochure that the clerk hands you, then answer *Sí* if the statement is correct or *No* if it is not correct.

HOSTAL IZARRA

Bienvenidos al Hostal Izarra

- Tenemos 40 habitaciones, dobles o individuales, sin lujos pero cómodas.

- El precio de tu habitación incluye desayuno al estilo continental.

Servicios para nuestros visitantes

- Consigue en nuestra oficina de turismo toda clase de información sobre excursiones y guías para los lugares de interés.

- Haz tu reservación con nosotros y te resultará mucho más barato.

- Hostal Izarra piensa en tu protección: no salgas con las cosas de valor, como el pasaporte o las joyas. Ponlas en nuestra caja de seguridad.

- No cambies tu dinero en una casa de cambio. Nosotros te pagamos más.

Actividades y atracciones nocturnas

- ¡Nada en nuestra piscina, abierta 24 horas al día!

- ¡No salgas de noche en busca de diversiones peligrosas! ¡Disfruta de nuestro salón de música internacional en el primer piso!

- Deshaz la maleta y ponte en manos de tu segunda casa: ¡Hostal Izarra!

CAPÍTULO 12

III. Writing Proficiency (20 points)

Your Colombian friend and his family want to visit the United States next summer. They have written a letter to you seeking your advice about accommodations and places to visit. In your reply to their letter, give them recommendations or advice about:

- different kinds of lodging available to them
- advantages or disadvantages of each type of lodging
- the best way to see some of the local sights
- places they should see
- the best way to exchange their money

Remember to reread your letter before you hand in the test. Are the words spelled correctly? Did you use the correct verbs to express your ideas? Does your letter include a variety of vocabulary and expressions? Have you written about each of the above concerns that the family might have? Make changes if necessary.

IV. Cultural Knowledge (20 points)

Answer in English based on what you learned in the *Perspectiva cultural*.

Where would you recommend that the following visitors stay in Spain: a high school student studying Spanish; a family with children; a retired history professor?

V. Speaking Proficiency (20 points)

Your teacher may ask you to speak on one of the following topics.

A. You are a travel agent and I have come to your office because I want to travel to a Spanish-speaking country. In your conversation with me, tell me what I should know about:

- airplane flights
- shopping
- accommodations
- luggage
- money
- customs
- tours

Ask me some questions about the trip I am planning.

B. You are a flight attendant and I am a six-year-old passenger who has never flown before. Tell me what I should know about the flight. Tell me what to do when the plane takes off and what to do when it lands. Tell me what I should know about my luggage. Ask me some questions related to the flight.

Paso a paso 2

Nombre

CAPÍTULO 12

Fecha

Hoja para respuestas 1
Examen de habilidades

I. Listening Comprehension *(20 points)*

A. *(10 points)*

DIÁLOGO 1

1. El pasajero quiere
  a. encontrar el pasillo.
  b. encontrar la puerta de salida.
  c. facturar su maleta.

2. El vuelo número 345
  a. llega de Madrid en diez minutos.
  b. llegó hace dos minutos.
  c. sale para Madrid en diez minutos.

3. El pasajero ya
  a. facturó sus maletas.
  b. perdió su vuelo.
  c. sabe dónde debe ir.

DIÁLOGO 2

4. El problema del pasajero es que
  a. perdió su boleto.
  b. no puede encontrar su carnet de identidad.
  c. no tiene tarjeta de embarque.

5. El pasajero todavía puede
  a. cambiar su vuelo.
  b. tomar ese vuelo.
  c. conseguir un boleto.

B. *(10 points)*

a

d

b

e

c

f

1. ___   2. ___   3. ___   4. ___   5. ___

CAPÍTULO 12

Fecha

II. Reading Comprehension *(20 points)*

1. El hotel puede planear viajes a otros lugares.   Sí   No

2. El precio de la habitación no incluye el desayuno.   Sí   No

3. Sólo hay servicios en el Hostal Izarra para las personas que pasan la noche allí.   Sí   No

4. El Hostal Izarra ofrece servicios para el hombre y la mujer de negocios.   Sí   No

5. Según el hotel, recibirás más dinero cambiando tus cheques de viajero
en una casa de cambio.   Sí   No

6. Una familia no podría celebrar una boda en este hotel.   Sí   No

7. Se puede hacer viajes a otros lugares con la ayuda del Hostal Izarra.   Sí   No

8. El hotel no ofrece protección para tus cosas personales.   Sí   No

9. Para disfrutar de una noche bailando o comiendo, el Hostal Izarra recomienda
varios lugares cercanos.   Sí   No

10. Si te gusta nadar a medianoche, puedes hacerlo en el Hostal Izarra.   Sí   No

III. Writing Proficiency *(20 points)*

IV. Cultural Knowledge *(20 points)*

V. Speaking Proficiency *(20 points)*

A You and your friend are planning a picnic for the Spanish Club. Match each statement or question to the appropriate picture. Then, write the corresponding number next to that picture. *(60 points)*

1. Me gustaría hacer una barbacoa de pollo para nuestro picnic el sábado.

2. ¿Te gusta la salsa de aceite y vinagre en la ensalada?

3. Yo recomiendo servir unos frijoles enlatados.

4. Yo traigo la mostaza y la mayonesa para las hamburguesas.

5. Prefiero un pastel de durazno o de manzana para el postre.

6. ¿Debemos llevar helado de piña también?

B Fernandito is a fussy eater. Nothing his aunt serves today pleases him. Match his aunt's questions with Fernandito's answers, then write the letter of the answer you have selected on the line provided. *(40 points)*

_____ **1.** ¿Te gusta el limón sobre los espárragos?

_____ **2.** ¿Quieres probar los camarones? No tienen sal.

_____ **3.** ¿Te preparo unas papas fritas?

_____ **4.** ¿No has probado el cerdo con champiñones?

a. Pues, no gracias. Son demasiado grasosas.

b. No, porque no me gusta mucho el pescado salado.

c. No, es demasiado agrio para mí.

d. No, porque no me gusta mucho la carne.

e. Creo que no. Los mariscos me hacen daño.

A You work in the school cafeteria serving food. Complete your conversations with different students by writing the word or expression that corresponds to the picture. *(40 points)*

1. —¿Quieres probar el pollo _____ ?

2. —No, gracias. Prefiero la ensalada de _____ .

3. —¿Te sirvo _____ ?

4. —No, gracias. Sírveme una papa _____ .

B You and a classmate are planning the meal you must prepare for your cooking class. Select words or expressions from the list to complete your discussion. *(60 points)*

a. cerdo	**d.** sosos	**g.** espárragos
b. dulce	**e.** hará daño a	**h.** duraznos
c. grasosa	**f.** a la parrilla	**i.** limón

1. —¿Qué verdura servimos con la carne? ¿ ___ ?

—Sí. ¿Y cómo vamos a preparar la carne? ¿ ___ ?

2. —¿Qué te parece si servimos té helado con ___ de bebida?

—¡Muy buena idea! ¿Y qué servimos de postre? ¿Unos ___ enlatados?

3. —Sí, y un helado de piña. No es ni agrio ni muy ___ .

—Es verdad. Será la mejor comida del año porque no le ___ nadie y tiene muy pocas calorías.

A Your friends have invited you to a new Spanish restaurant. Since you are unfamiliar with the kinds of food they serve there, you ask the waiter some questions about the items listed on the menu. *(60 points)*

a

d

g

b

e

h

c

f

i

_____ **1.** —¿Qué tiene la paella?

_____ **2.** —Arroz con mariscos, chorizo y pollo.

_____ **3.** —¿Cómo es la empanada?

_____ **4.** —Se hace de masa con relleno de carne.

_____ **5.** —Nunca he probado el gazpacho. ¿Cómo es?

_____ **6.** —Nuestra receta es la mejor. Es una sopa fría con pepino, pimiento verde y ajo.

B You and a friend are reading a recipe to help you prepare today's meal in your cooking class. Underline the word or expression which best completes what you and your friend say. *(40 points)*

1. —Primero debemos (picar / hervir) la sandía y el melón.

2. —¿Qué quieres (que pida / que haga) con la mayonesa?

3. —La receta dice que debes (mezclarla / sugerirla) con los otros ingredientes.

4. —¿Qué hago con estas (cerezas / cocidas)?

5. —Pues, son otro ingrediente para nuestra (ensalada de frutas / tapas).

A Your Spanish Club wants to prepare a Spanish meal in honor of the exchange student visiting your school from Madrid. Write the word or words that correspond to each picture. *(50 points)*

1. Vamos a preparar _____ .

2. Debemos hacer _____ también.

3. Yo puedo hacer _____ .

4. Me gustaría hacer _____ de pollo.

5. No es comida típica de España, pero a Joaquín le encantan _____ .

B The cooking teacher has asked Teresa to transfer her recipe collection to computer files. Select the word or words from the list below that best complete each of her recipes. Do not write any word more than once. *(50 points)*

huevos duros	cerezas	chorizo	calabaza
bocadillos	sugerir	mezclar	ajo

1. "Ensalada de frutas"

...melón, sandía y _____ .

2. "Guisado de verduras"

...sal, pimienta, cebolla

y _____ .

3. "Relleno de pavo"

...cortar, picar y _____ .

4. "Tapas"

...bocadillos, camarones

y _____ .

5. "A la parilla"

...cerdo, jamón y _____ .

A It's your turn to demonstrate to your cooking class how to prepare a particular dish. Complete the notes you have jotted down by changing the underlined verb in each sentence to the negative *tú* command. *(50 points)*

"Receta para la tortilla española"

1. Primero <u>corta</u> una cebolla mediana. No la_____ muy cerca de los

   ojos porque puedes llorar.

2. <u>Mezcla</u> cuatro huevos en un tazón, pero no los _____ demasiado. Uno o dos

   minutos serán suficientes.

3. <u>Prepara</u> dos papas, cortándolas como yo las estoy cortando. No las _____

   mucho antes de usarlas porque las papas cambian de color.

4. <u>Cocina</u> las papas y los huevos con la cebolla en aceite de oliva, pero no _____

   la tortilla mucho tiempo. ¡No quieres quemarla!

5. Puedes <u>comer</u> la tortilla con una ensalada, pero no la _____ sin invitar a tu familia

   o a un amigo porque es muy grande para una sola persona.

B Darío is giving advice to his friend Ernesto about what to do and what not to do when visiting a foreign country. Complete what Darío says by changing the verb in the parentheses to the negative *tú* command. *(50 points)*

1. Aprende a regatear en el mercado de artesanía. No _____ el primer precio

   que te pidan. (pagar)

2. Escoge bien los restaurantes y no _____ de todo el primer día. (comer)

3. Guarda bien tu pasaporte y cheques de viajero y no _____ la cartera enfrente

   de mucha gente. (abrir)

4. Diviértete con la gente hablando español, y no _____ tímido si necesitas pedir

   algo. (ser)

5. Llámanos por teléfono y no nos _____ el primer día. (escribir)

You are taking care of some children while their parents are away at the movies. One of your responsibilities is to prepare dinner for them. Complete the conversation you have with the children by underlining the correct form of the verb in the subjunctive. *(100 points)*

1. —¿Qué quieren que yo les (prepares / prepare / prepara)?

2. —Mamá no quiere que nosotros (comamos / comimos / comemos) muy tarde.

3. —Octavio, ¿qué recomiendas que (bebe / beba / bebas) tu hermanita?

4. —¡Pues, no quiero que ella (tomes / toma / tome) mi leche!

5. —Gracias, Octavio. Y, ¿qué sugieren ustedes que yo (pon / pongas / ponga) en la ensalada?

6. —Papá dice que no me (da / des / dé) tomates, ¿sabes? Me hacen mucho daño.

7. —Saúl, ¿no quieres que yo (mezcle / mezcla / mezcles) las espinacas con los guisantes?

8. —¡No, por favor! Quiero que me (abras / abres / abra) una lata de frijoles.

9. —¡Ustedes son imposibles! ¿Qué sugieren que (hace / haga / haz) yo para la cena?

10. —Sugerimos que nos (pidas / pide / pidamos) una pizza. ¡Por favor!

Mariluz works part-time for a television station. This week she was asked to transfer to the computer some notes a chef has written for his weekly cooking program. Finish what Mariluz has written by underlining the correct form of the verb in the infinitive or in the indicative or subjunctive mood, as called for in each statement. *(100 points)*

1. Recomiendo que (compran / compren) los mejores ingredientes para hacer la paella

   a la valenciana.

2. Yo sé que siempre (puedan / pueden) conseguir el chorizo español en el Bodegón Salchicha,

   que está en la calle Segunda, en el centro de la ciudad.

3. Prefiero (use / usar) un arroz especial para preparar la paella. También se puede conseguir

   en esa misma tienda.

4. Le sugiero al cocinero que (consiguen / consiga) los mariscos más frescos posibles.

5. Deben (empiecen / empezar) con una paella que no (sea / ser) tan grande como la que estoy

   preparando hoy. Los ingredientes son bastante caros.

6. Hay cocineros que nos dicen que (es / sea) mejor preparar una paella grande para así

   disfrutar más de la variedad de ingredientes que hay en la paella.

7. Después de preparar los mariscos, pueden (preparen / preparar) el pollo con la cebolla,

   la sal y el ajo.

8. ¡Por favor, no quiero que (cocinen / cocinan) el pollo demasiado!

9. Después, recomiendo que (mezclen / mezclan) el pollo, el chorizo y los mariscos con

   el arroz, pero que no esté cocido, por favor.

10. Ahora les digo a todos que (se sientan / se sienten) a disfrutar de su paella deliciosa,

    con un gazpacho fresco y un sabroso flan de postre.

After trying to prepare a meal with some of your friends, you have discovered the true meaning of the saying: "Too many cooks spoil the broth." Change the verbs that appear in the infinitive in the questions to the correct form of the subjunctive in the answers. *(100 points)*

1. —¿Cuándo debes poner el aceite en la ensalada?

—Mi mamá siempre me dice que _____ el aceite antes de poner el vinagre.

2. —¿Cuánto tiempo debo hervir la sopa?

—Raúl, te recomiendo que _____ la sopa un poco más.

3. —¿Quién va a probar la ensalada?

—¿Quieres que yo la _____ antes de servirla?

4. —¿Qué ingredientes debemos buscar?

—Los buenos cocineros siempre nos recomiendan que _____ sólo

ingredientes frescos.

5. —¿Qué me dices que debo devolver?

—Sugiero que tú _____ el pescado al mercado. ¡No está muy fresco!

6. —¿No crees que con la comida no se debe jugar?

—Sí, Tito. Es mejor que no _____ con las zanahorias antes de servirlas.

7. —¿Cuándo debes servir el pan?

—Mi maestra de cocina recomienda que primero _____ el pan.

8. —¿A qué hora se debe encender la barbacoa?

—Lucía y yo recomendamos que Juan _____ la barbacoa ahora.

9. —¿De qué tamaño debo picar la cebolla?

—Te sugerimos que la _____ pequeña.

10. —¿A qué hora vamos a salir a bailar después de la cena?

—Yo les recomiendo a todos que ahora _____ de la cocina. ¡Adiós!

CAPÍTULO 13

Prueba cumulativa

A You are discussing with a friend what you need to buy for the International Club dinner party. Complete your grocery list by writing the word that corresponds to each picture. *(24 points)*

1. Necesitamos comprar _____ y _____ para la ensalada.

2. Creo que debemos comprar _____ y _____ para el postre.

3. También hay que comprar _____ o _____ .

B The owner of a famous restaurant is concerned about complaints that he has received lately from some of his customers. He has decided to sample the food being prepared for tonight's dinner before it is served. Write the word or expression that best completes what the restaurant owner is saying to the chefs. *(18 points)*

hacer daño	cocido	saladas	agrios
enlatadas	guisadas	sosas	dulce

1. Estos tomates están _____ . ¿Cuánto limón les pusieron?

2. ¡Uf! Estas papas están _____ . ¡Tienen demasiada sal!

3. ¡El flan no tiene bastante azúcar! Tenemos que servir un flan más _____ .

4. Estas enchiladas no tienen ni sal ni pimienta. Están muy _____ .

5. Este pescado necesita más tiempo en el horno. No está _____ .

6. Nunca servimos verduras _____ . Sólo servimos verduras frescas.

C The school nurse is talking to an elementary school class about nutrition. Complete the brief talk she has with the students by writing the correct form of the verb. Be sure to use the correct form of the verb in the subjunctive. *(30 points)*

Los médicos recomiendan que nosotros (**1.** comer) de manera saludable. Por eso, sus padres no quieren que ustedes (**2.** beber) refrescos o que (**3.** comprar) dulces de chocolate. A ti, Fernando, te recomiendo que (**4.** pedir) algo que no (**5.** ser) grasoso y que (**6.** tener) menos carbohidratos. Te sugiero que (**7.** buscar) en el refrigerador una fruta fresca o un refresco sin azúcar. También los médicos nos dicen que (**8.** practicar) más deportes. Bueno, a ver, ¿qué me recomiendan ustedes que (**9.** hacer) yo? ¡Ah, sí! Ustedes son muy inteligentes. Recomiendan que yo les (**10.** servir) a mi familia muchas verduras y frutas, y menos pasteles.

CAPÍTULO 13

Prueba cumulativa

D Daniel's family in Spain has taken him to a restaurant so that he can taste some typical Spanish dishes. Because Daniel has never eaten Spanish food before, he asks the waiter to describe the seven dishes pictured in the menu below. Write the name and the letter of the dish that corresponds to each of the waiter's descriptions. *(28 points)*

a   d   g

b   e

c   f

1. Es una sopa fría que se hace con tomate, pepino y pimiento verde. Es nuestra especialidad.

2. ¿Nunca la has probado? Tiene mariscos, pollo, arroz y chorizo. Es un plato famoso en todo el mundo.

3. Pues, en nuestro restaurante la preparamos con masa y relleno de pollo. ¡Es muy rica!

4. La nuestra tiene las más frescas porque las compramos cada día en la frutería. Te va a gustar mucho la variedad en este postre.

5. Se prepara con huevos, cebollas y papas. Es uno de los platos más típicos de España.

6. La recomiendo de postre. Es dulce, pero la preparamos con las fresas más frescas del país.

7. Pues, llegan tantos turistas de los Estados Unidos a nuestro restaurante que decidimos incluirlos en el menú. Son exactamente como los que comes en tu país.

CAPÍTULO 13

A *(24 points)*

1. _____
2. _____
3. _____

B *(18 points)*

1. _____ 4. _____
2. _____ 5. _____
3. _____ 6. _____

C *(30 points)*

1. _____ 6. _____
2. _____ 7. _____
3. _____ 8. _____
4. _____ 9. _____
5. _____ 10. _____

D *(28 points)*

1. _____ 5. _____
2. _____ 6. _____
3. _____ 7. _____
4. _____

CAPÍTULO 13

Examen de habilidades

I. Listening Comprehension *(20 points)*

Gabriela works as a waitress in a restaurant. Listen to the conversations she has with some of her customers, then circle *Sí* if the statement is correct or *No* if it is incorrect.

II. Reading Comprehension *(20 points)*

You're reading a magazine while waiting for a friend in the nurse's office. You find an ad that catches your eye. First, choose the best answer to each question according to what you read in the advertisment. Then, circle *Sí* if the statement is correct or *No* if it is not correct.

"ERES LO QUE COMES"

¡Nosotros, en SANO Y CON SABOR, queremos que te mantengas sano y que tengas un buen aspecto físico! ¡Queremos que tengas la energía que necesitas para los estudios y otras actividades! Recuerda que "eres lo que comes." Los expertos en nutrición recomiendan que hagas más ejercicio y que comas alimentos variados, pero nunca en exceso. También sugieren que no te sirvas en exceso alimentos demasiado endulzados, con demasiado aceite o grasa y alimentos demasiado salados.

Receta del mes de SANO Y CON SABOR. Cuando llegas a casa después de las clases, recomendamos que pruebes nuestra receta del mes, un batido sabroso que ¡te va a encantar!

Ingredientes (2 porciones)

> 1 taza de fruta fresca
>
> 1 a 2 cucharadas de azúcar, según el gusto
>
> 1/2 taza de leche (sin crema es preferible)
>
> 2 cucharones grandes de helado de vainilla
>
> 1 cucharadita de jugo de limón

Preparación: 5 minutos

> 1. Pon en la licuadora la fruta, la leche, el jugo de limón y el azúcar. Mézclalos por 10 segundos.
>
> 2. Añade el helado y mezcla una vez más.
>
> 3. Sirve en un vaso alto.
>
> 4. (opcional) Agrega fruta picada encima.

Calorías 106	Colesterol 2 mg	Sodio 40 g
Grasa total 3 g	Proteína 3 g	Azúcar 35 calorías
Grasa saturada 1 g	Carbohidratos 25 g	Fibra 2 g

III. Writing Proficiency *(20 points)*

You have decided to enter a contest sponsored by a health magazine for young people. The theme of their next issue is "ethnic foods." In order to win a prize, you need to convince the readers that good eating habits are closely related to good health. In your letter to the magazine, include the following:

- your suggestions for Spanish and Latin American dishes
- your reasons for recommending these particular foods
- the ingredients for these dishes
- how these foods are prepared
- the kinds of foods you suggest the readers avoid and why

Remember to reread your letter before you hand in the test. Are your statements in a logical order? Are the words spelled correctly? Check the endings of your verbs. Were any of your verbs expressed in the subjunctive mood? Did you write about each idea? Does your letter contain a variety of vocabulary and expressions? Make changes if necessary.

IV. Cultural Knowledge *(20 points)*

Answer in English based on what you learned in the *Perspectiva cultural*.

Why does a traditional Latin American home have a large kitchen?

V. Speaking Proficiency *(20 points)*

Your teacher may ask you to speak on one of the following topics.

A. You are a waiter or waitress in a Spanish restaurant. I am a customer unfamiliar with Spanish dishes. In your conversation with me:

- describe some of the dishes on the menu
- tell me about the ingredients used in each one
- describe the preparation
- tell me why these dishes are nourishing
- recommend or suggest additional dishes I should try

Ask me some questions related to food and nutrition.

B. You are my friend and want to help me change my poor eating habits. Tell me why I shouldn't eat certain foods, and recommend what I should eat and why. Suggest which beverages I should or should not drink and why. Ask me some questions about my eating habits.

Paso a paso 2

Nombre

CAPÍTULO 13

Fecha

Hoja para respuestas 1
Examen de habilidades

I. Listening Comprehension *(20 points)*

DIÁLOGO 1

1. El gazpacho de este restaurante es de lata.   Sí   No

2. Un ingrediente del gazpacho es el espárrago.   Sí   No

3. La tortilla se prepara de una masa de harina.   Sí   No

DIÁLOGO 2

4. La calabaza se prepara al horno.   Sí   No

5. El cerdo está frito.   Sí   No

6. Gabriela no puede decir cuáles son todos los ingredientes de la salsa.   Sí   No

7. Gabriela recomienda que la señora pida una ensalada de frutas.   Sí   No

DIÁLOGO 3

8. El señor no puede comer camarones porque le hacen daño.   Sí   No

9. El señor pide un plato frito.   Sí   No

10. Este restaurante sirve mariscos.   Sí   No

II. Reading Comprehension

A. *(10 points)*

1. ¿Qué debes comer para mantenerte sano?
a. muchas comidas enlatadas
b. una variedad de alimentos
c. bastante carne, aves y pescado

2. ¿Qué recomienda SANO Y CON SABOR?
a. Recomienda que te sirvas diferentes alimentos, pero siempre con moderación.
b. Sugiere que nunca pruebes comidas con aceite.
c. Quiere que te mantengas sano comiendo comidas más sosas.

3. ¿Cuándo sugiere SANO Y CON SABOR que bebas la batida?
a. para la cena
b. para una merienda
c. para el almuerzo

4. ¿Qué no contiene la receta del mes de SANO Y CON SABOR?
a. ingredientes frescos
b. calorías
c. ingredientes picantes

B. *(10 points)*

1. Según los expertos en nutrición, debes comer en abundancia los alimentos que ellos recomiendan.　Sí　No

2. Los alimentos con mucho aceite no son malos.　Sí　No

3. La receta del mes contiene un ingrediente agrio.　Sí　No

4. Se prepara la fruta para la receta del mes en el horno.　Sí　No

5. Un ingrediente necesario en la receta del mes es la fruta picada.　Sí　No

6. Este batido tiene mucha grasa.　Sí　No

III. Writing Proficiency *(20 points)*

_____
_____
_____
_____

IV. Cultural Knowledge *(20 points)*

_____
_____
_____
_____
_____
_____
_____
_____

V. Speaking Proficiency *(20 points)*

A You and your friends have gone camping for the weekend. Match what each of you says to the appropriate picture, then write the letter of that picture in the space provided. *(40 points)*

a   b

____ **1.** ¿Qué hago? No encontré la olla para cocinar los frijoles.

a   b

____ **2.** Ya debemos poner la tienda de acampar si queremos dormir esta noche.

a   b

____ **3.** Mañana quisiera explorar el valle que está al otro lado del campamento.

a   b

____ **4.** Vamos a poner la comida cerca de aquella piedra.

B Ignacio and Francisco are spending the night in the mountains. Underline the word or words that complete their conversation. *(60 points)*

1. —¿Encontraste (los fósforos / las mariposas) para encender el fuego?

   —Sí, y encontré suficiente (sombra / leña) también.

2. —¡Ay, estas (abrelatas / hojas) no sirven para el fuego!

   —Es verdad. Están muy (mojadas / secas).

3. —Ignacio, ¿me puedes ayudar con la mochila? Está muy (pesada / ligera).

   —¡Claro! Francisco, ¿viste (las huellas / los senderos) de algún animal cerca de nuestra

   comida? ¡Tengo miedo!

A You and your friends are planning to go on a hiking trip over the weekend. Complete your conversation by writing the word or the words that describe each picture. *(60 points)*

1. —Alfredo, ¿tienes _____ ?

2. —Sí, pero tendré que pedirte _____ .

¿Tienes uno?

3. —Creo que sí. Vicente, ¿es necesario que llevemos

_____ ?

4. —Pues, claro, y _____

también si quieren comer.

5. —¿Vamos a _____ por el bosque?

6. —Sí, y también vamos a explorar _____

al otro lado del bosque.

B Mariana and Virginia are on a nature hike to help them complete a paper they must write for their biology class. Choose a word or expression from the list to complete their conversation. Use each word or expression only once. *(40 points)*

| que la recojamos | a la sombra | huellas | secar |
| que la pongamos | piedra | secas | recoger |

1. —Virginia, ¿viste esa _____ allí? ¡Me parece que está caminando!

—¡Es una tortuga! ¿Quieres _____ para llevarla a nuestra clase de

biología?

2. —No, Mariana, por favor. Ponla debajo de esas hojas _____ .

No debemos molestarla. Está en su ambiente natural.

—Me encantan las flores que encontré. Las voy a _____ en casa

para preservarlas.

3. —Virginia, hace mucho calor. ¿Quieres comer el almuerzo aquí _____ ?

A You and your friends can hardly wait until summer vacation. Select the picture that corresponds to each statement in your conversation, then write the letter of that picture in the space provided. *(60 points)*

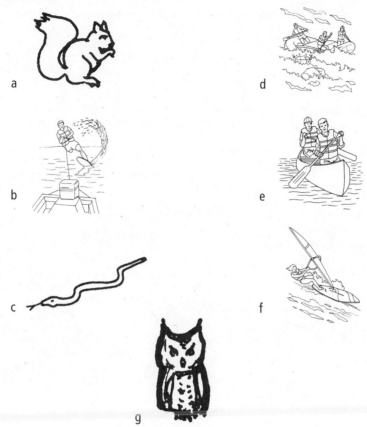

a

d

b

e

c

f

g

_____ **1.** —¿Qué te gustaría hacer este verano, montar a caballo o hacer surf de vela?

_____ **2.** —Creo que me gustaría hacer esquí acuático. Es más divertido.

_____ **3.** —Yo quiero ir a las montañas. Me encantan las ardillas. Son muy graciosas.

_____ **4.** —Mi padre es científico e iremos al campo para estudiar la vida de los búhos.

_____ **5.** —¿Te gustaría ir al desierto o navegar en balsa?

_____ **6.** —Pues, no me interesa mucho el desierto porque las serpientes me dan miedo.

B Santi is only four years old and has never taken a trip with his family before. Because he's curious about the various vacation spots his family is considering, he asks them some questions. Underline the appropriate word or expression in order to complete their conversation. *(40 points)*

1. —Y si vamos al bosque, ¿qué (animales salvajes / animales domésticos) puedo ver?

2. —Verás (elefantes / ranas) y otros animales que a ti te gustan.

3. —¿Por qué es necesario que pongamos (la espina / la tabla) en el coche?

4. —Porque tu hermano quiere (navegar en canoa / hacer surf) si vamos al mar.

A You are looking through some travel brochures with a friend because you can't decide what to do during your summer vacation. Complete your conversation by filling in the expression that corresponds to each picture. *(50 points)*

1. —¿Te gustaría _____ en el mar Caribe?

2. —Sí, y también _____ en algún lago del este

de los Estados Unidos.

3. —Pues a mí me encantaría ir a Francia o a España

para _____ .

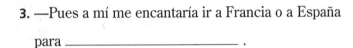

4. —Yo quisiera _____ por la región

del Amazonas.

5. —¡Ésta será mi vacación ideal! Voy a _____

todo el verano en California.

B Cristina works during the summer as a guide in a wildlife sanctuary. Today she is speaking with a group of young children who are visiting the sanctuary. Complete their conversation by underlining the correct word or expression. *(50 points)*

1. —¿Por qué es necesario que protejamos los bosques?

—Porque allí viven (plantas silvestres / animales salvajes) como los coyotes y los lobos.

2. —¿Es necesario que protejamos los desiertos también?

—Por supuesto. El cacto que tiene (espinas / huellas) es una planta en peligro de extinción.

3. —¿Por qué es necesario que protejamos (los venados / las serpientes) si todas son

(venenosas / ligeras)?

—No, no todas. Algunas nos protegen de los insectos que les hacen daño a las plantas que

comemos.

4. —La otra mañana vi un pájaro de ojos muy grandes. ¿Cómo se llama?

—Viste un (búho / ardilla). También están en peligro de extinción.

Marta and her girlfriends are preparing for a camping trip. Everyone is giving them advice before they go. Complete each statement by writing the letter of the correct verb in the space provided. *(100 points)*

1. Es necesario que ustedes ____ la tienda cerca de un campamento público.
   a. ponen   **b.** traen   **c.** pongan   **d.** hagan

2. Les recomiendo que no ____ muy lejos del campamento.
   a. salgan   **b.** tienen   **c.** tengan   **d.** ponen

3. Queremos que ustedes nos ____ qué campamento escogieron.
   a. dicen   **b.** hacen   **c.** traigan   **d.** digan

4. Marta, ya sé que te encantan los animales, pero sugiero que no ____ ningún animal a casa, ni ardillas ni ranas, por favor.
   a. pongas   **b.** traes   **c.** traigas   **d.** pones

5. Y por favor, les recomendamos que ____ los fósforos en un lugar seco.
   a. traigan   **b.** pongan   **c.** ponen   **d.** traen

6. Es necesario que ____ un fuego por la noche, así los animales salvajes no les molestarán.
   a. hagan   **b.** hacen   **c.** traen   **d.** traigan

7. Sugerimos que ____ cuidado dónde ponen los sacos de dormir.
   a. se caigan   **b.** tengan   **c.** se caen   **d.** tienen

8. También es muy importante que no ____ y se rompan un hueso.
   a. traigan   **b.** se caen   **c.** se caigan   **d.** ponen

9. Marta, no quiero que ____ del campamento después del anochecer.
   a. traigas   **b.** sales   **c.** pones   **d.** salgas

10. Y, muchachas, les recomendamos que ____ en las mochilas sólo las cosas necesarias.
    a. tienen   **b.** hacen   **c.** pongan   **d.** tengan

A Marité and Laura have decided to learn how to sail this summer. Complete the conversation they have with Julián, their coach, by writing the correct subjunctive form of the verb or verbs in parentheses. *(40 points)*

1. —Primero, les recomiendo que _____ muy pacientes porque no es

   fácil aprender este deporte. También les recomiendo que _____

   a la playa al amanecer. El agua está tranquila a esa hora. *(ser / ir)*

   —Julián, ¿recomiendas que Marité y yo _____ solas o siempre con

   un adulto? *(ir)*

2. —Por ahora les recomiendo que las dos _____ conmigo, su entrenador.

   Quiero que _____ más experiencia antes de salir con otras personas.

   Vamos a empezar. No quiero que ustedes _____ tímidas. *(ir / tener / ser)*

3. —Julián, ¿qué sugieres que yo _____ con la vela? *(hacer)*

   —Laura, te recomiendo que _____ en la dirección del viento, a la

   derecha. *(ir)*

4. —¡Ay, el viento está muy fuerte hoy! Tú nos dices que _____ menos

   tímidas, pero es difícil mantener la vela. *(ser)*

   —¡Cuidado, Laura! ¡No _____ tan atrevidas! ¡Hay otro bote de vela a tu

   izquierda! *(ser)*

B Ricardo and Teresa are talking about the places they want to go for their vacation. Underline the correct form of the verb to complete their conversation. *(60 points)*

1. —Teresa, ¿adónde me sugieres que (vaya / vayas) estas vacaciones?

   —Pues, yo digo que tú y yo (vayan / vayamos) a escalar montañas.

2. —¡No (sea / seas) tan atrevida! Yo no sé escalar montañas.

   —Por eso, no (sea / seamos) tan prudentes tampoco. ¡Será nuestra aventura!

3. —¿Por qué no les sugerimos a otros amigos que (vayamos / vayan) con nosotros?

   —Bueno, y les decimos que (seas / sean) tan atrevidos como nosotros.

You have a lot of experience camping outdoors so you have been asked by the fifth grade teacher of your old elementary school to give advice to his class. Complete the statements you make to the children by underlining the correct form of the verb in either the infinitive or the subjunctive. *(100 points)*

1. Es importante que todos (se protegen / se protejan / protegerse) de los animales salvajes.

2. También necesitan (llevar / lleven / llevan) repelentes. Hay muchos insectos en las

    montañas.

3. Es importante que (tienen / tengan / tener) sacos de dormir cómodos y una tienda

    de acampar.

4. Sugiero que (pongan / ponen / poner) en las mochilas cosas importantes, como mapas,

    linternas y fósforos.

5. Es mejor que ustedes (recoger / recogen / recojan) palitos y leña seca para hacer un fuego

    cuando lleguen al campamento y no al anochecer.

6. Al salir del parque, siempre deben (apaguen / apagan / apagar) el fuego. No queremos

    incendios en el bosque, por favor.

7. Siempre es importante que ustedes (poner / pongan / ponen) en la mochila una botella

    de agua fresca para beber.

8. Si no tienen agua fresca, es mejor que alguien (hierven / hierva / hervir) el agua del río

    antes de beberla.

9. No es necesario que yo (vaya / ir / voy) con ustedes, pero siempre es mejor que

    (tengan / tener / tienen) un adulto en el grupo.

You are interviewing a park ranger for an article you will be writing for the school newspaper. Change the verbs in parentheses to the correct form of the subjunctive. *(100 points)*

1. —Ocurren muchos problemas con tanta gente en el parque, ¿verdad? ¿Qué nos recomienda usted que _____ (hacer) para mantener el parque en buenas condiciones?

2. —Primero, los incendios son un gran problema. Es necesario que la gente _____ (apagar) el fuego antes de salir del parque. También mucha gente cree que los animales salvajes son domésticos, como los perros o los gatos. Es mejor que los niños no _____ (jugar) con las ardillas y es importante que la gente _____ (colgar) la comida en un árbol para no tener problemas con los osos o con los lobos.

3. —¿Qué es necesario que la gente _____ (traer) al parque antes de acampar?

4. —Siempre se recomienda que todos _____ (tener) mapas, fósforos y una cuerda en caso de emergencia. También es necesario que ellos _____ (poner) repelentes y antibióticos en sus mochilas. Hay serpientes venenosas aquí y el hospital está muy lejos.

5. —¿Y qué nos recomienda a todos antes de dar una caminata en las montañas? ¿Sugiere usted que nosotros _____ (hacer) algo en particular?

6. —Por supuesto. Siempre es importante que la gente _____ (seguir) los senderos para no perderse. No queremos que la gente _____ (caerse) lejos del campamento porque es difícil encontrarla. ¡Si la gente cuida la naturaleza, puede divertirse al aire libre sin tener problemas!

CAPÍTULO 14

A David is a biology major in college and he has just returned from a trip to study desert and mountain wildlife. Complete what he tells his family by writing the word or expression that corresponds to each picture. *(32 points)*

1. Primero fuimos al desierto para estudiar la vida de _____

y _____ .

2. Más tarde fuimos a _____ y vimos un _____ .

3. Pasamos dos semanas viviendo en nuestra _____ cerca de unas

_____ .

4. Allí estudiamos _____ de varios animales y encontramos unos

_____ .

B Rosa and Teo are discussing the topic of wildlife before they begin the assignment their teacher has just given the class. The teacher has asked the students to design posters which illustrate the problems facing plants and animals. Complete their conversation by choosing the correct word or expression from the list. Each word or expression should be used only once. *(12 points)*

plantas silvestres	al aire libre	la tortuga	árboles
animales salvajes	venenosa	espinas	secar

1. —Nuestro cartel debe mostrar que algunos _____ están en peligro

de extinción, ¿verdad?

2. —Sí, y también debemos mostrar que algunas _____ del desierto

están en peligro.

3. —¿Debemos mostrar en nuestro cartel que los _____ y las hojas secas

pueden encenderse fácilmente en el verano?

4. ¡Claro! Y finalmente, creo que debemos mostrar que la gente puede pasarlo bien

_____ si protegemos nuestro medio ambiente.

C Daniel and Paco are seeking advice from Beto for their vacation this summer. Complete their conversation by first writing the word or expression that corresponds to each picture. Then, change the verb to the correct form of the subjunctive. *(24 points)*

1. —Queremos ir al lago para _____ . ¿Qué nos recomiendas, Beto?

   —Les recomiendo que _____ por la mañana temprano

   porque mucha gente va por la tarde. (ir)

2. —¿Podemos _____ en ese lago también?

   —No, es mejor que lo _____ en otro lago. En ése es

   demasiado peligroso. (hacer)

3. —¿Tienen piscina para _____ ?

   —Claro, Paco, pero es necesario que tú _____ paciente.

   Hay más de cien niños en la piscina cada día. (ser)

D Gabriela's four-year-old sister Ana Luisa is excited about the trip the entire family will be taking to the mountains. Since this is Ana Luisa's first camping trip, she has several questions for Gabriela. Answer each one by changing the verb to the correct form of the subjunctive. *(32 points)*

1. —Gabriela, ¿vamos a dar una caminata todos los días?

   —Si quieres, pero te sugiero que _____ zapatos cómodos. No quiero que

   _____ . (llevar / caerse)

2. —Gabriela, ¿puedo traer a mis amigas también?

   —Pues, es mejor que no las _____ en este viaje. Es necesario que todos

   nosotros _____ en un mismo coche y el nuestro es pequeño. (traer / ir)

3. —Gabriela, ¿qué tenemos que hacer antes del viaje?

   —Recomiendo que tú y yo _____ hijas perfectas y que _____

   a mamá y a papá. (ser / ayudar)

4. —¿Hay muchos osos y lobos en el bosque, Gabriela? Me dan miedo.

   —Ana Luisa, es mejor que no _____ en los osos ni en los lobos para que

   tú _____ . (pensar / divertirse)

CAPÍTULO 14

A *(32 points)*

1. _____
2. _____
3. _____
4. _____

B *(12 points)*

1. _____
2. _____
3. _____
4. _____

C *(24 points)*

1. _____
2. _____
3. _____

D *(32 points)*

1. _____
2. _____
3. _____
4. _____

CAPÍTULO 14

I. Listening Comprehension *(20 points)*

Your friends are in the school cafeteria talking about outdoor vacations. Listen to what each one says, then match his or her description with one or more of the pictures.

II. Reading Comprehension *(20 points)*

María and Esperanza are visiting the museum in a national park. Read the poster the girls see next to one of the exhibits. According to what you read in the poster, choose the best answer for each question.

¡Bienvenidos al parque nacional!

Los parques nacionales son importantes para la protección de la naturaleza. Queremos que disfruten de su visita y que nos ayuden a proteger todos los seres vivos que encontrarán aquí: ranas, mariposas, búhos, serpientes, etc. Es necesario que protejamos a los animales salvajes de los muchos peligros que tenemos en el parque, por ejemplo: los incendios y la basura que contamina el agua que los animales beben. También están en peligro las plantas silvestres del parque. Para la protección de todos nuestros visitantes y para la de toda especie salvaje o silvestre del parque, es importante que apaguen sus fuegos, que recojan su comida y basura, que tengan precaución con las plantas venenosas del parque y que se diviertan al aire libre sin molestar el ambiente del cual tanto dependemos todos.

Gracias,
La administración del parque nacional

III. Writing Proficiency *(20 points)*

Your commercial art teacher has asked the class to design some posters giving advice to students on the different outdoor activities they are likely to be doing this summer. In your poster, include the following:

- recommendations about camping in the desert and in the mountains
- how to avoid problems while camping
- important advice for those practicing water sports
- advice about protecting our wildlife

Remember to reread the written information on your poster before you hand in the test. Are the words spelled correctly? Check the endings of your verbs. Are any of your verbs in the subjunctive? Did you write about each idea? Does the information in your poster represent a variety of vocabulary and expressions? Make changes if necessary.

IV. Cultural Knowledge *(20 points)*

Answer in English based on what you learned in the *Perspectiva cultural.*

What advice would you give to someone traveling to a foreign country who has an upset stomach?

V. Speaking Proficiency *(20 points)*

Your teacher may ask you to speak on one of the following topics.

A. You are giving me advice about what to do while camping because I have never been on a camping trip before. In you conversation with me, make suggestions or recommendations about:

- preparations I need to make before the trip
- where I should go and what I should do when I get to the campsite
- how to avoid problems when camping outdoors
- what's important for me to do if I am to enjoy my experience outdoors

Ask me some questions about the trip.

B. You are a physical education coach. I have come to speak with you because I want your suggestions about the outdoor activities you recommend I do this summer. In your conversation with me, tell me about some of the outdoor water activities you suggest. Tell me where I should go to do each one. Suggest some other outdoor activities. Tell me why it's better to do these activities in a particular place.

I. Listening Comprehension *(20 points)*

a

e

b

f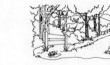

c

g

d

h

i

1. ____　　2. ____　　3. ____　　4. ____

II. Reading Comprehension *(20 points)*

1. ¿Dónde están María y Esperanza?
 a. en el campo
 b. en el desierto
 c. en el bosque

2. ¿Qué peligros hay para algunos animales del parque?
 a. Los visitantes les dan comida.
 b. Hay gente que echa su basura al agua.
 c. Los animales domésticos están en peligro de extinción.

3. ¿Qué recomienda la administración a los visitantes?
  a. que no hagan fuegos
  b. que quiten a los animales y plantas de su ambiente natural
  c. que les ayuden a proteger la naturaleza

4. ¿Qué no deben recoger los visitantes del parque?
  a. la leña seca
  b. sus botellas y cartones
  c. champiñones venenosos

5. ¿Qué animal salvaje o planta silvestre no encontrarán los visitantes en este parque?
  a. el cacto
  b. el venado
  c. la ardilla

III. Writing Proficiency (20 points)

_____
_____
_____
_____
_____
_____
_____
_____

IV. Cultural Knowledge (20 points)

_____
_____
_____
_____
_____

V. Speaking Proficiency (20 points)

Bancos de ideas

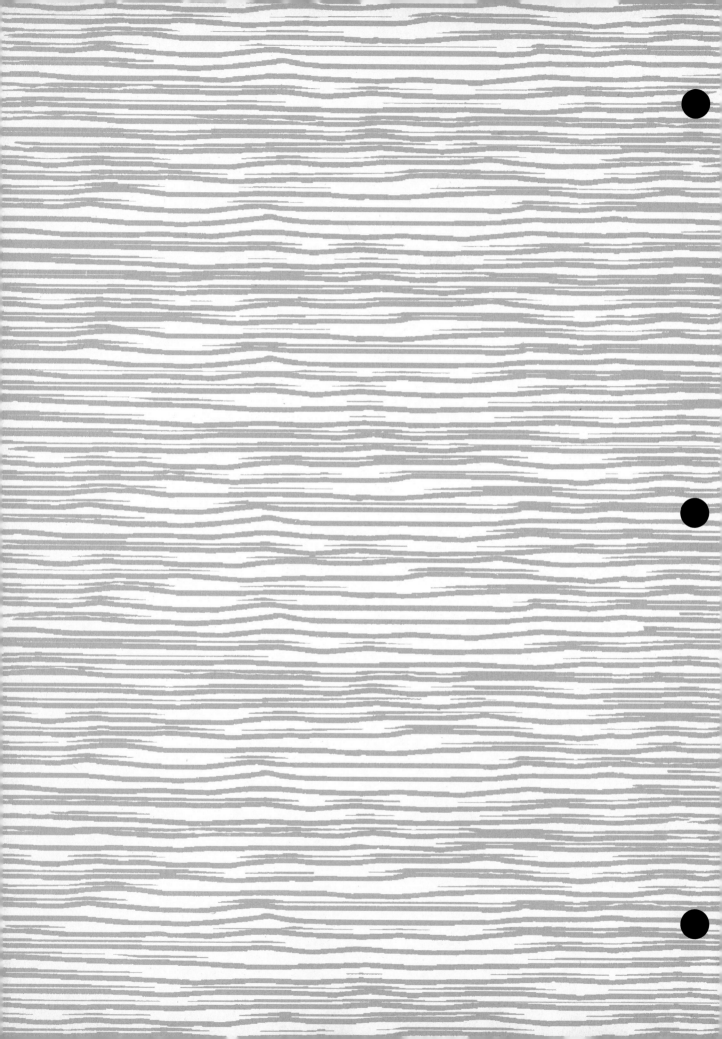

CAPÍTULOS 1-6

I. Listening Comprehension *(10 points each)*

A. Your friends at school are telling you about some of their problems. Write down the letter of the picture which best corresponds to each statement you hear.

B. Antonio is describing his daily routine to his cousin David, who plans to spend two weeks with Antonio and his family. Listen to their telephone conversation, then answer *Sí* if the statement is correct or *No* if it is incorrect.

C. You and your friends have stopped at a cafe after spending the day shopping. Listen to what your friends say, then circle the best answer to complete each statement that follows.

D. José Eduardo is auditioning for a position as sports announcer for the athletic department at his school. Listen to each commentary, then match what he is saying with the name of the sport.

E. Saruca is curious about how her grandmother spent her childhood, so she's asking her a bunch of questions. Listen to what Saruca asks, then select the best answer to complete each of the statements that follow.

II. Reading Comprehension *(10 points each)*

A. Alicia has written a note to her friend telling her about the things she did last Monday. Read what Alicia has written, then select from the list a word or expression associated with the words that have been underlined in her note. Write the letter on your answer sheet.

a. la grapadora	**d.** el despertador	**g.** sacar mala nota	**j.** secarme
b. la computadora	**e.** acostarme	**h.** cepillarse	**k.** dar
c. respuestas	**f.** la oficina	**i.** el laboratorio	

El lunes pasado **1.** me levanté a las seis, me bañé, me vestí y desayuné. Corrí a la escuela porque no quería llegar tarde a mi clase de **2.** química. Hacía mal tiempo y mucho viento, y perdí todos mis papeles por la calle. La próxima vez necesito guardarlos mejor y **3.** no tenerlos separados. Después del almuerzo, **4.** el consejero me llamó para explicarme sobre unas materias que todavía necesito para graduarme. A la una y media nadé en la piscina y tuve que **5.** ducharme. Llegué tarde a mi clase de francés. La profesora nos dio un examen. Creo que **6.** recibí una F porque no estaba muy preparada. No me gusta **7.** entregarle a la profesora un examen malo. En la clase de historia el profesor me hizo **8.** muchas preguntas. Tampoco hice muy buen trabajo en esa clase. Después de mis clases, **9.** escribí un informe para la clase de inglés y fui a mi cuarto a **10.** dormir. Estaba de mal humor.

B. You and a friend have saved some money to attend a camp during the next spring vacation, but you can't decide on which one to go to. Look at the following brochure which describes what *Campo Pinar* offers. Then, circle the letter of the most appropriate answer for each question on your answer sheet.

¡TRAE TU BUEN HUMOR Y TUS TALENTOS A *CAMPO PINAR!*

CAMPO PINAR ofrece clases y actividades en un ambiente musical. Puedes visitarnos en tus vacaciones de invierno, primavera o verano porque ofrecemos un programa completo todo el año. Tenemos tres auditorios y escenarios para la orquesta, el coro y la banda. Nuestra cafetería sirve la mejor comida del país. Practica tu instrumento favorito o te enseñamos a tocar otro. Hay varios estudiantes avanzados que dan lecciones privadas. Si te interesa, puedes hacerte miembro del consejo estudiantil para ayudarnos a organizar las actividades musicales o deportivas que tenemos por la tarde o los fines de semana. Según los que ya conocen *CAMPO PINAR*, es una experiencia especial porque nunca se aburren y lo pasan bien con nuevos amigos.

C. Some friends have gone to shop at a discount store because they heard that they could find some real bargains there. Read the things they tell one another about their purchases, then match their statements with the pictures on your answer sheet.

1. Escogí estos pantalones porque están de moda y nadie va a tenerlos en la escuela. Ahora veo que no tienen una cremallera. Y hay otra cosa que no comprendo. Compré una camisa a cuadros, pero cuando llegué a casa encontré una blusa de flores rosadas y verdes. ¡Ahora tengo que devolverla!

2. Me encanta lo que compré. No me quedan muy bien todavía, pero creo que después de usarlos dos o tres días, me van a quedar bien. Sólo pagué veinticinco dólares. ¿Y sabes qué? ¡La vendedora es tan amable! Fui a la tienda sin dinero en efectivo y sin tarjeta de crédito, pero ella me guardó los botines. Fui esa misma tarde a pagarlos con el dinero que me regaló mi abuela.

3. Pues, no me lo probé en la tienda. ¡A ver! La talla dice treinta y ocho y ahora que me lo pongo, veo que me queda apretado. ¡Qué lástima! Me gustaría devolverlo, pero lo compré en una liquidación y creo que no se permite devolver nada. ¿Qué talla llevas tú? Creo que este chaleco te va a quedar muy bien, ¿no?

4. En la tienda me gustaron mucho, pero ahora que los veo, ¡qué asco! ¿De qué son estos zapatos? Aquí dice que son sintéticos. ¡No me digas! Yo pagué mucho dinero por estos zapatos de tacón alto y, ¡son de plástico! ¿Por qué escuché al vendedor?

5. Cuando llegué, encontré una liquidación de toda la ropa en el segundo piso. Primero escogí una de color claro. Después vi otra que también me gustó. Compré cinco. Una de color verde, otra en amarillo, una en azul oscuro. Me encantan las gangas. ¿Dónde voy a encontrar gorras tan baratas como éstas?

D. You and your friends are interested in working after school. First, look at these notices posted on the bulletin board of the counselor's office. Then, read each statement on the answer sheet and answer *Sí* if it is correct or *No* if it is incorrect.

1. Gimnasio busca jóvenes con habilidad para enseñar deportes de invierno. Les podemos prestar todo lo que van a necesitar en el trabajo: los cascos, los patines y los palos. Las horas son flexibles y lo que pagamos depende de la experiencia de cada persona.

2. Centro comunitario necesita jóvenes para divertir a personas mayores. Si saben cantar, tocar instrumentos o presentar una obra de teatro pueden ganar buen dinero. También necesitamos voluntarios para jugar ajedrez o damas, o hacer rompecabezas y crucigramas.

3. Grupo de artistas necesita personas con talentos literarios para producir una revista. Deben tener talento para escribir. Pagamos bien. También buscamos personas que puedan

ayudarnos a repartir la revista después de su publicación. Pueden ganar cinco dólares la hora.

4. Tienda de música necesita joven con habilidad para escribir en computadora. Debe saber algo de música rock y de música clásica. Es necesario saber tocar algún instrumento para contestar las preguntas sobre la música.

5. Guardería infantil quiere dar trabajo a jóvenes con experiencia en el cuidado de niños de dos a cinco años. Si los niños traviesos les molestan, no deben llamarnos. Hay peligro para los niños si juegan solos en el patio de recreo. El trabajo es cuidarlos cuando juegan en el columpio, el sube y baja, y el tobogán. Pagamos bien por sólo tres horas al día.

E. Your English teacher has posted what you and your classmates have written about what you were like when you were children. Read what three of you wrote, then circle the letter of the best answer to complete each statement.

Jorge

A los tres años era un niño alegre que saludaba a todos en el supermercado. Mi pobre madre siempre tenía que buscarme porque me gustaba ir a charlar con la gente. Hacía tantas preguntas que sólo algunos me contestaban. Me daba igual porque siempre había muchas personas en el supermercado y nuevas caras con quienes hablar. Una vez caminaba al lado de mi madre con mi osito de peluche. Ese día ella llevaba un abrigo a cuadros. Recuerdo todavía aquel abrigo porque cuando puse la mano en la manga del abrigo vi la cara de una señora que no era mi madre. Lloré tanto que en dos minutos mi madre ya estaba a mi lado. Me dio bastante miedo y me porté mejor. Pues, un poco mejor, porque todavía me encanta charlar con la gente.

Soledad

Cuando era jovencita no tenía hermanos ni había vecinos cerca de nuestra casa. Siempre jugaba sola porque era muy tímida. Había un parque cerca y allí saltaba a la cuerda, montaba el triciclo o jugaba en el cajón de arena. Los otros niños no me molestaban, pero yo prefería buscar tortugas o peces en el laguito del parque. Ahora tengo quince años y ya no soy la misma persona. Me encanta mi nombre, Soledad, pero es la descripción de lo que yo era y no de lo que soy.

Esperanza

Yo era tan traviesa como mis hermanos, pero el más consentido de los tres era mi hermanito Pablito. Desde que nació recibía la atención de todos y todavía es el nieto y sobrino favorito en las reuniones familiares. Siempre veía los programas que él quería ver, nunca nos prestaba sus juguetes y siempre tenía que ganar en los juegos porque no sabía perder. Recuerdo que un fin de año celebramos la boda de un pariente y fuimos todos a la iglesia para la ceremonia. Sólo mi hermanito Ramón y yo sabíamos que Pablito no estaba con nosotros. Cuando regresamos a casa, allí estaba Pablito con la cara muy triste. No sé a qué edad empezamos a ser diferentes, pero ahora Pablito es mi mejor amigo porque siempre escucha mis problemas y conoce todos mis secretos.

III. Writing Proficiency *(10 points each)*

A. Your pen pal in Colombia has asked you to write a letter in which you describe your classes and your extracurricular activities. In your letter to your pen pal, include information about:

- the different classes you're taking and what you do in each of them
- your favorite or least favorite classes
- your extracurricular activities
- any work you do for pay or as a volunteer

B. Write a letter to a friend in which you describe your daily routine from morning to night. Include the following information in your description:

- what you do in the morning before school and when you do each activity
- how you feel about your morning routine
- what you do in the evening and at night and at what time you do each activity

C. Your grandparents have given you some money to buy school clothes. Write a letter in which you thank them and describe the various items you bought. Include the following information:

- a description of each item you bought, including name, size, material, and style
- how you paid for the clothes

D. A friend who lives in another state wants to know more about the sports that you and your friends enjoy during the year. Write a letter in which you describe to your friend:

- the various sports you participate in during different seasons
- the various pieces of equipment you need for each sport
- the team sports your school offers its students

E. You're feeling nostalgic about your childhood and have decided to write about it in your journal for English class. In your journal entry, include the following information:

- what you were like as a child
- the games and toys you played with as a child
- what games you played at school or in the park
- how you and others behaved as children while playing

F. Your friend in El Salvador wants to know about the different holidays you celebrate in the United States. Write a letter in which you describe to your friend:

- the names of the different holidays celebrated during the year
- how you celebrated one of these events recently either with family or friends
- what took place during the celebration

IV. Cultural Knowledge *(10 points each)*

A. Your sociology teacher has asked the class to compare how students in Latin America and the United States spend their time during the school day. In your written report:

- compare your school with a school in Mexico
- describe any differences or similarities
- describe what teenagers in Central America might do after school
- compare these activities with yours here in the United States

B. You were selected to represent your community as part of an exchange program in which you will visit several countries in Latin America. Before you make your trip, what will you need to know about the following?

- the monetary system used in different Latin American countries
- what each country's coins or paper money tell us about it

C. You have chosen to write about Mexico and some well-known artists in that country for a report in your art class. What information about the following can you include in your report?

- the names of two important Mexican artists
- the style of art they produced
- how their art reflects their personal life
- what their art tells us about Mexican culture

D. You and I are standing in front of the José Martí statue in New York's Central Park. I have never heard of this man. What can you tell me about him?

E. As a member of the International Club in your school, you have been asked to plan a *carnaval* celebration this year. What information can you give the International Club about this event? In your report to them, include the following information:

- how religions and the *carnaval* are related
- why this celebration differs from country to country in the Spanish-speaking world

V. Speaking Proficiency *(10 points each)*

A. You and I have just met. I am from Honduras and know very little about your school or what extracurricular activities are available. I would like to know:

- what classes are offered
- what I should do to get a good grade
- what students generally do during lunch and after school
- what to do if I am interested in music and sports

B. You and I met last summer at a camp in the mountains. I have invited you to spend some time with me and my family this next vacation. In order to make your visit more comfortable, I would like to know about your daily routine. Tell me about:

- what you do in the morning before school
- what activities you do after school and at night
- how this routine differs on the weekends

Ask me some questions about my daily routine.

C. You are working in a department store as an assistant buyer. You are helping me take an inventory of the clothes that just arrived for the new season. As you speak to me, give me the following information:

- a description of each article of clothing, including name, color, style, size, and any decorative details
- where we should place each item

- what we should do to sell off the remaining clothing from last season quickly

D. You have telephoned to tell me about what you did this past weekend. In your conversation with me, describe:

- some cultural events you attended

- how you spent the evening playing table games with your family

- how you felt about doing each of these activities

E. You and I met only recently so I know very little about you. I would like to know more about your childhood. In your conversation with me, tell me:

- what you liked and didn't like to do as a child

- what games and toys you played with as a child

- what you did when others annoyed you

Ask me some questions about my childhood.

F. You recently had a birthday and you enjoyed the celebration very much. Tell me about:

- who was there and what they did

- what you liked so much about the celebration, and a few things you didn't like

G. You are the salesperson in a department store and I am a dissatisfied customer. In your conversation with me, tell me:

- who can help me with the merchandise that I plan to return

- how I can get my money back

Ask me why I wish to return my purchase.

H. You are the manager of a gym and you want to convince me to become a member. Tell me all about the different sports available to me. Tell me:

- what equipment I need to have in order to play each sport

- how much better my life as an athlete will be if I become a member of your gym

Paso a paso 2

Nombre _____

CAPÍTULOS 1-6

Fecha _____

Hoja para respuestas 1
Banco de ideas

I. Listening Comprehension *(10 points each)*

A. Friends with problems

a

c

e

b

d

f

1. ____   **2.** ____   **3.** ____   **4.** ____   **5.** ____

B. Antonio and David

1. Antonio se despierta muy temprano por la mañana.	Sí	No
2. La familia tiene un coche alemán.	Sí	No
3. Antonio estudia un idioma.	Sí	No
4. A Antonio le interesa mucho la música.	Sí	No
5. En una de sus clases Antonio tiene que cantar.	Sí	No
6. Antonio enseña a los niños a levantar pesas.	Sí	No
7. Antonio juega ajedrez con los niños.	Sí	No
8. Antonio cuida niños los fines de semana.	Sí	No
9. Antonio corre a todas sus clases.	Sí	No
10. Antonio es miembro de muchos clubes en la escuela.	Sí	No

C. Weekend shopping

DIÁLOGO 1

1. Carla compró
   a. ropa deportiva.
   b. algo para un baile.
   c. zapatos de tacón alto.

2. Carla
   a. compró algo apretado.
   b. compró algo de nilón.
   c. compró algo flojo.

3. Según Eugenia, ella
   a. tiene zapatos que son de lana.
   b. tiene zapatos de lona.
   c. tiene zapatos que le quedan grandes.

Paso a paso 2

Nombre

CAPÍTULOS 1-6

Fecha

Hoja para respuestas 2
Banco de ideas

DIÁLOGO 2

4. Luis

   a. lleva ropa elegante todos los días.

   b. compró un traje para ir a una fiesta.

   c. quiere ir con su novia al cine.

5. Pedro

   a. compró ropa con una tarjeta de crédito.

   b. no tiene bastante dinero para comprar un regalo.

   c. pagó con dinero en efectivo.

D. Sports announcer

   a. el tenis   **d.** los bolos   **g.** el fútbol americano

   b. el béisbol   **e.** el golf   **h.** patinar sobre hielo

   c. el hockey   **f.** el esquí

1. ____   **2.** ____   **3.** ____   **4.** ____   **5.** ____

E. Saruca and her grandmother

1. La abuelita de Saruca

   a. no jugaba con el oso de peluche.

   b. tenía pocos juguetes.

   c. no tenía una muñeca.

2. En la familia de la abuelita

   a. sólo los padres se besaban y abrazaban.

   b. sólo las mujeres se besaban y abrazaban.

   c. todos los familiares se besaban y abrazaban.

3. Según la abuelita, ella

   a. mentía a veces.

   b. nunca mentía.

   c. nunca se portaba muy bien.

4. Un vecino de la abuelita

   a. era muy tímido y callado.

   b. no se portaba bien.

   c. abrazó a la abuelita el Día de los Enamorados.

5. La familia de la abuelita

   a. celebraba en el parque los días especiales.

   b. trabajaba todos los fines de semana.

   c. no tenía muchas reuniones.

II. Reading Comprehension *(10 points each)*

A. Alicia's day

1. ____   **3.** ____   **5.** ____   **7.** ____   **9.** ____

2. ____   **4.** ____   **6.** ____   **8.** ____   **10.** ____

Paso a paso 2

Nombre _____

CAPÍTULOS 1-6

Fecha _____

Hoja para respuestas 3
Banco de ideas

B. Campo Pinar

1. CAMPO PINAR es sólo para los estudiantes que quieren
   a. ser artistas famosos.
   b. practicar un instrumento musical.
   c. ganar dinero.

2. CAMPO PINAR es un lugar
   a. sólo para las muchachas.
   b. sólo para los muchachos.
   c. para todos los jóvenes.

3. En CAMPO PINAR se puede
   a. practicar las artes marciales.
   b. tomar materias escolares.
   c. cantar.

4. Para participar en CAMPO PINAR,
   a. hay que tocar un instrumento musical muy bien.
   b. hay que participar en el anuario.
   c. no es necesario jugar deportes.

5. CAMPO PINAR es para estudiantes a quienes les interesa
   a. divertirse practicando instrumentos musicales.
   b. trabajar como voluntarios.
   c. ser miembro de un consejo estudiantil.

C. Shopping for bargains

a

c

e

b

d

f

1. ___   **2.** ___   **3.** ___   **4.** ___   **5.** ___

Paso a paso 2

Nombre

CAPÍTULOS 1-6

Fecha

Hoja para respuestas 4
Banco de ideas

D. Jobs

1. Hay trabajo para jóvenes que saben patinar sobre hielo.　　Sí　　No

2. Pagan buen dinero a los que quieren repartir revistas.　　Sí　　No

3. Para trabajar en el gimnasio debes traer tus propios guantes,
bates y pesas.　　Sí　　No

4. Puedes ganar dinero jugando juegos de mesa en el centro
de la comunidad.　　Sí　　No

5. Hay dos lugares que ofrecen trabajo para personas que tocan un
instrumento musical.　　Sí　　No

6. No necesitas tocar un instrumento musical para trabajar
en la tienda de música.　　Sí　　No

7. Necesitas ser jugador de bolos para trabajar en el gimnasio.　　Sí　　No

8. Si puedes soportar a los niños que no se portan bien, hay trabajo
para ti en una guardería infantil.　　Sí　　No

9. Si escribes bien en computadora hay trabajo para ti en el centro
de la comunidad.　　Sí　　No

10. Puedes trabajar en la guardería infantil pero hay mucho peligro
para los que ayudan a los niños.　　Sí　　No

E. Jorge, Soledad and Esperanza

1. Cuando era niño, Jorge
　a. hablaba con todos.
　b. obedecía siempre.
　c. se peleaba con todos.

2. A veces Jorge
　a. era bastante tímido.
　b. no molestaba a nadie.
　c. llevaba sus juguetes al supermercado.

3. Soledad era una niña a quien
　a. le gustaba ser maleducada.
　b. le encantaba divertirse sola.
　c. todos molestaban.

4. Soledad se divertía
　a. saltando con los otros niños.
　b. buscando animales.
　c. charlando con todos.

5. Esperanza era una niña que
　a. quería todo para ella.
　b. siempre obedecía a sus hermanos.
　c. a veces no se portaba bien.

III. Writing Proficiency *(10 points each)*

A. _____ :

_____

Paso a paso 1

CAPÍTULOS 1-6

Nombre _____

Fecha _____

Hoja para respuestas 5
Banco de ideas

_____

_____

_____

_____

B. _____ :

_____

_____

_____

_____

_____

C. _____ :

_____

_____

_____

_____

_____

D. _____ :

_____

_____

_____

_____

_____

E. _____

_____

_____

_____

_____

Paso a paso 2

Nombre _____

CAPÍTULOS 1-6

Fecha _____

Hoja para respuestas 6
Banco de ideas

F. _____ :

_____

_____

_____

_____

_____

                                    _____

IV. Cultural Knowledge *(10 points each)*

A. _____

_____

_____

_____

_____

_____

_____

_____

_____

_____

_____

B. _____

_____

_____

_____

_____

C. _____

_____

_____

_____

Paso a paso 2

Nombre

CAPÍTULOS 1-6

Fecha

Hoja para respuestas 7
Banco de ideas

D. _____

E. _____

V. Speaking Proficiency *(10 points each)*

CAPÍTULO 7

I. Listening Comprehension *(10 points each)*

A. Some hotel guests are complaining to the manager that their personal articles are missing. Listen to the following complaints, then write down the letter of the picture which corresponds to each of the missing articles.

B. Rosa and Mauricio are hoping to find the house of their dreams before their wedding in June. Listen to an advertisement they hear on the radio, then circle *Sí* if the statement is correct or *No* if it is incorrect.

II. Reading Comprehension *(10 points each)*

A. Lucía and Dani are planning to visit their cousins for a week. To make sure that they don't forget anything, they made a list of what they want to take along. In their conversation they refer to items on the list. Read their conversation, then match each item they refer to with one of the words on the list.

a. tocacintas	**d.** estante	**g.** bombillo
b. carnet de identidad	**e.** secador	**h.** anteojos
c. linterna	**f.** pilas	

1. Quisiera lavarme el pelo todos los días y llegar al desayuno ya peinada.

2. Quiero llevar mi propia música. No me gusta lo que escuchan nuestros primos. Así puedo escucharla y nadie tiene que oír lo que estoy escuchando.

3. Ya sabes que Pati se acuesta muy temprano y a mí me encanta leer en la cama. Ya sé lo que voy a llevar para leer en mi cama sin molestarle con la luz.

4. Nuestro tío dice que siempre usamos demasiada electricidad porque nunca apagamos las luces. Por eso pienso llevar mi propio radio porque no necesita electricidad.

5. ¿Recuerdas que vamos al baile con Pati y Patricio? No tenemos que pagar si llevamos algo que muestre que somos estudiantes.

B. You work for a local newspaper. Your responsibility is to prepare the advertisements for final publication. Match the information from each section in order to complete your final edit of the advertisements.

1. Llevamos nuestro servicio a su casa día y noche. En caso de emergencia, si sus aparatos eléctricos no funcionan, llamen al 98-44-76.

2. Somos coleccionistas internacionales. Les va a interesar mucho nuestra nueva colección del año 1565.

3. ¿Quieres impresionar a sus amigos o parientes con sus lujos? Pues, visítenos. Todos van a pensar que pagó miles de dólares por una joya que sólo los millonarios pueden comprar.

4. Mañana puede ser demasiado tarde. Una pila que ya no sirve en el detector de humo o un papel demasiado cerca del calentador puede terminar en un desastre.

5. ¿Está cansada de verse en el espejo? Ya es hora de despedirse de todas las posesiones que ya no necesita: los anteojos, el secador de pelo y el peine.

    a. Para usted, tenemos una selección variada de imitaciones fabulosas, doradas y plateadas. LINESA, en la calle Estrada número 32.

    b. Le vamos a transformar en otra persona, con la energía de una joven de dieciocho. Con un nuevo peinado y lentes de contacto, nuestros especialistas le ayudan a tener una nueva vida lejos del fregadero, el horno y el lavaplatos.

    c. Si le encantan las camisas limpias y elegantes, y no tiene tiempo para los quehaceres diarios, visítenos en Lavandería Gonzalo. Servicio de tres a veinticuatro horas, según el número de camisas.

    d. Reparaciones Alonzo está para servirle cuando Ud. lo necesita. Nuestros expertos en reparar lavadoras y secadoras le pueden ayudar. No debe comprar aparatos nuevos si no es necesario.

    e. Les invitamos a nuestra exposición, donde les vamos a mostrar lo fácil que es la identificación de monedas raras o falsas. Nuestra colección antigua es de diferentes países y civilizaciones, de diferentes denominaciones y valores.

    f. Visítenos hoy en APARATOS ELÉCTRICOS HERMANOS MORENO. Compre un extinguidor para cada cuarto de su casa y protéjase contra incendios. ¡No es un lujo; es una necesidad urgente!

III. Writing Proficiency *(10 points each)*

A. You have decided to give some of your personal possessions to your cousins because on your last birthday you received duplicates of some things that you already had. Write a letter in which you explain to your cousins:

- what you are going to give to each one of them
- what each item is like
- whether the item is used or new
- why you have decided to give each of them a particular item
- what importance that item has for you

B. Your family wants your help to do an inventory of the many appliances that have accumulated over the years. Include the following information:

- the various appliances that you find in your house
- where each one is located
- which appliances need repair or replacement

IV. Cultural Knowledge *(10 points each)*

A. You work part-time for a travel agency. Some clients are interested in visiting the sites of the ancient civilizations of Latin America. Give them some written information about:

- the Aztecs in Mexico
- the Mayans in Central America
- the Incas in Peru

B. You are an anthropologist who has been asked to speak about your recent visit to some ancient ruins in Mexico, Guatemala, and Peru. Prepare some notes highlighting:

- how these civilizations compare with the Roman or Greek civilizations
- important facts about their culture

V. Speaking Proficiency *(10 points each)*

A. You work for a department store. I need to buy gifts for my relatives, but first I need some suggestions.

- Ask me which relatives I plan to buy gifts for.
- Suggest some gifts and tell me why you think they are appropriate.
- Explain why some of these items are more costly than others.

B. You have just won a dream house on a game show. It's unfurnished and you will need to go shopping for appliances. Tell me about:

- the appliances you plan to buy and why you want each one of them
- what you think each one will cost
- what items you should have in your home to be safe and to save energy

Paso a paso 2

Nombre _____

CAPÍTULO 7

Fecha _____

Hoja para respuestas 1
Banco de ideas

I. Listening Comprehension (10 points each)

A. Hotel guests

a

c

e

b

d

f

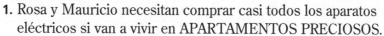

1. _____   2. _____   3. _____   4. _____   5. _____

B. Apartamentos Preciosos

1. Rosa y Mauricio necesitan comprar casi todos los aparatos eléctricos si van a vivir en APARTAMENTOS PRECIOSOS.   Sí   No

2. Hay que tener ventilador en el verano en los APARTAMENTOS PRECIOSOS.   Sí   No

3. Hay cinco detectores de humo en estos apartamentos.   Sí   No

4. Rosa y Mauricio necesitan lavar la ropa sucia en otro lugar de vez en cuando.   Sí   No

5. Es posible preparar pan tostado en estos apartamentos sin tostador.   Sí   No

6. En APARTAMENTOS PRECIOSOS se puede preparar la comida rápidamente.   Sí   No

7. En APARTAMENTOS PRECIOSOS no hay protección contra los incendios.   Sí   No

8. No tienes que ser millonario para vivir en APARTAMENTOS PRECIOSOS.   Sí   No

9. Hay calentadores en todos los cuartos de estos apartamentos.   Sí   No

10. El anuncio comercial dice que hay un aparato eléctrico para la basura.   Sí   No

Paso a paso 2

Nombre _____

CAPÍTULO 7

Fecha _____

Hoja para respuestas 2
Banco de ideas

II. Reading Comprehension *(10 points each)*

A. Packing the suitcase

1. ___   2. ___   3. ___   4. ___   5. ___

B. Advertisements

1. ___   2. ___   3. ___   4. ___   5. ___

III. Writing Proficiency *(10 points each)*

A. _____

_____

_____

_____

_____

                                    _____

B. _____

_____

_____

_____

_____

IV. Cultural Knowledge *(10 points each)*

A. _____

_____

_____

_____

_____

_____

_____

_____

Paso a paso 2

Nombre _____

CAPÍTULO 7

Fecha _____

Hoja para respuestas 3
Banco de ideas

_____

_____

_____

B. _____

_____

_____

_____

_____

_____

_____

_____

_____

V. Speaking Proficiency *(10 points each)*

CAPÍTULO 8

I. Listening Comprehension *(10 points each)*

A. Catalina has been asked to take some foreign students shopping. Since they are not familiar with her city, Catalina must tell them where to find the things they're looking for. Listen to what each student says, then look for an appropriate answer from Catalina.

B. Yola and María have gone shopping and are making plans to separate and then meet later. Listen to their conversation, then circle *Sí* if the statement is correct or *No* if it is not correct.

II. Reading Comprehension *(10 points each)*

A. Quique has a part-time job working for a business which makes signs. Read the written information the boss gave Quique to use when painting signs for different clients, then select the picture which matches the information.

1. "Esta salida está cerrada hoy por reparaciones"

2. "Sellos y otros servicios al fondo"

3. "Todo maquillaje reducido un 33%"

4. "Compre lo más fresco en nuestra verdulería"

5. "Peligro en la carretera, señal de Alto a quince metros"

B. Elisa and Lalo are spending the afternoon shopping downtown. Read their conversation, then circle the letter of the answer that best completes each statement.

ELISA	¿Piensas gastar mucho dinero hoy?
LALO	Creo que no, pero sí me gustaría comprarles un regalo a mis padres. Su aniversario es el domingo. ¿Qué me recomiendas?
ELISA	Pues, en esta tienda no hay nada para la casa. ¿Por qué no vas al ALMACÉN OCHOA? Allí tienen de todo y puedes encontrar algo bastante barato.
LALO	Sí, algo para la casa es buena idea, como algún aparato eléctrico. Pero no sé dónde está ese almacén. ¿Dónde lo encuentro?
ELISA	¿Sabes dónde queda la estación de bomberos? ¿Y el parque Bolívar? Pues, cruza el parque, dobla a la izquierda y allí vas a ver el letrero grande con el nombre del almacén.
LALO	¿Y debo regresar a esta tienda?
ELISA	No, no hay nada aquí que me interese. Necesito algunas cosas de la farmacia, seda dental y un cepillo de dientes para mi hermana. ¿Por qué no nos encontramos en dos horas en el quiosco del parque? Necesito comprar un periódico para papá.

III. Writing Proficiency *(10 points each)*

A. You are helping to organize a *Cinco de Mayo* parade. Write down some things that must be taken into consideration. Include the following information:

- what route the parade should follow through the downtown area
- what distance the parade will cover
- what the city needs to provide
- how various stores can participate

B. The teacher of your business class has assigned you the project of designing the interior of a department store. She wants you to submit a written description, first before you design the visual part of the project. In your written description, include:

- the location of the different departments in relation to each other
- a description of the physical layout of the store
- where the various public facilities are located

IV. Cultural Knowledge *(10 points each)*

A. A friend of yours wants to know something about shopping in a marketplace in Guatemala. Answer your friend's request by writing a letter in which you explain what a tourist should know about bargaining for merchandise.

B. You are living with a family in Central America. The mother of the family has invited you to go with her to the outdoor market. What have you observed about the bargaining process? How does this compare with what is done in the United States?

V. Speaking Proficiency *(10 points each)*

A. You have been hired to greet customers at the entrance of the new department store where you work. I have just entered and want to know what the store has to offer. In your conversation with me, tell me:

- where each department is located, how to get to it, and what I can buy there
- where some public facilities are located
- what I should know about special events going on for today's opening events

Ask me some questions.

B. You work at an information booth. Your job is to help tourists find their way around the downtown area. I am a tourist seeking information from you. Tell me:

- where to go to find the stores that might be of interest to me
- how to get to each one
- what public services are available to me

Ask me some questions to help guide me around your city.

Paso a paso 2

Nombre

CAPÍTULO 8

Fecha

Hoja para respuestas 1
Banco de ideas

I. Listening Comprehension *(10 points each)*

A. Foreign guests

a. Claro. Sé que hay una buena floristería allí, en el cruce de la calle Bernal y la calle Morán.

b. Te recomiendo el ALMACÉN DE LUJOS. Es mejor que el almacén adonde fuimos antes porque tiene más ropa para damas y para caballeros.

c. No hay una buena frutería por aquí, pero las podrías comprar en el supermercado.

d. Claro. Podrías comprar unos en la verdulería que está cerca del monumento de Colón.

e. Pues, creo que hay servicios en el primer piso del almacén donde compramos los perfumes.

f. Creo que están comprando el periódico que sale por la tarde. Lo venden en ese quiosco.

1. ____   **2.** ____   **3.** ____   **4.** ____   **5.** ____

B. Friends shopping

1. Yola tiene que encontrar algo para otra persona.   Sí   No

2. María va a acompañar a Yola a la sección de niños.   Sí   No

3. Los animales de peluche quedan al fondo del almacén.   Sí   No

4. Yola va al segundo piso en el ascensor.   Sí   No

5. Las dos amigas van a quitarse y ponerse ropa por una hora.   Sí   No

II. Reading Comprehension *(10 points each)*

A. Signs

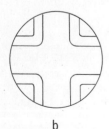

a

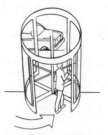

c

e

b

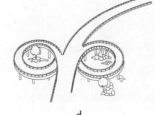

d

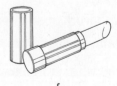

f

1. ____   **2.** ____   **3.** ____   **4.** ____   **5.** ____

Paso a paso 2

Nombre _____

CAPÍTULO 8

Fecha _____

Hoja para respuestas 2
Banco de ideas

B. Downtown

1. Elisa y Lalo

    a. van a quedarse en la misma tienda por dos horas.

    b. piensan encontrarse en el ALMACÉN OCHOA después.

    c. van a hacer compras en diferentes lugares.

2. Lalo necesita

    a. saber cómo llegar al almacén.

    b. gastar su dinero en algo para sus amigos.

    c. comprar algo en la tienda donde él y Elisa están hablando.

3. Lalo quiere

    a. gastar mucho dinero.

    b. comprar un regalo para sus padres.

    c. ir a una fiesta de cumpleaños el domingo.

4. Elisa no encuentra

    a. dónde está su coche.

    b. nada interesante en la tienda.

    c. la estación de bomberos.

5. Elisa necesita comprar

    a. un aparato eléctrico.

    b. un periódico.

    c. pasta dentrífica.

III. Writing Proficiency *(10 points each)*

A. _____

_____

_____

_____

_____

B. _____

_____

_____

_____

_____

Paso a paso 2

Nombre

CAPÍTULO 8

Fecha

Hoja para respuestas 3
Banco de ideas

IV. Cultural Knowledge *(10 points each)*

A. _____

_____

_____

_____

_____

_____

_____

_____

_____

B. _____

_____

_____

_____

_____

V. Speaking Proficiency *(10 points each)*

Capítulos 9-12

I. Listening Comprehension *(10 points each)*

A. You are in the doctor's office waiting for a friend. As you wait, you overhear some conversations between friends who are waiting to see the doctor. Listen to each one, then select the best answer to complete each statement on your answer sheet.

B. When you turn on your television set you can't see anything, but you can hear the programs. Listen as you tune in to different channels. Match what you hear with the kind of program you think it is.

C. Your economics class has gone to the career center to get information about future jobs and professions. Listen to some conversations taking place as you walk around, then choose the letter of the word or expression that corresponds to what you hear.

D. Listen to these conversations, which are taking place in an airplane while the passengers are waiting for take-off. Match what you hear with the appropriate picture.

E. Listen to part of a conversation between a travel agent and a young student who plans to travel through Europe this summer. Then, circle the letter which correctly completes each statement.

II. Reading Comprehension *(10 points each)*

A. Read these advertisements, which you found in a Spanish-language newspaper. Then, read through the list of potential customers. Select the advertisement which would most interest each one.

Anuncio A

DR. ANTONIO MORADO
- Estética canina, acuarios, pensión para mascotas
- Medicina y alimentos
- Cirugía
  Teléf.: 555-44-03

Anuncio B

CALEIDOSÓN
- Producción de efectos especiales y gráficos
- Expertos en productos de maquillaje para toda clase de obra cinematográfica
  Consúltenos al 555-75-81.

Anuncio C

SERVICIO COMPLETO 24 HORAS AL DÍA
- Equipo para terapia
- Materiales para yesos
- Sillas de ruedas eléctricas
- Servicio de reparación
  Llámenos al 555-40-63.

Anuncio D

SIMULACIONES AUTÉNTICAS EN TU PANTALLA DE COMPUTADORA
- Serás astronauta o piloto sin salir del sillón de tu escritorio.
- Despegarás o aterrizarás en aeropuertos lejanos.
Estos videojuegos y mucho más. ¡Todo tuyo al precio de ganga de $29.49!

Oferta especial. Llama al 555-23-60.

Anuncio E

45 AÑOS DE EXPERIENCIA A SU SERVICIO

¡No vaya a diez tiendas diferentes para conseguir lo que necesita!

Venga a TAMAYO Y QUEZADA y tenga todo a mano.

- Pastillas, jarabes y repelentes
- Maquillaje, electrodomésticos y regalos para toda ocasión
- Juguetería, perfumería fina, cristalería
- Copias fotostáticas

LO QUE NO TENEMOS, SE LO CONSEGUIMOS.

Teléf.: 555-54-90

Anuncio F

¡DISFRUTARÁN DE SU DESCANSO VERANIEGO EN *LAS POSADAS!*

- Tiendas de artesanía
- Habitaciones de lujo: dobles o individuales
- Excursiones a los pueblos y lugares de interés

ENCONTRARÁN LA PAZ EN NUESTRO AMBIENTE PINTORESCO

¡Haga su reservación ahora!

Teléf.: 555-31-90

FAX: 555-31-94

Customers

1. Irene tiene una leve reacción alérgica después de pasar el fin de semana en el bosque.

2. Pilar e Ignacio harán el papel de extraterrestres de otro planeta. Les falta mucho para completar el disfraz.

3. La familia Díaz viajará por avión a México. No pueden llevar su perro con ellos.

4. Una clínica tiene un aparato de radiografía que no funciona.

5. Juan Carlos quisiera encontrar unas muñecas indígenas para completar su colección.

B. Marco likes to read stories to the children for whom he baby-sits. Read this story he has chosen for them, then circle *Sí* if the statement is correct or *No* if it is not correct.

Había una vez un muchacho y su burrito. Todas las noches el joven llevaba el burrito a su casa para pasar la noche. Pero un día el burrito no quiso volver a casa. Se quedó en el camino sin moverse. El muchacho empezó a llorar. Lloró y lloró. Mientras lloraba, un conejo se le acercó y le preguntó por qué lloraba. El muchacho le explicó que tenía hambre y estaba cansado, pero el burro no quería ir a casa.

—Yo hablaré con el burrito —dijo el conejo—. ¡Vete, vete a casa, burrito!

Pero el burrito no se fue.

El conejo se sentó al lado del muchacho y los dos empezaron a llorar. Mientras lloraban, un zorro vino y les preguntó por qué lloraban. Los dos explicaron el problema.

—Yo resolveré el problema —explicó el zorro—. ¡Burrito, sal ahora y vete a casa!

Pero el burrito no se movió.

El zorro estaba triste porque fracasó. Se sentó al lado del conejo y del muchacho y los tres empezaron a llorar. Mientras seguían llorando, un lobo los vio y les preguntó qué les pasaba. El zorro le explicó todo.

—Yo sabré qué hacer —dijo el lobo—. ¡Ahora, burrito, pórtate bien o te voy a comer! ¡Vete a casa!

Pero el burrito se quedó mirando al lobo y no hizo nada.

El lobo se sentó al lado del zorro, del conejo y del muchacho, y los cuatro empezaron a llorar. Mientras los cuatro lloraban, llegó una abeja y le preguntó al lobo por qué lloraba.

—Lloro porque está llorando el zorro y el zorro llora porque está llorando el conejo y el conejo llora porque está llorando el muchacho. El muchacho tiene hambre y está cansado, pero su burrito no quiere ir a casa.

—¡Tanto llorar por tan poca cosa! Yo haré algo.

—¡Ja, ja, ja! —rieron los cuatro—. ¿Qué puedes hacer tú? Eres muy pequeña.

La abeja se acercó al burrito y zumbó: ¡z-z-z-z-z!

El burrito la miraba y la escuchaba, pero no se movió.

La abeja zumbó en la oreja del burrito: ¡z-z-z-z-z! ¡Y lo picó!

—¡Ay, ay, ay! —gritó el burrito—. ¡Ya me voy! ¡Ya me voy!

El burrito corrió a casa. El muchacho corrió tras el burro. Estaba muy alegre.

Pero el lobo, el zorro y el conejo se quedaron en el bosque mirándose uno al otro con cara de sorpresa.

C. The sociology teacher has asked the students to explore some possible career choices. The students must first interview some people experienced in a particular job or profession, then submit a written report based on what they have learned. Read these excerpts from some of the reports, then match the information with the appropriate picture.

1. Me encanta mi trabajo porque tiene más ventajas que desventajas. Primero, viajo a muchos países. Tengo muchas amistades fascinantes: galanes famosos, científicos conocidos, políticos. Hace un mes estaba viajando por África investigando lugares y buscando a alguien para hacer el papel del personaje principal en el nuevo guión que tengo.

2. No hay que estudiar en la universidad después de graduarte de la secundaria, pero estarás practicando muchas horas. Es necesario hacerlo si quieres ser una de las mejores. Como todos los que practican un deporte, tienes que tener un buen cuerpo, nunca comer demasiado y siempre ser paciente si quieres tener éxito. La vida artística no es fácil porque siempre hay otros que bailarán mejor que tú.

3. Mi trabajo me permite una vida de muchas aventuras. Les hago entrevistas a escritores, cantantes, políticos y deportistas. La semana pasada estuve en Centroamérica porque había noticias sobre un problema político. Mientras hacía esa investigación, tuve tiempo para explorar la selva. Allí escribí un informe sobre los animales en peligro de extinción. Tengo que darle al público las noticias más importantes y siempre prepararme muy bien.

4. Si quieres ganarte la vida en esta profesión, ¡piénsalo bien! Debes preguntarte si esta profesión te servirá para el futuro. Se puede ganar mucho dinero pero, si no eres muy bueno y no escribes día y noche, no ganarás mucho. Para mí es una vida muy interesante porque vivo dos vidas, la mía y la de mis personajes.

5. Ya no trabajo, pero cuando era más joven hice una variedad de trabajos. No sigas el camino de un pobre anciano como yo que nunca pensó en el futuro. Sé buen alumno, no pierdas el tiempo y no hagas nada tonto porque prefieres disfrutar primero y trabajar después. Yo quería ser cantante, pero nunca hice nada por ayudarme a mí mismo.

III. Writing Proficiency *(10 points each)*

A. Write a letter to a friend in which you describe something that happened to you which required consulting a nurse, doctor, or dentist. Include in your description:

- why you needed a particular medical service
- where you went to get it and what happened when you arrived
- how you feel now after some time has passed
- what will happen, or not happen, as a result of this experience

B. You often exchange letters with a friend about the movies you have seen. Write a letter in which you describe some movies you recently saw. Include in your description:

- the kinds of films you saw
- who acted in the film and what role each actor or actress played
- your opinion of the plot of each film and the acting
- something about the direction or director

C. The English teacher has asked the class to predict what the Earth will look like in the future. Write a brief report in which you include:

- a physical description of our planet in the future
- what will happen to our natural resources
- what people will be doing to avoid problems in the environment
- what new jobs or professions will exist as a result of future changes
- a description of these new professions and jobs

D. You work for a tourist office in your city and have been asked to write a brief description for visitors. In your description, include information such as:

- the various kinds of lodging available
- what each type of lodging offers its guests
- what services your city offers for travelers
- which sights the tourists might want to visit
- some suggestions to the tourists on how best to enjoy your city

IV. Cultural Knowledge *(10 points each)*

A. While traveling through Mexico with some friends, one of you becomes ill and needs an antibiotic. What information is helpful to know about Mexican pharmacies in order to get the medicine as quickly as possible?

B. What are some characteristics of Spanish-language soap operas? What do soap operas produced in this country have in common with those produced in Latin America?

C. How does a student from the United States plan for the future compared to a student from Latin America?

D. You and your family plan a trip to Spain. What lodging might you expect to find other than just a hotel? Why do you think it would be difficult to get lodging in a *parador*?

V. Speaking Proficiency *(10 points each)*

A. You are seated in the nurse's office because something happened to you over the weekend and you need some medical attention. I am seated next to you and would like to know:

- what happened to you
- where and when it happened
- why it happened
- what someone did to help you
- how you think the nurse will help you

Ask me some questions about my health.

B. You and I are talking about some television programs we saw recently. In your conversation with me:

- describe some television programs you saw
- give me your opinion of them
- tell me what happened in one of the programs
- give me advice about which programs to see or not to see

Ask me some questions about a program I saw recently.

C. You and I are making predictions about our future plans. I would like to know:

- what profession or job you might choose
- the reasons for your choice
- what this particular profession or job consists of
- where you will be working and why

Ask me some questions about my future plans.

D. Your cousin from Chile has never traveled by plane before and wants to know what to expect before making the trip to visit you and your family. Imagine that I am your cousin. In your conversation with me, I want to know:

- what I should do before I board the plane
- who will help me during the flight
- what I should not do during the flight
- what I need to do upon landing
- how to get through customs without any problems
- what I should do in case of a delay

Ask me some questions about the flight.

Paso a paso 2

Nombre

CAPÍTULOS 9-12

Fecha

Hoja para respuestas 1
Banco de ideas

I. Listening Comprehension *(10 points each)*

A. Doctor's office

1. Alonso tiene que usar muletas porque
   a. se le rompió el brazo.
   b. le duelen los codos.
   c. tiene un problema con la pierna.

2. Eva está en la oficina del doctor porque
   a. se quemó.
   b. se rompió el tobillo.
   c. se rompió la muñeca.

3. Teresa tiene
   a. alergias.
   b. picaduras de insecto.
   c. tos.

4. Manolo está visitando al doctor porque
   a. le van a hacer una operación.
   b. le van a examinar.
   c. le van a recetar algo para la enfermedad que tiene.

5. Según Nicolás, él
   a. tiene problema con los frenillos.
   b. se lastimó el brazo.
   c. se rompió la rodilla.

B. Television programs

a. un programa de concursos

b. una película de vaqueros

c. un programa sobre el ambiente

d. los dibujos animados

e. una película de detectives

f. las noticias

g. una entrevista con un astronauta

h. una película sobre extraterrestres

1. ____   **2.** ____   **3.** ____   **4.** ____   **5.** ____

C. Career center

a. astronauta   **d.** músico   **g.** obrero

b. pintora   **e.** técnico   **h.** doctor

c. veterinaria   **f.** persona de negocios   **i.** cantante

1. ____   **2.** ____   **3.** ____   **4.** ____   **5.** ____

Paso a paso 2

Nombre _____

CAPÍTULOS 9-12

Fecha _____

Hoja para respuestas 2
Banco de ideas

D. Airplane

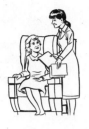

a

c

e

b

d

f

1. ___   **2.** ___   **3.** ___   **4.** ___   **5.** ___

E. Travel agent

1. Adrián está en la agencia de turismo porque quisiera
   a. hacer reservaciones en hoteles de lujo.
   b. ir a muchos lugares con poco dinero.
   c. conseguir guías para los lugares que visitará.

2. Según la agencia de viajes, Adrián debe
   a. conseguir una reservación para un hotel antes de hacer su vuelo.
   b. conseguir una reservación para un hotel después de hacer su vuelo.
   c. regatear el precio del hotel al llegar la primera noche.

3. Adrián podrá quedarse económicamente en
   a. una casa de cambio.
   b. una habitación doble.
   c. una pensión.

4. Adrián prefiere
   a. viajar con la ayuda de guías.
   b. quedarse en un sólo lugar.
   c. viajar sin ser turista.

5. Según Adrián, él quisiera
   a. disfrutar de todo.
   b. tener sus horarios planeados.
   c. obedecer los horarios.

Paso a paso 2

Nombre _____

CAPÍTULOS 9-12

Fecha _____

Hoja para respuestas 3
Banco de ideas

II. Reading Comprehension *(10 points each)*

A. Advertisements and customers

1. ___ **2.** ___ **3.** ___ **4.** ___ **5.** ___

B. Children's story

1. El joven tenía un animal que no se comportaba bien.	Sí	No
2. Todos los animales tuvieron éxito ayudando al muchacho.	Sí	No
3. El muchacho lloraba cuando vio al conejo llorar.	Sí	No
4. El conejo se protegió del lobo.	Sí	No
5. El muchacho estaba triste porque no era posible regresar a casa con los tres animales.	Sí	No
6. El burrito no obedecía al joven.	Sí	No
7. El lobo amenazó al burrito con comerlo.	Sí	No
8. Los animales pensaban que la abeja no podía hacer nada.	Sí	No
9. El burrito decidió regresar a casa porque una picadura le molestaba.	Sí	No
10. El lobo, el zorro y el conejo siguieron llorando cuando el muchacho salió corriendo con el burrito.	Sí	No

C. Sociology assignment

a

c

e

b

d

f

1. ___ **2.** ___ **3.** ___ **4.** ___ **5.** ___

Capítulos 9-12

III. Writing Proficiency *(10 points each)*

A. _____ :

_____

_____

_____

_____

                                    _____

B. _____ :

_____

_____

_____

_____

                                    _____

C. _____

_____

_____

_____

_____

D. _____

_____

_____

_____

_____

IV. Cultural Knowledge *(10 points each)*

A. _____

_____

Paso a paso 2

Nombre _____

CAPÍTULOS 9-12

Fecha _____

Hoja para respuestas 5
Banco de ideas

_____
_____
_____

B. _____
_____
_____
_____
_____
_____
_____

C. _____
_____
_____
_____
_____
_____
_____

D. _____
_____
_____
_____
_____
_____
_____

V. Speaking Proficiency *(10 points each)*

CAPÍTULO 13

I. Listening Comprehension *(10 points each)*

A. You work in a restaurant kitchen during the weekends. Listen as the head cook speaks, then match each picture with what he is saying.

B. Emilio and Rebeca have asked their mother to help them prepare a farewell dinner party for María Eugenia, an exchange student who has spent the past year with the family. Listen to the conversation that takes place in the family's kitchen, then circle *Sí* if the statement is correct or *No* if it is not correct.

II. Reading Comprehension *(10 points each)*

A. Your cooking class is preparing a dinner party for the foreign exchange students in the school. Read a couple of the recipes that they will be using, then circle the letter of the answer that best completes each statement.

Receta 1

Ingredientes

1 taza de papas, cortadas en cubitos y cocidas
    sin cáscara

1 taza de zanahorias, cortadas en cubitos
    y ya cocidas

1/2 taza de guisantes cocidos

1/2 taza de judías verdes cocidas

3 cucharadas de aceite de oliva

1 cucharada de vinagre

1 taza de mayonesa

1 huevo duro cortado en rebanadas finas

1/4 taza de pimiento rojo

12 aceitunas rellenas

Preparación

1. Mezcle las papas, las zanahorias, los guisantes
    y las judías verdes en un tazón con el aceite
    y vinagre.

2. Después mezcle todo con la mayonesa.

3. Ponga un poco de sal y pimienta al gusto.

4. Ponga el huevo, el pimiento y las aceitunas
    encima de la ensalada como decoración.

Se sirve fría.

Receta 2

Ingredientes

6 rebanadas de piña

2 naranjas sin cáscara, cortadas en rebanadas

6 rebanadas de papaya

1 1/2 tazas de jugo de naranja

2 latas de jugo de durazno

4 hojas de menta

Preparación

Se necesitan 6 vasos grandes

1. Ponga en cada vaso una rebanada de piña,
    dos de naranja y dos de papaya.

2. Llene cada vaso con la mezcla de los dos jugos.

3. Ponga una hoja de menta encima como
    decoración.

Se sirve frío.

B. The teacher of the cooking class has asked the students to write about the cuisines of other countries. Read what Gonzalo wrote, then circle *Sí* if the statement is correct or *No* if it is not correct.

La comida de un país depende mucho de su historia y su geografía. Por ser una península, el pescado y los mariscos se comen en todas partes de España. En el norte hace mucho frío. Por eso las sopas son muy populares, como la *fabada* hecha de judías blancas, jamón, chorizo, cebolla y ajo. En el noreste hay varios platos hechos de pescado y de mariscos, como la *zarzuela*. Al este se produce mucho arroz, que es el ingrediente principal de la *paella valenciana.* En el sur, donde hace mucho calor, los platos son menos pesados y se come más pescado, ensaladas o *gazpacho,* una sopa fría y refrescante. En la región central de España se sirven guisados y carnes asadas. Entre los más típicos está el *cocido madrileño*, hecho de varias carnes, garbanzos y chorizo. Las características predominantes de la cocina española son el uso del ajo, el azafrán, la cebolla y el aceite de oliva. En resumen, podemos decir que es una cocina regional y no nacional por su impresionante variedad.

III. Writing Proficiency *(10 points each)*

A. The students in your home economics class have been assigned to plan the meals (breakfast, lunch, and dinner) for three consecutive days. As a member of the class, write a report which includes:

- a list of the foods and beverages for each meal
- a brief statement justifying your choices
- a brief explanation of why you omitted certain foods
- recommendations for additional foods that could have been included

B. You and your family recently had a meal in an ethnic restaurant. You enjoyed the meal so much that you want to prepare it for your cooking class. Write an original version of a recipe for one of the dishes you plan to prepare. In your written recipe include:

- the amount of each ingredient
- the process of preparation
- additional information about when and how to serve the dish

IV. Cultural Knowledge *(10 points each)*

A. In Latin America, if the grandmother is living with her children, what role does she sometimes have in the family?

B. What cultural importance does the kitchen have for some Latin American families?

V. Speaking Proficiency *(10 points each)*

A. You have just had a typical meal in a Spanish restaurant. Tell me about:

- the different dishes you ordered and the ingredients found in each of them
- how you think they were prepared
- what you liked or did not like about each one

Give me some suggestions about a dish I would like to eat.

B. You and some other students have been invited to speak to a third grade class about eating well to stay healthy. Each of you is to speak with an individual student. I am the third grade student selected to work with you. Tell me:

- which fruits and vegetables you suggest I eat to stay healthy
- which beverages I should drink or not drink and why
- how to prepare a healthy snack for after school

Ask me some questions about what I eat or drink.

Paso a paso 2

CAPÍTULO 13

Nombre

Fecha

Hoja para respuestas 1
Banco de ideas

I. Listening Comprehension *(10 points)*

A. Restaurant kitchen

a

b

c

d

e

f

1. ___   **2.** ___   **3.** ___   **4.** ___   **5.** ___

B. Farewell dinner party

1. María Eugenia es de España.   Sí   No

2. Las tapas se comen después de la cena.   Sí   No

3. El gazpacho no tiene ningún ingrediente dulce.   Sí   No

4. La paella está hecha de carne y mariscos.   Sí   No

5. Van a servir pavo y tarta de calabaza porque son platos típicos
de los Estados Unidos.   Sí   No

6. La tortilla española está hecha de maíz y papas.   Sí   No

7. Para hacer un relleno para la empanada, es necesario que se
piquen los ingredientes.   Sí   No

8. La mamá estaba pensando en servir una ensalada de pepinos y tomates.   Sí   No

9. Habrá menos de veinte personas comiendo la cena.   Sí   No

10. De postre comerán fruta.   Sí   No

Paso a paso 2

CAPÍTULO 13

Nombre

Fecha

Hoja para respuestas 2
Banco de ideas

II. Reading Comprehension *(10 points each)*

A. Cooking class

1. Las dos recetas que los estudiantes van a preparar
  a. tienen verduras.
  b. no se sirven calientes.

2. La receta 2 se sirve
  a. antes de comer.
  b. con la comida.

3. La receta 2
  a. se prepara en el horno.
  b. tiene ingredientes que se venden ya preparados.

4. Esta receta es una ensalada.
  a. receta 2
  b. receta 1

5. La receta que incluye fruta es
  a. la receta 1.
  b. la receta 2.

B. Cuisines of other countries

1. Los mariscos se comen sólo en el norte de España.	Sí	No
2. Es posible que la zarzuela tenga camarones.	Sí	No
3. Se recomienda que pidas una comida ligera en las regiones del sur.	Sí	No
4. La comida española es una mezcla de platos guisados, cocidos y fritos.	Sí	No
5. El aceite que usan los españoles es de maíz.	Sí	No
6. Hay más abundancia de frutas en las regiones del norte de España.	Sí	No
7. Para probar la comida típica de España, es importante que pidas un plato picante.	Sí	No
8. Se encontrarán más platos preparados a la parrilla en la región central de España.	Sí	No
9. La gente del sur de España come más sopa que la gente de otra región.	Sí	No
10. Gonzalo sugiere que la cocina española es más regional que nacional.	Sí	No

Paso a paso 2

Nombre _____

CAPÍTULO 13

Fecha _____

Hoja para respuestas 3
Banco de ideas

III. Writing Proficiency *(10 points each)*

A. _____
_____
_____
_____
_____
_____

B. _____
_____
_____
_____
_____
_____

IV. Cultural Knowledge *(10 points each)*

A. _____
_____
_____
_____
_____
_____
_____
_____

B. _____
_____
_____
_____

V. Speaking Proficiency *(10 points each)*

CAPÍTULO 14

I. Listening Comprehension (10 points each)

A. You have gone camping for the weekend with some friends. Match what each of you says with the appropriate picture.

B. Marco and Blanca are camp counselors who work with young children during the summer. Because some of the children have never gone camping before, Marco and Blanca are explaining to them what they should do. Listen to their conversation, then circle *Sí* if the statement is correct or *No* if it is incorrect.

II. Reading Comprehension (10 points each)

A. Cecilia is helping to prepare a poster for her younger sister's science project. The first thing they need to do is to organize the information they have gathered so far. Match the information in the first column with that in the second column.

1. La selva tropical

2. Las colinas y los valles

3. Las motos acuáticas

4. El veneno

5. El venado

a. pueden contaminar el agua de los ríos.

b. es de la serpiente y se usa para hacer algunas medicinas.

c. el ambiente de las ranas y ardillas.

d. son lugares donde prefieren vivir los animales salvajes como el coyote.

e. es víctima de incendios en el bosque.

f. nos da oxígeno.

B. Read these excerpts from national park brochures written for vacationers. Then circle *Sí* if the statement is correct or *No* if it is not correct.

Folleto 1

Queremos que todos se diviertan, pero hay que tener cuidado con los animales que son peligrosos. No tengan miedo de todo animal salvaje, pero recomendamos que mantengan una distancia apropiada. El oso parece ser gracioso y amable, y muchas personas se les acercan para sacar una foto. Si ven huellas cerca del campamento, sabrán que es necesario que cuelguen la comida de un árbol bastante lejos de las tiendas de acampar. No recomendamos que pongan la comida en el coche porque los osos querrán sacarla y podrán hacerle mucho daño al coche y a la persona que abra la ventana para sacar una foto.

Folleto 2

El año pasado se quemaron miles y miles de acres de bosques. Había una gran variedad de especies viviendo en esta región: venados, ardillas y lobos, pero ya no se ven. Es necesario que todos sean responsables mientras estén acampando. Recomendamos que no tiren los fósforos a la tierra después de encenderlos. Es necesario que apaguen el fuego cuando se vayan del parque. Es también muy importante que echen la basura en los cestos que se encuentran por todo el parque. Estamos aquí para servirles y ayudarles a divertirse. Si quieren que les ayudemos a organizar excursiones para navegar en canoa, dar caminatas a la catarata, ir de pesca o estudiar la flora y fauna, pónganse en contacto con nuestra oficina en la entrada del parque.

III. Writing Proficiency *(10 points each)*

A. You want to convince a friend to go camping with you. Write him or her a letter explaining what preparations you will each have to make. Include the following information:

- what each of you should take along when you are planning to stay outdoors
- the items you will need to prepare meals
- what responsibilities you think each of you will have while camping
- the things you think are important to do while you are camping
- what activities you plan to do to enjoy your trip

B. You are concerned about the problems facing the world's wildlife. Write a letter to someone you think might be equally concerned. Include information such as:

- the animals and plants you think are in danger
- where they are to be found
- what are the dangers they currently face
- what you recommend as possible solutions

IV. Cultural Knowledge *(10 points each)*

A. What advice would you give a visitor to the United States about drinking the water here?

B. What should a person visiting a foreign country know before eating fresh vegetables, fruit, or salad in that country?

V. Speaking Proficiency *(10 points each)*

A. You have just returned from an outing during which you participated in a variety of activities, including water sports. Tell me about your trip. I would like to know:

- what some of the activities were
- where they took place
- a description of the places you visited
- some of the plants and animals you saw there

Ask me some questions about a trip I have taken.

B. You and I have just arrived at a campsite in the mountains. There are several things we need to do before sunset. In your conversation with me:

- give me instructions for how to prepare our campsite

- tell me what I will need to do to prepare a meal

- recommend some things we should do to protect ourselves

- tell me some of the things we'll be doing the next day

- describe some things you like about this campsite

Ask me some questions about our trip.

Paso a paso 2

CAPÍTULO 14

Nombre

Fecha

Hoja para respuestas 1
Banco de ideas

I. Listening Comprehension *(10 points each)*

A. Camping

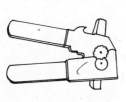

a

c

e

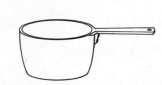

b

d

f

1. ___   **2.** ___   **3.** ___   **4.** ___   **5.** ___

B. Camp counselors

1. Los jóvenes van a estudiar el bosque.	Sí	No
2. Es por la mañana.	Sí	No
3. Todos están cerca de una colina.	Sí	No
4. Marco y Blanca recomiendan que no hagan el fuego.	Sí	No
5. Es necesario proteger los fósforos.	Sí	No
6. Los jóvenes van a estudiar la naturaleza al aire libre.	Sí	No
7. No hay piedras cerca del campamento.	Sí	No
8. La exploración va a empezar mañana.	Sí	No
9. Tienen que dormir al aire libre porque no trajeron tiendas de acampar.	Sí	No
10. Es necesario recoger la leña al amanecer.	Sí	No

Paso a paso 2

CAPÍTULO 14

Nombre

Fecha

Hoja para respuestas 2
Banco de ideas

II. Reading Comprehension *(10 points each)*

A. Science project

1. ____   **2.** ____   **3.** ____   **4.** ____   **5.** ____

B. National parks

Folleto 1

1. Según este folleto, ningún animal del parque es peligroso.   Sí   No

2. Recomiendan a los visitantes que en la noche se ponga la comida
en el coche.   Sí   No

Folleto 2

3. Hubo un incendio serio recientemente en este parque.   Sí   No

4. No quieren que los visitantes en el parque hagan deportes acuáticos.   Sí   No

5. Hay muchos animales salvajes en este parque.   Sí   No

III. Writing Proficiency *(10 points each)*

A. _____ :

_____

_____

_____

_____

_____

B. _____ :

_____

_____

_____

_____

_____

Nombre

Fecha

IV. Cultural Knowledge *(10 points each)*

A. _____

_____

_____

_____

_____

B. _____

_____

_____

_____

_____

_____

_____

V. Speaking Proficiency *(10 points each)*